The Genuine Market

真正的市场

行动与规则的视角

朱海就 著

上海三联书店

目 录

福斯教授序

在和当代经济学家的对话中，奥地利学派已经变得越来越具有影响力。传统上，人们认为奥地利学派经济学起源于19世纪70年代和80年代维也纳教授卡尔·门格尔的著作。事实上，奥地利学派的许多核心思想可以在坎蒂隆、法国重农主义者甚至更早期的西班牙耶稣会士的著作中找到痕迹。门格尔的学生维塞尔和庞巴维克从不同方向拓展了门格尔的思想，第三代奥地利学派经济学家米塞斯与哈耶克使该学派在20世纪上半叶展现出了一种蓬勃发展的态势。但是二战结束之后，这个学派一直处于沉寂的状态。一直到20世纪70年代，奥地利学派才在美国重新焕发活力。自那之后，奥地利学派在全球范围内扩展。它在欧洲、拉丁美洲和俄罗斯都拥有很多的追随者。在过去十年左右的时间里，奥地利学派在亚洲，尤其是在中国的影响力日益增强。

对于奥地利学派在中国的发展，朱海就博士提供了重要的推动力。当我在2008年为他《市场的本质》一书写序的时候，奥地利学派在中国还处在萌芽状态。奥地利学派的思想能在中国传播并产生影响力，与朱海就博士的那本书有很大关系。因此，我非常乐意为本书再写一个序言。

朱海就博士的《市场的本质》具有很高的学术价值。本书在该书的基础上做了扩充和修订，有了不少于十七章的内容。本书是一本非常好的文集，所有文章都是独立的，都做出了有价值的贡献，也有望帮助中国读者更好地理解奥地利学派在企业家精神、动态过程、资本理论、商业周期理论以及许多其他方面的重要且独到的洞见。

另外，本书提供了考察奥地利学派经济学的独特视角，也就是朱海就博士所说的"行动－规则"视角，并且，这也是贯穿全书的主题。正如它的字面意思所表达的那样，这是一个结合米塞斯与哈耶克思想的尝试。虽然这两位思想巨人在一些问题上有不同的立场，且在过去的几十年中，有许多人讨论了他们之间的差异。但说到底，我们更期望将两者结合在一起，而不是把他们分离开来。因此，朱海就博士在本书中所做的努力是值得肯定的。

我知道朱海就博士是一位富有思想且严谨的学者。本书取得的进展给我留下了非常深刻的印象。我强烈地推荐此书，并为此而深感荣幸！

尼古莱·J. 福斯

哥本哈根商学院教授

英国华威商学院教授

挪威经济与工商管理学院教授

张维迎教授序

市场，是经济学研究的主题。亚当·斯密说市场是"看不见的手"，意指市场将人的自利行为导向互利结果，因而每个个体的自由，是人类进步的源泉。自亚当·斯密以来，经济学经过两百多年的发展，变得越来越精致和数学化，经济学家的数量已经非常庞大，但关于市场的本质和基本特征，经济学家之间仍然有很大的分歧。

大致讲，有两种不同的市场理论范式，一种是新古典经济学的静态均衡说，另一种是奥地利学派的动态非均衡说。前者居于主流，后者处于边缘。二者的区别主要在于：（1）如何理解市场参与人：参与人是无所不知（具有完备信息），还是知识有限？所有人都同等聪明，还是聪明程度各有不同？（2）如何理解经济决策：经济决策是在给定目标-手段的情况下做选择，还是判断目标和改变手段本身？（3）什么是市场的基本功能：市场的基本功能是配置稀缺资源，还是发现信息、激发创新？（4）如何理解竞争：市场竞争是一种状态，还是一个连续的过程？（5）如何理解价格的功能：价格是唯一的协调机制，还只是刺激企业家行动的信号？价格总是处于均衡状态，还是总是处于非均衡状态？（6）如何理解变化：经济中的变化是外生的，还是内部的？（7）如何理解企业家精神：市场中是否需要企业家精神？在上述前六个问题中，新古典经济学的答案是前者，奥地利学派经济学的答案是后者；对第七个问题，新古典经济学回答"否"，奥地利学派经济学回答"是"。

在我看来，新古典范式尽管是主流，但不是一个好的市场理论。

一个好的市场理论应该是一个有关真实市场的理论，它能告诉我们真实的市场是如何运行的。新古典经济学之所以不是一个好的市场理论，是因为它所描述的市场，是经济学家想象的市场、假设的市场，不是真实的市场，因而它不能告诉我们真实的市场是如何运行的。为了证明市场的有效性，新古典经济学做了一些非常强但又非常不现实的假设，这些假设对它的结论至关重要，结果是扭曲了我们对市场的理解。按照新古典经济学理论，市场在理论上的有效性同时就是市场在现实中的失灵，因为支持市场有效性的理想条件在现实中一个也不能满足。反市场的人认为新古典经济学美化了市场，其实新古典经济学丑化了市场，因为市场的有效运行并不依赖于新古典经济学的假设。

与新古典经济学相比，奥地利学派经济学是一个好的市场理论。奥地利学派经济学研究的是真实的市场，而不是想象的市场。真实的市场中，人是无知的，人们拥有的信息和知识是不完全的，想象力和判断力在决策中是至关重要的。市场是一个发现和创造的过程，在这个过程中，知识、资源、偏好和技术都不是给定的，而是依赖于企业家精神对它们的利用。由于人的无知，市场当然会出现失调和配置错误，但这种失调和配置错误与新古典经济学家讲的市场失灵完全不同。解决失调和配置错误靠的是自由竞争下的企业家精神，而不是政府干预。市场的优越性不在于它不出现失调，而在于它能通过企业家的套利和创新不断纠正失调，并推动经济持续增长。而用新古典经济学的基准理论衡量市场是否失灵是错误的。

或许，两种不同范式最重要的区别是如何理解企业家在市场中的地位和作用。

新古典经济学的市场是没有企业家的市场，因为它的假设已经排除了企业家存在的可能性。如果资源、技术和偏好都是给定的，每个人都无所不知，市场总是处于均衡状态，怎么还可能有企业家的用武之地？但在奥地利学派经济学的市场中，企业家居于中心地位。由于市场中大部分参与人的无知和循规蹈矩，如果没有企业家，资源不可能得到有效利用，新技术、新产品不可能出现，经济不可能增长。企业家不仅是市场趋向均衡的力量，而且是打破旧均衡、创造新均衡的力量。正是通过企业家的套利行为，不均衡才被发现，资源才得到有效配置；正是通过企业家的创新活动，新产品、新技术才不断出现，经济才有可能持续增长。

新古典经济学中的决策者，是罗宾斯式的经济人：在给定的目标-手段下，选择最优化。他们是价格的消极接受者，简单地针对一个假定的数据背景（偏好、技术和资源）采取最优化行动。对他们而言，决策就是计算，数据隐含了结论。

在奥地利学派经济学中，最重要的决策者不是罗宾斯式的经济人，而是富有想象力和判断力的企业家。企业家要在至今未被注意的机会中发现机会；对他们来说，目标和手段不是已知的，而是需要自己识别的；偏好、技术和资源不是给定的，而是有待发现和创造的。

在新古典经济学中，给定数据，所有理性人都会做出相同的选择。但在真实世界中，即使基于同样的数据、同样的硬知识，不同的企业家也会做出不同的选择！为什么？因为企业家决策不仅取决于数据和硬知识，更依赖于难以用数据表述的默性知识，也就是个人对市场前景、技术可行性和资源可获得性的想象、感知和判断。"在罗宾斯式市场参与者看来是错误信息的情形，对纯粹企业家寻利行为而言将是有利可图的机会。"（柯兹纳）"当每个人都认为错误的时候，企业家认为自己是正确的。因此，企业家精神的本质就在于他具有与他人不同的对未来形势的预期。"（卡森）

正因为如此，大数据和人工智能永远代替不了企业家。如果经济决策果真如新古典经济学假设的那样，是个约束条件下最优化的计算问题，那么大数据和人工智能终将取代企业家！

朱海就教授是一位杰出的中国奥地利学派经济学家，他的专著《真正的市场》，给我们提供了一种基于奥地利学派经济学认识市场本质的理论。它的分析框架是"行动-规则"，不是"最大化-均衡"。行动，是人有目的的选择；规则，既是协调行动的规范，又是行动的结果。市场的本质就是协调人的行动，使得每个个体的自主性和创造性得到充分施展。在"行动-规则"框架下，作者不仅系统分析了诸如货币、价格、企业和道德法律等规则构成的市场运行的微观基础，市场如何自发地协调不同人的行动选择，而且分析了企业家精神与经济增长的关系，以及中国和苏东的市场形成的不同进程。作者把"改革"作为一种"人的行动"来考察，认为"改革"指的是一种"理性的行动"，而这种"理性"是改革者从生成的制度中习得的，中国的改革是"制度生成"的过程，而非"制度设计"的过程。这些观点非常有洞察力和说服力。

人类的未来，依赖于我们的认知。自亚当·斯密以来，经济学家的理论一直在影响着人们对市场的理解和政府政策的制定。新古典经济学的"市场失灵理论"为政府干预市场提供了正当性依据，这是自 20 世纪 30 年代之后全球范围内政府对经济干预越来越多的重要原因。因此，对市场的理解，关系到人类的命运。如同朱海就教授所说，多澄清一个谬误，市场经济的推进就多一分可能性。

故此，我愿意向读者推荐这本书。它是一本澄清谬误的书，有助于我们正确理解市场是如何运行的。

张维迎

2020 年 5 月 28 日

前言：行动-规则：理解市场的新框架

市场对每个人来说就像空气一样重要，虽然它看不见，但每个人都依赖于它。那种有助于个体幸福不断增进的市场才能被称为"真正的市场"，也只有当什么是"真正的市场"被正确认识时，我们才可能有"真正的市场"，否则我们很可能只有名义上的市场或虚假的市场，这样的话，个体就难以增进自己的幸福。[1]。就此而言，本书认为主流经济学的"经济人-最大化"分析框架不能帮助人们准确地认识市场，[2] 或者说它不是一个理解市场的"好"框架。本书将提供一个理解市场的新框架，即"人的行动-规则"分析框架（以下简称"行动-规则"框架），这个框架是全书的核心。

---

[1] 要说明的是，"真正的市场"也不同于"真实的市场"，后者为新制度经济学家所常用，是被他们用来区别于"黑板经济学"的概念，如他们通常称自己的经济学为"真实世界的经济学"。他们虽然引入了交易费用，资产专用性和机会主义等等突出"真实性"的概念，但他们对"真实的市场"的考察所采取的仍然是主流经济学的"经济人-最大化"方法。进而言之，"真实的市场"对应的是"虚拟的市场"（一个没有交易费用的世界），而"真正的市场"对应的则是"虚假的市场"（个体的行动背离一般性规则）。或者说，"真实的市场"的问题是引入了"交易费用"概念而产生的，而"真正的市场"的问题是引入了"一般性规则"概念而产生的。

[2] 本书中的"主流经济学"是指以新古典经济学的均衡思想为基础的一个更为广泛的传统，包括常说的微观经济学和宏观经济学。狭义的新古典经济学也被称为"现代价格理论"，代表人物如马歇尔和张伯伦等，"完全竞争模型"是其理论基础。

在说明这一分析框架的内容、独特性和应用，以及全书的主要内容之前，笔者首先说明为什么要写这本书。

一、 为什么写这本书

真正的市场是一个社会实现和平、稳定和繁荣的根本。但是，受错误的思想的影响，人们会误把虚假的市场视为真正的市场，走在"通往虚假市场之路"上而不自知，这对任何一个渴望幸福生活的人来说都是巨大的风险。为避免出现这样的风险，有必要对那些错误的思想进行批评。

"经济人-最大化"框架对市场经济的威胁

根据对"个体的人"的假设的不同，对市场的考察可以分为两种：一是把个体简化为约束下最大化的"经济人"，这以新古典经济学为代表；二是把个体视为有创造性的"行动人"，从有目的的人的行动出发，这以奥地利学派（以下简称"奥派"）为代表。前者关注"行动的总体结果"，把"经济"问题变成如何实现产出的"最大化"，用是否实现最大化的"结果"来衡量市场效率。我们把它概括为"经济人-最大化"分析框架。相比之下，本书在"行动人"基础上提出"行动-规则"框架，也是下文将要说明的。

在"经济人-最大化"框架下，经济学变成如何"最大化"（最优）某个结果的问题，而不是如何使个体的人更自由或更幸福的问题，这样就为干预主义埋下伏笔。因为"最大化"是经济学家或政府官员的最大化，而无数的个体则被简化成了没有自主决策能力的"经济人"。什么结果为优，以及最优哪方面的结果，都是由经济学家或政府官员决定的，个体的人只是"被动"地响应经济学家或政府官员的"最优"决定，服从他们的决定，这意味着让前者遵循后者的意志，变成被配置、被决策的对象。另外，这一框架建立在"均衡"思维之上，根据均衡思想，市场总是存在"失灵"，即没有达到理想的均衡状态。既然市场存在失灵，那就需要人为地去纠正它，使之达到均衡，也就是最大化，这也为干预市场提供了依据。

"经济人-最大化"提供的是一个"静态"的市场观，也就是把市场问题视为最优分配问题。以"行动人"思想为基础，奥派建立了动态的市场过程理论。如米塞斯指出的，市场总是动态的，"使奥派经济学区别于其他学派的，而且也是使她获得不朽声誉的正是这样一个事实，即她创造了一个经济行动的理论，而不是经济均衡和非行动的理论"。[1]哈耶克也说，经济学的任务是"描述在真实的世界中，均衡趋势是怎么发生的"。[2]这个"动态市场"的思想被科兹纳发展为"市场过程"。[3]"市场过程"思想破除了"市场失灵"思维，把"如何实现最优"变成"如何使动态的市场过程得以发生"，这样更为现实。

"实证主义"对市场经济的威胁

"经济人-最大化"框架指向的是实证主义，因为实证主义是经

---

[1] 米塞斯：《米塞斯回忆录》，黄华侨译，上海：上海社会科学院出版社，2005年，第41页。要说明的是，这里的翻译和该书中的翻译稍有不同。

[2] Roland Fritz and Stefan Kolev, *Peter Boettke's Hayekian Ordoliberalism as a Foundation for Political Economy* OI：https：//doi. org/10. 1515/ordo-2020-0028，volume 70，issue 1. Published online：19 Mar 2020.

[3] 有关科兹纳对"市场过程"的理解，可见伊斯雷尔·科兹纳：《市场过程的含义》，冯兴元、朱海就等译，北京：中国社会科学出版社，2012年。

济学家或政府官员实现"最大化"的手段。也就是说，当主流经济学采用"经济人-最大化"框架时，必然也会采取"实证主义"。

实证主义方法对自然科学来说是适用的，但对经济学来说不适用，奥派经济学家都无一例外地反对实证主义方法，如科兹纳就视之为经济学的敌人，[1]它的流行也会给市场经济的前景蒙上阴影。实证主义方法中没有主观的、个体的行动人，它本质上是一种自然科学方法。实证主义把人当作数字和符号来处理。

市场经济是个体自由意志的产物，如有的学者所指出的，只有主观主义方法才是与人的自由意志（free will）相容的。[2]如我们承认市场是由"行动的个体"构成，那么它对应的必然是主观主义方法或先验的（apriori）演绎逻辑，[3]而不是经验的或实证主义的方法，如米塞斯指出的，"不仅经济学不是源出于经验，甚至于借助经验来验证经济学的定理也是不可能存在的"。[4]当实证主义者抛弃了经济学理论时，也就抛弃了市场经济。

实证主义和历史学派一样，本身是否定一般性理论的。准确地说，实证主义没有理论，它只是"最大化"工具。当否定一般性理论时，也就是否定了市场经济，因为市场经济正是建立在一般性的经济学法则之上的。更准确地说，实证主义者认为"经济"只受道

---

[1] 伊斯雷尔·科兹纳：《米塞斯评传》，朱海就译，海口：海南出版社，2018年，第74页。

[2] Bruce Koerber, *More than Laissez-Faire：A Macroeconomic Textbook Alternative*, Published under the Creative Commons Attribution License, 3.0, http://creativecommons.org/licenses/by/3.0/, 2015, p. 90.

[3] 要说明的是，这里的"演绎逻辑"是指"可靠的公设之上的演绎"，不同于新古典经济学采用的"假设之上的演绎"。

[4] 米塞斯：《货币、方法与市场过程》，戴忠玉等译，北京：新星出版社，2007年，第10页。

德、政策和制度的影响，不存在普遍的经济学法则，在他们看来，只需要通过操控政策来改善经济而无需顾及普遍的经济学法则，这就意味着干预主义。

使得实证主义不可行的还有"二元论"（dualism）。"二元论"指的是"就我们现有的知识来看，实证论、一元论和泛物理主义的一些基本陈述，只是些玄学的假定，没有任何科学基础。对于科学研究既无意义也无用处。理智和经验都告诉我们，有两个个别的领域：一是物理现象、化学现象、生理现象的外在世界；一个是思想、感情、价值取向和有意行为的内在世界。就我们今天所知道的，这两个世界之间还没有桥梁联系起来"。[1] 主观主义方法论告诉人们，不能通过外在的考察来说明人内在的"主观"，相反，是人的观念创造了外在的世界。由于人的真实性在于其"主观性"，所以"主观主义才是社会科学的合适方法，因为你我都是主观地决策"。[2] 相比之下，实证主义排斥了人的"主观性"，把人当作小白鼠来考察，假设同样的外部事件会在人身上产生同样的反应。

如米塞斯所指出的，经济学是关于意义和价值的，对人的行动构成的现象，"我们唯有借助于'理解'方法才有可能获得答案"。[3] 为了"理解"现象，我们需要先验的知识，如米塞斯所说"经济学并非基于或源于（抽象于）经验。它是一个演绎的体系，

---

[1] 米塞斯：《人的行为》，夏道平译，上海：上海社会科学院出版社，2015年，第20页。

[2] Bruce Koerber, *The Human Essence of Economics：A Microeconomic Textbook Alternative*, Published under the Creative Commons Attribution License, 3.0, http：//creativecommons. org/licenses/by/3.0/, 2015, p. 11.

[3] 米塞斯：《米塞斯回忆录》，黄华侨译，上海：上海社会科学院出版社，2005年，第161页。

始于对人的理性与行为的原则的洞见。事实上，在人类行动领域内的所有经验，都是基于我们在头脑中具有此一洞见、并受这一事实的影响。没有这一先验的知识与源于这一先验知识的法则，我们根本不能够认识人的活动"。[1] 但实证主义者否定先验的知识，他们根据自己的"经验"去认识世界，即用自己的"经验"取代先验的演绎逻辑，把市场视为随意揉捏的对象，这使市场经济陷入危险的境地。

也如米塞斯所言，"人要掌握现象，只有两种原理可资使用，即目的论原理和因果律原理"，[2] "关于人的行动，若不求助于目的因果范畴，我们就无法知道任何东西"。[3] 而实证主义完全排除了这两种原理。首先，实证主义方法中没有"有目的的人"，而是根据统计结果做研究；其次，实证主义者的方法是试图验证一些经验性的假设，而这些假设是研究者随意构想的，换句话说，实证主义者不是从因果律原理出发来展开研究的。因此，实证主义者忽视现象背后的法则，不能掌握现象。当法则被忽视时，自然地就导向了干预主义。

经济学的领域不限于可以用数字衡量的领域。人类行为中有很多方面是不能用数字衡量的，通俗地说，是不能量化的，实证主义方法对不能量化的东西无能为力。[4] 实证主义者玩弄的是"看得

[1] 米塞斯：《货币、方法与市场过程》，戴忠玉译，北京：新星出版社，2007年，第9页。

[2] 米塞斯：《人的行动》，余晖译，上海：世纪出版集团，上海人民出版社，2013年，第33页。

[3] 米塞斯：《经济科学的最终基础》，朱泱译，北京：商务印书馆，2015年，第48页。

[4] Bruce Koerber, *The Human Essence of Economics: A Microeconomic Textbook Alternative*, Published under the Creative Commons Attribution License, 3.0, http://creativecommons.org/licenses/by/3.0/, 2015, pp. 10–11.

见的数据或材料"，把人的主观性排除在外。从"看得见"的方面来说明我们所生活的这个世界，这必然是有缺陷的。如"看得见的方面"就代表人的幸福，那么追求"增加产出""发展生产力"或"技术进步"等就成为理所当然的目标，政府在这些方面采取行动（干预市场）时就理所当然地应该得到支持。

当下，经济学界流行的实证主义正使经济学成为一门对社会没有意义的科学，这不仅使经济学陷入危险之中，也使市场经济陷入危险之中。笔者发现有的实证主义者举了很多例子来支持重商主义，批评市场经济，比如他们认为英国工业革命取得成功的一个重要原因是重商主义。事实上，斯密早在《国富论》中就已经驳倒了重商主义，但这些人对此视而不见。实证主义者赖以为自己辩护的数据和案例只是材料和工具，而不是真正的经济学理论。如米塞斯强调的，经济学理论是"使我们能够去实践、学习、了解和行动的那些心智工具"，[1] 它不是从经验和实证中得出的。

二、"行动-规则"框架的内容

人的行动是人类生存的基础，没有人的行动，什么都不会有。人的行动的"互动"构成市场，而互动是在规则下进行的。只有从"人的行动"出发才能认识这些规则。规则的重要性在于不同个体的"行动"需要"协调"起来才能产生效率，"协调"是本书的一

---

[1] 米塞斯：《经济科学的最终基础》，朱泱译，北京：商务印书馆，2015 年，第 23 页。

个核心概念。协调需要"规则"，而市场是遵循规则的产物，因为虽然市场经济是"自发的"，但不是"自动的"，或者说，市场经济不是追求最大利益的自然而然的结果。

市场是由"人的行动"和"规则"构成的，市场其实是"规则下的人的行为"的一个统称，当我们理解了协调人的行动的规则时，也就理解了"市场"。当经济学揭示了人的行动的协调规则时，也就揭示了市场法则。换句话说，经济学原理和市场法则是一个硬币的两面。本书从"人的行动"（企业家）和规则（"协调"）两个角度理解市场，而不是像主流经济学家一样，从"物"（如产出，就业或技术等）的最大化的角度理解市场。同时，也不像新制度经济学家那样理解"制度"概念。按照新制度经济学的观点，制度的作用是降低交易费用，但在我们看来，制度的作用更主要是协调"人的行动"，使不同个体的计划得以兼容。当然，这一理解上的差异源于新制度经济学延续的是新古典经济学的"最大化"方法，而我们采用的则是奥派的"过程"方法。

"经济人"假设指向的是"最大化"，即如何通过"实证"来寻求最优的"政策"；相反，"人的行动"指向的是"规则"，即那种有利于人的行动的规则如何形成。"规则"是人的行动的结果，是一个"过程"概念，而"最大化"则是一个"均衡"概念，均衡暗含着"完全协调的实现"，这样也就不需要"规则"了。本书把"经济人-最大化"和"行动-规则"视为经济学中两大不同的分析框架，两者有着不同的理论，也有不同的政策主张。

从"人的自利"到"人的行动"

现在，越来越多的人已经承认经济学是"人的行动"的科学，但是经济学家走过一段曲折漫长的路才把"人的行动"找到。在古典时代，经济学是关于财富的科学，没有"行动的人"；19世纪末的边际革命为"人的行动"的登场拉开序幕，直到米塞斯在门格尔的主观主义思想之上建立"行动学"（praxeology），[1] 人的行动的经济学才真正登场。经济学实现了从有关"财富"的科学到有关"人"的科学的转变。对于经济思想在演变过程中，如何从"人的自利"假设到"人的行动"假设的演变过程，本书第一章将会有较为具体的阐述，在下面稍作概述。

在古典经济学阶段，经济学研究财富现象，被认为是考察"自利人"的"经济行为"的科学，包括财富的生产、分配、交换和消费。财富的生产是"自利人"在物质方面追求最大化的结果，这一点体现在斯密"看不见的手"的阐述中，也体现在斯密的另一句话中："但人类几乎随时随地都需要同胞的协助，要想仅仅依赖他人的恩惠，那是一定不行的。他如果能够刺激他们的利己心，使有利于他，并告诉他们，给他做事，是对他们自己有利的，他要达到目的就容易得多了。"[2]

19世纪开始，经济学从关心"财富"转向关心"效用"，从关心物质生产转向关心需求的满足，考察快乐最大化或效用最大化，这是经济学的一个重要飞跃。边沁"趋利避害"的功利主义，即"最少的成本，获得最大的幸福"的原则被普遍接受，与之对应的是"经济人"假设。虽然"功利主义"一定程度上已经包含了"主观主义"的思想萌芽，但个体仍然被假设为消极的、自动的和机械

---

[1] 关于"行动学"的概念，我们将在第二章具体说明。

[2] 亚当·斯密：《国民财富的性质和原因的研究》（上），郭大力、王亚南译，北京：商务印书馆，1997年，第13页。

的（价格）"接受者"。

到 19 世纪末，主观主义开始登场。在该时期发生的"边际革命"解决了价值决定问题，这场革命也被称为主观主义革命。门格尔在效用思想的基础上，用个体的边际效用来说明价值。用哈耶克的话说，门格尔"提供的价值解释是分析决定稀缺商品在不同的竞争性用途中的分配的条件，以及不同的商品为满足不同的需求相互竞争或合作的方式"。[1] 这已经包含了"选择"的思想。人是怎么选择的？在边际革命，特别是门格尔之前，没有回答这个问题，而门格尔通过边际效用的思想，回答了这一问题，指出人是在边际条件下做出选择。边际革命使"个体的人"回到经济学中，因为边际效用是"个体的"，"选择"是个体在自己的价值排序上产生的。

奥派最为彻底地贯彻了边际革命的精髓"主观主义"，进一步把门格尔的"约束下的选择"意义上的"消极行动"拓展到"主动的行动"，也就是包含企业家精神的人的行动，在米塞斯这里，就是把"有目的的"或"有意识的"人的行动作为理论的出发点。"有目的"和"有意识"正是"主观主义"的体现。事实上，人的行动是个体精神实践的结果，比如，"分工"是在企业家通过"经济计算"、决定自己应该做什么的过程中不断演化的。[2] 当个体"知道"自己善于做什么，做什么对自己有利时，"选择"了自己的工作，进而产生了分工现象，也就是说，李嘉图用"比较优势"来说明分工其实是有局限的，因为他忽视了分工是一个"精神事实"。

20 世纪初，米塞斯开创了"行动学"，这意味着经济学真正找

---

[1] F. A. Hayek, "Carl Menger（1840－1921）", in *The Fortunes of Liberalism*, *Edited by Peter G. Klein*, Liberty Fund, Inc, 2008, p. 77.

[2] 关于"经济计算"的含义，可参见第十五章。

到了"人的行动"，奥派对企业家精神的重视也充分体现了这一点。相比之下，在新古典经济学中，"人的行动是有目的的"这一思想始终是缺乏的。在新古典经济学中，个体的选择服务于均衡或最大化的需要，某种程度上是对"古典时代"的回归。

如前所述，经济学分为两类，一是缺乏"人的行动"思想的经济学，这种经济学并不能充分支持市场经济，某种程度上是为干预主义提供了支持，如新古典经济学，特别是凯恩斯主义宏观经济学，后者从总量概念，如总需求和总供给等出发，为政府干预市场辩护，为实现宏观目标服务。另一种是从"有目的的人的行动"出发的经济学，也就是奥派经济学，这种经济学为市场经济提供了有力的辩护。

经济学这门学科很大程度上是建立在对人的行动的有目的性的认识之上的，至少奥派认为对"现象"，比如财富现象的考察要从"有目的的人的行动"出发来研究。经济学不是研究人的数量、体重或年龄等对财富生产的影响，而是研究有目的的人的行动及相关的制度对财富生产的决定作用。"人"和"机器"的区别是"人能够理解世界，赋予意义"，人之与人的区别也在于"理解的不同"，而不是他们的体重或身高等的不同。如米塞斯所指出的，"使自然科学成为可能的是进行实验的能力，使社会科学成为可能的是掌握或理解人的行动的能力"。[1] 如抛开这一点，那经济学就变成考察机械的数量关系的科学，这和自然科学无异了。经济学是关于"意义"的科学，这不仅是因为被调查的个人不断地参与对他们周围

---

[1] 米塞斯：《货币、方法与市场过程》，戴忠玉等译，北京：新星出版社，2007年，第9页。

世界的解释过程，还因为经济学家试图理解和解释被调查的行为的含义，以便掌握其更广泛的"非意图"的后果。[1]

经济理论试图解释货币、价格、生产等现象的"常规性"（regularities），怎么研究？实证主义者考察案例和收集数据，试图从经验中得出结论，而奥派，特别是米塞斯从"人的行动的目的性"出发，建立概念、范畴及先验的行动学理论。哪一种方法更有解释力？显然，如人的行动是没有目的的，那么，社会现象可以用经验主义和实证主义的方法，从观察现象中得出普遍的一般性结论，相反，假如我们承认人的行动是有目的的，社会现象是有目的的人的结果，那么这就否定了实证主义方法的可能性，因为经验不是给定的，而是取决于"有目的的人的行动"怎么认识它，并且经验也是"有目的的人的行动"的结果，人的目的不同，经验也不同。

在正常社会中，大部分的经验现象都具有自发性，即不是有意设计的产物，而是个体行动的非意图的结果，这一特征导致不能用经验解释经验。如经验现象是设计的，那么可以对其进行解剖，或像对一架机器一样，对其进行拆解，去了解其运行原理，然后对同样或类似的经验，就可以就其"有效"还是"无效"做出判断，即在这种情况下经验方法是否可行。例如，假如某个制度缺乏某个要件，那么就可以判断其"无效"。但是那些协调无数人的行为的制度确实不是设计的产物，我们也无法知道这样的制度是怎么生成的，这当然也就意味着不能根据经验本身来对经验现象做出解释和

---

[1] Carmelo Ferlito, *Economics：Human Action and Its Meaning*，CME，EDU Paper，No. 01，January，2020，http：//marketedu. org/wp-content/uploads/2020/01/ MEDU_01_V4-1. pdf.

判断。

相反，根据"有目的的人的行动"所建立的先验概念、范畴和理论则为"科学"地考察经验提供了可能性。正如米塞斯所言，"行为和理知（reason）是同原同质的，它们甚至可以被视为同一事情的两个方面。理知之所以能够（透过纯粹的推理）认清行为的基本特征，就是因为行为是由理知衍生出来的。经由正确的行为学而得到的那些定理，不仅是完全对的、不容争论的，如同正确的数学定理一样；而且这些定理是以其充分的正确性来指点见之于现世的和历史的行为的真实面。行为学教给我们关于一些真实情事的正确知识。"[1]

法则与规则

"人的行动"具有"规则"蕴意。经济学并不是关于当事人的行动是否能够实现其目标，而是他的行动对你我和他人有什么影响。[2] 也即有没有一种机制，把个体对自身利益的追求引到产生"公共利益"的方面。遗憾的是，新古典经济学和新制度经济学都是在"最大化"上做文章，而忽视了使得"最大化"产生公共利益的机制的探讨，这种机制也就是这里说的"规则"。下面先说明"规则"（rule）和"法则"（law）的关系。

人的行动受"规则"指引和规范，而市场的运行是有"法则"

---

[1] 米塞斯：《人的行为》，夏道平译，上海：上海社会科学院出版社，2015年，第40页。要说明的是，这里的"行为学"也即下文说的"行动学"。

[2] 这是奥派先驱菲利普·威克斯蒂德的洞见。见 Israel M. Kirzner, *The Economic Point of View: An Essay in the History of Economic Thought*, SHEED AND WARD, INC, Subsidiary of Universal Press Syndicate, Kansas City, 1976, p. 77.

（规律）的。[1]经济学是揭示这种法则的科学。人的行动既受规则的指引和规范，同时也受市场运行的法则的支配。通过"人的有目的的行动"，就把"规则"和"法则"联系起来了。由于市场是"人的有目的的行动"的结果，从"人的有目的的行动"中推导出的行动学法则（经济学原理）自然地也就是对市场运行法则的揭示。比如成本是个体放弃的最大效用，利率源于个体的时间偏好，价值取决于边际效用等等，都是非常典型的例子。

可见，经济学原理和市场法则是相通的。当然，这不意味着有关市场的所有知识，特别是经验性知识都可以从"人的行动"中推导出来；或者说，从"人的行动"中推导出来的是抽象的原理，而不是具体的、有关特定情境的知识。但是，即便是具体问题的讨论，也是离不开这些先验性的原理，如米塞斯所说，"任何对当前经济问题的讨论，很快就进入到对抽象原则的考虑而不涉及到经验。"[2]

规则不能背离法则，如米塞斯所说，"在市场现象的连续性和依存性之间存在不可逃脱的规律性，如一个人想要实现自己的目标，那就必须予以充分的考虑。即便是最强大的政府，如它背离了被称为'经济规律'的东西，那么无论它怎么努力也不能成

---

[1] 对于这种"规律"，门格尔是这么说的，"精确取向的理论性研究的任务就在于告诉我们某些规律，借助这些规律，不是整个现实生活，而是更为复杂的人类经济现象，在上述给定的条件下从人类经济的最基本要素——它们可以从其他对于实在的人类现象产生影响的因素中分离出来——发育形成。"卡尔·门格尔：《经济学方法论探究》，姚中秋译，北京：新星出版社，2007年，第45页。

[2] 米塞斯：《货币、方法与市场过程》，戴忠玉等译，北京：新星出版社，2007年，第10页。

功"。[1]这里可以举个例子说明规则和法则的关系。"个体的创造性越是得到充分发挥，经济发展就越快"是一条经济学法则。当"规则"满足这一"法则"时，即有利于发挥个体的企业家才能时，这种规则是"好"的。那种与法则相符，具有普遍的适用性并平等地适用于所有人的规则在本书中被称为"一般性规则"，这种规则是演化产生的，非人为设计的。

三、"行动-规则"框架的独特性

"行动-规则"分析框架可以把奥派两位大师的思想，即米塞斯的"行动学"与哈耶克有关"规则"的思想，即他有关法律、秩序等政治哲学的思想结合起来，这会是一个更为一般的市场分析框架，将打破不同领域的界限，把不同领域都纳入广义的市场中。如传统上认为"经济"和"政治"是两个完全不同的领域，适用于不同的规则。如有人认为经济学原理只适用于经济领域（市场），在政治领域不适用，但在"行动-规则"框架下，经济与政治都由人的行动构成，因此都适用共同的经济学原理（行动学），特别是"协调"原理，可见，虽然经济与政治可能有不同的规则，但规则背后的原理是相通的。还比如主流经济学把教育和医疗等等视为独特的公共产品领域，认为这些领域不适用于市场原理，但在"行动

---

[1] Ludwig von Mises, *Foreword*, in Israel M. Kirzner, *The Economic Point of View: An Essay in the History of Economic Thought*, SHEED AND WARD, INC, Subsidiary of Universal Press Syndicate, Kansas City, 1976, p. vii.

-规则"框架下，教育和医疗也是人的行动构成，因此也适用共同的经济学原理。

这一观点和芝加哥学派的"经济学帝国主义"类似，但实际上有根本的区别，后者隐含地认为经济学理论"本来"只用于"经济"领域，即所谓的财富生产领域，所谓的"帝国主义"只是把这些原理应用到"非经济"领域，如婚姻和家庭等。但是，在我们看来，本来就不存在"经济领域"和"非经济领域"之分，因此也就不存在"帝国"之说。

"行动-规则"框架的独特性还在于它体现了经济学（行动学）在社会科学中的基础地位。其他社会科学表达的是研究者自己对某个问题或历史事件的理解，这些理解可以各不相同，但经济学说明的是这样一个更为根本性的问题，即在一个社会中个体如何才能生存或生活得好？个体可以有任何关于社会的、政治的或历史的观点（比如成为某方面的专家），但如他想生存或生存得好，那么他就必须遵循经济学揭示的法则。如背离了经济学法则，他们将无法生存，更没有机会从事某种社会科学的研究。

从这个意义上说，经济学比其他学科更具有基础性。经济学之所以能够做到这一点，是因为经济学是"行动学"，是一个从"人的行动"出发的先验理论，并且指向"行动的协调"。同时它是一个"形式化"的理论，即只关系"行动"本身，而与"行动的具体内容"（历史）无关。其他社会科学，特别是历史学，是关于行动的"具体内容"的。这也说明，经济学和其他社会科学并不是一种"并列"关系，而是它们的基础。这是为什么了解经济学比了解历史或其他社会科学更为重要的原因。

由于经济学原理是"形式"，而不是有关"具体内容的"（历史的），因此，经济学不能为文化或制度所否定，因为后者属于"历史"范畴。不同国家有不同的社会文化制度，但不意味着有不同的经济学原理。任何有助于人们幸福增进的制度，都不应该背离经济学原理，而是要朝着经济学原理揭示的方向前进。经济学原理是根基，是土壤，只有根基牢靠，土壤肥沃，才能长出好的社会制度。

一个人可以有自己的哲学、信仰、意识形态、观念等等，在这些问题上可以有各不相同的观点，但在有关社会的基本问题上，必须接受经济学揭示的原理，努力去消除与经济学原理不符合的限制，这样才能增进他自己的利益。经济学使每个个体追求自己的最大化利益（包括追求他们自己的学问）得以可能。

在其他人文社会科学领域，比如哲学、宗教，研究者可以阐述"他认为应该如何或是如何"的知识。他们根据自己的"主观"去阐释。但经济学是坚实基础上的推演，是确切的知识。经济学不是任意生产知识，它是可靠原理的运用。

经济学的逻辑是确切的，是可以说清楚的。很多其他的社会科学，存在婆说婆有理，公说公有理的状况。比如有人强调儒家很重要，有人强调基督教很重要，可能谁也无法说服谁。但经济学不是对这些具体问题的讨论，经济学是可以说服你的，因为它是可靠的逻辑。经济学阐述一个理性的人必然会接受的原理，其逻辑的"现实性"是可以被一个理性人经过思考而接受的，除非一个人因为无知或愚昧而顽固地拒不接受。

很多其他学科是在研究者阐述自己的理解的基础上发展起来的，比如古人的某句话怎么理解，这本质上属于经验、制度和历史方面的知识。实际上，这些阐述本身需要一个确切的理论工具，经济学就是这样的工具，即经济学是"工具"而不是"问题的阐述"

本身。因此，经济学作为人的行动的科学在社会科学中具有基础性地位。

人类违背了经济学的学说就要受处罚，甚至研究者自己的利益也被危及，他甚至不知道自己为什么会被波及。如一战和二战前德国、东欧和俄罗斯的知识分子，虽然他们在很多领域都是专家，但他们缺乏经济学知识，当社会上出现破坏自由市场的思潮时，他们对它缺乏警惕，更没有去抵制，使得自己也成为这种思潮的受害者。经济学不是可有可无的，而是使自由与繁荣的社会具有可能性的科学。社会科学的研究者，要活得像一个人，有尊严地做研究，必须支持经济学的教义。

只有在一个遵循经济学原理的社会中，所有其他社会科学的正常发展才具有可能性。比如，孔子在一段时间被捧得高，在另一段时间又被打压，为什么？因为经济学的原理在这样的社会中没有得到遵循。假如没有经济学理论的指导，只是凭借经验，那必然是随波逐流，跟着感觉走，社会必然是不稳定的。在不遵循经济学教诲的情况下，整个经济都会和孔子的命运一样，颠簸起伏。比如，我们经历了长时间的贫穷，也有后来改革开放的繁荣，这是一种起伏。我们不能想当然地认为繁荣一定会继续，如要有持续的繁荣，必须把社会建立在经济学揭示的原理之上，这些原理是其他任何社会科学都无法提供的。

四、"行动-规则"框架的应用

这一框架最重要的应用当然是"理解市场的本质"，对本书而言，这一理解事关一个重要的概念"协调"。

市场的核心是"行动"的协调，而协调建立在"规则"之上。"行动-规则"分析框架可以回答斯密提出的那个"看不见的手"的问题，即"人们在并没有有意图地促进公共利益的情况下，促进了公共利益"。为什么经济活动被组织得井井有条，人们的各种需求都得到满足，是在没有人有意安排的情况下实现的？这被认为是经济学的基本问题。如哈耶克所言，经济学正是关于"有意图的行动产生非意图的结果"这一问题的，他也说"正是认识到存在着这种有机性，才使得我们认识到存在一门叫做经济学的学科"。[1] 我们说，非意图的结果（公共利益）的产生，正是因为人的行动受"良好"规则的"协调"。

由于缺乏"人的行动"和"规则"这两个概念，古典经济学家和新古典经济学家没有建立真正的市场理论。他们秉承的是"经济人"假设和均衡方法，而均衡方法一开始就假设协调问题已经解决，也就是"使完美的协调得以实现的规则"已经存在，这意味着排斥了"规则"。存在"人的行动"才意味着需要协调，而"经济人"是没有"行动"的，它指向的则是一个"最大化"的分配问题，而不是"行动如何才能得到协调"的问题。这一点在古典经济学家李嘉图和新古典经济学家马歇尔身上都有充分的体现，某种程度上，新古典经济学只是把古典经济学从关心"总体的分配最优"变成关心"个体的分配最优"，即"约束下的最大化"。

相比之下，奥派以"人的行动"为基础，到"规则"，再到

---

[1] F. A. v. Hayek, "The Trend of Economic Thinking," *Economica*, May, 1933, pp. 130 – 131.

"秩序"，把市场问题扩展到秩序问题。即"人的行动"通过"规则"为媒介，最终指向的"秩序"。"文明"就是"既有的规则"不断朝着更有助于"协调"的方向演进，也就是"规则"越来越多地满足行动学法则（经济学的原理）。我们也把满足或对应于这一原理的规则称为"一般性规则"。

"行动-规则"框架还可以应用到具体领域中。特别是在说明干预主义的危害时，"行动-规则"框架是非常有力的，任何背离或破坏"一般性规则"的行为，都是损害经济效率的。比如，在说明"价格管制"的危害时，主流经济学是用"管制价格"偏离均衡价格所造成的福利损失来说明的，如最低工资管制会导致工人失业等。虽然这一论证当然也是成立的，奥派也会使用，但利用"行动-规则"框架至少可以对价格管制的危害做一个补充说明，即被管制的价格无法像市场价格一样，具有协调的功能，由于协调机制被破坏，必然会造成效率的损失。

又比如，"产权"概念也可以用"行动-规则"的角度去理解。产权是关于"人的行动"的，即限定人能够做什么和不能够做什么，这一限定取决于规则，或者说，是规则确定了产权，而规则本身也是"人的行动"的结果。虽然新制度经济学家也是把"产权"和"行动"联系起来，如德姆塞茨所说"产权是界定人们如何受益及如何受损，因而谁必须向谁提供补偿以使他修正人们所采取的行动"。[1] 但是，和新制度经济学家不同，在"行动-规则"框架中，与产权相关的"规则和行动"是和主观主义、个人主义以及"协

---

[1] 哈罗德·德姆塞茨：《关于产权的理论》，科斯等：《财产权利与制度变迁》，刘守英等译，上海：格致出版社、上海三联书店、上海人民出版社，2014年，第71页。

调"的思想相联系的，相比之下，新制度经济学的产权观更多的是建立在"均衡"思想之上。关于产权的具体讨论可见本书第十六章。

还比如，"行动-规则"框架还可以用于讨论"经济增长"问题。主流经济学，尤其是凯恩斯主义经济学把经济增长视为"投资"问题，还有的人特别强调"科技进步"，比如大数据或5G等等的作用，还有的人强调"城市化"对增长的作用。这些观点是一种"配置"思维，只强调了增长的某个因素，没有认识到这些因素的加强（资源配置到这些领域中）会削弱其他因素（减少在其他领域的配置），从而在整体上可能不会产生增长的效果。根据"行动-规则"框架，增长不是资源配置问题，而是人的行动的协调问题。当行动得到更好的协调时，也意味着分工合作更为充分，也即取得了更好的经济增长效果。

五、 本书的主要内容

围绕"行动-规则"框架，本书的内容包括以"人的行动"为基础的经济学方法论、市场基于规则、市场是协调过程和"行动-规则"框架的应用等四篇。"人的行动"产生"规则"并受规则的协调，受规则协调的人的行动构成了"市场秩序"，形成好的市场秩序需要应用包含在"行动-规则"框架中的经济学原理。这四个部分共有十七章内容，有一根主线贯穿其中，那就是"行动-规则"。

第一篇有关方法论。认识市场需要以可靠的方法论为基础，本书第一章和第二章比较系统地阐述奥派与新古典在方法论上的差异，说明为什么奥派以"人的行动"为基础的方法更有助于理解真正的市场。

新古典经济学以"均衡"思想为基础，它预设了某个最优状态，并用这个最优状态去对照现实，从而得出"市场失灵"的结论，因此，均衡方法是和干预主义联系在一起的。与"均衡"相比，奥派经济学是"市场过程"方法，这一方法建立在"有目的的人的行为"这一假设之上。要注意的是，市场过程不仅因为企业家追求利润机会而展开，还因为认识正义的规则而展开，后者是容易被忽视的。

经济学不是经验性科学，一般性的经济理论无法从经验中概括出来，正如不能通过测量物体的长度来获得几何原理。经验需要用理论去解释，而不能从经验中总结出理论。假如能够从经验中总结出理论，那么就没有一致性的经济学理论，而是会有无数的"理论"。在这种情况下，重要的将是统计、回归等技术性方法，而不是理论本身。任何的经验都是人的观念的产物，不是"必然如此"，即某种经验的出现并不是必然的，这是经济学与自然科学不一样的地方。当然，这不意味着无法从经验中获得知识，我们强调的是要区分"经验性知识"和"原则的知识"，后者不能直接从经验中获得。或者说，我们反对的是"经验主义"而不是"经验"本身。

我们批评的还有"实证主义"。在本序言的前面对此已有批评，这里做进一步的说明。实证主义是拿"看得见的"来证明某个观点，而"看不见的"被忽视。比如实证主义者看到政府出台经济刺激政策之后，经济出现了增长，他们很容易"证明"刺激政策有利于经济增长。然而，经济学理论告诉人们刺激政策导致生产结构的扭曲，这些效应是实证主义者无法看见的。经济现象往往是政府的力量和市场的力量共同作用所致，而实证主义的研究无法对这两种力量加以区分。经济学的基本理论是先验的，做实证研究应该先掌握它，才能获得做实证研究的"许可证"。但现在的情况是很多人在没有掌握基本经济理论的情况下就做实证研究，这导致了大量毫无价值的实证研究。

在第三章，我们阐述主观主义方法。"主观主义"是奥派对经济学的发展所做出的最为重要的贡献之一。奥派经济学认为，无论是事物还是商品，都不能从自然角度，而只能根据人们对事物的观点进行定义。本章首先梳理了门格尔、米塞斯和哈耶克等人的主观主义思想，然后依据米塞斯和哈耶克对主观主义的不同理解提出了两者对理性的不同认识，认为米塞斯遵循的是"抽象理性"，而哈耶克推崇的是"制度理性"。而不同的"理性观"又进一步导致两者间稍有差异的政治立场，即"抽象理性"使米塞斯持有"自由主义"立场，而"制度理性"使哈耶克持有"具有保守主义倾向的自由主义"立场。

在第四章，我们探讨企业家的概念，比较了新古典经济学、熊彼特经济学和奥派经济学对"企业家"的不同处理，并说明这种处理和"均衡"或"过程"方法的对应关系。企业家是奥派经济学的核心概念，是主观主义和个人主义方法的集中体现，在"行动-规则"框架中居核心地位。在这一章，我们还说明企业家与资本家这两个概念的区别，以及奥派内部对企业家的不同认识。

第五章关乎一个重要的方法论问题，即理论与历史的问题，米塞斯专门写了《理论与历史》一书来阐述这个问题。本章澄清了对奥派的一些误解。有人认为奥派忽视了异质性导致的权力不平等，也忽视了企业家的非理性与破坏性，因此也就忽视了市场中普遍存在的失灵现象。我们指出，这种看法混淆了理论与历史，犯了用历史去攻击理论的错误，没有区分市场中的具体行动和无数人互动形成的市场，没有认识到市场的核心是使无数个体行动实现分工合作的规则，某些个体行动的非理性不足以说明这种规则是失效的或市场是失灵的。有的人之所以陷入历史学派的方法，一个重要的原因是没有认识到理性是一个习得的过程，理性的习得和规则的演化是同时展开的。很多人在认识论上犯错误，导致他们不能理解奥派，进而也导致否定市场的有效性。方法论是经济学的根本，对市场经济的正确认识是建立在方法论个人主义、主观主义和市场过程等思想之上的，如在方法论上犯错误，那么也就不能正确地认识市场。

第二篇阐述规则（制度），正是诸如货币、价格、企业和道德法律等等规则构成了市场运行的微观基础。

货币是基础性的市场规则。第六章通过对沈华嵩教授《经济分析原理》一书的评论，来说明货币与价格的关系。我们认为"货币"不能理解为"数量"，而应该理解为规则，货币与价格的关系不能简单地从"货币数量的变化对价格变化的影响"这一角度考察，而是要首先考察如何才能有正当的货币规则，因为只有在这基础上，才能生成公正的价格。当把货币纳入到法律（规则）框架中时，"微观经济学"与"宏观经济学"之分也就消失了。

在第七章，我们讨论利息（这里指"利率"），利息是"现在与未来"的价格。在利息问题上，有两种截然不同的利息理论，即"生产力利息论"和"时间偏好利息论"，在"资本的时间与结构：从庞巴维克到拉赫曼"这一章中，我们将考察出现这种分歧的根本原因。我们认为，这种分歧源于对"资本"和"时间"的不同认识。资本的"基金论"和"单维"的时间观所导致的是"生产力利

息论"，而资本的"结构论"及"非单维"的时间观所导致的是
"时间偏好利息论"。笔者赞同米塞斯的观点，即利息是纯时间偏好
现象，并不源于资本品的使用，也不是对资本服务的支付，在没有
生产的纯交换经济中也会出现。

"企业"是市场经济的微观基础。在第八章《企业的性质："企
业家定价"还是"定价企业家"》中，我们从"企业家"的角度对
企业的性质进行考察，指出在科斯传统中，没有真正的企业家，只
有管理者，企业家与要素所有者签订合约实际上是给要素定价，是
"企业家的定价"替代"市场的定价"，因此，科斯传统可看作为
"企业家定价"的传统。而本章指出由于"企业家"不是生产要素，
没有市场价格，企业家只有通过建立组织才能实现自身的定价，企
业实际上是"定价企业家"的机制。本章用这一新视角探讨了"企
业的存在"、"企业的边界"以及"企业的内部组织"等三个企业理
论的基本问题，并对"交易费用"的含义进行了重新解读。

无可否认，道德是市场经济的基础性规则，该怎么理解道德的
含义呢？在第九章《理性与道德：安·兰德与米塞斯学术思想比
较》中，通过对奥派，尤其是米塞斯与安·兰德学术思想的比较，
阐述理性与道德的关系。我们认为，米塞斯笔下的"理性"具有双
层含义，即既是作为名词使用的"理论假设"，同时也是作为形容
词使用的"行为规范"。后者把理性和道德联系起来，把道德视为
理性概念，即"道德"可以理解为"遵循有助于协调的规则的理
性"。安·兰德所强调的"理性"也是一个规范性概念，或者说，
是对人的行为提出的一种要求，其中主要是"思考"，在她看来，
不运用自己的理性就是不道德的，也即道德是由理性本身来定义
的，而不是用某种规则，如协调性规则来定义的，这是安·兰德和

米塞斯非常大的一个区别。当然，安·兰德的理性概念也包含了规则（自然法）的思想，否则她无法说明社会为什么会存在，或不同的行为为什么能够实现协调。在这一章，我们还讨论了利己与利他问题，区分了利他和利他主义，认为利他主义与不顾正当规则的利己（"精致利己"）会破坏社会的协调，因此两者都是不可取的。

第三篇的主题是"协调"。市场是一个自发的协调过程，"协调"思想可以从"行动-规则"的框架中自然地推演出来。

众所周知，市场的自发协调有赖于"价格"。在第十章《价格如何协调市场：干预主义的谬误》中，我们指出干预主义者没有从"协调"角度认识价格，反而认为市场价格可以人为调节，这是因为他们对"人的行动"的认识有误，他们简单地把市场中的人视为只对价格信号做出"机械反应"的人，而实际上市场中的人都是"行动"的人，人们对价格变化所作出的反应并不遵循固定的模式，价格内生于人的行为，价格对市场的协调是通过对人的行为的协调实现的，价格对市场的协调是一个创造性的过程，任何干扰价格或干扰人的行为的举动都会损害市场的协调功能。

第十一章对"协调"这个主题做了深化，通过对"无政府资本主义"（简称"无政资"）思想的阐述，说明政府和市场的关系，指出维护有助于协调的法则的政府可以视为市场的一部分，或者说政府也要服从于有助于协调的规则，而不能独立于这些规则之外。因此，政府和市场其实不是并列关系。"无政资"不是乌托邦，因为它不是静态的建构，而是一个"市场过程"概念。它是对古典自由主义"小政府"理念的超越，因为后者认为政府必不可少，需要的只是监督，然而，监督政府事实上是不可能做到的，只要承认政府必不可少，政府就会越来越大，并构成对自由的威胁。"无政资"

从"协调"的角度对政府的角色作了重新认识，认为"政府"应该被视为一种"功能"，要允许市场中的其他机构与之竞争，谁最终承担某种功能要交由竞争过程决定。

"无政资"反对的不是"政府"，而是"垄断"。作为一种"功能"的政府，只要允许其他机构与之竞争，那它是可以存在的。这样，我们就把"市场"一般化，也把"政府"市场化。"无政资"给人类提供了一种新的治理模式（特别是对民族国家的超越），为更加自由与繁荣的社会提供了新的可能性，为人类的未来展现了全新的图景。

本章也评论了罗斯巴德的"无政资"思想，认为他虽然是"无政资"的倡导者，但他的"无政资"并没有充分地把"协调"思想体现出来。本章对此作了分析，说明罗斯巴德虽然接受了米塞斯的先验主义，但没有接受由米塞斯发展起来的、强调行动人或企业家的动态主观主义和功利主义，也没有接受哈耶克的自发秩序思想。本章认为应该用协调视角的"无政资"代替罗斯巴德以自然权利思想为基础的"无政资"。

"自发秩序"是市场的重要特征。第十二章《哈耶克自发秩序论的三大误读》包括两个部分，第一部分从四个方面考察哈耶克秩序理论的主要内容，包括秩序的分类、自发秩序论的理论渊源、自发秩序论的微观基础以及形成自发秩序的前提条件等。第二部分指出人们对哈耶克自发秩序论的三个误读并进行澄清，这三个"误读"分别是自发秩序的思想与非序的社会现实之间有冲突、规则演进的模仿机制与集体选择机制之间不一致、群体选择背离了方法论个人主义。

在主流经济学中，"外部性"被认为是市场不能实现"自发协调"的原因，对此，笔者在第十三章《论市场的公共利益：外部性不意味着市场失灵》中提出了不同的观点。本章从"主观主义"的角度对"外部性"概念作了重新解读，并提出了"市场的公共利益"概念，认为市场实际上就是一个外部性的海洋，在市场经济中，消费者与企业家都会对"外部性"做出反应，并作出调整，可见外部性是一个"过程"概念。在这一调整过程中，市场的公共利益得到增进，可见外部性本身不是一个问题，不代表"市场失灵"，阻碍人们对外部性做出反应的规则才是问题。众所周知，外部性与"产权"概念相关，本章对产权作了进一步的说明，指出"产权"是一个"状态"概念，会随着个体行动而不断得到调整。本章还比较了科斯的"社会总产品"概念与"市场公共利益"概念，认为前者是静态的，缺乏现实的方法论基础。

有人认为，在大数据时代计划经济将重新变得可行，即借助于大数据和人工智能等先进技术，"人为的协调"可以代替"市场的自发协调"。我们认为这种观点事实上是在新古典经济学的"经济人-最大化"框架下思考问题。第十四章《大数据、认知与计划经济》对此予以了详细的批驳。本章首先区分了数据、信息和知识这三个容易混淆的基本概念，说明数据是明晰的、客观的，而信息本质上是主观的、隐含的和实践的，数据被个体理解之后才会转化成"他的"信息，而这种理解涉及"知识"。人们在使用数据之前先会利用知识去判断该数据的重要性，而计算机不能替个人做出这样的判断。个体确定目标后，才能决定如何处理数据，否则他会在海量的数据面前不知所措。个体行动的原因是他的目的，而不是数据，相反，数据是人们行动的产物。计算机处理的是历史数据，它不能替个体决策，替个体做出判断。更为重要的是，没有个体财产权制度，没有市场的有效运行，甚至数据本身都不可能产生，或者产生的是扭曲的数据信息。

第四篇是"行动-规则"框架的具体应用。利用这一框架，本篇解释了三个现象，分别是经济增长、地方政府竞争和中国的改革。本篇着力批驳了张五常教授以及其他一些著名学者的"地方政府竞争"论，认为这个观点严重误导了人们对中国过去四十多年经济高增长的原因的认识，就其造成的思想混乱而言，它属于经济学界给中国社会造成的危害最大的观点之一。当然，它也充分暴露了新古典经济学，特别是芝加哥学派的根本缺陷。这个错误具有普遍性，它代表的不是一个人的错误，而是整个主流经济学界所犯的错误。本篇还探讨了企业家与经济增长的关系，并对中国的改革的经验做了重新解释。

第十五章《企业家与经济增长》说明中国的增长故事是"行动－规则"框架所包含的观点的一个证明，即增长是协调意义上的理性（行动）的产物，而这种理性又有赖于自发生成的规则。本章还比较了熊彼特和奥派，说明为什么奥派的企业家理论比熊彼特的企业家理论更能说明经济增长。我们提出了"奈特-柯兹纳企业家"概念，从不确定性和主观性两个方面重新解读了"企业家创新"的内涵。中国要实现持续的增长，不仅要拆除限制企业家创新的各种制度障碍，还要维护并尊重竞争中自发形成的制度。

第十六章提出了从"行动"的角度理解产权，把产权定义为"拥有发挥企业家才能的创造物"，认为产权问题的核心是能不能"发挥企业家才能"。本章用这种思想重新解释了"地方政府竞争"，试图澄清张五常等一大批著名学者制造的一个严重的思想混乱，也是对中国过去四十多年经济高增长的重新解释，是对前一章的深入，是笔者用力最多的一章。

张五常等人把"对地方政府的激励"等同于"经济增长实现"，前者是"最大化"问题，对应于最大化合约；而后者是"协调"问题，对应的是一般性规则意义上的合约，包括价格、私有产权、限制政府权力的法律等等。张五常等人对"地方政府竞争"的解释，有意无意地为政府配置资源背书。一种最坏的制度（政府配置资源），被他们解释成了最好的制度。

"地方政府竞争"以及与之类似的"财政联邦制"（"分权论"）、"晋升锦标制论"等等，都把政府配置资源视为中国经济增长的重要原因，然而，"政府不能参与资源配置"不仅是奥派经济学家，也是大部分古典经济学家和大部分新古典经济学家都接受的一个常识。难道这个常识在中国不适用了？还是大部分经济学家都错了？张五常等人制造了这个困惑。我们从"行动"视角的产权入手，指出了张五常等人的错误解释，说明他们之所以得出这个背离经济学常识的结论，一个重要原因在于他们没有认识到市场及作为其结果的经济增长是规则的协调过程，对某类主体（地方政府）的行为的（最大化）解释，不等于对市场过程的解释。

"地方政府竞争"基于新制度经济学"合约视角的产权观"，这种产权观又是建立在合约概念和"最大化"之上的。合约视角的产权虽然解释了地方政府的最大化，但没能解释为什么地方政府的"最大化"会产生"积极的资源配置效果"。事实上，需要解释的不是为什么地方政府能够"最大化"，而是地方政府的行动为什么能够和其他主体的行动相协调，也即产生积极的资源配置效果。"合约"视角的产权只是解释了地方政府的最大化，但没能解释为什么地方政府的"最大化"会产生"积极的资源配置效果"，即具有

"协调性"（"生产性"）。换句话说，如"地方政府竞争"论只是解释了地方政府为什么能够最大化，那张五常等人的目的显然没有达到，他们想要说明的是为什么地方政府的"最大化"会产生积极的资源配置效果，而这恰恰是他们没有解释的，他们只是解释了地方政府为什么能够最大化。我们指出，是市场价格而不是最大化合约，使地方政府能够"理性地"行动，使其行动能够和其他主体的行动相协调，从而具有"生产性"。这种协调性的实现，不是因为人为的（最大化）合约，而是借助了一般性规则（价格）。这种合约只是地方政府利用价格的结果，而不是地方政府能够理性行动的原因。

本章对张五常等人的错误做了进一步的剖析，认为合约视角的产权理论基于均衡思想，假设协调人的行动所需要的一般性规则（包括价格）已经存在，剩下的只是一个设计最优合约来确定产权的问题，但这个前提假设并不成立，即理想的一般性规则事先并不是已经存在。一般性规则是合约的基础，也是决定个体（如地方政府）行动的关键。产权首先受一般性规则的规范，然后才是受当事人之间签订的合约的规范。一般性规则需要被不断发现，被认识，产权在这个过程中不断被完善的，因此产权不是"最大化"概念，而是"过程"概念。

另外，由于张五常把产权视为合约问题，也导致他错误地得出"所有权不重要"的结论。更需要指出的是，由于张五常等人没有区分"最大化合约"和"一般性规则意义上的合约"，因此也没有区分"设计"和"自发性"，进而把"市场"看作是一个如何设计最优合约的问题，这是理性建构思维，恰恰是"反市场经济"的。

还要说明的是，任何一种行动都可以用约束条件下的最大化去解释，而什么构成约束条件，完全凭借观察者自己的臆断或想象（拍脑袋）。所以严格地说，张五常的"经济解释"不构成一种经济学理论，因为它没有提供确切的、有关因果关系的知识。

张五常等人把对地方政府的最大化的解释等同于对经济增长的解释，这是犯了"从局部直接跨到全局"的错误。用一个成语说，这是"盲人摸象"。另外，缺乏"过程"的思想也是张五常等人做出错误解释的原因，他们没有认识到地方政府竞争是在扩展秩序中产生的。他们只是静态地考察现象，其合约思想（最大化）正是这种静态思想的集中体现。

本书最后一章，也就是第十七章讨论中国改革问题，也可视为前一章的深化，即继续回答使人的行动具有理性的制度条件是怎么形成的。笔者认为中国在过去四十多年取得了成功，但我们并不准确地知道我们怎么取得成功，如张五常那样的经济学家对中国的成功做出了错误的解释，这就非常危险，因为只有理解我们怎么取得成功，才有可能继续这种成功，否则就不会延续。中国的改革，正在遭受各种错误观念的威胁，只有澄清这些错误观念，未来才能少走弯路。

中国的改革是"制度生成"的过程，而非"制度设计"的过程。我们把"改革"作为一种"人的行动"来考察，认为"改革"指的是一种"理性的行动"，也就是使自己的行动与他人的行动具有协调性的理性的获得，这种"理性"是改革者从生成的制度中习得的。正是遵循了非意图地生成的制度，才使个体（包括改革者）具有理性。假如没有已经生成的制度，那么改革者自己将不知道如何行动（"改革"）。大部分的"改革"是市场主体在竞争过程中对自己的"改革"，即自发地调整自己的行为，只是这种调整没有被称为"改革"。企业家（无数的个人）才是改革的主角。假如不允许制度生成，那么新的制度也就不可能出现，改革也就不可能发生。

本章还比较了两条市场形成路径：一是前苏联与东欧国家通过产权界定，即所谓的"私有化"来形成市场（简称"苏东模式"），但并不成功；二是中国在放松管制的过程中，通过发挥个体的企业家才能来形成市场。为什么在1978年之前，中国的管制相对苏联和东欧要弱一点？这是因为中国的工业基础太薄弱，人口实在太多，难以在短期内建立大量国企来把大量的人口都纳入到国企中。这使得大量人口留在计划部门之外，特别是农民，他们的企业家精神仍然被保留下来。在获得自由之后，他们在自谋职业的过程中发挥了企业家才能，也创造了市场过程，这是中国经济改革取得成功的根本原因。

所以，这里我们看到私有化不等于市场化。私有化（用合约界定产权）并不必然产生价格，产生价格的前提是个体拥有"人的行动"视角的产权（个体能够发挥企业家才能）。私有化的方案可以设计，但市场过程是无法设计的，因为拥有私有财产并不意味着拥有企业家才能和发挥企业家才能的激励。因此，虽然苏联和东欧进行了私有化改革，但竞争性的市场过程并没有出现，至少在一开始是这样的。

第一种模式，即苏东模式比较符合张五常等人"合约"视角的产权观，认为用合约把产权界定清楚，就会出现市场，苏东的经验也说明这种思路的错误。而第二种模式，即中国的改革，从产权角度来说，就是承认了第十六章提出的"人的行动"视角的产权，因此取得比较大的成功。因此，这一章也可以视为前一章提出的观点的一个应用。

我们把改革视为"制度生成"的过程，这是奥派过程思想的应用。主流经济学恰恰是忽视了价格在"制度生成"中的作用，只是在给定价格下求解最大化（如张五常的合约理论），或只是说明价格在调节供求中的作用。中国的改革过程让我们看到价格与制度的相互关系，即价格引导人的行动，使人的行动具有理性（与他人的行动协调），理性的行动产生具有协调作用的制度。笔者认为这是一个具有原创性的观点。因为在主流经济学中，价格与制度是分离的，比如新古典经济学把制度视为给定的，而新制度经济学却把价格视为给定的。实际上，价格和制度都不能作为预设，而是扩展生成的过程。价格是不断生成的，制度也是不断生成的，并且两者是相关的。

中国改革开放的过程是自发演进的过程，不是理性设计或规划产生的，中国改革开放取得的成功是人类历史上通过自发演进取得的最大规模的成功。如说苏联和东欧的剧变是在"否定的方向"上验证了奥派的思想，即计划经济不可行，也必将失败，那么中国改革开放取得的成就就是在"肯定的方向"上验证了奥派的思想，即市场经济不仅是可行的，也会产生"好"的非意图的结果。

还要说的是，无论是企业家（十五章）、地方政府（第十六章）、还是改革者（第十七章），他们都需要借助于"规则"的生成才能"理性地行动"，即与其他主体的行动兼容。比如，在第十五章，说明的是企业家要借助于"价格"这种规则才能追求利润；在第十六章，说明的是借助于"价格"这种规则而不是人为设计的合约，才使地方政府得以理性地行动；在第十七章，说明的是改革的成功是因为那些自发产生的有助于协调的"规则"被改革者所发现。

本章除了对中国的改革做出解释之外，还探讨了改革的前景，认为改革前景存在不确定性。这很大程度上是因为我们虽然取得了很大的成功，但并不理解我们为什么能够取得成功，我们对使我们成功的那个原理相当陌生。

在"结束语"中笔者再次强调了"行动-规则"方法所具有的颠覆性意义。笔者指出市场经济不只是一个产权制度问题（芝加哥学派或新制度经济学派），更是认识世界的方法问题，后者才是根本性的。这样，笔者也对哈耶克"致命的自负"的思想做了深化，认为区分"正确的理性"与"错误的理性"，要比区分"谦卑的理性"（承认无知性）与"自负的理性"更重要，即问题的关键不是"理性的狂妄与否"，而是"理性的正确与否"，即是否掌握"认识世界的正确方法"。

结语

本书是在 2009 年笔者在上海三联书店、上海人民出版社和格致出版社共同推出的"当代经济学文库"系列之一《市场的本质：人类行为的视角与方法》的基础上扩充而成的。本书保留了其中的 8 章，分别是第 1、第 2、第 4、第 7、第 8、第 10、第 12、第 15 章，其余 9 章是新增的，另外前言、结束语、后记等都是新增的，对原来保留下来的 8 章也做了修改。本书突出了"行动-规则"这一主题。所以无论是从新增添的内容的体量还是从主题的重新定位而言，本书都不是原书的简单扩充而更像是一本新书。

米塞斯说："过去两百年，由白种人发展出来的现代文明，其命运与经济学的命运有不可分的关联，这一点是必须强调的。这个文明之所以能够产生，就是因为人们都接受经济学的教义应用到经济政策的问题上面。"[1] 经济学对文明的进步尤为重要，多一个人接受经济学，多澄清一个谬误，市场经济的推进就多了一分可能性。希望本书对读者理解市场经济有所帮助，不当之处也敬请批评。

朱海就

2020 年 8 月于浙江工商大学

---

[1] 米塞斯：《人的行为》，夏道平译，上海：上海社会科学院出版社，2015年，第 9 页。

第一篇

以『人的行动』为基础的经济学方法论

第一章 经济学中的"人的行动"

19 世纪末，新古典经济学家与奥派经济学家门格尔共同发动了边际革命，区别于古典经济学，边际革命使经济学有了微观基础，也就是个体的行为，"边际效用"的分析说明经济学家开始对"个人的主观存在"予以重视。但 20 世纪 30 年代后，新古典经济学逐步走上了以"经济人-最大化"为特征的道路，其对个体行为的假设也相应地发生了变化，表现为主观成分越来越少，新古典经济学似乎又回到 19 世纪以前的古典经济学时代。本部分将着重考察新古典经济学与奥派的方法论是如何处理个体行为的。通过这一比较，说明经济学对个体行为的不同处理。

一、 新古典经济学方法论中的"人的行为" [1]

理性人需要"充分信息"吗？

人们通常以为新古典一般均衡理论中的理性人要拥有充分的信

---

[1] "人的行动"一般是指有目的的行动，在新古典经济学中，这个意义上的"人的行动"概念是缺失的，因此对新古典经济学来说，用"人的行为"更为合适。下文在涉及新古典经济学时，用"人的行为"；在涉及奥派时，用"人的行动"。在少部分场合仍然保留"人的行为"这一用法，因为它在这些场合已经成为习惯用法。

息，而实际上这是一个有争议的问题。自亚当·斯密以来，市场中不同主体的行动是如何实现协调的，这一问题一直是经济学的一个主要问题。直到 19 世纪 70 年代，随着门格尔、杰文斯和瓦尔拉斯等的出现，这一问题才有了明确的答案。在瓦尔拉斯看来，市场中的主体都面临着同样的价格束，这个价格束提供了协调市场中不同主体的行动所需要的信息。每种商品都拥有的价格使供给与需求相等，如果不等，至少某些价格会发生变化，而在供给与需求相等的情况下价格不发生变化。他的一般均衡模型向人们表明，市场是相互联系的，任何商品的供给与需求都取决于其他商品供给与需求的价格，整个市场的均衡不能被分解为孤立的某种商品的均衡。人们通常认为，瓦尔拉斯"一般均衡"思想包含了个体充分信息假定，"拍卖人"必须有有关市场参与者的需求和供给的完备信息，并且能预见消费者需求和偏好的变化。一般均衡模型不允许人们"不知道"，在这个模型中，人们的信息是完备的。[1] 充分信息意味着所有主体在一开始就已经充分认识到所有可能的参与者，他们的战略及支付。[2] 在奥派经济学家拉赫曼（Lachmann，L）等人看来，一般均衡假定中的"拍卖人"应该拥有市场提供给他们的所有可能的信息，否则一般均衡不能成立。[3]

但现代新古典经济学家的代表人物之一阿罗（Arrow，K）提出了与众不同的看法。1974 年他在《美国经济评论》上发表了一篇

---

［1］ Addleson，M.，*Equilibrium versus understanding：Towards the restoration of economics as social theory*，Routledge：London and New York，1995，p. 59.

［2］ Ikeda，S.，"Market Process"，in Boettke，P. J（ed.），*The Elgar companion to Austrian economics*，Aldershot：Edward Elgar，1994，p. 22 - 29.

［3］ Lachmann，L. M.，*The market as a economic process*，Basil Blackwell，1986，p. 30.

名为《有限知识与经济分析》的文章，在文章中，他说在市场这个系统中个体"不需要知道很多"，新古典模型最有吸引力的地方是个体只需要"适度的信息"，价格机制会以低成本的方式传递这种适度的信息。阿罗试图证明在市场中不需要充分信息假定，也可以存在一般均衡。

在这里我们暂且搁下"适度信息"与"一般均衡"是否能相容，理性人是否要求有完备信息这个条件等问题，先来看新古典经济学的其他行为假设。

"理性预期"和"理性选择"假定的假定：外生决定和稳定偏好

新古典均衡方法建立在严格的理性假定之上。这种理性假定是指"最大化"，如假定生产者总是追求利润最大化的，消费者总是追求效用最大化的。[1] 瓦尔拉斯一般均衡状态意味着生产者会不断调整价格，直到实现利润最大化，这时消费者的最大效用也得到满足，当每个人都不想调整自己的计划时，就实现了最大化。这一假设也意味着生产者和消费者都有无穷的计算能力。

新古典经济学的"理性预期"和"理性选择"是人们比较熟悉的两个有关个体行为的假设。"理性预期"与"理性选择"有密切的关系，有"理性预期"才能进行"理性选择"，这实际上也是宏观经济学的理论假设。但人们往往会忽视，"理性预期"和"理性选择"假定是建立在另外两个重要的假定之上的，即外生决定和稳

---

[1] Kaldor, N., "The Irrelevance of Equilibrium Economics", *The Economic Journal*, Vol. 82（1972），pp. 1237 – 1255. 在新古典经济学的均衡模型中，还假设个体的行为"不受其他个体影响"，即"独立性"假定，此外还有"偏好的可传递性"假定。

定偏好。稳定偏好容易理解，而"外生决定"不容易理解，它指的是新古典模型中的个体是按照经济学家设计好了的路线走的，通俗地说，个体选择是被动的，不是能动的，个体行为是被经济学家设定的模型所决定了的，经济学家已经为个体的选择设计了程序，这个程序通常包括"刺激-反应-最大化选择"等几个步骤。在给定的约束条件下，新古典模型中个体能够自动地根据外部条件的变化做出最优的选择，无论在什么情况下，个体都能找到最优的解决方案，如消费者面对的所有的选择都以杰文斯无差异曲线的形式体现在他面前，消费者会自动地选择效用最大化的商品集。一个典型的例子是阿罗认为竞争性均衡的条件是消费者在既定的约束条件下会选择使自己效用最大的消费束。[1]"即使是那些认为个体不应该被忽视的新古典经济学家，如加里·贝克尔和乔治·斯蒂格勒也认为所谓的口味和偏好的差别，通常被看作是由经济学家决定外生了的，口味与偏好被解释为是对收入和相对价格变化的反应。"[2]"外生决定"还包含了另一层意思，即个体是"全知全能"的，即个体能根据其他个体的变化立即做出相应判断和调整，不需要准备，任何个体都能完成和实现这种调整，而且这种调整也是不需要时间的。

要补充说明的是，个体外生决定假设的一个直接结果是导致理论的"决定论"。如莫根斯坦因（Morgenstern, O）在说明"瓦尔拉

[1] Arrow, K. J., "General Economic Equilibrium: Purpose, Analytic Techniques, Collective Choice", *The American Economic Review*, Vol. 64 (1974), pp. 253 - 273.

[2] Caldwell, B. J., "The Neoclassical Maximization Hypothesis: A Comment," *The American Economic Review*, Vol. 73 (1983), pp. 824 - 827.

斯-帕累托范式"(Walras — Pareto Fixation)存在的问题时指出:"在这种范式中,效用理论是完全决定论的(deterministic),例如教科书上各种无差异曲线分析。一般均衡理论就是如此,虽然阿罗、伯赫(Borch, K)和德布鲁(Debreu, G)对这个结构做了重要的修正。"[1] 新古典经济学通过引入概率来解决"不确定"问题,但这只是一种外生的处理方式,并没有解决理论本身内在的决定论特征。

另外,新古典经济学还有"个体偏好的稳定性"假设。无差异曲线和波普尔(popper, K)的"经验-实证"的方法都隐含了稳定偏好的前提,因为如果个体的偏好不稳定,无差异曲线将不会存在,同样如果个体的偏好不稳定,那么意味着要马上做"经验-实证"检验,而且要不停地做"经验-实证"检验,因此,如果偏好不稳定,"经验-实证"方法将失去意义。

奈特(Knight, F. H)认为新古典经济学除了"其他条件相同"(caeteris paribus)这一原则外,还有两个前提条件,一是个体的满意函数(satisfaction function)或无差异曲线图(indifference map)在变化过程和变化之后都是一样的;第二个假定是个体在满意函数的基础上极少会有例外的行为,即"包含非经济动机"、"选择会犯错误"等的可能性都已经排除在外。[2] 这两个前提条件与上述"稳定偏好"的含义是相近的。稳定的偏好还隐含了主体获得的信

---

[1] Morgenstern, O., "Thirteen Critical Points in Contemporary Economic Theory: An Interpretation," *Journal of Economic Literature*, Vol. 10. Issue. 4 (1972), pp. 1163 – 1189.

[2] Knight, F. H., "What is Truth" in Economics? *The Journal of Political Economy*, Vol. 48, No. 1 (1940), pp. 1 – 32.

息是一个常量，如果信息的数量和内容发生变化，个体的选择也可能会发生变化。[1] 贝克尔也特别指出稳定偏好、最大化和均衡是新古典经济学最基本的三大特征。[2]

个体行为 "不重要"

对于如何处理个体行为，新古典经济学家有两种相近的观点，一是以帕累托、德布鲁和阿罗等人为代表，把个体看成是一个点、矢量或原子，如阿罗-德布鲁模型是建立在把个体的行为当作是 "商品空间" 上的一个 "点" 的基础之上的，一旦确立了主要概念之间的关系，分析的问题就变成了求解系统或系统的均衡；[3] 另一种观点认为个体的行为假定不重要，只要考察结果是否与预期的一致，预期的好坏是判断理论的主要标准，这种方法的代表人物是弗里德曼（Friedman，M）。

新古典经济学对经济现象做了高度的抽象，其中一个重要方面是对个体行为所做的简化，帕累托本人接受了这个观点，即一旦个体把他们的偏好次序或 "口味" 的记录留下，那么他们在研究（scheme）中就不再需要。[4] 在新古典经济学家看来，一旦偏好函

[1] Caldwell，B. J.，"The Neoclassical Maximization Hypothesis：A Comment," *The American Economic Review*，Vol. 73（1983），pp. 824-827.

[2] Boettke，P. J.，"What is wrong with neoclassical economics and what is still wrong with Austrian economics," in Foldvary，Fred E.，*Beyond neoclassical economics：heterodox approaches to economic theory*，Cheltenham：Edward Elgar，1996，p. 24.

[3] Klamer，A.，Formalism in twentieth-century economics，in Boettke，P. J.（ed.），*The Elgar Companion to Austrian Economics*，Edward Elgar，1994，p. 49.

[4] Addleson，M.，*Equilibrium Versus Understanding：Towards the restoration of economics as social theory*，Routledge，1995，p. 45.

数建立之后，个体的"选择"是怎么做出的就不需要再多解释。[1]在德布鲁的文章中这点也得到了高度的体现，他说："我要考察和讨论的理论的最重要的概念是'商品空间'，一个经济系统中所有商品可以列出，用 l 代表商品有限的数量，在选择了测量它们中每一种的单位，以及区分投入和产出的符号之后（对消费者投入是正的，产出是负的；对厂商投入是负的，产出是正的），我们可以通过'商品空间'中的一个维度 R^l 来描述经济主体的行为。"[2]

弗里德曼认为最重要的是"预期"而不是"假设"的真实性，如果预期正确，那么自然地可以认为假设是正确的。如果一个模型预期的结果很好，那么"自然地"就可以认为个体的行为与模型的要求是相符的，因此也根本不需要探讨个体行为假定的特征。他强调判断理论优劣的依据是理论的预期能力，而不是理论的内容或形式。[3]他的上述立场充分表明他是一个"经验-实证"主义者，他所持的是"工具主义"方法论。[4]

在新古典经济学的消费者行为理论中，消费者其实是可以忽略不计的，因为"消费者"可以用"商品"来代替，消费者消费的商

[1] Addleson，M.，*Equilibrium Versus Understanding*：*Towards the restoration of economics as social theory*，Routledge，1995，p. 45.

[2] Debreu，G.，"Economic Theory in the Mathematical Mode，"*The American Economic Review*，Vol. 74，No. 3（1984），pp. 267 - 278.

[3] Dow，S. C.，*Economic methodology*：*an inquiry*，Oxford University Press，2002，pp. 61 - 62，115. 奥派经济学家拉赫曼认为经济学家应该承认他们不能对世界进行预期，他们的任务是提供解释，见 Lachmann，L. M.，*Capital*，*expections*，*and the Market Process*：*essays on the Theory of the Market Economy*，ShEED ANDREW AND McMEEL，INC. 1977，p. 89.

[4] 但要指出的是弗里德曼本人并非没有意识到社会现象的复杂性，以及预期方法的局限性。见 Caldwell，B.，*Hayek's Challenge*：*An Intellectual Biography of F. A. Hayek*，Chicago & London 2004：The University of Chicago Press，p. 386.

品数量可用效用来代替。基于消费者行为理论的新古典福利经济学隐含了一个重要的前提，即消费者之间的效用是可以比较的，因此也是可以加总的。但是这种处理忽视了消费者之间的差异性，而且也把"边际效用递减"这一体现消费者心理特征的重要规律给抹去了，消费者进一步被看成是一个"点"和可以忽视的个体。[1] 类似地，在新古典的厂商理论中，企业也被看作是"黑箱"。

二、 奥派的"人的行动"观

人必然是"理性的"：理性与有目的行动

按米塞斯的说法，奥派最基础的假定是"人的行为是'有目的的'"，通俗地说，即"人做某事是有理由的"，这是他们对"理性"概念最基本的理解。拉赫曼把理性与行动的"计划"联系在一起，他区分了实施（conduct）和举止（behavior），他说人在行动（action）之前都要做计划，否则就不是理性的"实施"，而仅仅是非理性的"举止"。[2] 他这里所说的"计划"与"有目的"实际上是同一个意思。关于奥派经济学家眼中的"理性"，其最基本含义

[1] 罗宾斯（L. Robbins）在上世纪 30 年代否定了个体之间效用的客观比较的可能，霍奇森（T. W. Hutchison）几年后也指出了以消费者内部的效用比较为基础的消费者理论的逻辑矛盾，并否定了以消费者之间的效用比较为基础的福利经济学。见 Blaug, M., *The methodology of economics or how economists explain*, Cambridge University Press，1980，p. 89.

[2] Lachmann, L. M., *Capital, expections, and the Market Process: essays on the Theory of the Market Economy*，ShEED ANDREW AND McMEEL, INC. 1977，p. 68.

有两层，分别是"人的行动"和"行动的目的性"。他们认为，人们"行动"的原因是人自身的"目的"，而不是社会的、历史的或心理的等等其他原因。[1]米塞斯说他的"行动学"研究的是正常人的行动，也就是"理性人"的行动，他强调"人的'行动'必然且一直是'理性'的，因此，'理性行动'这个词是多余的，可以不使用"。[2]如考德威尔（Caldwell，B）所说，"如同哈耶克，米塞斯允许他的'行动人'在他做决定的时候，自己选择最使他快乐的行动"，[3]这也就是米塞斯所说的"理性"：人们的"决定"和"行动"都不是按照新古典经济学的"经济人"、"最大化"或"效率"等标准做出的，而唯一的根据是他自己的目的。

米塞斯说个体的目标和价值判断不能被进一步分析，这也不是经济学家要关心的事，经济学家要关心的是实现目标的方法和手段，而对人的目标和价值判断保持中立。按米塞斯的理解，如果一个经济学家说某种行动是"理性的"或是"非理性的"，实际上该经济学家进行了价值判断，因为设定了一个人为的"标准"。实际上奥派经济学家对"理性"的概念没有做过多的解释，而是把这个当作是一个事实，认为正常人的行为就是理性的，无需说明理性还

[1] Steedman，I，"On some concepts of rationality in economics，" In Eral，P. E and frown，S. E（ed.），*Economics as an art of thought：essays in memory of G. L. S. Shackle*，Routledge：London and New York，2000，p. 115.

[2] Mises. L，Von.，*Human Action：A treatise on Economics*，Third Revised Edition，Fox & Wilkes San Francisco，1966，p. 18.

[3] Caldwell，B.，Hayek and culture evolution，In Mäki，U.（ed.），*Fact and Fiction in Economics：Models，Realism，and Social Construction*，Cambridge University Press，2002. p. 291.

是非理性。[1] 他们还认为"理性"并不意味着完全的知识（信息）和准确的预测（选择），也不意味着偏好的稳定性与可传递性等。米塞斯认为谴责经济学家忽视对"非理性行为"的研究是再愚蠢不过的，因为根本没有"非理性"这一回事。[2] 米塞斯认为行动不能实现所预期的目标并不能说明行为是非理性的，他认为人在选择和实施方法上犯错误是正常的。某种行动没有达到要实现的目标，或与要实现的目标完全相悖，但在这种情况下，他的行动仍然是理性的行动。米塞斯说，与"行动"（action）对立的不是"非理性行动"（irrational behavior），而是"刺激反应"（stimuli）。[3]

不完备知识

奥派经济学家强调的是个体知识的不完备性，我们只要稍微想一下就知道，完备知识与人的存在是相矛盾的，只要时间流动，真实存在的人必然会接触和产生新的知识，在真实状态下知识永远不可能完备，如门格尔就明显认识到人的无知性和容易犯错的特点。[4] 在这方面，拉赫曼有精彩的论述，他认为知识在市场过程中是流动的，他说："'新古典理论'受到激烈的批评，因为它简单地假定那么多的知识能立即且平等地为所有的人所有。相反，奥派

---

　　[1]　Mises. L，Von.，*Human Action：A treatise on Economics*，Third Revised Edition，Fox & Wilkes San Francisco，1966，p. 21.

　　[2]　Mises. L，Von.，*Human Action：A treatise on Economics*，Third Revised Edition，Fox & Wilkes San Francisco，1966，p. 21.

　　[3]　Mises. L，Von.，*Human Action：A treatise on Economics*，Third Revised Edition，Fox & Wilkes San Francisco，1966，p. 20.

　　[4]　Hutchion，T. W.，*The Politics and Philosophy of Economics：Marxiams，Keynesians and Austrians*，Oxford：Basil Blackwell Publisher，1981，p. 185.

经济学家不认为完备知识是理所当然的,市场是一个连续的过程,在这个过程中,一些市场参与者拥有的知识扩散给很多其他人,同时一些人得到新的知识,一些早期的知识被荒废。"[1] 不完备的知识也意味着预期不可能一直是准确的,因而也不存在新古典经济学所说的理性预期。哈耶克对知识的不完备性更是有充分的论述,他说:"这个事实不仅是任何人都无力加以改变的,而且它本身也是个人主义哲学家据以得出那些结论的一个充分的基础。这就是人在知识和利益方面所具有的那种构成性局限(the constitutional limitation);换言之,这个事实就是人们所能够知道的只是整个社会中的极小一部分事情,因此构成他们行动之旨趣或动机的也只是他们的行动在他们所知道的范围中所具有的那些即时性结果而已。"[2]

偏好的不稳定与不可传递性

米塞斯否定偏好的可传递性的理由是"时间"。他说个体的行动是发生在一个包含时间的过程中的,在不同的时刻,人们的偏好会发生变化,在不同的时刻,人们有不同的需求,因此,偏好是不可传递的。米塞斯认为偏好不稳定,并不能说明人们"不理性",他指出"理性"与"稳定性"是两个完全不同的概念。[3]

---

[1] Lachmann, L. M., *Capital, expections, and the Market Process: essays on the Theory of the Market Economy*, ShEED ANDREW AND McMEEL, INC. 1977, p. 70.

[2] 哈耶克:《个人主义:真与伪》,《个人主义与经济秩序》,邓正来译,北京:生活·读书·新知三联书店,2003年,第19页。

[3] Mises. L, Von., *Human Action: A treatise on Economics*, Third Revised Edition, Fox & Wilkes San Francisco, 1966, p. 103.

预期的非决定性

如上文所说，在新古典经济学中个体的选择是外生决定了的，但奥派经济学家不这么认为，他们认为这是静态主观主义。在静态主观主义者看来，决定个体"选择"的有四个因素：目标或需求的偏好次序；关于"行动（或商品）"与"需求满足过程"之间关系的知识；关于价格的知识；关于收入约束的知识。按照这四个因素的不同构成，新古典经济学家可以重新安排个体的选择，在这种研究方法中，个体的选择是被已经安排好的"原因"所决定了的，解释的推进是被一系列解释性的设定（explanatory apparatus）所支配了的。这些"原因"与"设定"构成了一个具有"决定性"特征的封闭系统。

而在奥派经济学家看来，个体不是经济学家事先的设定或给定的因素所决定的。个体的思想是活的，有创造性的，在个体做出决定之前，不存在决定性的关系（determinate relationship），这是奥派经济学家理解的"动态主观主义"。最根本一点，"动态主观主义"认为影响个体"决定"的因素是不可以清楚地列举出来的。[1]奥派经济学家认为人是会学习的，"学习过程"不仅仅是已知的、某些具有决定性因素的结果，他们认为学习过程包含不可预期的变化，类似地，"预期"也不能被限制在"发现一个已经被决定了的'将来'上"。很多的"将来"是无法事先确定的行为的结果，是不确定因素的产物。动态主观主义与僵化的决定论（建立在完全预期

---

[1] Schackle, G. L. S., *Decision*, *Order and Time In Human Affairs*, 2nd ed., Cambridge: Cambridge University Press, 1969, p. 3 - 7.

理论之上）是不兼容的。[1] 奥派经济学家拉赫曼强调个体能进行预期，预期是会变化的，是不确定的和非决定的，他认为任何忽视"预期变化"的经济理论都是不完整的和误导性的。[2]

奥派经济学家认识到模型中的行为者不能处在一个能预见自己行为的位置上，模型中的行为者认识到他自己的决定是不确定的。德里斯科尔（O'Driscoll）、杰拉尔德（Gerald P. Jr）和里兹（Rizzo，M. J）等几位奥派经济学家认为一个完全决定性（purely deterministic）的理论在逻辑上是不允许的，他们引用波普尔的观点：个体预见他自己将来的知识是不可能的，如果个体不能预见自己将来的知识，那么他也不能预见他的决定。此外，他们还引用沙克尔（Shackle，G. L. S）的观点，后者认为那些根据一些证据，就说明行为者能预见他们自己未来某个时刻的决定的观点，在逻辑上排除了个体在未来那个时刻自己做出决定的能力。[3]

模型中的个体能否进行预期是奥派与新古典经济学的根本区别。奥派认为个体不能被看成是一个模型中的变量，因为个体是一个能进行预期的个体，而且预期是不能被外部因素所决定的，预期本身是会变化的，因此个体的行为也是不确定的。个体的预期意味着个体的行为不是简单的"刺激-反应-选择"，如拉赫曼所说，自

［1］ O'Driscoll, Gerald P. Jr. and Mario J. Rizzo, "Static vs Dynamic Subjectivism," in O'Driscoll, Gerald P. Jr. and Mario J. Rizzo, *The Economics of Time and Ignorance*, Oxford: Basil Blackwell, 1985, p. 24 - 25.

［2］ Lachmann, L. M., *Capital, expections, and the Market Process: essays on the Theory of the Market Economy*, ShEED ANDREW AND McMEEL, INC., 1977, p. 11.

［3］ O'Driscoll, Gerald P. Jr. and Mario J. Rizzo "Static vs Dynamic Subjectivism," in O'Driscoll, Gerald P. Jr. and Mario J. Rizzo, *The Economics of Time and Ignorance*, Oxford: Basil Blackwell, 1985, p. 25.

发的智力活动不是对已有的任何事情的"反应"，在市场过程中，个体可以通过"干中学"找到更有效、更便宜的生产方法，如改善产品的质量，这个过程更多的是自发的创新行为，而不仅仅是对信号做反应。[1] 米塞斯甚至认为"刺激-反应"不能算是人的行动，并且把它排除在行动学研究的范围之外。

企业家精神

在新古典经济学的理论模型中，没有企业家活动的空间。[2] 然而，企业家是奥派最重要的概念之一。奥派经济学家认为促使市场变化的力量来自企业家，企业家是市场均衡的破坏者，只要有企业家，市场就会处于运动过程中，而不是处在静止状态。如熊比特所说的"创造性毁灭"，奥派经济学家认为企业家不断地打破市场均衡状态，企业家不断地发现关于消费者偏好、价格和技术的新信息，这种创造性行为是市场过程的中心内容。企业家预测消费者的需求，警觉市场赢利的机会，利用已有的价格，实施经济计算，组织生产要素，创造并形成未来的产品价格，企业家总是创造出新的产品和价格，使市场处于动态的"过程"中。因此，企业家是市场的创造者，企业家的行动意味着对目前均衡的破坏。[3] 米塞斯是

---

[1] Lachmann, L. M., *Capital, expections, and the Market Process: essays on the Theory of the Market Economy*, ShEED ANDREW AND McMEEL, INC., 1977, p. 153.

[2] Boettke, P., J (ed.), *The Elgar Companion to Austrian Economics*, Edward Elgar, 1994, p. 27.

[3] 奥派经济学家在"均衡"问题上也有分歧，拉赫曼从根本上否认市场均衡，但柯兹纳认为个体行为是非均衡的，但是个体的不均衡相加后，市场在总体上有朝着均衡状态移动的趋势，但到不了均衡。见 Kirzner, I. M., "Entrepreneurship and the Equilibrating Process," in Littlechild, S. (ed.), *Austrian Economics*, Vol. 2, Edward Elgar, 1990, p. 73 – 79.

奥派经济学家中最早对企业家的作用进行详细论述的人之一，他说："市场过程的驱动力不是来自消费者，也不是来自土地、资本、劳动力等生产手段的拥有者，而是来自有促进、投机的作用的企业家……企业家对利润的追求是市场的驱动力，正如它也是生产的驱动力一样。"[1] 米塞斯从广义的角度理解企业家精神，他认为市场中的每个人都具有企业家精神，"企业家不是某一部分人才具有的特征，而是固有在人们的每一个行动和每一个行动者（actor）中的……企业家这个术语在'交换经济'（catallactic）中意味着：唯一地从固有在每个行动中的不确定性方面来看行动的人。"[2] 英国著名经济学家沙克尔用不同的语言表达了同样的观点，他认为人的行为绝不是对外部给定环境的机械的反应，和多数奥派经济学家一样，他认为企业家的行动是不能纳入到严格基于理性人的均衡框架进行分析的。[3]

本章小结

奥派经济学家对人的行动有两个"洞见"：一是人的行动是有目的的（purposeful）；二是人的偏好、人的预期、人的知识所固有的非决定和不可预期（unpredictability）。他们认为这两个洞见反映的是两个不同方面，而不是相互包含的。[4] 个体能进行预期和学

　　[1] Mises. L, Von. , *Human Action*: *A treatise on Economics*, Third Revised Edition, Fox & Wilkes San Francisco, 1966, p. 325 – 326.

　　[2] Mises. L, Von. , *Human Action*: *A treatise on Economics*, Third Revised Edition, Fox & Wilkes San Francisco, 1966, p. 253.

　　[3] Shackle, G. L. S. , *Epistemics and Economics*: *A Critique of Economic Doctrines*, Cambridge: Cambridge University Press, 1972, p. 134.

　　[4] Kirzner, I. M. , "On the Method of Austrian Economics," in Littlechild, S. (ed.), *Austrian Economics I*, Edward Elgar, 1990, p. 315.

习，以及预期的不确定性和企业家精神的普遍存在等都说明个体是不可忽视的。相比之下，新古典经济学家并非不知道现实中个体的真实特征是什么，他们认为对个体所做的高度抽象是出于理论研究的需要。费希尔（Fisher, F）说："即使允许个体能明智地改变他们的预期，也不能（在理论上）允许考虑这个事实，即他们的预期可能会发生错误。简单地说，个体在目前的模型中一直被看作是生活在一个'确定的'世界中的……我没有看到有什么满意的解决办法，微观经济理论主要地是一个'均衡的学科'（equilibrium subject）。我们对非均衡状态下的个体行为知道得非常少。进一步来说，对非均衡状态、不确定情景下的行为做一个正式的处理使我为难，因为在我们目前的知识状态下把它结合进模型过于复杂。"[1]如汉纳等新古典经济学家认为能描述个体学习行为的理论在目前还不存在，言下之意是我们只能承认一般均衡模型中的个体是不会学习的。[2]而帕累托早就表达了类似的思想，他认为经济学如要成为一门科学，就必须对人的行为做高度的简化，用事物之间的关系取代人的行为之间的关系，他说："科学的前进是通过用'事物'之间的关系取代'人的行为'之间的关系。"[3]他甚至说："不再使用'价值'这个概念，因为我不知道，这个概念会传递给人们什么。"[4]

---

[1] Addleson, M., *Equilibrium Versus Understanding*: *Towards the restoration of economics as social theory*, Routledge, 1995, p. 66.

[2] Addleson, M., *Equilibrium Versus Understanding*: *Towards the restoration of economics as social theory*, Routledge, 1995, p. 66.

[3] Rothbard, M. N., *The Logic of Action I*: *Method, Money, and the Austrian School*, Edward Elgar, 1997, p. 50‑51.

[4] Rothbard, M. N., *The Logic of Action I*: *Method, Money, and the Austrian School*, Edward Elgar, 1997, p. 50‑51.

第二章　处理复杂现象的经济学方法

　　经济学是研究由人类行为所构成的复杂现象的规律，在这一点上，经济学家是没有异议的。寻找复杂现象的规律性，让复杂现象变得可理解需要方法。要寻找到正确的方法，需要理解社会现象的独特性。对此，哈耶克在《科学的反革命》一书中谈到社会科学的任务时，有一段话相当有代表性。他说："在讨论唯科学主义对社会研究的影响之前，我们不妨先大概介绍一下社会研究的特殊对象和方法。它研究的不是物与物的关系，而是人与物或人与人的关系。它研究人的行为，它的目的是解释许多人的行为所带来的无意的或未经设计的结果。"[1] 他强调的社会科学的任务是解释人类决策所产生的非意图的结果。[2] 在上一章讨论"人的行为"的基础上，本章通过全面比较新古典经济学和奥派经济学的方法论，说明理解复杂现象的方法。

---

　　[1]　哈耶克：《科学的反革命》，冯克利译，南京：译林出版社，2003年，第17页。见 Hayek, F. A., "Menger Carl," in Littlechild, S. (ed.), *Austrian Economics I*, Edward Elgar, 1990, p. 48.

　　[2]　Kirzner, I. M., "On the method of Austrian Economics," in Littlechild, S. (ed.), *Austrian Economics I*, Edward Elgar, 1990, p. 314.

一、 新古典经济学处理复杂现象的方法

新古典经济学的"均衡"观

"均衡"思想是新古典经济学的最重要的特征之一，也是新古典经济学方法论的基础。自瓦尔拉斯以来，均衡思想在不同的方面得到发展，但主要的两个方面是"一般均衡"与"局部均衡"。瓦尔拉斯首先提出了"一般均衡"的概念，"一般均衡"除了有"静态的"这一思想之外，它还包含了另外两层重要的思想：一是"市场出清"，即在某一产品价格与要素价格下，不同的产品市场与要素市场供求相等；二是"整体的协调"，强调市场中不同部门之间的相互作用和相互依赖。继承瓦尔拉斯的是帕累托，他把一般均衡与最优联系了起来，证明了在一般均衡状态下，每一个完全竞争的经济形态是帕累托最优的，另一层含义是，利用完全竞争均衡的手段，通过对初始资源进行再配置，可以实现帕累托最优。之后，在1954 年，阿罗和德布鲁在一篇重要论文中证明了多部门一般均衡的存在，解决了一直困扰瓦尔拉斯的难题，为一般均衡理论的发展做出重要的贡献，同时他们的论文也成为现代经济学家的模板。对一般均衡理论做出重要贡献的经济学家还包括希克斯（Hicks，J）、费希尔、斯拉法（Sraffa，P）、汉纳（Hahn，F）等，他们从不同方面发展了一般均衡理论。"局部均衡"由马歇尔提出，他的局部均衡思想继承了瓦尔拉斯-帕累托的一般均衡思想，但局部均衡强调的是单部门的均衡，而不是市场中所有部门的均衡。两大均衡理论有差别，但没有本质的不同。

　　新古典经济学家认为市场有走向均衡的"力量"，如供求关系。均衡既是对市场趋势和状态的描述，更是一种重要的思想。现代新古典经济学家所构造的各种各样的模型，无论他们有没有意识到，都直接或间接地包含了"均衡"的思想。古典和新古典经济学家利用均衡概念，对市场的状态和过程，如对斯密"看不见的手"都有了更加深入的了解。在新古典经济学中，无论是"一般均衡"还是"局部均衡"，都得到了广泛的应用，如分别建立在一般均衡理论和马歇尔部分均衡理论之上的帕累托福利经济学和庇古福利经济学，[1] 以及供求分析、完全竞争与垄断竞争理论、凯恩斯的IS-LM模型、经济周期理论等都是以一般均衡为理论前提的。均衡理论在宏观经济分析中有着特别重要的意义，"在过去几十年中，作为新古典经济学核心的且占支配地位的价格理论研究范式是一般均衡分析……瓦尔拉斯理论框架是新古典宏观经济学家卢卡斯（Lucas，R. E）及其他经济学家分析的基础……新古典宏观经济学家普遍认为他们的经济周期理论是以均衡理论为基础的"。[2] 卢卡

---

　　[1]　"帕累托最优"命题是"每个完全竞争的均衡是帕累托最优的，相反地，帕累托最优均衡是以完全竞争的市场结构为特征的"。见 Blaug, M., *The methodology of economics or how economists explain*, Cambridge University Press, 1980, p. 266.

　　[2]　Buttos, W. N., Hayek and General Equilibrium Analysis, *Southern Economic Journal*, Vol. 52 (2), (Oct 1985), pp. 332 - 343. 要指出的是瓦尔拉斯本人认识到真实的均衡是不可能实现的。罗斯比（Loasby，B）的一段话最能说明瓦尔拉斯本人的均衡观，他说："瓦尔拉斯本人认为对一般均衡的分析必须伴随着对均衡之外的行为的分析，瓦尔拉斯没有认为真实的经济会经常地或可能达到均衡，因为有太多导致变化的因素，尽管从构建一个均衡的理论模型开始研究是合适的，但这不是理论研究的目的……而现代奥派并没有拒绝利用'均衡'概念进行分析。"见 Mair, D and Miller, A. G., eds., *A Modern Guide to Economic Thought*：*A introduction to Comparative Schools of thought in Economics*, Edward Elgar, 1991, p. 56.

斯等新古典宏观经济学家也认为，新古典宏观经济学的任务是发现特定的、可计量检验的有关经济周期的均衡理论，而这个理论能够作为对宏观经济政策进行数量分析的基础，卢卡斯等还认为非均衡现象，如过度的需求和供给，在均衡模型中是不值得关注和可以忽略的现象。[1]

事实上新古典经济学家隐含地认为，市场中的均衡力量是如此强大，以至于可以假定市场在任何给定的时刻，已经处于大致的均衡状态。[2] 因此，有经济学家认为"'均衡'不仅是经济学的主要方法，而且也被认为是将整个经济学理论联系在一起，使经济学理论成为一个整体的因素"。[3] 主流经济学之所以能保持一致性与连贯性，其核心就在于对均衡理论的根本认同。[4] 尤其是阿罗，他更是表达了他对新古典均衡理论的崇敬，他说："我必须不害羞地表达我对新古典理论所实现的成就的景仰，由于它具有非常正式的表述形式，我们可以简单地用来分析个体和市场的均衡条件，而不需要探究它们是怎么实现的。然而，即使是这种阐述，也可以使我们深化对资源分配的理解。"[5] 他认为一些现实的问题，如医疗成本问题等，只有在新古典的框架下才能得到分析。著名的阿罗-德

---

[1] Buttos, W. N., Hayek and General Equilibrium Analysis, *Southern Economic Journal*, Vol. 52 (2), (Oct 1985), pp. 332 - 343.

[2] Kirzner, I. M., *The Meaning of Market Process*, London and Newyork, 1992, p. 39 - 40.

[3] Yeager, L. B., "Should Austrians Scorn General-Equilibrium Theory?" *Review of Austrian Economics*, Vol. 11 (1999), pp. 19 - 30.

[4] Hausman, D., *The Inexact and Separate Science of Economics*, Cambridge University Press, 1992, p. 87.

[5] Arrow, K., *Limited Knowledge and Economic Analysis*, 1974, Vol. 64, pp. 1 - 10.

布鲁模型认为每一个观察到的状态都是均衡的（虽然是暂时的），如果不均衡，那么一定是理性人没有对非均衡的信号做出"理性"的反应。[1] 均衡概念也是新古典经济学"经验-实证主义"方法的基础。

新古典的微观经济分析，如消费者行为理论和厂商理论，以及凯恩斯的宏观经济分析都以均衡思想为理论基础，均衡思想为数学分析工具的利用扫清了道路。瓦尔拉斯是首先明确地说经济学应该数学化的人之一。[2] 在写给他学生的一封信中，瓦尔拉斯说："对那些非数学家的人来说，他们很自然地相信数学形式，除了只是普通的语言之外什么也传递不了，只能用来解释那些用别的形式就无法解释的事情；然而，这种说法将会给那些意识到数学的应用给所有科学包括机械、天文学、物理和化学等所提供的服务的人嘴角一丝微笑"。[3] "受 19 世纪末自然科学的影响，在方法论上，瓦尔拉斯受自然科学方法的启发，努力把自然科学的严格方法引入到经济学，他的目的是采用与自然科学类似的方法，精确地提升经济学，使之达到与自然科学同等的水平……他相信纯经济学可以完全形式化，用这种方法，经济学能与机械学相比较……他的中心思想，是以物理机械学的方法为基础，简化现实，'纯粹'真实的世界。"[4]

---

[1] Dow，S. C.，*Economic methodology*：*an inquiry*，Oxford University Press，2002，p. 39.

[2] Sandye Gloria-Palermo. *The Evolution of Austrian economics*：*from Menger to Lachman*，Routledge，1999，p. 27.

[3] Sandye Gloria-Palermo，*The Evolution of Austrian economics*：*from Menger to Lachman*，Routledge，1999，p. 25.

[4] Sandye Gloria-Palermo，*The Evolution of Austrian economics*：*from Menger to Lachman*，Routledge，1999，p. 26 - 27.

瓦尔拉斯的边际分析与均衡两大工具，是他经济学形式化的基础。[1] 杰文斯甚至比瓦尔拉斯更强调数学在经济学中的应用。但要指出的是，瓦尔拉斯的目的不是要描绘一个真实的经济世界，他并不关心市场中发生了什么，以及为什么发生，而是遵循基于传统自然法哲学的公正原理，描绘一个想象的系统是如何运行的，[2] 这种思想也被后来的新古典经济学家继承。瓦尔拉斯的纯经济学，作为一般经济均衡理论的基础，是现代经济学中演绎主义（deductivism）的理论先驱。[3]

经验-实证主义（positivist-empiricism）

新古典理论的开创者倡导"科学主义"，这集中体现在建立在"科学主义"思想之上的经验-实证主义方法之中。与自然科学家相似，新古典经济学认为经济学家也是外部世界的观察者，通过观察，得到结论来理解世界。但怎么判断从观察中得到的知识就是确切的知识呢？新古典经济学家认为应该进行检验（testing），但如何检验？有两种方法，一是采用波普尔的证伪（falsification）方法。

---

[1] 人们往往把 19 世纪 70 年代看成是新古典经济学与古典经济学的分水岭。但实际上在这之前，新古典经济学的分析工具就已经发明，在英国、德国、法国、意大利和美国有很多学者、工程师、哲学家等为后来新古典经济理论的发展做出了贡献，见 Ekelund Jr, R. B and Heebert, R. F., "Retrospectives the Origins of Neoclassical Microeconomics," *Journal of Economic Perspective*, Vol. 16, Num 3 (2002), pp. 197-215.

[2] Addleson, M., *Equilibrium Versus Understanding*: *Towards the restoration of economics as social theory*, Routledge London and New York, 1995, p. 44.

[3] Montes, L., "Smith and Newton, Some methodological issues concerning general economic equilibrium theory," *Cambridge Journal of Economics*, Vol. 27 (2003), pp. 723-747.

波普尔认为通过证明，或者说归纳（induction）得到的知识是不可靠的，他倡导的证伪方法是通过观察，形成假设，然后利用对世界的进一步观察来检验这些假设，通过抛弃假的理论，证伪方法使科学家缩小真理所在的范围，逐步接近真理。霍逊逊（Hutchison，T. W）在上世纪 30 年代首次将这种方法引入经济学，后来这种方法被发展成为主流经济学普遍采用的假设-检验（hypotheses-testing）方法。二是证明（verification），[1] 用事实检验理论，理论是否经受得住事实的检验，其代表是弗里得曼（Friedman，M）的"工具主义"（instrumentalism），他认为理论的内容并不重要，重要的是理论是否与预期一致。[2] 对于不可观测的和不能实证的理论，新古典经济学家普遍采用的是演绎（deductive）的方法，先建立严格的假设条件，然后从假设中一步步推出结论，这种方法强调的是逻辑的一致性，由于假定被认为是真的，如果逻辑是正确的，那么认为结论自然就是正确的。有的方法论学者认为主流经济学仍然以实证方法为主导，如拉瓦森（Lawson，T），另有一些学者如布劳格（Blaug，M）认为经验检验的方法已经让位给演绎主义，认为现在更加强调逻辑而不是经验。[3]

---

[1] 布劳格（Blaug，M）认为 19 世纪的故事是"证明"，20 世纪的故事是"证伪"。Blaug，M.，*The methodology of economics or how economists explain*，Cambridge University Press，1980.

[2] 可见米尔顿·弗里德曼：《实证经济学论文集》，柏克译，北京：商务印书馆，2014 年。

[3] Dow，S. C.，"Mainstream economic methodology，"*Cambridge Journal of Economics*，Vol. 21，No. 1（1997），pp. 73 - 93.

形式主义

与"均衡"和"经验-实证主义"两种思想相伴随着的是新古典经济学的"形式主义"（formalism），"形式主义"是模式固定化了的"经验-实证主义"。形式主义的特征是先确定分析对象的主要的概念，并用数学的形式表达这些概念，然后利用数学模型，建立这些概念间的假定关系并使这种关系能被数据检验，或能用数学模型推导出所要找的结论。

形式化不等于数学化，但经济学的数学化是经济学形式化的重要表现。德布鲁指出了经济学数学化和形式化的原因是经济学科学化的要求，经济学的科学化要求建立尽可能一般化的严格的理论模型，应用简单化的假定，所有这些构成要素都要求清晰和明确，他说"经济研究的目标是使理论精确、一般化和简化，并能使理论拓展到新的方向，这个目标的实现要求解决偏好、效用和需求等方面的问题，要求有新的分析技术被引入到经济理论中，这些分析技术来自不同的数学领域。"[1]德布鲁强调数学对经济学的巨大意义，他举了一个重要的例子说，在瓦尔拉斯提出一般均衡理论之后的六十年中，他的继承者觉察到瓦尔拉斯均衡存在的问题，即如果不宣告至少存在着一种均衡，他的理论将是空洞的，还有就是方程的数量等于不可知的商品数量也不能让数学家信服，但20世纪初的数学家用瓦尔拉斯当时还没有的数学工具解决了这个问题。[2]

---

　[1]　Debreu, G., "Economic Theory in the Mathematical Mode," *The American Economic Review*, Vol. 74, No. 3 (1984), pp. 267 - 278.

　[2]　Debreu, G., "Economic Theory in the Mathematical Mode," *The American Economic Review*, Vol. 74, No. 3 (1984), pp. 267 - 278.

经济学并不是一开始就形式化，如古典经济学不属于形式化，经济学的形式主义革命发生在 20 世纪 30 年代之后，对形式化的普遍流行起关键作用的人物是冯·纽曼（Neumann，Von）、阿罗和德布鲁。尽管现实的经济并非"一般均衡"，形式化的体系只是现实经济的"类似"，但接受形式化的经济学家认为形式化是思考经济问题的有效手段。[1] 斯蒂格利茨（Stiglitz，J. E）说："使可检验假设形式化，是主流经济学的巨大成就……20 世纪的经济学家，推动了新古典模型的发展，使之能得到逻辑化了的结论，因此可以描述这个世界，对即将到来的世纪做出了不可估量的贡献。"[2] 而作为形式化重要内容的数学的应用，更被认为是不可缺少并且越来越重要的工具，"数学的方法，特别是它在计算领域的发展，是极其重要的，因为这些工具可以使研究者研究模型的细节特征所将要产生的结果产生出来，如果没有数学这是不可能的。"[3] 如贝奇（Boettke，P. J）所指出的，在亚当·斯密的时代，几乎没有用数学，到了马歇尔时代，数学只是在脚注里出现，但到了弗里德曼的时代，马歇尔的脚注成为正文，而马歇尔的正文成为了脚注。[4] 弗里德曼自己也生动地说，"当前的时髦提醒我要跑到计算机前，

[1] Klamer，A.，"Formalism in twentieth-century economics，" in Boettke，P. J. （ed.），*The Elgar Companion to Austrian Economics*，Edward Elgar，1994，p. 49 - 53.

[2] Stiglitz，J. E.，"Another Century of Economic Science，" *Economic Journal*，Vol. 101，No. 404 （1991），pp. 134 - 141.

[3] Plott，C. R.，"Economics in 2090：The Views of an Experimentalist，" *Economic Journal*，Vol. 101，No. 404 （1991），pp. 88 - 93.

[4] Boettke，P. J.，"What is wrong with neoclassical economics and what is still wrong with Austrian economics，" in Foldvary，Fred E.，*Beyond neoclassical economics：heterodox approaches to economic theory*，Cheltenham：Edward Elgar，1996，p. 24.

看看计量经济学的推断能告诉我什么。"[1] 阿罗也说，数学的使用使新古典经济学的理论具有可操作性和灵活性，面对具体的问题，相对地比较容易产生有意义的结论。阿罗认为这是新古典理论流行和长盛不衰的原因。[2]

我们可以用下图对新古典经济学的方法论进行概括。新古典经济学的两种主要方法：经验-实证主义的方法与假设-演绎的方法都是建立在"均衡"和"抽象的个体"这两个假设之上的，而"均衡"假设又是建立在"抽象的个体"假设之上的。

图2.1　新古典经济学方法论概括

二、　奥派对复杂现象的处理

对于复杂现象，奥派经济学家并不认为通过直接观察就能获得某种规律性的结论，如哈耶克强调复杂现象本身的不可知性，他认为"在经济学领域中我们可以知道的要远远少于人们所期待的"。[3] 哈耶克对复杂现象持非常敬畏的态度，认为在面对复杂现

[1] Friedman, M., Old Wine in New Bottles, *Economic Journal*, Vol. 101. No. 404 (1991), pp. 33 – 40.

[2] Arrow, K. J., "Limited Knowledge and Economic Analysis," *The American Economic Review*, Vol. 64, No. 1 (1974), pp. 1 – 10.

[3] 为哈耶克原话，见 Caldwell, B., *Hayek's Challenge: an Intellectual Biography of F. A. Hayek*, Chicago & London, The University of Chicago Press, 2004, p. 373.

象时，我们只能做出"模式预期"（pattern prediction）和"原则的解释"（explanations of the principle）。[1] 基于这种认识，奥派经济学不是直接考察复杂现象，而是先建立"先验"的理论体系，然后用这一理论考察复杂现象，这种方法集中体现在米塞斯的"行动学"中。

米塞斯的"行动学"

"经济学不是关于'物'的学问，而是关于'人'的学问，认为经济学是关于人类物质条件的说法是完全错误的。"[2] 这是米塞斯说的，也是其他奥派经济学家反复强调的。物质是人类意识和行动的结果，商品、货物和财富以及所有其他关于行为的观念都不是自然要素，而是人的意图和行为的因素，如果他想解决与这些要素相关的问题，不应该看外部的世界，而应该从行为人的意图中寻求答案。[3] 米塞斯强调，"行动学"关注的不是目的或者说行为的意义，而是实现目的的手段与方法。

---

[1] "模式预期"是哈耶克在其 1974 年诺贝尔奖报告《知识的僭妄》一文中提出的，指的是"对那些自我形成的结构的某些一般性特征所做的预测，而不包括对构成这些结构的个别要素的具体阐述"。见哈耶克：《知识的僭妄》，见哈耶克著，邓正来选编译：《哈耶克论文集》，首都经济贸易大学出版社，2001 年，第 386 页。"'模式预期'相对于精确的'数量预期'，它是在设定前提条件（某些条件不变）的情况下所做的'定性预期'。""'原则的解释'可以理解为根据一些简单的基本原则对现象所做的解释，说明现象为什么以某种方式发生，说明现象是在这些原则基础上发生的。"见 Caldwell, B., *Hayek's Challenge: an Intellectual Biography of F. A. Hayek*, Chicago & London, The University of Chicago Press, 2004, pp. 247, 383 - 386。

[2] Mises. L, Von., *Human Action: A treatise on Economics*, Third Revised Edition, Fox & Wilkes San Francisco, 1966, pp. 92, 142.

[3] Mises. L, Von., *Human Action: A treatise on Economics*, Third Revised Edition, Fox & Wilkes San Francisco, 1966, p. 92.

"行动学"这个概念是从 Praxeology 这个词翻译而来。Praxeology 这个词来自希腊，其中 *Praxis* 的含义是行为（action）、习惯或实践，*logia* 的含义是学说、理论或科学，Praxeology 是指人的行动的科学或一般理论。[1] 米塞斯认为"行动学"中最重要的部分是经济科学，它与需要生产满足人类生存或改善境遇的财富有关，除了经济科学外，"行动学"还可分为社会学、心理学和法律等。

Praxeology 这个概念是米塞斯首先引入到奥派中的。在《人的行动》（英文书名"Human Action"，也被译为《人的行为》）一书中，他首先讲述了人的行动和人类思想的一般特征，如人拥有了解现实的工具，如思想的逻辑结构，这些工具优先于任何经验，人不是仅仅对刺激做出反应，并被环境所决定的动物，每个人的日常生活行为都证明了思考和行动的逻辑范畴的不变性与普适性，不可能想象一个没有因果关系和目的论的世界。所有关于"行动学"的理论都是关于这些行动的范畴的，它要求一些对人的行动普遍有效的假定，这些假定构成理论，它是关于正常人的理论，而不是关于超人或非人的理论。[2] 经济学研究的是正常的人的行动，而不是一些特殊的人的行动。米塞斯反复强调"行动学"的知识是关于人类之本质的知识，也是关于我们自己的知识，因为我们自己就是人，认识"行动学"理论的唯一途径是对我们自身的关于行动范畴的内部知识进行逻辑分析，而外部的经验是不需要的。如同逻辑和数

---

[1] Mises. L, Von.，*Human Action：A treatise on Economics*，Liberal Fund，2007，p. 984.

[2] Mises. L, Von.，*Human Action：A treatise on Economics*，Third Revised Edition，Fox & Wilkes San Francisco，1966，p. 32 – 36.

学，关于"行动学"的知识是内在于我们自身的。[1] 以下阐述"行动学"的几个具体方面。

市场过程

新古典经济学家从均衡的角度理解市场，而奥派经济学家则从过程的角度理解市场，拉赫曼甚至认为"市场过程"是奥派最核心的概念，市场过程的观念会深化我们对市场的认识。[2] 市场过程是由一系列的变化构成的，奥派经济学家认为市场就是一个变化的过程，哈耶克认为经济问题的产生一直是也唯一地是因为变化，他批评经济学家忽视构成整个经济图景的持续发生的小变化。[3] 哈耶克还认为竞争是一个发现的"过程"，而静态的分析把市场的这一最重要特征排除了。[4] 哈耶克认为资本问题不能在传统的静态均衡理论框架内分析。[5] 新古典经济学的均衡理论认为，非均衡的力量会消除，市场会达到均衡，而奥地利市场过程理论认为在任

[1] Mises. L. Von., *Human Action: A treatise on Economics*, Third Revised Edition, Fox & Wilkes San Francisco, 1966, p. 64 – 65.

[2] Lachman, L. M., "On the Central Concept of Austrian Economics: Market Process," in Littlechild, S. (ed.), *Austrian Economics*, Vol. Edward Elgar, 1990, pp. 80 – 86.

[3] Hayek, F. A., The Use of Knowledge in Society, *The American Economic Review*, Vol 35 (1945), pp. 519 – 530.

[4] 哈耶克：《作为一个发现过程的竞争》，《作为一种发现过程的竞争——哈耶克经济学、历史学论文集》，邓正来译，北京：首都经济贸易大学出版社，2014年。

[5] Lachmann, L. M., *Capital, expectations, and the Market Process: essays on the Theory of the Market Economy*, ShEED ANDREW AND McMEEL, INC. 1977, p. 151.

何时刻，非均衡的力量都不可能完全消除。[1] 奥派经济学家认为研究市场重要的不是分析某一状态，而是要关心促使市场连续变化的力量及产生这种力量的原因，如米塞斯认为经济学家的任务是分析市场过程，[2] 哈耶克说经济学家要解释的问题是"过程的特征"。[3] 对奥派经济学家来说，那种认为在每一个时刻，依据当时的有关成本，做出的关于生产和消费的决定，已经不可能再得到改善的观点是不可接受的；那种认为在每一个给定的时刻，所有相关的可获得的机会都已经被即刻掌握的看法，是对我们所知道的现实经济体系的公然违抗。[4] "市场过程观自然是经历时间的，而一般均衡理论是限于一时的"。[5] 奥派对新古典经济学最根本的抱怨是新古典的"均衡"意味着问题的"解决"，意味着"协调"的实现，而奥派经济学家关心的是实现的过程。奥派经济学家主要从知识和时间过程两个方面理解市场过程。

1）知识过程

奥派经济学家强调知识的改变是市场过程的原因。哈耶克和拉赫曼等很多奥派经济学家都从知识的角度说明市场过程的含义，哈耶克

---

[1] Kirzner，I. M. ，"The Meaning of Market process，" in Boettke，P. J and Prychitko，D. L. （ed. ），*Market Process Theories*，Vol. MPG Books Ltd，Bodmin，Cornwall. 1998，p. 599 - 614.

[2] Mises，L. Von. ，*Human Action：A Treatise On Economics* New Haven：Yale U. Press，1949，p. 353.

[3] Hayek，F. A. ，*Individualism and Economic Order*，London：Routledge and Kegan Paul，1948. p. 94.

[4] Kirzner，I. M. ，Entrepreneurial Discovery and the Competitive Market Process：An Austrian Approach，*Journal of Economic Literature*，Vol. 35，1997，p. 60 - 85，65.

[5] Lachmann，L. M. ，*The market as a economic process*，Basil Blackwell，1986，p. 26.

在他上世纪 30 年代的文章中就已经强调知识的角色以及知识在市场过程中的促进作用。哈耶克在其 1937 年的著名论文《经济学与知识》中说:"我所关注的知识问题中的那个更为广泛的方面,实际上就是有关人们如何能够获得和使用不同的商品以及他们在什么条件下可以切实获得和使用这些不同的商品这样一个基本事实的知识问题,亦即为什么不同人的主观基据会与客观基据相一致这样一个一般性的问题。"[1] 哈耶克的这一论述显然包含了知识过程的思想。

拉赫曼对市场过程与知识的关系进行了更加详细的阐述,他说市场过程是无止境知识流的外在体现,知识在社会中连续地改变,这个过程是难以描述的,知识否定了任何想把它(知识)当作是数据的努力,或者是一个可以用时间和空间来确定的目标的努力。他认为市场不会停止是因为知识不会停止,知识是流动和变化的,我们不可能确定知识的应用范围(如新古典经济学的各种计算模型),除非它已经不再发挥作用,但未来是不确定的,我们不能肯定知识是否还会发生作用。只要时间流逝,我们就必须允许知识改变,知识不能被看作是任何其他事物的函数。知识的流动一定会产生新的不均衡状态,企业家连续地设法发现新的可供利用的机会,一旦一个机会由于竞争的结果消失,知识流又使新的机会产生。[2]

2)时间过程

时间不是数学变量,它作为一连串的事件被每个个体经历,这

---

[1] 哈耶克:《经济学与知识》,邓正来译,《个人主义与经济秩序》,北京:生活·读书·新知三联书店,2003 年,第 75 页。

[2] Lachman, L. M., "On the Central Concept of Austrian Economics: Market Process," in Littlechild, S. (ed.), *Austrian Economics*, Vol II, Edward Elgar, 1990, p. 80 - 86.

是奥派经济学家，包括哈耶克所持的"真实时间"观。[1] 奥派是少有的深刻思考时间问题，并把时间纳入到理论分析的经济学流派。门格尔的边际分析包含了时间的思想，在门格尔的逻辑体系下，人的行动是发生在真实时间中的，门格尔说："因果关系的思想，是与时间的思想不可分的……无论多少短的时期……它们的完全消失是不可以想象的。"[2] 其后，庞巴维克从时间的角度解释了利率问题，把时间与资本联系起来。

奥派的时间思想体现在不同经济学家的著作中，其中以沙克尔最为精彩，另外还包括拉赫曼和里兹，他们对时间的理解是相似的。沙克尔并非公认的奥派经济学家，但他的时间观与奥派经济学家是一致的。他写了一系列时间与经济学的论文，他批评新古典经济学的均衡理论忽视了时间的角色。他区分了"内部时间"与"外部时间"，"外部时间"也称"物理时间"和"牛顿时间"，他认为在新古典经济学的数学方程和均衡等式中的时间属于"外部时间"，经济学家是在另一个星球的外部观察者，不在他描述的系统内部，时间仅仅是方程中的一个符号，或计量的标志，使得目标体具有标识，而方程本质上也只是一架机器，一个时刻的时间与另一刻的时间没有什么不同，只是体现在日历上的变化，而且是可逆的。

"内部时间"即"真实时间"包含了个体的行为，每个人都是活的个体，在时间中我们感知、思考、想象、决定，因此，沙克尔

---

[1] Rothband, M. N., *The Review of Austrian Economics* Vol. 1, D. C Heath and Company, 1987, p. 197.

[2] Menger, C., *Principle of Economics*, The Free Press, 1950, p. 67 - 68.

的时间不是一个点，而是包含了各种心理体验的"间隔"，每一刻的时间与其他时刻都不同，每个时刻由于我们心理活动的不同而唯一，内部时间是我们在里面思考的时间，而外部时间是我们所思考的时间。沙克尔认为时间的每一个方面，通过个体心理的活动，都体现了那些将影响紧接着的时间的各个方面的因素。内部时间是个丰富的世界，不是被决定和确定了的世界，是多样化的，因此，不能认为所有的时间点会在某个时刻一起存在。在当下的每个时刻，人都有可能产生影响预期的新（奇）（novelty）想法与灵感，因此不能像决定论者（如多数新古典经济学家）那样根据过去推断将来。拉赫曼也说："在描述人的行动现象时，时间不能被看作是同质的，因为我们缺乏一个'穿越时间'的可确认的目标，（因为）人的感情、偏好和意识的内容以不可预见的方式变化。"[1]

里兹认为奥派经济学家对时间的理解与哲学家柏格森（Bergson，H）对时间的理解是一致的，柏格森的著作使奥派的思想概念变得清晰，而且使奥派的动态时间概念成功地区别于新古典经济学的静态时间概念。里兹认为新古典经济学的时间是空的和同质的盒子，可根据需要做大做小，时间不做任何事情，完全缺乏因果（causal efficacy）功能。而柏格森意义的时间，即奥派的时间，伴随着个体的计划及对计划的修改，包含了知识的增长。他认为区分静态时间与动态时间概念的关键是时间是否包含了记忆与预期。在数学方程中应用的是静态的牛顿时间，过去、现在或未来在数学方程中是没有意义的，是可以抹去而不影响方程的。活的时间，或

---

[1] Lachmann, L., "Professor Shackle on the economic significance of time," *Metroeconomica*, Vol. XI, April-August, pp. 64 – 73.

者说经历着的时间是与对过去的记忆和对未来的预期联系着的。与沙克尔一样，里兹认为动态的时间是新奇的和动态连续的，由于记忆，过去得以存续，因此时间有连续性，而对应于人们不断地在改变的意识，每一流动的时间必然都是新奇的，里兹引用柏格森的原话说"意识不可能两次经历同一个状态"，他认为新奇与动态连续是动态时间概念的两大支柱。他说人们的时间意识意味着过去、现在和未来的不同，时间是不同质的和不可逆的，与沙克尔一样，里兹认为动态关系不取决于标识 t，在动态数学方程中应用的仍然是静态时间。[1]奥派经济学家把时间与人的行动联系起来，也反映了他们对市场过程的深刻理解。

如把均衡与过程看作是对"多主体的交互行动（行为）"的描述，区别于上一章对"单个个体的行动（行为）"的分析，那么我们可以用下图比较新古典经济学与奥派的个体行为（行动）假设与方法论基础。个体的行为（行动）假设和方法论基础（均衡抑或过程）之间有着对应关系。

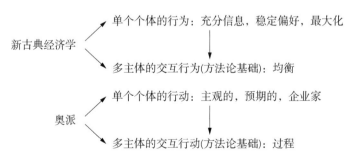

图 2.2　新古典与奥派的个体行为（行动）假设与方法论基础

---

[1] Rizzo, M. J., "Time in economics," in Boettke, P. J. (ed.), *The Elgar Companion to Austrian Economics*, Edward Elgar, 1994, p. 111 - 117.

主观主义

"主观主义"被认为是奥派最重要的特征。奥派最基本的出发点是承认人的行动是有目的的,"有目的的"正是"主观主义"的基本体现。奥派经济学家认为如果不考虑事实背后的人的行动的目的,而只是考察事件或物体,是不能解释任何事实,也不能增进人们对世界的理解的。哈耶克在《科学的反革命》中说:"大多数社会行为或人类行为,都不是科学所说的那种与'意见'相对立的狭义的'客观事实',根本不能从自然的角度去定义它们。在涉及到人类的行为时,物只能是行动的人所认为的物……普通的锤子与蒸汽锤,或无液气压计和水银气压计,除了人们认为它们可以用于相同的目的外,没有任何相同之处。"[1] 拉赫曼坚持与哈耶克相似的观点,他告诫经济学家"当我们处理更宽广的问题,处理经济事件中的制度和规则时,如果我们不注意这些现象背后的目的、动机和利益,我们还没有完成我们的任务"。[2] "铁锤不只是一个金属的头,因此,价格也不只是一个数字,牛奶的消费也不只是加仑的数量,牛奶与价格的关系也不只是函数关系。一个利益和动机的世界是在'那里'的,是真实的,我们作为科学家的责任是使它清楚。"[3]

米塞斯认为人的行动是思想的产物,在这个意义上,人的行动

---

[1] 哈耶克:《科学的反革命》,冯克利译,南京:译林出版社,2003年,第19页。

[2] Kirzner, I. M., "On the method of Austrian Economics," in Littlechild, S. (ed.), *Austrian Economics I*, Edward Elgar, 1990, p. 319.

[3] Kirzner, I. M., "On the method of Austrian Economics," in Littlechild, S. (ed.), *Austrian Economics I*, Edward Elgar, 1990, p. 319.

的科学甚至也可以称为"道德科学"。[1] 米塞斯指出任何事件的发生都离不开人们的动机，人们的行为是有目的的行为，如果仅仅是观察和考察事件，也就是人的行动的结果，并不能使人们对事件的本质有多少了解，相反应该从有目的的人的行动出发才能把握事情的本质。他说人的外部世界，如物理现象、化学现象、生理现象，和内部世界的思想、感情、价值以及有目的的行为属于两个不同的世界，不可能架起沟通的桥梁，同一外部事件在不同的时候会导致人们不同的反应，而不同的外部事件有时会导致相同的结果。米塞斯说他不相信有一天自然科学可以解释人们的思想、价值和判断。米塞斯认为实证主义的方法只不过是缺乏科学基础的形而上学的徒劳的尝试，对科学的研究没有意义和用途。[2] 行为主义（behaviorism）和实证主义（positivism）只是把经验的、自然科学的方法应用到人的行动现象的研究上，这种方法忽视了人的行动的目的和意义（meaning），而只是考察事件本身。然而，如果不考察导致某一事件发生的人的行动的意义和目的，是不可能理解事件的本质的。米塞斯认为从物理和化学的角度研究枪械的发射不是"行动学家"（praxeologist），因为他忽视了"有目的的人的行动科学"所要阐明的问题。[3]

　　奥派经济学家认为人的行动的"有目的性"（purposeful）是不能

　　[1] Mises. L, Von. , *Human Action: A treatise on Economics*, Third Revised Edition, Fox & Wilkes San Francisco, 1966, p. 142.

　　[2] Mises. L, Von. , *Human Action: A treatise on Economics*, Third Revised Edition, Fox & Wilkes San Francisco, 1966, p. 18.

　　[3] Mises. L, Von. , *Human Action: A treatise on Economics*, Third Revised Edition, Fox & Wilkes San Francisco, 1966, p. 27.

被忽视的，它是组成经济现实的本质因素。[1]把经济学与人的行动的有目的性联系起来，这一点充分体现在奥派的主观主义方法论中。可以说，主观主义是奥派经济学家理解现象最重要的分析工具。

个人主义

只有个体才有思想，只有个体才能感觉、观看、感知，只有个体才能进行选择，也只有个体才能行动。"个人主义"是奥派经济学家一直坚持的方法，也是奥派在方法论上区别于其他经济学流派的重要方面。在门格尔的时代，对方法论个人主义的关注导致了奥派与德国历史学派的争论，在哈耶克时代，对个人主义的关注导致哈耶克不仅不同意凯恩斯主义的分析结论，也不同意凯恩斯整个理论体系的基础，即凯恩斯所使用的"总合分析法"。

门格尔认为应从个人的动机和行为的角度解释人的行为和制度，他认为诸如"国民经济"及其他复杂的人类现象，都应该回到构成它们的真正要素（true elements），即个体经济（individual economies）中去，考查前者是如何建立在后者基础上的规律。[2]他的方法论个人主义体现在多个方面，但最集中的是体现在他对"国民财产"这一概念的认识上，如他说："但是，对于名为国民财产的财产，情形就有些不同。在这里，我们所处理的不是为满足一国国民的欲望所支配的、并交其机关管理和处理的经济财货的总体，而是为国民中各经济人、各社团为其各自目的所支配的经济财

---

［1］ Kirzner，I. M.，"On the method of Austrian Economics，" in Littlechild，S. (ed.)，*Austrian Economics I*，Edward Elgar，1990，p. 320.

［2］ Hutchion，T. W.，*The politics and philosophy of economics*：Marxiams，*Keynesians and Austrians*，Oxford：Basil Blackwell Publisher，1981，p. 184.

货的总体……在这些情况下，我们就不如把国民财产解释成为一国国民的个人财产的复合体，并把我们的注意转向于个人财产大小不同的数额上面去。"[1]他甚至认为"国民财产"是一个"虚构的概念"，如他说"国民财产的现象绝不是对一个国家生活的直接表达，例如可以被看成是一个'经济国家'或它直接的结果。相反，它们是在这个国家内部无数个体经济努力的结果……因此，在理论上也必须从个体的角度进行解释。"[2]

门格尔之后的奥派经济学家也表达了类似的观点。对于"为什么要坚持方法论个人主义"这一问题，米塞斯说我们必须认识到所有的行为都是个体履行的……对集体的认识必须通过个体的分析。[3]米塞斯反对集体主义的（collectivistic）方法论，认为只有从个人主义出发才能理解社会的多样性和复杂性。哈耶克同样强调"个人主义"，在《知识的僭妄》一文中，他说社会科学要分析的是"有机的复杂现象"，与自然科学分析的"无机的复杂现象"是不同的，"有机的复杂现象在这里意味着：那些呈现出这种复杂性的结构的特征不仅依赖于构成它们的个别要素所具有的特征以及它们出现的相对频率，而且还取决于这些个别要素彼此联系的方式。正是出于这个原因，我们在解释这些结构之运作的时候就不能用统计信息来取代我们有关个别要素的信息，而是必须充分掌握有关每个要素的充分信息——只要我们想通过我们的理论对个别事件做出具体

---

　　[1] 门格尔：《国民经济学原理》，刘絜敖译，上海：上海世纪出版集团，上海人民出版社，2001年，第63—64页。

　　[2] Christainsen, G. B., "Methodological individualism," in Boettke, P. J. (ed.), *The Elgar Companion to Austrian Economics*, Edward Elgar, 1994, p. 11 - 29.

　　[3] Mises. L, Von., *Human Action: A treatise on Economics*, Third Revised Edition, Fox & Wilkes San Francisco, 1966, p. 42.

预测。"[1]

哈耶克认为社会科学研究要从构成复杂现象的个人行为入手，这与自然科学刚好相反，他指出："在社会科学中，我们所熟悉的要素是个人的态度，我们通过组合这些要素，尝试着重建复杂现象，即个人行为的那些我们所知不多的结果——这个过程经常导致发现一些不是（大概也无法）通过直接观察而建立的复杂现象之结构统一性的原理，而自然科学则必须从自然界的复杂现象入手，再回过头来推导出那些构成它们的要素。人类个体在事物秩序中所处的位置造成的结果是，一方面他所感知的是他加以分析的复杂现象，另一方面是一些构成这些现象的、他不能直接进行整体观察的既定要素。从这个意义上说，自然科学的方法是分析的，而社会科学的方法最好称为综合的。"[2]他其至认为社会科学的存在，"完全是因为产生了一种作为个人行为的结果但不是哪个人设计的结果的秩序，才出现了需要进行理论解释的问题。"[1]

哈耶克说他不喜欢凯恩斯的《就业、利息与货币通论》，最主要的原因是方法论上的，即凯恩斯采用的是与"方法论个人主义"

[1] 哈耶克：《知识的僭妄》，《哈耶克论文集》，邓正来选编译，北京：首都经济贸易大学出版社，2001 年，第 386 页。

[2] 哈耶克：《科学的反革命》，冯克利译，南京：译林出版社，2003 年，第 32—33 页。有学者认为"方法论个人主义"和"综合的方法"表达的是同一意思。见 Hutchion, T. W., *The politics and philosophy of economics*：*Marxiams*, *Keynesians and Austrians*, Basil Blackwell Publisher, Oxford, 1981, p. 184。"综合的方法"首先是由门格尔提出的，见 Hayek, F. A., "Menger Carl," in Littlechild, S. (ed.), *Austrian EconomicsI*, Edward Elgar, 1990, p. 48. 要说明的是"综合的方法"不同于注重集体而忽视个体的"集体主义（collectivism）方法"。

[1] 哈耶克：《科学的反革命》，冯克利译，南京：译林出版社，2003 年，第 35 页。

相背离的"宏观分析法（macroanalysis）"。[1] 拉赫曼认为方法论个人主义主要有两种形式：一是哈耶克的"综合的"方法，他对此作了进一步的解释，他认为"综合的"方法是"向前指示"（forward-looking）的方法，这种方法不是往前追溯为什么个体产生计划，而是问"一系列计划同时被执行的含义（implication）是什么"，其做法类似于把不同个体的计划都放在一个屏幕上，然后考察这些不同个体的计划之间是否有一致性，类似于哈耶克所说的秩序是否存在，如果有，意味着"一般均衡"是可能的，[2] 虽然在现实中由于大量的原因一般均衡是绝不可能实现的，如果不同个体之间的计划无法实现一致性，非一致的计划必然意味着变化以及个体对计划的调整，但个体将如何调整是不可知的；二是"向后指示"（backward-looking）的方法，与上面第一种方法相反，问的是"计划的什么'星座形式'导致了目前的状态"，[3] 是从事先存在的个体计划分析已观察到的现象，如什么计划使得资本具有目前的结构形式。

方法论个人主义不是研究孤立的个人。在《个人主义：真与伪》中，哈耶克不仅区分了真伪两种不同的个人主义思想，而且还阐述了什么是真个人主义的方法论。他说方法论个人主义主要是"关于社会的理论"，试图理解决定人们社会生活的力量。他指出，认为方法论个人主义是"以孤立的或自足的个人的存在为预设的

---

[1] Christainsen, G. B., "Methodological individualism," in Boettke, P. J. (ed.), *The Elgar Companion to Austrian Economics*, Edward Elgar, 1994, p. 13.

[2] 这里的"一般均衡"指"不同个体之间的计划的一致性"，不同于新古典经济学（瓦尔拉斯）"市场出清"意义上的"一般均衡"。

[3] "星座形式"指的是不同计划之间的相互关系和结构。

（或者是以这样一项假设为基础的）观点，而不是一种以个人的整个性质和特征都取决于他们存在于社会之中这样一个事实作为出发点的观点"是对个人主义最为愚蠢的误解。[1] 哈耶克认为这种孤立的个人主义对于社会科学研究没有什么价值，他说道："如果这种愚蠢的观点是正确的，那么显而易见，个人主义对于我们理解社会来说也就毫无助益可言了。"[2] 他对什么是"真个人主义"的主张做了阐述，"真个人主义的基本主张却与这种观点相去甚远，因为它认为，我们唯有通过理解那些指向其他人并受其预期行为指导的个人行为，方能达致对社会现象的理解。"[3] 哈耶克所说的"真个人主义"与他一贯强调的自发秩序是联系在一起的，可以这么说，真个人主义是"通过对个人行动之综合影响的探究"，来考察"个人行动所产生的先前未预见的结果"。[4] 如霍逊逊所指出的，与哈耶克的"真个人主义"相关的是哲学上的"唯名论"（nominalism），它与波普尔所说的"唯实论"相对立，而与"笛卡尔学派"（Cartesian school）的理性主义更是形成鲜明的对比。[5]

先验主义

米塞斯说："无可争议的是，有且一定存在人的行动的先验理

[1] 哈耶克：《个人主义：真与伪》，邓正来译，《个人主义与经济秩序》，北京：生活·读书·新知三联书店，2003 年，第 11 页。

[2] 哈耶克著：《个人主义：真与伪》，邓正来译，《个人主义与经济秩序》，北京：生活·读书·新知三联书店，2003 年，第 11 页。

[3] 哈耶克著：《个人主义：真与伪》，邓正来译，《个人主义与经济秩序》，北京：生活·读书·新知三联书店，2003 年，第 11—12 页。

[4] 哈耶克著：《个人主义：真与伪》，邓正来译，《个人主义与经济秩序》，北京：生活·读书·新知三联书店，2003 年，第 12 页。

[5] Hutchion, T. W., *The Politics and Philosophy of Economics*：*Marxiams*, *Keynesians and Austrians*, Oxford：Basil Blackwell Publisher, 1981, p. 223.

论……没有什么经验可以迫使我们抛弃或者更改先验的理论，它们不是从经验中获得，在逻辑上它们优先于经验而且不能用经验去证明它们的正确或错误。"[1] 他强调"行动学"的知识不是来自经验，如同逻辑和数学，"行动学"的知识是先验的，也不求助于事实的证明和证伪。[2] 奥派经济学家认为经济学应该追求"确切的规律"，[3] 因此，门格尔和米塞斯都被看作是"亚里士多德主义者"，如门格尔说"我努力将人类经济活动的复杂的现象还原和简化，直到发现最简单的因素"。[4]

米塞斯继续强调先验理论的重要性，他说我们只有通过这些先验的理论才能理解人的行动，只有在理论的帮助下我们才能确定什么是事实，没有理论的帮助，人们是不可能对行动进行说明、思考的。[5] 如果没有经济理论为前提，我们阐述经济事实的报告只是一堆不相关的、可以任意解释的数据，除此之外什么也不是。[6] 那么，什么是先验的法则呢？米塞斯举了一个例子，如人都想改善

---

[1] Mises，L. Von，"The Science of Human Action," in Littlechild，S.（ed.），*Austrian Economics I*，Edward Elgar，1990，p. 435.

[2] Mises. L，Von.，*Human Action*：*A treatise on Economics*，Third Revised Edition，Fox & Wilkes San Francisco，1966，p. 32.

[3] 门格尔称之为"确切的原则"（definite principle），米塞斯称之为"普遍有效的知识"（universally valid knowledge）。分别见 Menger，C.，*Principles of Economics*，Libertarian Press，Inc.，1994，p. 47. 和 Mises，L. Von.，"The Science of Human Action," in Littlechild，S.（ed.），*Austrian Economics I*，Edward Elgar，1990，p. 437.

[4] Menger，C.，*Principles of Economics*，trans. Dingwall，J and Hoselitz，B. F.，Libertarian Press，Inc. 1994，p. 46.

[5] Mises，L. Von.，"The Science of Human Action," in Littlechild，S.，（ed.），*Austrian Economics*，Edward Elgar，1990，p. 436.

[6] Mises. L，Von.，*Human Action*：*A treatise on Economics*，Third Revised Edition，Fox & Wilkes San Francisco，1966，p. 51.

自己的状态，或者说减少不满意程度。[1] 像这样先验性的法则还有很多，如人的行动是有目的的，人会选择手段实现自己的目的，其他如需求法则、边际效用递减法则等等，都不是从经验中得到的。根据一些最基本的法则，可以推演出一系列的经济理论，米塞斯的学生罗斯巴德（Rothbard，M）举了一个例子："人的行动是为了实现自己的目的"这一先验的法则意味着实现目的的手段是稀缺的（否则就意味着目标不需要去实现，而是唾手可得的），稀缺性意味着成本，成本在货币系统中反映为价格等等。[2] 又比如罗斯巴德认为从基本公理"人的行动的存在"出发，可以直接推导出其他一些法则，如"手段-目的关系"、"生产的时间结构"、"时间偏好"与"边际效用递减规律"等等，他认为正是"人的行动的存在"这个关键的公理把奥派的"人的行动的方法"和其他经济学的方法论区别开来了。[3] 在这些基本的人的行动"公理"（axiom）之上，可以建立整个的经济学理论体系。

先验的方法是以人的行动公理为基础的逻辑演绎，而演绎的最基本工具是"智力试验"（mental experiment），"理解"和"内省"是基本的试验手段。这种方法相当于自然科学家的物理实验。由于人类社会的变量事实上不是恒定不变的（也即人的行动是个"过程"），但经济学家在他们的想象中使这些变量保持不变，他们应用逻辑工具，考察一个变量对另一个变量的影响，如价格、供给、

---

　　[1] Mises. L, Von. , *Human Action*：*A treatise on Economics*，Third Revised Edition，Fox & Wilkes San Francisco，1966，p. 242.

　　[2] Rothbard, M. , "Praxeology as the Method of Economics," in Littlechild, S. , (ed.), *Austrian Economics I*，Edward Elgar，1990，p. 456.

　　[3] Rothbard, M. N. , *The Logic of Action I*：*Method*，*Money*，*and the Austrian School*，Edward Elgar，1997，p. 104.

需求的相互关系。[1] 罗斯巴德认为经济规律的一个重要方面是不能定量，只能定性（qualitative），也就是说只能得到定性的结论，如在给定的供给下，需求增加，价格将上涨，但不能说多少需求的增加会导致多少价格的上涨，罗斯巴德甚至认为经济学家应该拒绝任何试图用数量的形式来表达经济规律的努力。[2] "理解"的方法是对那些规则难以解释和说明的事物进行智力上的掌握。[3] "理解"是建立在先验的公理之上的，人们行动的结果以及每个行动的动机都应该通过"理解"的方法去掌握。[4] 在《人的行动》一书中，米塞斯认为只有凭借"理解"，我们才可能理解社会现象，"我们可以讲，'理解'的方法是不能令人满意的，实证主义者可能会傲慢地斥责它，但是这种武断的判断决不能掩盖这样一个事实，'理解'是处理未来不确定性的唯一适合方法。"[5] 他认为："不是我们的感觉，而是'理解'，一种智力过程，使我们认识社会的本质"。[6]

方法论先验主义与门格尔的"本质主义（essentialism）"是相通的。"本质主义"追求对现象的最根本的解释，而"先验"是获知事物本质的一种途径。

---

［1］ Rothbard, M. , "Praxeology as the Method of Economics," in Littlechild, S. , (ed.), *Austrian Economics I*. Edward Elgar. 1990, p. 459.

［2］ Rothbard, M. , "Praxeology as the Method of Economics," in Littlechild, S. , (ed.), *Austrian Economics I*. Edward Elgar. 1990, p. 459 - 460.

［3］ Mises, L. Von. , "The Science of Human Action," in Littlechild, S. , (ed.), *Austrian Economics*, Edward Elgar, 1990, p. 420.

［4］ Mises. L, Von. , *Human Action: A treatise on Economics*, Third Revised Edition, Fox & Wilkes San Francisco, 1966, p. 55.

［5］ Mises. L, Von. , *Human Action: A treatise on Economics*, Third Revised Edition, Fox & Wilkes San Francisco, 1966, p. 118.

［6］ Mises. L, Von. , *Human Action: A treatise on Economics*, Third Revised Edition, Fox & Wilkes San Francisco, 1966, p. 43.

反对自然科学方法的滥用

新古典研究方法的重要特征是大量使用数学。以米塞斯为代表的奥派经济学家反对数学和物理学等方法在自然科学中的应用，他们认为不能把物理学的方法应用到社会科学中，因为物体与人存在本质的区别，物体不会"行动"（act），不会选择，不会常改变它们的想法，它们的特征可以被考察，可以用数量表示，但人在任何时候都可能改变他们的思想和行为，影响人的想法和行为的因素不仅很多，而且也是不确定的，甚至是随机发生的，他们的行动不能被"科学地"精确地预测，因此到目前为止数量经济学家、计量经济学家和社会科学家都还没有找到一个关于人的行动的不变的数量关系。[1]奥派经济学家认为影响事件的因素很多，每个事件都是唯一的和不可重复的，尽管有相似性但不可能完全一样。[2]米塞斯指出，在经验主义的方法中，用前提"假设"实际上是固定了某种数量关系，但他指出这种固定的数量关系并不存在，"我们可以观察和经历的变化都是我们所不能区分的、由无数个体因素相互作用产生的综合行为的结果，因此在可以进行数量计算的关系中，没有一种是固定的"。[3]要强调的是，米塞斯没有否定经验的重要性，他说只有经验才有可能使我们知道行动在特定条件下的具体形式，

---

[1] Rothbard, M., "Praxeology as the Method of Economics," in Littlechild, S., (ed.), *Austrian Economics I*, Edward Elgar, 1990, p. 460.

[2] Rothbard, M., "Praxeology as the Method of Economics," in Littlechild, S. (ed.), *Austrian Economics I*, Edward Elgar, 1990, p. 463.

[3] Mises, L. Von., "The Science of Human Action," in Littlechild, S. (ed.), *Austrian Economics I*, Edward Elgar, 1990, p. 418. 关于研究方法中的假设前提，米塞斯"人类行为学"的"前提"不同于新古典经济学的"前提"，后者是"经验性"的假设，而前者是"公理性"的假设。

但我们也是通过推理（reason）才知道给定条件下的行动。[1]

米塞斯认为"想象构建"（imaginary constructions）是研究人的行动的一种特殊方法，这种方法是从复杂多变的现实中抽象出一种理想的形式来研究现实世界，在这个意义上，静态的方法是有用的，如他认为利用"均匀旋转的经济"（evenly rotating economy，类似熊彼特的"循环经济"）这一概念，是研究"变化"世界的唯一合适的方法。[2]但米塞斯说的"想象构建"是一种大脑内部的抽象的智力活动，与上面说的"理解"的方法是一致的，新古典经济学家的数理模型是另外一种不同的"想象构建"。米塞斯反对以均衡思想为基础的数学方法的立场是很明确的，"他们把均衡当作实有其物来处理，而不是作为一个限制的观念，一个心智工具，他们所作的是数学符号的游戏，不适于传递任何知识的一种玩意儿"。[3]米塞斯指出形式化的数学方程中没有时间，没有不确定性，也没有人的选择行为和企业家。米塞斯提醒人们滥用这种方法的危险性，只有强烈的自我批判才能避免滥用这种方法所产生的荒谬和无意义，但很多新古典经济学家由于过度地集中于均衡状态，

---

[1] Mises, L. Von., The Science of Human Action, in Littlechild, S. (ed.), *Austrian Economics*, Edward Elgar, 1990, p. 421.

[2] 事实上，奥派经济学家不反对从现实中抽象出"理想型"的研究方法，如"完全竞争市场"与"瓦尔拉斯一般均衡"都是一种理想型，但拉赫曼认为前者是适合的理想型，后者是对现实的曲解，理想型的构造必须反映现实的本质特征，他认为不关心从现实中抽象出来的本质特征，而关心虚构的模型的特征是错误的，见 Lachmann, L. M., *The market as an economic process*, Basil Blackwell, 1986, p. 22 - 42.

[3] 米塞斯：《人的行为》，夏道平译，上海：上海社会科学院出版社，2015年，第 246 页。

已经陷入了这种"危险的深坑"。[1]

门格尔对瓦尔拉斯的数学方法并不同意，在他写给瓦尔拉斯的信中，门格尔说："我研究的目标是将复杂的经济现象还原到它们的真正的本质，寻求这些复杂的政治经济现象重复发生所遵循的规律，我研究的结果可能会以数学形式体现。数学形式可能有助于'表示'（demonstration），但是'数学表示方法'不是我已经完成的任务的本质部分。"[2] 在另一封给瓦尔拉斯的信中，门格尔阐述了他为什么反对使用数学的原因，他说："通过数学的方法你绝不可能达到你研究的目的，对于通常来说比较复杂的现象，我们有必要回到最简单的因素中去……让我们考虑价格理论，如果我们想获知商品交换规律，首先应该考虑人们交换的动机，考虑不取决于交易者愿望的那些事实，那些与商品交换有直接因果关系的因素……我们应该回到人们的需求中去，回到他们对满足需求所给予的重要性评价中去，回到不同的经济主体所拥有的不同数量的商品中去，回到不同的经济主体对给定数量的商品所做的主观价值评价中去，等等。"[3] 在《国民经济学原理》中，门格尔说把自然科学的方法应用到经济学中是不适合的，把自然科学的方法不加批判地应用到社

[1] Boettke，P. J，Horwitz，S，Prychitko，D. L.，Beyond equilibrium economics：reflections on the uniqueness of the Austrian tradition，in Boettke，P. J and Prychitko，D. L. eds，*The Market Process*，Edward Elgar，1994，p. 63 - 79.

[2] Sandye Gloria-Palermo，*The Evolution of Austrian economics：from Menger to Lachman*，Routledge，1999，p. 25.

[3] Sandye Gloria-Palermo，*The Evolution of Austrian economics：from Menger to Lachman*，Routledge，1999，p. 26.

会科学中已经导致了最严重的方法论错误。[1] 他说"我们不是简单地研究数量关系，而是研究经济现象的本质特征。我们怎么可能通过数学的方法获得这后一种知识，如价值的本质、租金、利润、分工、复本位制等等呢?"[2]

新古典的模型容不下"自身会发生变化"的变量，如人的预期和计划，[3] 新古典经济学家希克斯对这一点有清醒的认识，他认为模型的方法和任何计划都是不相容的，他说："在（静态）模型中没有计划，仅仅是重复以前已经做的，不需要计划的重复行为。在静态的理论中，把'单个的时期'（single period）看成是一个封闭的系统是可能的，我们可以考察这个封闭系统的运行，而（暂时地）不需要考虑任何发生在系统之外的事情。"[4] 而人的预期，如拉赫曼所说，必然跨越多个时期，因此不能纳入到任何模型中。[5]

结语

奥派经济学家认为经济学是对复杂现象的研究，而复杂现象是有目的的人的行动所产生的非意图的结果。正如本章最前面指出

---

[1] Menger, C., *Principles of Economics*, Translated by Dingwall, J and Hoselitz, B. F., Libertarian Press, Inc., 1994, p. 47. 但相比较而言，门格尔的方法论立场是比较中立的，与米塞斯不同，可以说，他是站在经验主义和先验主义的中间。

[2] White, L. H., Methodology of the Austrian School, in Littlechild, S. (ed.), *Austrian Economics I*, Edward Elgar, 1990, p. 376.

[3] 沙克尔和奥派经济学家拉赫曼等人认为人的"预期"和"计划"是不可忽视的，也是人的本质特征之一。

[4] Hicks, J., *Capital and Growth*, Oxford: Oxford University Press, 1965, p. 32.

[5] Lachmann, L. M., *Capital, expections, and the Market Process: essays on the Theory of the Market Economy*. Sheed Andrew and Mcmeel, INC. 1977, p. 161.

的，复杂现象具有"独立于人类意志之外的现象所具有的规律性"，这种规律性才是"我们这门社会科学的研究对象"。[1] 对于这种规律性的认识，奥派强调要以"有目的的人的行动"为研究的起点，这也是奥派与新古典经济学在方法论上的最大区别之一。奥派经济学家认为现象是复杂的，不能从现象中导出"一般性"的规律，而是应以"有目的的人的行动"为出发点，建立可靠的理论，然后用以解释复杂现象。人的行动、复杂现象与理论之间的关系可以简单地用下图表示。

图 2.3 人的行动、复杂现象与理论的关系

人的行动产生复杂现象，同时"人的行动"也是经济理论的前提，而经济理论的作用是解释复杂现象。这里包括两个重要方面，即强调了理论前提的现实性，这里就是"人具有行动能力"（有目的人的行动），和逻辑的可靠性和严谨性，门格尔认为满足这两个条件才能使经济学成为"精确的科学（exact science）"。[2] 相比之下，新古典经济学并不满足，因为它的假设是不现实的"经济人"，并且试图用现实验证假设，这和历史学派没有什么区别，而历史学派是早被门格尔等人批评过的。了解奥派和历史学派的大辩论这段历史，对于认识奥派和新古典经济学的区别也是有帮助的。

---

[1] 门格尔：《国民经济学原理》，刘絜敖译，上海：上海世纪出版集团，上海人民出版社，2001 年，第 4 页。

[2] 黄春兴：《当代政治经济学》，杭州：浙江大学出版社，2015 年，第 21 页。

第三章　理性与主观主义

　　"理性"是经济学的基本概念，经济学建立在"理性"概念之上，但"理性"不等于"主观主义"。新古典经济学也是以理性假设为基础的，但这种理性只是"经济人"意义上的理性，而不是"主观主义"意义上的理性。相比之下，奥派的"理性"是"主观主义"意义上的理性。"主观主义"是奥派的独特特征，奥派也被称为"主观主义学派"。在奥派经济学中，主观主义不仅是一种价值理论，也是所有其他方法论的基础，不仅如此，奥派也把主观主义作为考察问题的视角，准确地说，一种从"作为个体的行动人"出发来思考问题的视角。

一、　从门格尔到米塞斯

　　主观主义最初体现在价值理论中。门格尔强调，价值本质上是"主观的"，是一种财货或一种财货的一定量，在我们意识到我们对它的支配关系到我们欲望的满足时，为我们所获取的意义，[1] 简单地说，即价值是"边际效用"。门格尔在主观价值的基础上解释了价格，认为价格是在交易双方对对方的商品有不同的主观评价的基础上形成的，对价格的这一微观解释，是之前的古典经济学家没有完成的任务。

主观主义也可见于最常见的供求分析法中。供求本质上也是一个与主观主义相关的现象，因为需求与供给都是需求者与供给者"放弃什么以获得什么"的问题。在门格尔之前，古典经济学家也使用供求分析法，但缺乏微观基础，因此也是不完整的，直到主观主义思想的引入，才解决了这一问题。

在"成本"这一重要概念上，主观主义思想更是体现得淋漓尽致。经济学上，成本都是指"机会成本"，是个体为实现某个目标而放弃的效用最大的选择，人们总是要放弃自己所拥有的去交换自己想要的，所有的交易与选择都是"机会成本"的平衡。在奥派经济学中，不仅财货、效用、价值、成本、供给与需求等最基本的经济学概念是主观概念，而且利润、机会与资本等也是主观概念。某种程度上，正如哈耶克所说："过去一百年里经济学的每一项重大进步，都是向着不断采用主观主义的方向前进了一步。"[2]

门格尔虽然是主观主义的开创者之一，但米塞斯却认为门格尔没有很好地贯彻主观主义。门格尔笔下的主观主义是一种"主观感知"的主观主义，个体可以感知到给定类型与数量的商品带给他的不同效用，但他不是积极主动地去发现不同的商品，这预示着新古

---

[1] 门格尔：《国民经济学原理》，刘絜敖译，上海：上海世纪出版集团，上海人民出版社，2001年，第72页。

[2] 哈耶克：《科学的反革命》，冯克利译，南京：译林出版社，2003年，第24页。

典经济学中的"经济人"假设，是古典经济学在边际革命所产生的思想中遗留下的印记。新古典经济学发展到芝加哥学派时，主观主义的特征更加弱化了，尤其是在弗里德曼推崇的实证主义方法中，主观主义思想基本上见不到了。

与新古典经济学相反，米塞斯则是进一步继承、发扬了主观主义传统，这一点主要体现在他的"行动学"中。在米塞斯之前，主观主义主要体现在需求端，即强调欲望的满足，比如价值就是从欲望的满足来定义的，这种主观主义很大程度上是静态的，而米塞斯则从供给端补充了主观主义，"主观"的含义不只是欲望的满足或偏好，而是包含了个体的判断、发现等。这时，"主观"已经与企业家精神联系在一起了。显然，这种"主观主义"是一种包含动态思想的、更为"积极"的主观主义。

与米塞斯一样，哈耶克也对主观主义思想的传播与深化做出了重要贡献，比如，他认为均衡概念应该从主观的角度理解为"计划的兼容"，因此均衡是一个实现的过程，而不是事先就给定的状态。换句话说，均衡本身就是需要经济学去解释的。相反，凯恩斯的"总量"方法则是把均衡视为给定的前提。因为这种方法完全忽视了个体对价格等信号的反应，直接在总体变量之间建立关系，也就相当于把真正需要经济学去解释的问题给排除了。主观主义是哈耶克批评凯恩斯的有力武器，比如，基于资本本质上是主观现象的认识，哈耶克指出在凯恩斯的理论中没有真正的"资本"概念。另外，哈耶克也把主观主义思想应用到知识理论中，指出主观性是知识的本质特征之一。因此，知识不可能为计划者所知，甚至当事人自己也不清楚，这意味着计划经济的不可能性。

二、 米塞斯的"抽象理性"与哈耶克的"制度理性"

米塞斯的主观主义体现在他的"行动学"上，行动学最基本的假设"人的行动是有目的的"就是一个主观主义的假设。米塞斯强调人的"主动性"，他认为人不是简单地根据外部环境的变化作出"反应"的动物，而是有自己"判断"的。根据米塞斯的行动学，脱离人的心智，用外部的因素来解释世界是不可想象的。柯兹纳曾经举了一个有关火星人为其博士论文而来到地球上观察地球人坐车的例子。火星人通过连续的观察，的确能够知道关于盒子（车）和身体（人）之间的一些"规律"。例如，盒子会停停走走，盒子会吞下身体，身体会离开盒子，而盒子会单独离开，等等。火星人并不知道这是地球人为了避免迟到而坐车，他可以在他的观察的基础上进行预测。但是，"这并没有告诉我们任何有关这个情形的知识。他只是截取了现实世界中的一个图像，而没有关注人类意图这一维度。而从奥派的视角来看，后者才是经济学关心的内容。经济学必须从人的动机的角度将世界解释得便于理解"。[1] 同样地，米塞斯认为世界总是个体观念的产物，而实证主义与历史学派在他看来是试图用外部的因素来说明世界，用外部因素来解释人的行为，这样也就否定了人的主观性。

相比之下，哈耶克的主观主义是奥派早期的主观主义，更接近边际革命中所提出的那种主观主义思想：从个体效用的角度重新解

[1] Kirzner, I. M., "On the Method of Austrian Economics," in Edwin G. Dolan (ed.), *The Foundations of Modern Austrian Economics*, Kansas City, Mo. Sheed and Ward, 1976, p. 45.

释价值与成本等概念，这种主观主义并不那么强调个体的"主动性"，或者说它是"静态的"，这很大程度也是一种为"均衡"思想服务的"主观主义"。正因为如此，约瑟夫·萨勒诺（Salerno, J. T）将哈耶克视为一个近乎均衡分析的理论家（near-equilibrium-theorist or proximal equilibrium-theorist）。他认为哈耶克所构想的是一个趋向于最终的或是静态的均衡经济系统。萨勒诺这样说道：

> 的确，正如哈耶克所指出的那样，为了让不同的价格能够发挥它们在知识传递以及计划协调方面的功能，这个经济体必然只能存在于某种——如果要我给它命名的话——"近似的均衡状态"中，在这个状态下，实际的价格总能够绝对精确地指示未来的价格。[1]

萨勒诺又从这一观点出发，认为在对社会主义经济的分析中，米塞斯所提出的经济计算问题包含了动态的视角，已经对社会主义经济的不可行性给予了致命的打击，而哈耶克的这一静态均衡视角并没有起到任何帮助。因为在他看来，哈耶克的当前价格近似于均衡价格，已经包含了所有指导生产者进行资源合理配置的信息。于是，生产者们不再需要依靠他们的判断和评估就能实现资源的优化部署，它不再包含不确定性和直面未来的预测。他批评哈耶克的理论事实上是认为计划经济不是"不可行"，而是因为计算的繁杂和知识的分散而变得"执行起来很困难"。

---

[1] Joseph T. Salerno., Mises and Hayek Dehomogenized, *The Review of Austrian Economics*，1994，Vol. 6，No. 2，p. 128.

哈耶克这种具有"均衡"特征的主观主义同样也体现在他的"理性"概念上。众所周知，他强调"理性不及"，反对理性的狂妄，既然个体的理性是"不及"的，那么逻辑上，个体要具备"理性"，最好的方式是去遵循那些演化形成的规则。他认为理性存在于制度之中，而不是存在于个体的头脑中。那么，如何才能保证合理的制度能够保存下来，为人类提供有关"理性"的知识呢？斯特法诺·莫洛尼（Moroni, S）严格区分了哈耶克在他的作品中所谈到的制度的自发演化理论（the theory of the spontaneous evolution of social institutions）以及行动的自发秩序理论（the theory of the spontaneous order of actions）。莫洛尼认为，正是在前一个理论中，哈耶克阐述了人如何从制度中习得理性：

> 大部分的社会制度都经历了一个漫长的演化过程，是一个非意图的结果。从这个意义上来说，演化指的就是一个不断试验和犯错的过程。它包含了三个步骤：第一步是产生各种各样不同的实践和规则；第二步是在人类的选择下，不同规则之间的竞争和数量上的削减；第三步也就是最后一步是最终被选定的解决问题的方法——即规则系统——被传播和固定下来……这些经历了演化的规则包含了数代人习得的知识和智慧。[1]

哈耶克另一个广为人知的观点是他认为理性是文明的产物，而不是理性产生文明。个体的理性与人类文明相比，就像大海中的一

---

[1] Stefano Moroni, Two Different Theories of Two Distinct Spontaneous Phenomena: Orders of Actions and Evolution of Institutions in Hayek, *Cosmos and Taxis*, volume 1, issue 2, p. 10.

滴水。可见，哈耶克强调的实际上是"制度理性"，即制度的自发演化让人们获得了理性，制度中原本所包含的以及人们在制度中的行动所产生的新知识在传递和扩散过程中让人们得以协调他们的行动。随着哈耶克理论的完善，他强调"制度对于不同个体的计划的契合而言是十分必要的。他的归因理论、资本和利息理论、贸易周期理论和货币理论都包含了'协调主义'这一主题。"[1] 显然，哈耶克认为最为重要的，最能协调人的行动的制度是自由竞争市场的价格系统。

如果说米塞斯笔下的理性是强调个体运用自己的"判断"，是头脑中个体性、自发性的思维活动，那么哈耶克所说的"理性"强调的则是个体对外部制度的"学习"与"理解"，在哈耶克看来，对既有制度的遵循，即"理性"甚至是在无意识的模仿中实现的。哈耶克是把理性放到社会的背景下考察，把个体视为社会中的一个节点。因此，哈耶克笔下的理性是一个与他人互动的概念或制度概念，他是从"社会"反观个体理性的。相比之下，米塞斯不是把制度作为衡量个体理性的参照，而是在"目的-手段"框架下说明理性，即理性的个体会以尽可能减少自己的不适为目标，并尽力采取那些有助于实现他目标的手段。

哈耶克的主观主义与英国的经验主义传统有渊源，这种传统开始于休谟的怀疑主义，对个体理性比较怀疑。相比之下，米塞斯的主观主义与大陆传统关系更为密切。确实，米塞斯实际上是接受了康德的"先天综合能够提供确切知识"的观点。也有人认为米塞斯

---

[1] Scott A. Beaulier, Peter J. Boettke, Christopher J. Coyne, Knowledge, Economics, and Coordination: Understanding Hayek's Legal Theory, *NYU Journal of Law and Liberty*, Vol. 1, pp. 210 - 211.

的先验主义与门格尔那种亚里士多德式的本质主义没有根本的不同。[1]无论这种评价是否完全准确，但多少是米塞斯思想具有大陆传统色彩的一个旁证。

彼得·克莱因（Klein，P）在他编辑的《自由主义的命运》一书的前言中写道："因此，现代奥派可能已经分裂成两个对立的阵营：'严格的米塞斯主义者'，他们是'社会理性主义者'并践行'极端先验主义'，与'哈耶克主义者'，他们强调自发秩序和理性的局限。"[2]

那么，如何看米塞斯与哈耶克之间的这种"分歧"呢？哈耶克本人似乎不太赞同米塞斯的主观主义，并且把它归为"极端理性主义"——该观点认为，除非社会制度是人为刻意设计的，那么它将是没有任何益处的。哈耶克担心这种大陆的"极端理性主义"将导致"建构主义的错误"，哈耶克认为这种极端理性主义是米塞斯"无力摆脱的那个时代的产儿"。[3]哈耶克还认为，这种建构主义事实上构成了社会主义美好愿望的基石："一个人为刻意组织起来的、从上往下强加的系统，应该能够表现得比任何分散的和自然的系统要好"。[4]

————————————

［1］ Selgin，G. A.，Praxeology and Understanding：An Analysis of the Controversy in Austrian Economics，*The Review of Austrian Economics*，2，1988，pp. 19 - 58.

［2］ Peter G. Klein.，*Introduction*，In Peter G. Klein（ed.），*The Collected works of F. A. Hayek：The Fortunes of Liberalism*，Liberty Fund，1992.

［3］ 见哈耶克为米塞斯《社会主义：经济与社会学的分析》一书写的序，载米塞斯：《社会主义：经济与社会学的分析》，王建民、冯克利等译，北京：中国社会科学出版社，2008 年，第 8 页。

［4］ Peter G. Klein，*Introduction*，In Peter G. Klein（ed.），*The Collected works of F. A. Hayek：The Fortunes of Liberalism*，Liberty Fund，1992.

哈耶克曾在他的作品《致命的自负》中对比了自己和米塞斯的观点。在他看来，人类"大部分的知识……并不是从直接的经验或者观察中得到的，而是通过对已知的传统进行持续的筛选过程获得的"[1]，这就要求个人承认并服从那些无法用传统理性学说加以证明的道德传统，因此，哈耶克认为"从某些方面来说，传统相对于人类理性而言更胜一筹，或者说更加富有'智慧'。"[2]从中可以看到，哈耶克对人类仅通过自身理性来创造制度和文明是表示怀疑的。在哈耶克看来，米塞斯更像是受到启蒙运动和大陆传统影响的理性主义者，而他自己更多的是一个英式的自由主义者。哈耶克常常提到这两种"自由主义者"的区别：前者强调个体的理性能够塑造他的环境，后者则深受英国普通法传统影响，更加强调理性的有限性以及演化力量的"自发性"。

但是金赛拉（Kiusella，S）在总结了之前的经济学家有关米塞斯和哈耶克的争议的研究之后，对哈耶克坚持的"个人能从竞争市场的价格体系中更好地利用分散知识"的观点提出了疑问。因为哈耶克认为仅仅是锡的使用者"也不知道锡的价格上升的最初原因是什么"，那么价格的变化很可能是由于有些人正确或错误地意识到锡的供给会减少，也可能是正确或错误地意识到锡的需求会增加。人们知道锡的价格上升了，但不知道具体是什么原因造成的。而那些竞出高价的人（即那些预期和实际价格变化相符的人）之所以知道价格会上升，是因为"他们根据自己的知识和观点（做出了判

[1] 哈耶克：《致命的自负》，冯克利等译，北京：中国社会科学出版社，2000年，第84页。

[2] F. A. Hayek. , *The Fatal Conceit*, London：Routledge, 1988, p. 75.

断），这些必要的信息显然不是从价格变化中得到的。相反，是他们的知识和观点形成了价格的变化。"[1]

尽管哈耶克说米塞斯"在很大程度上已经摆脱了理性建构主义的起点，虽然这一过程还没有完成"，[2]但我们还是认为哈耶克对米塞斯的主观主义有误解。比如在"确切知识"这一点上，米塞斯是指"行动学提供的知识"是确切的，而不是说现实中的人获得的知识必然是确切的，这里存在两个不同层面，即"行动学"这一"理论"层面与作为"行动学"之考察对象的现实中的行动人，哈耶克似乎对这两个层面有所混淆。在后面这个层面上，米塞斯当然不是"建构"的。也就是说，他与哈耶克是一致的，都承认人的无知性，认为人需要从经验中获取知识。虽然在米塞斯看来，从经验中获取的知识不是"确切"的，因为后来的"经验"很可能会推翻之前的"经验"，[3]所以确切的知识的获取更多的要借助于理性本身。以上这两个层面的区分，某种程度上也说明哈耶克是在"本体论"层面说明主观主义，而米塞斯是在"认识论"层面说明主观主义的。

另外，哈耶克也质疑米塞斯的"行动学"是否能够在市场现象中得到运用，以及是否所有的经济理论都是先验的。他称米塞斯的"行动学"只是一种"纯粹的选择逻辑"，只能用于分析单个行动者

---

[1] Stephan Kinsella, *Konwledge vs. Calculation*, https：//mises. org/blog/knowledge-vs-calculation, Nov. 7, 2006.

[2] 见哈耶克为米塞斯《社会主义：经济与社会学的分析》一书写的序言，载米塞斯：《社会主义：经济与社会学的分析》，王建民、冯克利等译，北京：中国社会科学出版社，1991年，第9页。

[3] Ludwig von Mises, *Epistemological Problems of Economics*, Ludwig von Mises Institute, 2003, p. 6.

和他所面对的事物之间的关系——例如，当某个个体拥有一个面包，我们能够通过分析得到"这个个体加之于该面包的动作是'吃'"这个结论，但是这个结论却不能告诉我们任何有关这个个体与其他第二、第三个个体之间的关系——而经济学分析的不是单个个体和他所面对的对象的关系，而是要解释市场中不同个体之间的互动和联系。

但是亚当·诺特（Knott，A）则认为哈耶克似乎对"行动学"的理解存在着一些问题。如果"行动学"仅仅指的是个体和目标物之间的关系，那么"当市场成为行动者的目标物（个体观察市场，进入市场或者在市场中买卖）时，为什么我们不能从个体和目标物（指市场）之间得到分析性的结论呢？"[1]"为什么我们不能像哈耶克指出的那样，从个体行动者和目标物的角度，得到有关个体与任何社会目标物、社会现象或者说与任何市场目标物和市场现象的分析性的结论呢？"[2]另外，诺特认为哈耶克在理解"行动学"时，预设了一个观察者及其目标物，这个观察者扮演"第三者"的角色，他根据他的观察得到相应的结论。但是如果观察者自己就是那个被观察的个体，"有什么能够阻碍这个观察者从自己面对的目标物和他本人之间得出分析性的结论吗？"[3]从这个角度来说，哈耶克事实上已经承认了"行动学"的先验性。

---

[1] Adam Knott, Hayek and Praxeology, https：//mises. org/library/hayek-and-praxeology，2012 年 11 月 13 日。

[2] Adam Knott, Hayek and Praxeology. https：//mises. org/library/hayek-and-praxeology，2012 年 11 月 13 日。

[3] Adam Knott. Hayek and Praxeology. https：//mises. org/library/hayek-and-praxeology，2012 年 11 月 13 日。

三、 个体理性如何应用于社会层面

主观主义意味着个体会"判断"对"他自己"来说什么是迫切需要，或"判断"他应该采取什么目标，选择什么手段等。但是，个体能否对"社会制度"进行判断呢？或用什么进行判断？这是非常有争议的问题。以罗斯巴德、霍普（Hoppe，H. H）为代表的奥派学者用自然法进行判断，米塞斯使用的是"功利主义"标准，而哈耶克也是"功利主义"标准。作为自由主义者，他们都反对集权，反对计划体制，反对大部分的政府管制，即在这种一般层面的制度判断上是一致的，但是在具体层面，比如是否应该有"政府"问题上却有明显的分歧，罗斯巴德与霍普都是无政府资本主义者，而米塞斯与哈耶克都主张小政府。这种分歧，或许也可以追溯到他们在"主观主义"方法上的差异。

在这里，或许可以进一步把主观主义分为"均衡的"主观主义与"过程的"主观主义，罗斯巴德与霍普属于前者，他们直接拿他们头脑中的某种理想状态（自然法）衡量现实，他们没有看到现实中人的行动产生的制度的丰富性，以及自然法是抽象的，在实践层面会体现在丰富的、演化形成的制度中，而何种具体形态才是自然法的标准模式也不能为人所掌握。可以说，他们给出的是一种"有经验内容的主观主义"。米塞斯的主观主义某种程度上也是"过程的"，他只是在认识论层面建构行动学，当然不会在本体论上认为个体（包括经济学家）的头脑中应该建立某种理想模式，并拿这种模式去衡量外部世界，即，他不预设理想状态，对未来保持开放，他的功利主义标准是一种开放的标准。他虽然没有给出客观的经验性标准（去判断现实），但为经验的丰富提供了无限可能。虽然米塞斯本人反对"经验主义"，因为在他看来，经验主义试图用归纳的方法推导出理论，它"无法解决'归纳问题'，即不能为其自身的认识论教义提供一个满意的基础，使人确信它的概括性归纳能够同样地运用到未来的事件中去"。[1]但米塞斯本人的"功利主义"却仍然隐含了经验的，也是指向经验的。因为某种制度所产生的结果假如不能被人们经验地"感受到"，那么"功利主义"根本不可行。

萨勒诺等人认为哈耶克是一个近似的均衡论者，很大程度上的一个原因是哈耶克的作品本身非常难于理解，而哈耶克有时并不会对一个问题做出特别详尽的叙述，特别是他常常在作品中含蓄地提到"存在着一个'趋向于均衡状态'的趋势"，[2]这就留给了后人不同的解读方式。事实上，哈耶克的主观主义也是具有过程性的。如前所述，哈耶克的主观主义是"制度主观主义"，而制度是演化的过程。相应地，主观主义自然也有演化的内涵。哈耶克强调制度不是人为设计的，而是不同个体互动的产物，具有"涌现性"，超出个体理性所能理解的范围。这时，对个体来说，重要的就是去理解和认识这种制度。当然，哈耶克也不排除"通过进一步的理解，能够改进它发挥作用的条件"。[3]对于制度的非设计性、演化性或"涌现性"，用米塞斯的主观主义思想也可以得到解释。米塞斯所谈

---

［1］ G. A. Selgin. , Praxeology and Understanding: An Analysis of the Controversy in Austrian Economics, *The Review of Austrian Economics*, 2, 1988, pp. 19－58.

［2］ Odd J. Stalebrink. , The Hayek and Mises Controversy: Bridging Differences, *The Quarterly Journal of Austrian Economics*, Vol. 7, No. 1 (Spring 2004), p. 34.

［3］ 见哈耶克为米塞斯《社会主义：经济与社会学的分析》一书写的序言，载米塞斯：《社会主义：经济与社会学的分析》，王建民、冯克利等译，北京：中国社会科学出版社，1991年，第9页。

的"理性"（ration）既包括推理（reasoning），也包括"目的性"，但"目的"不是推理的结果，当然更不是外部环境的结果，目的具有自发性、跳跃性，这也是企业家精神的重要特征，这种目的性也意味着观念与制度具有涌现性，即会产生惊奇或意外（surprise）。

比较哈耶克与米塞斯可以发现，哈耶克的"制度理性"所对应的是已经比较稳定的状态，在这种状态下，重要的是对既有的制度的学习与理解，而与米塞斯这种具有"惊奇"特征的理性更加匹配的是观念正在产生，尚未达到稳定的状态。这也表明，米塞斯强调的"制度是观念的产物"与哈耶克强调的"制度是无意识的行动的结果"之间并不冲突，两者只是适用于制度演化中的不同阶段，即制度的生成阶段与制度稳定化阶段而已。举个例子，比如货币刚被某个人发现的阶段与货币已经被普遍使用的阶段。由于"惊奇"往往是企业家所具有的特征，而适应、学习是普通人的特征，因此，米塞斯所说的理性也可以说是"企业家性质的理性"，而哈耶克所说的理性是"普通人性质的理性"。根据米塞斯的这一理性概念我们也可以知道，人工智能无法取代人，因为后者只能解决给定模式下的最优计算问题，但无法产生"惊奇"，它不能解决一个不存在给定模式的问题。

对个体来说，他总是会运用自己头脑的知识（因果关系）去行动，但在社会层面是否存在可以被认识与把握的确切的因果关系？罗斯巴德与霍普隐含地给出了肯定的回答，然而根据米塞斯与哈耶克的主观主义思想，回答则是否定的。这首先是因为理性本身的"惊奇性"（米塞斯），其次是因为作为理性行动之互动结果的涌现性（哈耶克），这些特征或许正是罗斯巴德与霍普忽视的，他们没有看到现实是"生成的"，不是"因果的"。米塞斯的"行动学"提供的确切知识应该理解为"法则性"知识，即这些确切知识是为自由原则辩护的知识，我们知道遵循那些法则会产生好的结果，但我们并不知道如果我们遵循这些法则，那么在社会演化的每一阶段将要出现的具体制度会是什么，这是一个哈耶克的"知识问题"。在经验层面，会出现常规性（regularity），它也往往是经济学研究的对象，但不能与规律（law）等同起来。这种常规性意味着经验世界中出现的"模式"或"类型"（pattern），例如不同地区的不同社会形态，由于常规性不是规律，所以模式并不具有"必然性"。但根据所掌握的确切知识与经验知识，模式一定程度上是可以预测和解释的。

　　另外需要说明的是，一些奥派经济学者常常将米塞斯和哈耶克的理论和思想对立起来。而柯兹纳等人则认为，他们被米塞斯和哈耶克"表面上"的表述差异误导了。当代奥派经济学家构建的"哈耶克范式"和"米塞斯范式"不断加深了这个错误。[1] 对于当代的奥派研究者来说，过度强调米塞斯和哈耶克之间的差异也许并不会有很大的帮助。我们应该试图进一步深入理解哈耶克和米塞斯在主观主义和理性等方面的认识，通过合理的重新解读，去缩小而不是扩大哈耶克与米塞斯之间的差异，这对于奥派本身的发展以及其他人对奥派的理解都有巨大的帮助。正如柯兹纳所说的那样："如今的奥派在经济学领域饱受争议，奥派经济学家只是少数……如果我们想要保存米塞斯的思想遗产，并在上面有所建树，我们必然不能依靠夸大米塞斯和哈耶克的差异，在奥派经济学家以及他们的对

[1]　Israel Kirzner, Review of Hayek, Co-ordination, and Evolution, *Southern Economic Journal*, 61, no. 4, 1996, p. 1244.

手之间制造困扰……"[1]

四、 从主观主义看自由主义与保守主义

在奥派内部，有的学者倾向自由主义，比如米塞斯、罗斯巴德与霍普，有的是有保守主义倾向的，如说自己不是"保守主义者"的哈耶克。这种差异与他们在主观主义思想上的差异有很大关系。如像哈耶克那样，强调"制度理性"，即人是无知的，"理性在于对制度的学习与理解"，那么这必然是有"保守主义倾向"的，因为保守那些演化生成的制度，人才有理性；相反，米塞斯的"抽象理性"不存在保守的具体对象，强调的是对抽象的"法则"的遵循，而不是对演化产生的制度的遵循，这样，自然地对应于"自由主义"。由于抽象理性并非在经验层面发挥作用，这也决定自由主义主要是"理念"层面的，相比之下，与保守主义对应的理性则更多的是"经验"层面的。

保守主义需要回答的一个问题是，保守主义者根据什么去判断，在演化形成的制度中，哪些制度是有助于自由的，哪些制度是损害自由的？这时，保守主义者往往会回到"抽象理性"上去，如同自由主义者一样，借助于抽象的自然法则来进行判断。这就是为什么保守主义与自由主义在现实中往往有不少重合之处的原因。

---

[1] Israel Kirzner, Reflections on the Misesian Legacy in Economics, *The Review of Austrian Economics*, Vol. 9, No. 2, 1996, p. 154.

保守主义也总是与"信仰"联系在一起。根据保守主义对应的"制度理性"，演化形成的既有规则是很有价值的，而人的理性本身是不可靠的，所以保守这些规则需要借助信仰的力量，不被信仰的制度（如法律）往往是一纸空文。人有时确实不能足够地自律，监管是必要的。但问题是监管者可能不会承担起责任，监管监管者的人也可能同样如此。他们都有可能为了自己利益的"最大化"而使规则成为空谈。所以，规则的问题最终是信仰的问题，人们不仅需要"理性地"认识到遵循有助于合作的规则会给自己带来利益，而且还需要信奉（信仰）这一点。当然，这里"信仰"一词的含义是广义的，而不只是指"宗教信仰"。所以，广义的主观主义＝理性＋信仰，这里的"理性"既包括米塞斯的"抽象理性"，也包括哈耶克的"制度理性"，而"信仰"则构成对"理性"的补充。虽然经济学是关于理性的科学而不是关于信仰的科学，但无法否认信仰对一个良序社会的形成是大有帮助的。

保守主义有助于避免激进和盲目，是一种重要的政治智慧。保守主义和自由主义不是并列关系：保守主义是实现自由主义之目标的手段，使自由主义在实践中更有可能脚踏实地。

结语

奥派认为，除非承认个体的主观性，理解个体行动背后的意图，否则我们就无法对经济现象进行解释。奥派认为，某种程度上，经济学的基本任务，就是从"人的主观性"这一最基本的事实出发，获取对世界更有意义的理解，因此，"理性"必须和"主观主义"方法结合起来。

如前所述，我们可以把"理性"分为"主观主义意义上的理性"与"非主观主义意义上的理性"。古典经济学家，尤其是功利主义经济学家边沁、穆勒等人眼中的理性属于后者，发生在19世纪末的边际革命将主观主义引入到价值理论中，也使经济学的"理性"概念具有"主观主义"的含义。但遗憾的是，之后的新古典经济学并没有充分地把主观主义和理性结合起来。[1] 准确地说，在新古典经济学中，"理性"的含义是约束下的最大化，而约束条件又是经济学家事先以函数的形式给出的。我们认为，"理性"不仅体现为约束条件下的最优计算，更体现为个体的创造性，如想象、判断与发现等，这种创造性是人所具有的最为重要的特征，也最体现"主观主义"的方面。

当"理性也意味着创造性"这层含义被经济学忽视时，经济学虽然也可以像自然科学一样严谨，但经济学的"社会科学"性质已经丧失了。[2] 由于弱化了"主观主义"这层含义，新古典经济学的"理性"变成了一个服务于"均衡"，服从于"均衡"的概念，比如，以是否实现均衡来定义理性、非理性或有限理性等，这意味理性概念的重要性被淡化，乃至于对理性概念的最终否定，比如与新古典经济学关系密切的行为经济学就是以"非理性"假设为基础的，这种学说强调的是个体的刺激-反应，几乎完全排斥了个体创造性的一面。行为经济学是一种心理学意义上的经济学，关

---

　　[1]　如前所述，相比之下，奥派是最坚定地把主观主义与理性结合在一起的学派。

　　[2]　如哈耶克指出的，社会科学的事实仅仅是意见，是我们研究其行为的那些人所持的意见。它不同于自然科学的事实，因为它们是不同的人所持的信念和意见，它们本身不管是对是错，都是我们的素材，但我们不能直接到人们的头脑中去观察他们。见哈耶克：《科学的反革命》，冯克利译，南京：译林出版社，2003年，第21页。

注的是个体的决策，与作为"交换学"的传统经济学已经大相径
庭。经济学的发展偏离传统意义上的经济学，某种程度上是新古
典经济学没有充分地把主观主义思想纳入到其理性概念中去的一
个必然结果。

第四章　企业家、均衡与市场过程

企业家是市场的灵魂，市场没有企业家就如《哈姆雷特》剧中没有丹麦王子。企业家是如此之重要，但是，在新古典经济学中，"企业家"只被看做生产要素，没有应有的地位，这是为什么？本章将指出，如何认识"企业家"和究竟是采取"均衡"的方法还是"过程"的方法有关。下面，首先回顾古典经济学和新古典经济学中的"企业家"。

一、　古典和新古典经济学理论中的企业家

作为"资本家"的"企业家"

最早认识到企业家对经济理论重要意义的是法国经济学家坎蒂隆（Cantillon，R），他被普遍认为是研究企业家理论的鼻祖，也被视为奥派的先驱。[1] 他强调企业家的特征是应对"不确定性"和

---

[1]　坎蒂隆的企业家思想被古典经济学家遗忘，也没有引起新古典经济学家的重视，但被奥派重新捡起。

承担风险，他认为除王室贵族和地主外，一个国家的其他居民都是依赖别人生存的，他把这些依赖别人生存的人又分为"实施者"和"被雇佣的"。前者接近我们现在所说的"企业家"，这类人生活在不确定环境下，要承担风险，收入是不固定的。各种从事套利的投机者在他看来都属于企业家，他甚至认为乞丐和强盗也是属于企业家。[1] 坎蒂隆被称为经济学之父，是因为他把企业家这个概念引入到经济学中，从而创立经济学这门学科。坎蒂隆之后的法国重农学学派的经济理论发展了企业家的其他重要特征，如"创新"、"监督"等。但是随着古典经济学的重心从法国转向英国，重农学派重视企业家的传统并没有保留下来，英国古典经济学把企业家看作资本家，或把企业家活动等同于管理活动。

首先看萨伊（Say，J. B），他十分强调企业家的作用，认为企业家处于整个生产和分配活动的中心，企业家才能应该是多种才能的结合，包括判断力、坚韧不拔的毅力和对世界及商业方面的知识，归为一句话是企业家要有监督和管理的艺术，但他笔下的企业家精神是一种供给有限的生产要素，他把企业家描绘成一种高级的劳动者，并且存在企业家市场，其"工资"由供求关系决定。[2]

再看斯密，他意识到"管理"在"分工"中的重要作用，如他说："雇佣很多劳动者的资本家，为自己的利益打算，势必会妥当

---

[1] Cantillon，R（1775），The Circulation and exchange of goods and merchandise，In Casson，M. *Entrepreneur*，An Elgar Reference Collection，Brookfield，UK：Edward Elgar Publishing Limited，1990.

[2] Hebert，R. F.，Link，A. N，*The Entrepreneur：Mainstream Views and Radical Critiques*，NewYork，NY：Praeger Publishers，1988，p. 40.

地分配他们的业务,使他们生产尽可能多的产品"。[1] 他也被认为是第一个认识到"发明"在生产活动中重要性的经济学家,"有许多改良,是出自专门机械师的智巧;还有一些改良,是出自哲学家或思想家的智能"。[2] 但是斯密的严重问题是没有区分"企业家"的功能和"资本家"的功能,最明显的是,他虽然指出了利润与工资受着两个完全不同的原则支配,但他却只是将利润与资本联系在一起,"利润完全受资本的价值支配,利润的多少与资本的大小恰成比例"。[3] 由于斯密的重要影响,古典经济学家基本上对"资本家"与"企业家"不加区分。比如李嘉图,相比萨伊和斯密,他更加忽视企业家,萨伊意识到应该区分企业家精神和普通劳动力,但在李嘉图的著作中这一点也都找不到了,他关心的是"价值"的决定。

不难发现,从斯密到李嘉图再到后来的密尔,英国的古典经济学家没有把"企业家"从"资本家"中分离出来,在他们笔下,资本家既是所有者,也是监督者。如熊彼特所说,"小穆勒时代以前的大多数经济学家未能把资本家和企业家分开,因为一百年以前的制造商是一身而二任的"。[4] 事实上,英国古典经济学没有产生一个关于企业家的理论,只有一个资本理论。

---

[1] 亚当·斯密:《国民财富的性质和原因的研究》(上),郭大力,王亚南译,北京:商务印书馆,1997年,第80页。

[2] 亚当·斯密:《国民财富的性质和原因的研究》(上),郭大力,王亚南译,北京:商务印书馆,1997年,第10页。

[3] 亚当·斯密:《国民财富的性质和原因的研究》(上),郭大力,王亚南译,北京:商务印书馆,1997年,第43页。与资本相联系的"利润"其实是"利息"。通常说的利润包括利息和纯企业家利润,在均衡状态下,没有纯企业家利润,只有利息,换句话说,这时只有资本的回报,没有企业家才能的回报。

[4] 熊彼特:《经济发展理论》,何畏等译,北京:商务印书馆,2000年,第85页。

新古典经济学："企业家"被看做要素

新古典经济学的产生应该从"边际革命"开始算起。边际革命的三位重要人物是瓦尔拉斯、杰文斯和门格尔，他们在 19 世纪 70 年代提出了"边际"的思想。这一重要思想的提出使得经济学可以分析由很多人组成的不同市场之间的关系，确切地说，经济学研究资源配置有了有效的工具。自马歇尔开始的新古典经济学和自门格尔开始的奥派在不同的路径上发展了边际革命的思想，前者重视"市场均衡"，而后者重视"市场过程"，这种分野的产生集中体现在对"企业家"的不同处理和理解上。下面，先看新古典经济学的代表人物马歇尔是如何说明"企业家"的。

马歇尔综合了古典和新古典时期的经济学，因此他对企业家的理解在相当程度上可以说是继承和发展了古典经济学家萨伊和密尔的思想，他把"企业家分成两类：一类引用先进的企业方法，另一类则墨守成规。后一类对社会主要提供直接的服务，对他们的充分报酬往往是可靠的。但前一类却不然"。[1] 后一类型的企业家的收入来自"监督"。有如他对经济理论的综合，他笔下的企业家也是多方面的"综合"，而不只是某一个方面的功能或能力，我们甚至可以认为他把古典经济学家关于企业家特征的论述都"综合"在内了。他意识到企业家应承担风险，如上述第一类企业家，他们把资本和劳动引向一个不确定的未来，在这点上接近于坎蒂隆的观点，而他同时又强调企业家的"判断力、果断、机智、谨慎和坚定"。[2]

---

[1] 马歇尔：《经济学原理》，朱志泰译，北京：商务印书馆，1997 年，第 260—261 页。

[2] 马歇尔：《经济学原理》，朱志泰译，北京：商务印书馆，1997 年，第 268 页。

在他的《经济学原理》中，他把"管理能力"和"企业家精神"这两个具有不同含义的概念混在一起，我们难加分辨。尽管是一个"综合体"，但实际上他笔下的"企业家"是一个"管理者",[1] 而"企业家精神"也被他看作是"生产要素"，是可以"供给"的，"经营能力的供给大而有弹性",[2] 其来源可以是"天赋"，也可以是通过后天的学习和经验获得，"企业家精神"作为"要素"存在还体现在他把企业家精神的收入看作是"能力"的收入，在《经济学原理》一书中，他是把"经营能力"和"资本"两者放在一起来研究分配问题的。

而在现代新古典经济学中，"企业家精神"更被当作是某种生产要素，最典型的是在"人力资本"理论中，已经看不到"企业家"的影子，替代它的是"人力资本"这种要素。比如舒尔茨把企业家精神看作是有价值的服务，因此，应该存在一个企业家精神的市场，与其他要素一样，企业家精神也应该有供给和需求函数，他把作为要素的"企业家精神"和"教育"联系在了一起，认为企业家精神是可以进行投资的。[3] 他对"企业家"的处理完全是在新古典经济学均衡范式下进行的。[4] 又比如，贝克尔的人力资本理论建立在舒尔茨理论的基础上，在贝克尔的《人力资本》一书中，他更多的是研究不同的人力资本投资方式及其投资回报问题，虽然

---

　　[1]　Hebert，R. F.，Link，A. N，*The Entrepreneur*：*Mainstream Views and Radical Critiques*，NewYork，NY：Praeger Publishers，1988，p. 75.

　　[2]　马歇尔：《经济学原理》，朱志泰译，北京：商务印书馆，1997 年，第268 页。

　　[3]　Schultz，T. W.，Investment in entrepreneurial ability，*Scandinavian Journal of Economics*，82，1980，pp. 437－448.

　　[4]　Hebert，R. F.，Link，A. N，*The Entrepreneur*：*Mainstream Views and Radical Critiques*，NewYork，NY：Praeger Publishers，1988，p. 125.

他提到了"不确定性"，但他没有把"不确定性"和"企业家"联系在一起，而只是说客观存在的不确定性会影响投资回报，[1]事实上在该书中他没有提到企业家。他也是用新古典经济学的方法来研究人力资本投资问题，而把企业家排斥在"人力资本"的研究范畴之外。

"真均衡"与"伪过程"

前面已说明企业家精神不能被视为生产要素，那么为什么在新古典经济学中，企业家精神会被看作是生产要素呢？我们认为，其原因是新古典经济学强调"均衡"。"均衡"无疑是经济学最伟大的思想之一，如果没有一般均衡理论，现代经济学家可能还得要像古典经济学一样只能从"总体"上研究经济规律，而"均衡"理论的提出使经济学家有了在"微观"基础上研究"整体"的理论工具，并且能借此研究人与人之间以及多个市场之间的关系。"均衡"理论的创立者是瓦尔拉斯，人们可能会以为这个"均衡大师"不重视企业家，但实际上恰好相反，他对企业家理论做出了重要的贡献，并且高度重视企业家对真实世界的意义，只是为了均衡理论的需要，他才"不得不"抛弃所有有关企业家的相关内容。[2]那么为什么瓦尔拉斯要做出这种舍弃呢？我们认为这和一般均衡理论所对应的那种"理性"假设有关。在这种理性假设下，主体具有"完全预期"的能力和对世界的"完备知识"，企业家创新的过程和结果已为人所知，这时不需要去应对不确定性和创新。在均衡框架下，"理性人"是一个"无所不

---

[1] Becker, G. S., *Human Capital*, Second Edition, Chicago：The University of Chicago Press，1980，p. 77.

[2] Hebert, R. F., Link, A. N, *The Entrepreneur：Mainstream Views and Radical Critiques*，NewYork，NY：Praeger Publishers，1988，p. 73.

知的计划者",这样的"理性人"也被称为"经济人",区别于米塞斯"行动学"框架下的"行动人",也就是"企业家"。

真实的企业家与均衡框架是不相容的。在这个框架下,新古典经济学家只能把企业家做生产要素处理,如舒尔茨和贝克尔就把企业家精神当作稀缺的"要素",一种可以获得"租金"的"能力"或"资本"。这样处理之后,可以对"企业家精神"进行边际分析,并将它纳入到均衡理论中去分析。

在新古典经济学中常见各种包含"时间"因素的"动态"理论,人们往往把它理解为"过程"分析,但实际上这种分析和真实世界发生的"过程"有很大的差别。在新古典经济学中时间变量 t 的变动并不意味着真实过程的发生。我们举个例子,比如某个新古典经济学家建立了某个数学模型,研究从一个时点 t_1 到另一个时点 t_2 影响产出变化的因素,经常地他会考虑资本、人口数量和教育等等自变量的变动,这在他看来一定是"过程"分析了,但是实际上却未必如此。因为他没有考虑到在不同的时期人们的"知识"会发生变化,如"预期"的改变。事实上这种模型隐含地认为人们在 t_1 时已经拥有 t_2 时的知识,或者也可认为"知识"没有改变,只有函数中提到的那些变量发生了变化。显然,这种数学模型把"无知"和"不确定性"等都排除在外,也无法把企业家的"发现"和"创新"等考虑在内。

我们再以"信息经济学"为例说明新古典经济学对"过程"的处理。信息经济学实际上是研究知识既定假设下的成本问题,确切地说是"搜寻成本"问题,[1] 而市场主体实际已被假定拥有所有

---

[1] Stiglitz, G. J., The Economics of Information, *The Journal of Political Economics*, 69 (3), 1961, pp. 213 - 225.

他所需要的知识，包括关于搜寻的对象的知识。只是由于信息成本太高，他才"有所不知"，经济学家所做的是根据边际收益和边际成本相等原则计算"最优"。因此，在信息经济学中，"过程"被理解成了简单的"搜寻"或"计算"，而非真正的企业家驱动的过程。

同样，新古典经济学的"竞争理论"也是没有"过程"思想的。它的"完全竞争"理论与"垄断竞争"理论都假定竞争的"结果"是已知的，但在真实世界中，我们不可能事先知道竞争的结果。这种竞争理论是建立在"完备知识"和"确定性"之上的。这种假设一开始就把真正的竞争排除了，因此，如柯兹纳所指出的，事实上真实的竞争过程在新古典经济理论中并不存在。[1]

上述例子说明在"均衡"理论的基础上研究"过程"是"缘木求鱼"，因为真实的市场过程必然是一个不断变化的过程，而"均衡"排斥了"变化"，故不能容纳"企业家"，[2] 没有企业家出席的过程研究只能被看作是"伪过程"。但是有一位经济学家却偏要在均衡理论框架下来研究企业家的创新活动，他就是著名的熊彼特。

二、熊彼特："企业家"与"均衡"相结合的尝试

熊彼特的企业家理论为人所熟知，他认为企业家最重要的特征是"创新"。在这里我们首先概述他对"创新"的理解，然后分析

[1] Kirzner, I. M., *Competition and Entrepreneur*, Chicago, The University of Chicago Press, 1973, p. 92.

[2] Kirzner, I. M, *Competition and Entrepreneur*. Chicago, The University of Chicago Press, 1973. p26.

他的"创新"和他的理论工具"均衡"之间的矛盾，最后说明他是如何用"发展"来代替"过程"的。

从"个人英雄"到"大企业"

熊彼特把"创新"理解为"新的组合"，它指的是在生产或市场体系中变化的产生。在 1912 年的著作《经济发展理论》中，他认为这种"新的结合"是由具有坚强意志的英雄式人物完成的。他概括了企业家创新的五种情况：(1)采用一种新的产品；(2)采用一种新的生产方法；(3)开辟一个新的市场；(4)掠取或控制原料或半制成品的一种新的供应来源；(5)实现任何一种工业的新的组织。[1]在他眼中，企业家只是在实施创新职能的时候才是企业家，"一旦当他建立起他的企业以后，也就是当他安定下来经营这个企业，就像其他的人经营他们的企业一样的时候，他就失去了这种资格"，[2]因此他不同意马歇尔那样的定义，即把企业家职能看作是一种广义的"管理"。[3]企业家为什么能成为企业家呢？他概括了两个主要方面，一是天赋的才能，在他看来只有少数人拥有企业家才能；[4]二是心理因素，他认为企业家一般有三个不同于一般人的重要"心理"特征，即存在要去找到一个私人王国的梦想和意志，有征服的意志，以及有创造的欢乐。[5]和坎蒂隆以及奈特等不同的是，他并没有把"承担风险"作为企业家的重要特征，他认

[1] 熊彼特：《经济发展理论》，何畏等译，北京：商务印书馆，2000 年，第73—74 页。

[2] 熊彼特：《经济发展理论》，何畏等译，北京：商务印书馆，2000 年，第87 页。

[3] 熊彼特：《经济发展理论》，何畏等译，北京：商务印书馆，2000 年，第86 页。

[4] 熊彼特：《经济发展理论》，何畏等译，北京：商务印书馆，2000 年，第91 页。

[5] 熊彼特：《经济发展理论》，何畏等译，北京：商务印书馆，2000 年，第104 页。

为风险应该由资本家承担，除了意志和精力外，熊彼特的企业家是一个没有资本的人。[1]

而在时隔三十年后，在他 1942 年发表的《资本主义、社会主义与民主》一书中，个人英雄主义式的"创新"已经见不到了，取而代之的是由大企业中管理者共同实现的创新，"组织"替代了"个人"，"创新"被"计算"替代，"革新本身已降为日常事物了，技术进步越来越成为受过训练的专家小组的业务，他们制成所需要的东西，使它以可以预计的方式运行。早期商业性冒险的浪漫气氛正在很快消失，因为许许多多事情现在都能严密计算，而在过去，必须要有天才的闪光才能看出它来"。[2]

"均衡"与"创造性破坏"的人为糅合

熊彼特是瓦尔拉斯的崇拜者，他的理论利用了后者的很多思想，不仅包括后者最重要的"均衡"思想，甚至连"企业家"的概念也来自瓦尔拉斯。在《经济发展理论》的第一章，他设想了一个静态的经济体系，他冠之以"循环流转"，"生产过程年复一年地遵循同一的轨道，而一切数据均保持不变"，[3] 在这种假想的经济体中，没有净利润存在，"每个生产者必须把他的全部收入转让给为他供应生产资料的那些人"。[4] 很明显，"循环流转"的思想与瓦尔拉斯的"一般均衡"思想十分接近。"循环流转"是他做的理论

[1] Hebert, R. F., Link, A. N, *The Entrepreneur: Mainstream Views and Radical Critiques*, NewYork, NY: Praeger Publishers. 1988, p. 111.

[2] 熊彼特：《资本主义、社会主义与民主》，吴良健译，北京：商务印书馆，2006 年，第 211 页。

[3] 熊彼特：《经济发展理论》，何畏等译，北京：商务印书馆，2000 年，第 40 页。

[4] 熊彼特：《经济发展理论》，何畏等译，北京：商务印书馆，2000 年，第 35 页。

铺垫，自然地，企业家就是对这个假想的经济体"进行创造性破坏"的人。

　　如果说瓦尔拉斯意识到了他的"均衡理论"和"企业家"是不相容的，并"主动地"在均衡理论中舍弃了企业家行为，那么熊彼特却想把"均衡"和"创造性破坏"糅合在一起。但他并没有成功。熊彼特一开始就做出了有悖于"企业家"这个概念的假设，如哈耶克所指出的，熊彼特事实上假设"一个人可以拥有所有的这种知识"，[1] 然而问题的关键却是"我们就必须对这些人将由何种途径获得必要的知识这个问题做出解释"。[2] 要指出的是，熊彼特忽略知识是有意的，他认为对"创新"来说，知识不是很重要，因为创新可以是"新"知识的结合，也可以是"已有"知识的结合。[3] 这是没错的，但问题是他把知识理解为"既有的"知识，而企业家创新更多地意味着未知的知识。另外，熊彼特采取的是"一种以人的知识与特定情势中的客观事实相一致的假设作为实际出发点的认识进路"，[4] 这个"进路"体现了"均衡"，但与包含在"企业家"这个概念中的不确定性和创新性等思想不符，因为"人的知识与特定情势中的客观事实相一致"也就意味着不需要"企业家"。虽然熊彼特强调企业家的重要性，但在方法论层面是没有企业家的，如他说"对于理论家来说，这个结论来自这样的初步前提，即估计

　　[1]　哈耶克：《个人主义与经济秩序》，邓正来译，北京：北京三联书店，2003年，第 135 页。

　　[2]　哈耶克：《个人主义与经济秩序》，邓正来译，北京：北京三联书店，2003年，第 69 页。

　　[3]　Schumpeter, J. A., The instability of capitalism, *Economic Journal*, 38, 1928, pp. 361 - 386.

　　[4]　哈耶克：《个人主义与经济秩序》，邓正来译，北京：北京三联书店，2003年，第 135 页。

（所'需要的'）消费品价值的消费者事实上也估计进入那些消费品生产的生产资料的价值"。[1] 显然，只有在无视企业家的情况下这个前提条件才能成立。

指出熊彼特的理论有错误的还有另一位奥派的代表人物罗斯巴德，他指出熊彼特是瓦尔拉斯主义者，因为他相信瓦尔拉斯"一般均衡"是真实存在的。[2] 熊彼特想超越瓦尔拉斯，他想用企业家创新来解释经济"变化"或者说"发展"，而不是停留在瓦尔拉斯的静态世界中。相比哈耶克，罗斯巴德进一步指出，根据熊彼特理论的前提得到的结论与现实完全不一致：在均衡世界中，资源是固定的、偏好是固定的，如要进行创新，只能是进行广义的技术创新，但资金从哪里来呢？在均衡的理论假设下，没有利润也没有利息和租金，只能是依靠银行信用的创造，也就是通胀来解决，这和"经验"差距太大，据此，罗斯巴德认为熊彼特的理论实际上和现实没有一点关系，只是根据他自己臆想的假设所进行的逻辑演练。[3]

熊彼特的"过程"：从"均衡"到"均衡"

与新古典经济学家不同，受德国历史学派影响的熊彼特试图构造一个"动态"的经济运行过程，这集中体现在他的"经济周期"理论中。和新古典经济学的"过程"理论不同的是，他的"过程"

---

[1] 熊彼特：《资本主义、社会主义与民主》，吴良健译，北京：商务印书馆，2006 年，第 269 页。

[2] Rothbard, M. N, Professor Hebert on Entrepreneurship, *The Journal of Libertarian Studies*, 1985, 12 (2): 281 - 286.

[3] Rothbard, M. N, *The Logic of Action II: Method, Money and Austrian School*, Brookfield, UK: Edward Elgar Publishing Limited. 1997. p234 - 237.

理论包含了企业家打破均衡的行为，而新古典经济学的"过程"理论根本就没有企业家的"干扰"。熊彼特认为企业家是成批出现的，企业家的集中创新将导致繁荣，新产品和新企业会大量出现，工资和价格上升，但是随着创新的结束，随之而来的就是衰退和萧条，原因是老企业的衰败、收敛和通货紧缩，最后，又回归平静，等待下一次创新。在熊彼特看来，企业家创新打破了均衡，但经济系统内部存在再次回到均衡的力量，如他说的"正如趋向新的均衡位置的努力挣扎，它使创新具体化并对老厂商产生影响等"，[1] 以及"不景气的经济特征，在于通过力求均衡的机制，把繁荣所带来的成就扩散到整个经济体系"。[2] 熊彼特对经济周期的阐述的确也表明，他描绘的是从一种均衡状态回到另一种均衡状态的过程。

在熊彼特的理论中，企业家创新实际上是外生的变量，是独立于他要解释的经济过程的。熊彼特试图用一个"静态"的一般均衡理论来为一个"动态"的经济过程提供解释，他的理论在逻辑上是精美的，但如哈耶克和罗斯巴德所指出的，他的周期理论是虚幻的，并不是一个关于真实世界的动态经济理论。

三、 奥派： 企业家与真实的市场过程

在 19 世纪末的新古典时期，相对于英、法的经济学流派，奥

---

[1]　熊彼特：《经济发展理论》，何畏等译，北京：商务印书馆，2000 年，第 269 页。

[2]　熊彼特：《经济发展理论》，何畏等译，北京：商务印书馆，2000 年，第 278—279 页。

派对企业家理论的发展最大。[1] 奥派把"企业家"看作是理解市场过程的最重要的"法宝"，"企业家"、"知识"和"市场过程"等一起被称为奥派的三大最重要概念。

在新古典经济学中，人们在不确定的世界中采取的是"刺激-反应"模式，比如根据价格的变动，人们采取相应的行为，这种模式中事实上不存在企业家，有的只是对外部世界机械的和消极的反应。在新古典经济学的"理性"假设下，所有的可能性都是可以"预期"的，因此不存在不确定性。虽然熊彼特的企业家是"付诸实施的行动"，已经不是消极的反应，而是很主动的行为，但他却是在"均衡"框架下研究企业家和市场过程问题的，如前所述，这事实上等于排斥了企业家和市场过程。

相比新古典经济学和熊彼特经济学，奥派从真实的企业家的角度考察市场过程。这集中体现在他们把人的行为看作是有目的的行为，人们会采取手段改善自己的状况，人的知识是不完全的，错误的产生不可避免，对未来不可能有完全准确的预期等，这些是生成市场过程的前提。奥派把企业家与"市场过程"联系在一起，"如果消除企业家，就消除了整个市场系统的驱动力"，[2] 更重要的是他们认为市场过程是一个包含了人们知识变化的自发的过程。不过，虽然奥派都从"主观主义"的角度来理解"企业家"，也都把市场理解为"过程"而不是静态的"均衡"，但对于企业家的特征和过程的特征，不同的奥派学者有不同的侧重。

---

[1] Hebert, R. F., Link, A. N, *The Entrepreneur: Mainstream Views and Radical Critiques*, NewYork, NY: Praeger Publishers, 1988, p. 64.

[2] Mises. L, Von., Human Action: A treatise on Economics, Third Revised Edition, New haven, CT: Yale University Press, 1949, p. 249.

企业家"判断"与"开放的"过程

受奈特"不确定性"理论的影响，米塞斯强调的是企业家的"判断"，米塞斯认为"企业家"这个术语的含义是"唯一地从每一个行为中固有的不确定方面来看的行动的人"，[1] 是"关心市场数据变化的行动的人"。[2] 和坎蒂隆一样，他把"不确定性"扩展到整个市场活动，认为资本家、土地所有者和劳动者都是企业家，因为他们都应对"不确定性"，显然这时候的企业家不再是一个函数意义上的企业家。企业家的行为就是对未来进行"判断"，进行"有目的的选择"，这也是一种"投机"活动，"人们行为的结果总是不确定的……在任何真实的和活生生的经济中，任何人都是企业家和投机者"。[3] 米塞斯认为，在不确定的市场中，利润来自于正确的判断和预期，而不是物质资本的产出。[4] 企业家对市场利润的追逐是市场经济的驱动力，企业家必须对消费者的需求进行预测，"利润或亏损完全决定于企业家能不能按照消费者的需求进行生产"。[5] 当然，企业家的判断会发生错误，如果都能进行正确的

---

[1] Mises. L, Von. , Human Action: A treatise on Economics, Third Revised Edition, New haven, CT: Yale University Press, 1949, p. 254.

[2] Mises. L, Von. , Human Action: A treatise on Economics, Third Revised Edition, New haven, CT: Yale University Press, 1949, p. 255.

[3] Mises. L, Von. , Human Action: A treatise on Economics, Third Revised Edition, New haven, CT: Yale University Press, 1949, p. 253.

[4] Mises. L, Von. , Human Action: A treatise on Economics, Third Revised Edition, New haven, CT: Yale University Press, 1949, p. 290.

[5] Mises. L, Von. , Human Action: A treatise on Economics, Third Revised Edition, New haven, CT: Yale University Press, 1949, p. 295.

判断，那就没有利润了。[1]

从"均衡"状态再回到"均衡"状态，熊彼特的周期理论构造了一个封闭的过程理论，然而在米塞斯那里，市场过程是开放的。与熊彼特不同，米塞斯研究真实市场的出发点不是虚构的"均衡"，而是"人的行为"，他认为人的行为是自发的，人的行为是对他自己的目标做出选择的结果，由很多人的"选择"所组成的市场过程不是机械地被决定的，而是"开放的"，具有很多可能性。他们之间的另外一个区别是米塞斯的企业家从一开始就在市场过程中活动，而熊彼特却是把"均衡"当作是企业家活动的起点和终点。

米塞斯构建了一些与"均衡"相类似的概念，如"静止状态"和"均匀轮转的经济"等，但只是一个理解真实世界的心智工具，和新古典经济学的均衡方法是大不相同的。米塞斯认为，"要研究复杂的行为现象，除掉'首先抽去一切变动，然后引入一个惹起变动的孤立因素，最后分析这个因素在其他情形不变的假设下所发生的后果'以外，再也没有其他的办法"，[2]他还说"均匀轮转的经济"就是为了检视变动而抽去一切变动所建立的分析工具。[3]

企业家"警觉"与市场的"均衡趋势"

与米塞斯稍有不同，柯兹纳强调的是"警觉"，他认为对企业

---

[1] Mises. L, Von. , Human Action: A treatise on Economics, Third Revised Edition, New haven, CT: Yale University Press, 1949, p. 291.

[2] 米塞斯：《人的行为》，夏道平译，上海：上海社会科学院出版社，2015年，第243页。

[3] 米塞斯：《人的行为》，夏道平译，上海：上海社会科学院出版社，2015年，第244页。

家来说，关键是要"警觉"目前还没有被人注意的机会。[1]他在
《竞争与企业家》一书中列举了很多这样的"机会"，比如不同地
方价格高低的差异，[2]投入与产出之间价格的差异等等。[3] 在
柯兹纳那里，"机会"是事先就已经存在的，只是等待被发现，如
地上的十美元的纸币，有的人发现不了，而警觉的人就能发
现。[4]

　　科兹纳是现代奥派企业家理论的代表人物，也是企业家理论
的集大成者。"科兹纳的市场理论代表了现代生成-因果传统中最
成功的分析。"[5]科兹纳的目标不是就企业家来研究企业家，而是
把企业家作为一种"推动结构、产量与质量产生变化的微观因
素"，[6]为均衡与过程、竞争与垄断、长期与短期、福利、伦理
等问题提供一种不同于主流的理论解释。类似米塞斯的"行动
学"，科兹纳的"企业家"更多的是一种方法，确切地说，是"发
现的方法"。

　　[1] Kirzner, I. M., *Competition and Entrepreneur*, Chicago, The University of
Chicago Press，1973，p. 16.

　　[2] Kirzner, I. M., *Competition and Entrepreneur*, Chicago, The University of
Chicago Press，1973，p. 41.

　　[3] Kirzner, I. M., *Competition and Entrepreneur*, Chicago, The University of
Chicago Press，1973，p. 46.

　　[4] Kirzner, I. M., *Competition and Entrepreneur*, Chicago, The University of
Chicago Press，1973，p. 47.

　　[5] Sautet, F., Market Theory and Price System, in Boettke, P. J. and Coyne,
C. J. (eds.), *The Oxford Handbook of Austrian Economics*, Oxford University Press，
2015，p. 88.

　　[6] Sautet, F., Market Theory and Price System, in Boettke, P. J. and Coyne,
C. J. (eds.), *The Oxford Handbook of Austrian Economics*, Oxford University Press，
2015，p. 88.

虽然与熊彼特一样，科兹纳也认为"企业家的贡献仅仅是纯粹决策"，[1] 但他不认为企业家的功能是"新组合"、"创造性破坏"，而是意识到别人还没有觉察到的新机会的能力。他说："对我而言，企业家精神不是新产品或新生产技术的引入，而是发现在哪里新产品对消费者而言有未觉察到的价值，以及哪里对别人而言是未知的新生产方法实际上是行得通的。在我看来，企业家精神的功能不是转换他面对的成本与收益曲线，而是注意到事实上它们已经转换了。"[2]

和熊彼特相反，柯兹纳认为企业家的活动是驱使市场"趋向均衡"，这是他很著名的观点。为什么呢？可以做一个比喻，如果是一个均衡的市场，那么所有的机会都已经被发现，市场实现了充分的协调。但是在一个真实市场中，由于"知识的局限性"和"非完全预期"，人们在市场中容易犯"错误"，完全的协调不可能实现，我们可以把没有实现的协调比喻为"鸿沟"，发现"鸿沟"也就是发现"利润机会"。由于企业家的"警觉"，他们不仅能发现"错误"，获得利润，而且也能从错误中学习，纠正错误，从而缩小或减少"鸿沟"，这一过程也意味着市场协调程度的增强，也即"均衡趋势"的产生。但是"均衡"只是一种"趋势"，不可能实现，因为"鸿沟不可能被完全消除"。

如沙克尔所说，科兹纳笔下的"企业家"是"发动者"

---

[1] 伊斯雷尔·科兹纳：《竞争与企业家精神》，刘业进译，杭州：浙江大学出版社，2013年，第67页。

[2] 伊斯雷尔·科兹纳：《竞争与企业家精神》，刘业进译，杭州：浙江大学出版社，2013年，第67—68页。

(originator)。[1] 企业家的"警觉"意味着"选择"的开放性与无限的可能性。企业家不是在给定的条件下实现"最大化",即企业家不是新古典经济学意义上的"最大化"者,这是奥派的"企业家"与新古典经济学的"理性人"的重要区别。在新古典经济学的世界中,决策者不仅知道自己知道什么,而且"知道自己无知的是什么",[2] 但"警觉"的企业家在这两个方面都是"无知的"。某些企业家之所以比他人"警觉",是因为他有别人没有的知识,这是"警觉"的根源,也是企业家成功的根源。科兹纳有时使用"警觉"一词,有时也使用"发现"一词,对于两者的关系,我们可以说"发现"归功于发现者的"警觉"。

以"企业家"为基础的"市场过程"理论是科兹纳对奥派的重要贡献,"市场过程"也是奥派独有的理论法宝,如科兹纳所指出的,即便是与奥派有渊源的熊彼特都没有市场过程的思想。[3] 市场过程理论认为市场没有"最优",是一个企业家驱动的过程,这意味着不能拿一个理想状态(均衡)去衡量市场的效率,要求市场去满足那个理想状态。基于"市场过程"的思想,奥派不承认"市场失灵"的观点,因为那是拿一个均衡状态(没有"失灵"的理想状态)去参照真实的市场所得出的结论,而这种均衡状态事实上并不存在。

---

[1] Shackle, G. L. S., Professor Kirzner on Entrepreneurship, in Littlechild, S. (ed.), *Austrian EconomicsIII*, Edward Elgar, 1990, p. 121.

[2] Kirzner, I. M., *The Driving Force of the Market*: *Essays in Austrian Economics*, Routledge, 2000, p. 8.

[3] Minniti, M., On the Economy-Wide Implication of Kirznerian Alertness, in Boettke, P. J. and Coyne, C. J. eds, *The Oxford Handbook of Austrian Economics*, Oxford University Press, 2015, p. 541.

企业家"预期"与"创造性"过程

以拉赫曼为代表的奥派学者强调的是企业家的"预期"，他是英国经济学家沙克尔的跟随者，后者以极端主观主义而闻名。拉赫曼强调"无知"和"不确定性"，他把奥派的主观主义发挥到极致，他的理论建立在"人的预期随着时间的流逝是会发生变化的"这个基础上，在他看来，"预期"决定"计划"，而"计划"又决定"行动"。他认为"不确定性"不仅是来自外部环境，其中有不可预期的事件随时有可能发生，还来自"预期"本身。[1] 在方法论上，他的"预期"可以与新古典经济学的"偏好"对应，在新古典经济学中"偏好"是稳定的，因此"连续性"假设可以成立，而在拉赫曼看来，世界是瞬息万变的，人们的"预期"不可能准确地预测未来，"预期"本身也是变化的，而且不同人有不同的"预期"，根本不可能实现兼容。因此，他的理论拒绝了知识的"连续性"以及市场的稳定性，也不承认有"均衡"，在这一点上他比科兹纳和哈耶克等人都要"极端"。

在拉赫曼看来，"警觉"机会显然是不够的，这只是体现人主观性的一个小小的方面而已。他强调的是企业家的"预期"，但是与一般人的预期不同的是，企业家的"预期"包含了更多的"想象"，企业家不是对"已有机会"进行选择，而是根据他自己的想象实施他的行为，"利润机会"隐藏在企业家自己的"想象"中，

---

[1] Lachman，L. M（1976），On the Central Concept of Austrian Economics：Market Process, in Littlechild, S. （ed. ），*Austrian Economics*，*Vol II*，Brookfield，UK：Edward Elgar，1990，p. 82.

而不是被外部事件所决定。[1] 我们可以用彭罗斯（Penrose，E）的观点来进一步阐释拉赫曼的主观主义，在《企业增长理论》一书中彭罗斯对企业家的理解接近拉赫曼，彭罗斯认为企业的异质性，并不是因为企业的资产不同，而是因为企业家对资产所做的"想象"的不同，资源的用途并非决定于资源本身的物理特征，而是决定于企业家对这种资源用途的"想象"。企业家的"想象"是"创造性"的想象，受奥派影响的布坎南接受拉赫曼的观点，认为"市场过程"是一个"创造性过程"，[2] 事实上这也是对奥派过程观的一个较好概括。

柯兹纳认为真实的世界中一定存在均衡趋势，而拉赫曼认为根本不存在这样的趋势。两者从不同的方向发展了米塞斯的理论，但两者有相似之处，假如科兹纳笔下的"机会"不是已经存在的，那么他说的"警觉"实际上就接近于拉赫曼说的"预期"或"想象"。但是在罗斯巴德看来，柯兹纳和拉赫曼都"偏离"了米塞斯。[3] 笔者认为柯兹纳和拉赫曼的企业家理论具有互补性，理由是柯兹纳的"企业家"是"套利型"的企业家，如果没有这种类型的企业家，趋向均衡的市场价格将不会形成，而如果没有拉赫曼的"想象型"的企业家，市场价格的波动都将不会发生，套利也无从谈起。

————————

　　[1] O'Driscoll, Gerald P. Jr. and Mario J. Rizzo, *The Economics of Time and Ignorance*, Oxford: Basil Blackwell, 1985, p. 1.

　　[2] Buchanan, J. M. and Vanberg, V. J., The market as a creative process, *Economics and Philosophy*, 1991, 7, pp. 167 - 186.

　　[3] Rothbard, M. N., Professor Hebert on Entrepreneurship, *The Journal of Libertarian Studies*, 12 (2), 1985, pp. 281 - 286.

四、 三大理论的再比较

通过对新古典经济学、熊彼特经济学和奥派的比较，我们发现
了"企业家"、"均衡"与"市场过程"之间的联系。新古典经济学
把企业家看作是要素（人力资本），这样才能纳入到其"均衡"理
论框架中，为了追求均衡方法，新古典经济学实际上放弃了考虑真
实的企业家行为，因此，其"过程理论"是虚构的。熊彼特试图把
"企业家"和"均衡"方法结合起来，他想描绘动态过程，他的
"企业家"是一种"功能"，是为打破"均衡"服务的，但他采用的
却是"均衡"的方法，他并没有构建起真正的过程理论。相比之
下，奥派的企业家是"主观的"也是"个体的"，因此也是真实的，
奥派从"人的行动"的角度考虑企业家，提供了更接近真实世界的
"市场过程"理论。可用下表概括新古典经济学、熊彼特经济学和
奥派这三大理论对"企业家"、"均衡"和"市场过程"这三个方面
的理解。

表 4.1 三大理论对企业家、均衡与市场过程的认识

	新古典经济学	熊彼特经济学	奥派
企业家	不考虑	作为一种"功能"	主观的、个体的
均衡	作为理论基础	作为理论基础	保留概念，但不作为研究真实世界的工具
市场过程	没有真正的过程理论	结合均衡和企业家来解释过程	坚持有企业家的真实过程

结语

不难发现，对"人"做什么假设（即"理性人"抑或"企业家"），对"市场"就有什么假设（"均衡"抑或"过程"）。新古典经济学的"理性人"假设很大程度上把真实的企业家排除在外，与理性人假设对应的是"均衡"思想。熊彼特笔下的"企业家"是一种"功能"，服务于"创新"或"打破均衡"，或者说不是"主观主义"意义上的企业家，他较好地用企业家创新来解释了经济发展，但他采取的是"均衡"的假设。相比之下，在奥派所坚持的"主观主义"分析框架下，[1] 企业家的真实特征更好地得到保留，与之对应的是更接近真实世界的"市场过程"的方法。

---

[1] "主观主义"可以分为"静态主观主义"和"动态主观主义"。新古典经济学的"效用"和"偏好"等与"理性人"相关的概念可归为"静态主观主义"，而判断、警觉和预期等与"企业家"相关的概念可归到"动态主观主义"。

第五章 "理论"与"历史"的辨析[*]

    任职于中山大学岭南学院的朱富强副教授在《经济社会体制比较》2019 年第一期上发表了一篇名为《新自由主义经济学为何如此迷恋市场：奥派的分析思维批判》的文章，对奥派和自由市场的思想进行了批评。他认为奥派只考虑自然性方面的差异性，忽视了市场主体社会性差异衍生出的权力不平等，以及这种不平等造成的市场失灵、剥削和奴役等。他认为奥派美化了企业家，没有看到企业家非理性和破坏性的一面。笔者认为他犯了"用个案来否定一般性理论"、"用行为经济学的认知去攻击奥派作为逻辑起点的理性假设"、"用事后的结果去说明理性与非理性"等等错误，这些错误的根源是他混淆了理论与历史。本章将从他这篇文章的几个要点入手展开批驳，其中第一部分"理论与历史"是贯穿全文的主线，后面"异质性与权力不平等"、"权力与权利"、"肯定性理性与否定性理性"、"自然性与社会性"以及"非理性与市场失灵"等五个部分相当于是第一部分的具体展开。

---

[*] 本章的内容首发于《学术界》2020 年第 4 期，略有改动。

一、 理论和历史

在 19 世纪末，门格尔领导的奥派和德国历史学派有一场激烈的辩论。历史学派否认经济理论的结论具有普遍性，认为理论是从特定情境中概括出来的，不同的情境下有不同的理论，而奥派则认为存在超越于特定时间和空间的经济学规律。朱富强的观点具有明显的历史学派的特征，比如他认为斯密提出并倡导"无形的手"只适用于斯密所处的那个时代，他说"后来随着市场交易半径的越来越长，逐利心就冲破了社会伦理的束缚而恣意横生，市场之恶也就得到了充分的展露"。[1] 显然，人的逐利心不会随着时代的改变而改变。换句话说，斯密时代的逐利心和现代社会的逐利心不会有什么差异，因此斯密发现的"看不见的手"原理也是普遍适用的。顺便要说明的是，他的这一说法还存在多处漏洞。首先，为什么逐利心与市场交易半径有关，怎么证明？其次，为什么逐利心增强了就会产生市场之恶？第三，逐利心是否冲破社会伦理束缚要如何来衡量？他把"人心"视为"社会"的函数，没有看到人心具有主动性，这种主动性正是企业家精神的体现。

奥派区分了"人心的形式"和"人心的具体内容"。人心的形式都是相同的，即人有共同的心智结构，但人心的具体内容属于"历史"，是因人而异，也因情境而异的。历史学派则是从人心的具体内容出发，没有意识到人心的"形式"与"具体内容"这一区分

---

[1] 朱富强：《新自由主义经济学为何如此迷恋市场：奥派的分析思维批判》，《经济社会体制比较》2019 年第 1 期，第 138 页。

的重要性，因此也不能建立一般性的经济理论。

人有不同的观点和行为，从这个角度说，人当然是异质的，但无法否认人有共同的、普遍的一般性。经济学作为揭示一般性规律的科学，要从这个"一般性"出发。这个一般性就是人的理性，经济学对理性概念有很多不同的理解，对奥派来说，理性是指人的行动的目的性或"减少不适"，由于人的行动的目的就是减少不适，因此两者实际上是同一个意思。这个理性概念把人的不同偏好都涵盖在内。[1]

奥派代表人物米塞斯严格地区分了理论和历史，他认为"经济学，以想象、推理的方式，只处理一般行为元素的形式结构，而不处理个别行为的具体内容；如此所确立的定理，在其前提和推演过程所假设的条件给定的情况下，是严格有效的。而处理个别行为具体内容的行为科学，是历史"。[2]经济学从一般假设出发的逻辑推演，是关于人类行动的形式化科学，行动的"具体内容"和"形式化的理论"之间并不直接建立关联。

朱富强没有认识到理论和历史的上述区别，比如他混淆了作为功能的企业家和企业家的具体行动（属于"历史"范畴）。奥派说的企业家是作为功能的企业家，而朱富强则以为奥派说的企业家是具体行动的企业家。作为功能的企业家是属于"形式化的理论"层面的，它包括了"具体内容"层面的异质性，也就是现实中企业家

---

[1] 从"自利"和"最大化"这个角度说，奥派的理性概念和新古典经济学的理性概念有相似性，但又有着根本的区别。新古典经济学的理性概念强调的是"约束条件下的最大化"，和"均衡"方法联系在一起，而奥派的理性概念则和"过程"方法相联，包含"发现"、"警觉"和"创造"等体现企业家精神的含义。

[2] 米塞斯：《人的行为》，谢宗林译，台北：五南图书出版公司，2017年，第19页。

行动的多样性，比如有朱富强喜欢的行动，也有朱富强不喜欢的
行动。

朱富强强调社会性或差异性，并把这种异质性与差异性等同于
权力，进而用权力去否定市场，这也是一种历史学派的观点。"差
异性"是理论作用于社会的具体内容，属于"历史"，不是理论本
身。同样，"异质性"也是一个"历史"概念。如经济理论是从异
质性出发构建的，那必然会派生出无数不同的理论，谁也无法说服
谁，这样就否定了理论的一般性和普遍性。朱富强在文中应用老制
度学派凡勃伦的观点，这也是他的方法具有历史学派色彩的体现，
因为凡勃伦正是老制度学派的经济学家。众所周知，老制度学派是
从历史学派的一些观点演变而来的，老制度学派缺乏严密的逻辑和
分析上的精确性。除了受奥派批评外，老制度学派也被其他现代经
济学家批评，如科斯就将老制度学派所做的研究看作是"除了一些
需要理论来整理，不然就只能一把火烧掉的描述性材料外，没有任
何东西流传下来"，[1] 可以说历史学派和老制度学派早已经是被现
代经济学抛弃的陈迹，而朱富强相当于在现代经济学上后退了一
步，回到了老制度学派和历史学派。

二、 异质性与权力不平等

朱富强认为奥派强调异质性，并认为异质性产生不平等，他说

---

[1] 罗纳德·哈里·科斯：《论生产的制度结构》，盛洪、陈郁译校，上海：上
海三联书店，1994 年，第 346—347 页。

"市场主体本身就是异质性的，这种异质性造成了市场地位的不平等，造成交易权力的不对称"，[1] "奥派承认人际相异性，具体表现为，现实个体之间先天地存在各种各样的差异（能力、天赋、出身等等），由此就产生出人与人之间的各种不平等"，[2] 这完全是对奥派的误解。"异质性"是一个"经验事实"，而奥派的逻辑起点是一个"先验事实"，即人的理性，奥派是从"理性"概念出发建立逻辑理论体系的大厦的，在经验（历史）层面奥派不否认人的异质性。

朱富强把异质性与不平等联系起来，认为异质性导致权力差异，而权力差异又导致了不平等，进而导致了市场失灵，这一逻辑是有问题的。我们说，在现实中，个体之间先天地存在能力、天赋和出身等等各种各样的差异，这种差异是分工合作的条件。如把这种差异视为权力差异，则隐含地认为这些差异是导致冲突（比如剥削，压迫）的因素。实际上正如巴斯夏早就揭示的，在市场中，不同的利益是和谐的。[3]

差异性不等于不平等，不平等和差异性是完全无关的两个概念。不平等应该是指在法律面前的不平等，有的人拥有特权，而另外一些人没有特权，只有在这种情况下，我们才可以说"权力的不平等"，或者说，只要没有特权，就不能说存在"权力的不平等"。"权力"的概念和市场中的"企业家"无涉。如说企业家拥有权力

————————

[1] 朱富强：《新自由主义经济学为何如此迷恋市场：奥派的分析思维批判》，《经济社会体制比较》2019 年第 1 期，第 146 页。

[2] 朱富强：《新自由主义经济学为何如此迷恋市场：奥派的分析思维批判》，《经济社会体制比较》2019 年第 1 期，第 139 页。

[3] 弗雷德里克·巴斯夏：《和谐经济论》，许明龙、高德坤等译校，北京：中国社会科学出版社，1995 年。

的话，那也是使用资产的"权力"，这种"权力"和以暴力为基础的权力有着本质的区别。朱富强没有区分"权利"和"权力"。企业家使用资产的"权力"本质上是"权利"（财产权）而非"权力"，因为企业家是被投资者授权而合法地使用资产。

朱富强认为"创造维度的引入有助于我们更广泛地考虑市场主体的权力差异以及相应的行为动机等等"，[1]据此，他认为企业家的创造力使得企业家的权力差异更为明显。如是这样的话，那个为人们所颂扬的"创造性"在朱富强笔下竟然成为贬义词。我们说，企业家的创造性使人们不断地摆脱权力的束缚，因此创造性恰恰是权力的敌人。正是创造性的发挥打破了既有的权力格局，使弱者有机会翻身，使社会变得更"平"。实际上，社会的平等正体现在个体无差别地拥有发挥创造性才能的权利上。

朱富强还认为权力差异导致"社会的不平等"。但"社会的不平等"这个概念与哈耶克批评的"社会正义"类似，[2]是一个学理上不成立的概念，因为它基于"分配结果的公平"这种思想。比如他说："事实上，无论一个人多么理性，只要缺乏足够的力量，它也无法在交易中获取应得的或公正的收益份额，在各种赤裸裸的剥削面前也无能为力。"[3]请问，什么是应得的公正的份额？一个人在市场能够获得多少回报，由市场决定，不存在什么应得的份

---

[1] 朱富强：《新自由主义经济学为何如此迷恋市场：奥派的分析思维批判》，《经济社会体制比较》2019年第1期，第141页。

[2] 比如哈耶克认为"'社会正义'在大社会中是一种破坏性力量"，可见哈耶克：《法律、立法与自由》（第二卷），邓正来、张守东、李静冰译，北京：中国大百科全书出版社，2000年。

[3] 朱富强：《新自由主义经济学为何如此迷恋市场：奥派的分析思维批判》，《经济社会体制比较》2019年第1期，第140页。

额，这种回报的不确定性恰是市场的魅力所在。当朱富强提出"社会不平等"概念的时候，预设了他认为的社会平等，这相当于他刻意地构建了一种想象中的理想秩序，只有当真实的世界满足这种秩序时，才被认为是"平等的"。

三、 权力与权利

朱富强混淆了政治权力和消费者主权。企业家使用资产的"权力"是受消费者支配的，企业家不能根据自己的意志任意妄为，这和那种不受约束的政治权力是完全不同的。企业家必须用自己拥有的资产去服务消费者，他和消费者的关系是服务与被服务的关系，而不是指使与被指使的关系，消费者事实上处在被企业家伺候的地位。企业家必须把消费者服务好才能增进自己的利益，无论他们拥有多少资产，都必须遵循这一法则。另外，企业家使用资产的"权力"是市场的驱动力，不是导致市场失灵的因素，相比之下，只有那种可以不顾及消费者利益的权力才会导致市场失灵。企业家只是消费者的代理人，市场中真正的老板是消费者，企业家只是受消费者之托而管理消费者的资产。如米塞斯指出的，"在市场经济中，是通过为公众服务来获得和保持所有权的，一旦公众对服务感到不满意，所有权就会丧失。生产要素的私人所有权，可以说是公众的一项委托"。[1]

---

[1] 米塞斯：《经济科学的最终基础》，朱泱译，北京：商务印书馆，2015年，第125页。

朱富强还谈到"企业家寻租"的问题。他说："正是基于权力的差异,'企业家'们往往会充分利用其地位进行寻租,利用市场竞争压制弱势者;进而,正是由于创造力的差异,'企业家'们也会通过刻意地创造市场非均衡来获利。"[1] 然而,众所周知,常说的那种"寻租"是与不受限制的权力联系在一起的概念。企业家用更好的产品去讨好消费者,以获取更多的利润,这种行动不能理解为"寻租"。它出现在法治不健全的社会,是法治不健全的产物,而不是企业家行动的产物。在没有人为垄断的情况下,或许企业家在短期内可以通过掠夺消费者,比如用缺斤少两或以次充好的方式获利(寻租),但市场竞争终究会淘汰这种企业家,另外,这样的企业家也会受法律的惩罚。一般来说,企业家获取利润不是以伤害消费者利益为代价的。当企业家赢利的时候,意味着消费者选择了自己的商品,消费者的利益得到更好的实现,也就是说,消费者的利益和企业家的利益是一致的。

朱富强认为"很大程度上,逐利企业家之所以能够通过欺诈行为获取高额利润,关键在于他们能够敏锐地把握人性的弱点进而诱导其选择"。[2] 显然,我们不能混淆"需求的满足"和"人性的弱点",企业家是通过满足消费者的需求获利,而不是"把握人性的弱点"获利。我们见到过通过欺诈取得成功的企业吗?

米塞斯区分了"不受盈亏法则约束的权力"和"受盈亏约束的权力",他认为在前资本主义时代,封建地主和国王的权力不受盈

---

[1] 朱富强:《新自由主义经济学为何如此迷恋市场:奥派的分析思维批判》,《经济社会体制比较》2019 年第 1 期,第 141 页。

[2] 朱富强:《新自由主义经济学为何如此迷恋市场:奥派的分析思维批判》,《经济社会体制比较》2019 年第 1 期,第 143 页。

亏约束，他们可以根据自己的意志随意地支配自己的财产，但在资本主义时代，资产所有者则不能随意地支配财产，"所有者不得不把'自己的'所有权当作别人委托的所有权，必须为了最大限度地满足实际的受益人即消费者而运用受托的所有权。所有的生产要素——其中也包括人力要素，即劳动——都是为市场经济的全体服务的。这便是资本主义制度下物质生产要素私人所有权的真意和性质"，[1] 而朱富强仍然用前资本主义时代的"权力"来理解现代企业家的财产所有权。对于朱富强这些人的混乱，米塞斯其实早有预料，他说："一代又一代的学者，盲目而不加批判地接受了前资本主义时代的法律学说，完全未能看出市场经济的特征。在他们看来，资本家和企业家似乎是不负责任的独裁者，为了自身的利益而经商，丝毫不顾及他人。他们把利润描绘为黑钱，得自于'剥削'雇员和消费者。"[2]

朱富强认为"自愿交换"是"权力"的函数，他说："现实市场中就不可能出现真正'自愿'的交换，'自愿'本身就是权力的函数。"[3] 这是一个自相矛盾的说法。"自愿"的含义是不受强制，"自愿交换"是指交换不受外力，比如暴力的胁迫。消费者在市场中交换的时候并没有人在强制他，因此是自愿的。金钱不代表"权力"，代表的是更强的购买力。一个人拥有更强的购买力，是市场对他付出努力的奖赏。所以，"自愿"不意味着不同人有相同的选

---

[1] 米塞斯：《经济科学的最终基础》，朱泱译，北京：商务印书馆，2015 年，第 126 页。

[2] 米塞斯：《经济科学的最终基础》，朱泱译，北京：商务印书馆，2015 年，第 126 页。

[3] 米塞斯：《经济科学的最终基础》，朱泱译，北京：商务印书馆，2015 年，第 126 页。

择范围，比如富人选择的范围更大一些，穷人选择的范围小一些，这是完全正常的市场现象。而且富人的利益与穷人的利益不是冲突的，因为当富人进行交换的时候，就为穷人的交换创造了机会。

四、 肯定性理性与否定性理性

朱富强对"理性"概念作了划分，提出了"肯定性理性"与"否定性理性"两个概念，他认为"奥派的教义派之所以持有如此强烈的唯市场论，根本上还因为他们嵌入于肯定性理性之中，从而将自己封闭在一元化的特定解释共同体内，乃至无法看到它无力且不愿看到的方面"。[1] 他认为有必要引入"否定性理性"。他说的"肯定性理性"是指奥派总是"肯定"现实世界中人的理性，没有看到人的理性有破坏性的一面。朱富强引用了大量例子说明企业家的理性也是否定性的，即破坏性的，例子包括杰克·韦尔奇对通用电气的大裁员，约翰·洛克菲勒的父亲威廉·洛克菲勒靠忽悠人卖假药而致富等，这些例子也被用来说明市场失灵。

如米塞斯指出的，"探究具体的目的的是史学"。[2] 肯定性理性与否定性理性的区分是历史层面的，而不是理论层面的。历史是需要用理论来解释的，朱富强则拿历史来批驳理论，这是不成立的，因为理论是超越历史的形式化逻辑，历史和理论之间没有直接

[1] 朱富强：《新自由主义经济学为何如此迷恋市场：奥派的分析思维批判》，《经济社会体制比较》2019年第1期，第143页。

[2] 米塞斯：《经济科学的最终基础》，朱泱译，北京：商务印书馆，2015年，第52页。

的对应关系。奥派从不否认在"历史"层面，有的行动是积极的，有的行动是消极的，也不否认认知能力的有限性，如哈耶克就非常强调人的无知性。

某种行为短期看或局部地看是否定性的，但从长期看或整体看可能是肯定性的，相反的情况当然也有可能出现。这意味着经济学家事实上没有能力去判断一种行为究竟是肯定性的，还是否定性的。经济理论不能建立在经济学家自己的主观判断之上，比如朱富强说"金融资本的危害在 21 世纪更显突出和严重，但奥派的信徒们却依旧漠然视之"，[1] 这就是一个缺乏逻辑的主观臆断，因为经济危机并非"金融资本"的结果，而是政府控制的法币体系的结果。[2]

奥派假设人的行动必然是理性的，也就是有目的的，这个理性假设既不是"肯定性"的也不是"否定性"的。朱富强误认为奥派做了"肯定性假设"，他说"奥派就将所有的偏好、目标和行为方式都视为一种合理的存在，从而也就无法深刻地揭示市场经济活动中存在的大量不合理行为和现象"，其实并非如此，他犯了"用历史去攻击理论"的错误。奥派从不否认在现实中存在破坏性的企业家行为，但这种行为也是"理性的"，也即理性不意味着合理，更不意味着奥派必然会"肯定"，也即"支持"那种理性。[3]

我们要区分"理论"和"理论的应用"。解释不合理行为和现象是理论的应用，是历史，不是理论本身。但是，首先要有正确的

[1] 朱富强：《新自由主义经济学为何如此迷恋市场：奥派的分析思维批判》，《经济社会体制比较》2019 年第 1 期，第 13 页。

[2] 对于商业周期问题，奥派的周期理论给出了非常有力的解释，可见默里·罗斯巴德：《美国大萧条》，谢华育译，上海：上海人民出版社，2009 年。

[3] 斯密有关"生产性劳动"与"非生产性劳动"的区分也是"经验性"的，而不是"理论性"的，这事实上是斯密经济理论的一个缺陷。

理论，才能对现象做出合理的解释。如没有正确的理论，或像历史学派那样，否定经济理论的普遍有效性，那势必导致经济学家任意地用自己的标准去衡量当事人的行为，这会导致理性的狂妄。

经济理论的逻辑起点应该是具有现实性和一般性的假设，而不是对特定现象的经验观察，如肯定性理性与否定性理性。不同学者有不同的经验观察，如把理论建立在经验观察之上，那意味着不同学者会有不同的，甚至相互冲突的理论。米塞斯的理性假设，即"人的行为具有目的性"就是现实的和一般性的假设，这一假设包括了"理性"在历史层面的"肯定性"与"否定性"。

朱富强再次用"寻租"来说明存在"否定性理性"。他说："奥派的关注也集中于价格竞争而忽视广泛的非价格竞争，进而无视逐利企业家的寻租行为以及那些破坏性的创新活动，乃至刻意否定普遍存在的垄断现象。"[1] 对此，我们说奥派的理性假设是对人的行为的一般性假设，并不包含行为合法与否的判断。寻租是规则层面的问题，不是理性层面的问题。另外，"破坏性的创新活动"也是一个自相矛盾的概念。虽然在"历史"层面，存在某些企业家创新会损害消费者利益的情况，但在"理论"层面，也就是从"一般意义"上说，企业家创新必然是朝着更能满足消费者需求的方向去的。熊彼特用"创造性毁灭"来说明创新，但熊彼特说的"毁灭"不同于朱富强说的"破坏性"，即它不是指"降低消费者福利"意义上的破坏性，而是指"优胜劣汰"意义上的创造性。创新使消费者享有新产品，提升了他们的福利，具有非常积极的意义。

---

[1] 朱富强：《新自由主义经济学为何如此迷恋市场：奥派的分析思维批判》，《经济社会体制比较》2019 年第 1 期，第 141 页。

朱富强说："企业家的逐利行为并不一定带来社会福利的实质提升，进而这也意味着，自由市场并非就是有效的。"[1] 他用某些企业家的行为来说明奥派忽视了"否定性理性"的存在，并据此否定市场的有效性，比如他用了"约翰·洛克菲勒的父亲威廉·洛克菲勒靠忽悠人卖假药"的例子。[2] 显然，这是把某些企业家的行为和一般意义上的市场划等号。市场不是由某些企业家的行为组合的，而是无数个体的行为产生的综合结果。因此，某些企业家的破坏性行为不等于"市场失灵"。在奥派看来，经济学不是考察特定个体的行为如何，而是考察协调无数个体行为的一般性规则。在洛克菲勒的这个例子中，假如可以用威廉·洛克菲勒靠忽悠人卖假药的例子来说明市场失灵，那是不是也可以用他儿子约翰·洛克菲勒巨大的商业成功来说明市场有效呢？

朱富强把"肯定性理性"与"积极效应"联系起来，把"否定性理性"与"消极效应"（市场失灵）联系起来，这是犯了"用人的动机来解释现象，从动机中寻原因"的错误。如前所述，经济学家没有能力去判断某个人的理性究竟是肯定性的还是否定性的，因为经济学家没有能力看到某种行动的间接后果和长远后果，并且这种效应是经济学家不能直接观察的。由于市场不是个体行动的直接结果，更不是那些可观察的行动的直接结果，所以"市场失灵与否"和"个体理性与否"之间没有直接的对应关系。朱富强的一个根本性错误就是把两者联系起来，用个体理性与否来说明市场失灵

---

[1] 朱富强：《新自由主义经济学为何如此迷恋市场：奥派的分析思维批判》，《经济社会体制比较》2019年第1期，第145页。

[2] 朱富强：《新自由主义经济学为何如此迷恋市场：奥派的分析思维批判》，《经济社会体制比较》2019年第1期，第141页。

与否。可观察的特定行为和作为无数个体行为之结果的市场是两个层面，朱富强用行为经济学来解释市场中局部出现的某些行为，但这不是对市场一般规律的解释，某些行为的失灵不代表市场的失灵。

此外，把理性划分为"肯定性理性"与"否定性理性"也不具有理论意义，因为在市场中，个体的福利不是所谓的"肯定性理性"的结果，而是无数个体分工合作的产物。在其中，有的个体的理性是不会被朱富强等人"肯定"的，比如他们是自私的和贪婪的，但正如斯密所揭示的，我们有衣服穿，有面包吃，恰恰是个体出于自利的结果，[1] 而非什么"肯定性理性"的结果。假如可以把理性分为"肯定性理性"与"否定性理性"，并且认为这两种理性分别对应积极效应和消极效应，那么其逻辑结论是对人的理性进行控制和改造，以产生某个"有利"的结果。这意味着应该出台有关肯定性理性与否定性理性的"指导手册"，[2] 让个体去遵循肯定性理性的标准，使社会福利最大化。同时，这也意味着个体要把自己的理性交由某些具有肯定性理性的人来裁决。

朱富强还说："要克服正统经济学的'科学不思'病症，就需要引入否定性理性和批判理性主义思维，而这也是人类理性的根本特性"。[3] 他把"否定性理性"视为人类的根本性特征，这是不成立的。"否定性理性"是对他人理性做出的判断，而不是理性本身的一般性特征。理性没有"肯定性"或"否定性"之分，在经济学

---

[1] 这正是斯密著名的"看不见的手"，见亚当·斯密：《国民财富的性质和原因的研究》（下），郭大力、王亚南译，北京：商务印书馆，1997 年，第 27 页。

[2] 这里是在经济学上使用"指导手册"这个概念，是一个"比喻"，区别于工程技术上的"指导手册"或"说明书"，后者是可取的，也是需要的。

[3] 朱富强：《新自由主义经济学为何如此迷恋市场：奥派的分析思维批判》，《经济社会体制比较》2019 年第 1 期，第 144 页。

中，理性主要是作为一个假设或公设而存在的。在新古典经济学中，理性一般是指人的自利，理性假设也被称为"经济人"假设；在米塞斯的经济学中，理性是指"人的行动都是为了减少自己的不适"或"人的行动的目的性"，以及个体都会用自己认为合适的手段去实现自己的目的等。

五、 自然性与社会性

朱富强认为奥派的立论是基于"自然性"，忽视"社会性"，这也是朱富强批评奥派的一个重点。比如，他说"奥派主要考虑的是源自生理和偏好等自然条件的差异，而不是源自资源占有等社会性条件的差异"。[1]他说"奥派之所以无视企业家的破坏性逐利行为，根本上就在于它以市场主体的自然性差异取代社会性差异，进而从警觉性而非创造性来定义企业家精神"。[2]要说明的是，认为奥派"从警觉性而非创造性来定义企业家精神"也是对奥派的误解。"警觉"和"创造"不是并列关系，创造首先是通过警觉利润机会实现的。奥派强调"警觉"，是对强调"创造"的深化。

实际上恰恰相反，朱富强的立论才是"基于自然性"和"否定社会性"的。他把人的自然本性与市场失灵联系起来，认为正是人的某种本性，如企业家的"破坏性逐利行为"导致了市场失灵。他

---

[1] 朱富强：《新自由主义经济学为何如此迷恋市场：奥派的分析思维批判》，《经济社会体制比较》2019年第1期，第140页。

[2] 朱富强：《新自由主义经济学为何如此迷恋市场：奥派的分析思维批判》，《经济社会体制比较》2019年第1期，第141页。

从人的自然本性直接跨越到社会，忽视了连接个体行为的规则。奥派则认为市场经济的奇妙之处是市场规则，如财产权制度把人自然意义上的"自利"（被认为是"恶"）转化为增进福利的动力。因此，在奥派的视角下，善还是恶并不是一个与人的自然本性有关的问题，而是一个与市场规则有关的问题，由于这种规则必然是人际的，因此善与恶也是一个社会性概念，而非自然性概念。

生物意义上的"自然"和经济学无涉。奥派的"理性"假定不是"生物"意义上的，而是"经济学"的，即经济学必须从一个既有一般性又有现实性的假定开始，迄今为止，还没有找到比理性更能满足这一条件的假定。奥派确实有冠以"自然"的概念，自然秩序、自然法则、自然利率和自然权利等概念，但这些概念都是"经济学"意义上的，是有关市场法则的特征的说明。

奥派揭示社会合作存在并得以扩展的条件，如满足这样的条件，社会则会不断朝着这个方向演进，不断地提升人们的福利。朱富强则静态地看社会，他把前资本主义社会看作所有人类社会的常态，然后臆断所有的社会都存在市场失灵。按照奥派的逻辑，一个社会要不断地发挥企业家的创造性，消除阻碍分工合作的因素，这样才能使市场秩序不断扩展。但是，按照朱富强的逻辑，企业家创新所产生的"权力"本身就是导致市场失灵的因素，其逻辑结论是诉求用政府权力去限制企业家的创新。显然，当企业家的创新受到限制时，市场将停止扩展，这时市场将会消失。可见，朱富强给出的药方是通过消灭市场的方法来解决"市场失灵"，这就好像通过杀死一个人来治疗他的疾病。朱富强还预设了政府的权力一定比企业家的权力更"善"，更"聪明"，因此能有效地消除市场失灵，这一假设是不成立的，因为政府并不比参与市场的企业家更善和更聪明，这也是公共选择理论所揭示的。

市场是社会得以存在的重要条件，因为市场法则也是社会法则。奥派有关市场的经济理论也是有关社会的经济理论，[1]因此，奥派并非像朱富强说的那样"忽视了社会性"。奥派认为社会的核心是"规则"，这些规则是个体行动的产物。相比之下，朱富强则没有给出有关社会的理论。他和老制度学派一样，只是罗列一些历史事实，如权力不平，而且这些事实并不可靠。他说："根本上，这需要将社会个体'嵌入'在具体的社会关系之中。"[2]但社会是什么，社会关系是什么，他则没有给出说明，他笔下的"社会"是空洞的。他指责奥派"神秘主义"，其实他自己才是"神秘主义"。他的逻辑从一个神秘的社会开始，然后说在这个社会下存在权力不平等，权力不平等进而导致市场失灵。可见，"社会"最终被他用来反对社会。社会被他作为预设的前提，当他想要得出什么结论的时候，就随意地预设一个什么样的社会，并根据自己预设的社会得出自己想要的结论，这显然不是科学的经济学分析。

六、 非理性与市场失灵

朱富强用个体的"非理性"行为来说明存在市场失灵。他说："市场主体往往会为错误的信息所遮蔽，或者为强烈的劝说所诱惑，

---

[1] 波兰尼"市场嵌入于社会"的观点流行，但笔者不赞同，因为这种说法割裂了社会与市场，把抽象概念实体化，犯了历史学派的错误。

[2] 朱富强：《新自由主义经济学为何如此迷恋市场：奥派的分析思维批判》，《经济社会体制比较》2019年第1期，第139页。

并由此往往干出一些不符合自身利益的蠢事。""在自由市场中，无论是市场主体还是市场客体上都存在着严重的缺陷，这促使市场主体往往采取侵害他人利益以及危害社会发展的方式来获取个人利益。"[1] 他还引用了阿克洛夫和席勒所举的"老虎机"的例子，"老虎机原来只是一款自动售货机，但一些机敏的'企业家'发现可以将这种装置变成赌博机，而人们往往具有赌博的天性和缺乏控制的能力；结果，很多人坐在老虎机旁浑然忘我地不停地投币，在老虎机毁掉了众多人的生活后，政府监管部门终于开始介入了"。[2]

我们说，理性与非理性是旁观者给出的判断，是旁观者用自己的标准去衡量他人的行为，对当事人自己来说，他往往并不认为自己的行为是非理性的，否则的话他就不会采取那样的行为。比如，企业家的行为往往是常人所难以理解的，或者说，在他人看来是非理性的。那么，"理性"还是"非理性"应该由谁说了算呢？如前所述，这个判断标准不能交给他人。奥派假设个体做出的每一个行为都是理性的，即个体会选择"他自己"认为恰当的手段实现自己的目标，奥派也是从这个最根本的理性假设出发推导一般性的市场原理的。

被朱富强视为"非理性"的行为不会对一般意义上的市场产生多大的影响。比如，虽然有人缺乏克制力，会迷上老虎机，但更多的人不会迷恋老虎机。我们不能从某些企业家的"非理性"行为中得出市场失灵的结论。特定企业家的行为和市场法则是两个不同层面。考察市场原理不需要假设人总是能做"正确"的事，只要给出

---

[1]　朱富强：《新自由主义经济学为何如此迷恋市场：奥派的分析思维批判》，《经济社会体制比较》2019年第1期，第145页。

[2]　朱富强：《新自由主义经济学为何如此迷恋市场：奥派的分析思维批判》，《经济社会体制比较》2019年第1期，第145页。

一般意义上的理性假设，即"行动是有目的的"，"行为是为了减少不适"或"人是自利的"等就够了。

朱富强犯的另一个错误是用个体的失灵或局部的失灵说明市场失灵，从个案跨越到市场整体，从局部跨越到全局。然而，奥派关注的不是特定个体的行为，而是无数个体的行为产生的非意图结果。如前所述，其中有的行为在旁人看来是"否定性的"（比如贪婪），但在总体上产生了积极的效果。行为经济学解释了特定的市场现象，如"羊群效应"导致股票市场波动，但没有解释一般意义上的市场，也就是作为自发秩序的市场。

对特定行为的解释是一个"小框架"，对市场的解释是一个"大框架"，我们不能用一个小框架去"套"一个大框架。朱富强正是把小框架和大框架混在一起，没有认识到"对特定行为的解释"和"对市场的解释"不是一回事。奥派要解释的不是特定人的偏好，比如一个人为什么喜欢喝啤酒而不喜欢喝白酒，这种解释更多的属于心理学和历史。奥派认为解释现象需要借助于一般性原理，这个原理就如同一把尺子。如同没有尺子就没法度量，没有对一般性原理的把握，也无法对现象做出解释。历史学派正是忽视了一般性原理，这导致其解释的任意性和盲目性。

朱富强还举了小额贷款的例子来说明消费者的非理性行为，他认为这种非理性行为是企业家的创新导致的。比如，他说企业家提供借贷渠道之后，导致"人们越来越容易通过借贷而进行超前消费，结果，家庭债务在收入中的比重就迅速增加"。[1] 他认为"人

---

[1] 朱富强：《新自由主义经济学为何如此迷恋市场：奥派的分析思维批判》，《经济社会体制比较》2019年第1期，第143页。

们之所以会超前消费，又在于人类理性的有限性，往往难以克制欲望的冲动…这些看似增加选择集和提升自由度的措施，根本上却降低了人们的克制力，使得消费者的行为更不理性"。[1] 这种指责是没有理由的。首先，小额贷款只是一个工具，把债务增加或破产的出现归咎于小额贷款，就好像一个人吃饭太快噎住了，但他却怪罪于食物一样荒唐。在发现问题之后，我们应该从制度上找原因，而不是从行为的理性或非理性上找原因。其次，小额贷款为消费者提供了新的选择，他们会判断自己的承受能力，假如他们中有的人因为过度负债而破产，这应归于自身"判断"失误，他们在一开始做出负债决定的时候是"理性的"而不是"非理性的"。假如把高估自己的偿债能力而破产的行为视为非理性行为，那么那些没有利用自己的偿债能力来获取更大收益的行为也是非理性行为了。这意味着旁人不能用自己的标准去判断他人的行为究竟是理性的还是非理性的。

奥派从可靠的前提出发揭示一般性原理，并用这个原理考察社会，而朱富强不是从经济学原理出发，而是从他自己预设的"社会"出发来进行推演的，这种推演必然是随意的。比如他认为斯密"无形的手"的思想不适用于现代社会就是从现象中臆断出结论的例子，因为他给出的理由是完全不成立的。假如一个人没有掌握或不了解一般性的经济学理论，那么他势必会用他自己随意确立的逻辑去解释和判断市场现象，当市场不满足他的标准的时候，他就会说市场是"失灵的"。

---

[1]　朱富强：《新自由主义经济学为何如此迷恋市场：奥派的分析思维批判》，《经济社会体制比较》2019 年第 1 期，第 143 页。

经济学家用自己的标准去衡量他人的行为是否理性，是一种静态的和"完备"的理性观，或者说，是"一锤子"的理性观。相比之下，奥派给出的是"过程的"理性观。奥派不认为有最优的理性，理性是"习得的"过程，行为的失败并不意味着非理性。不同于新古典经济学和行为经济学，奥派不是把理性作为"形容词"来使用，即判断一个行为是理性的还是非理性的，而是把理性作为"动词"来用，认为理性包括了学习、发现和创造等，是人类解决问题的凭借。比如企业家运用理性发现机会，立法者运用理性发现有助于合作的规则等等。人类除了运用理性之外没有其他解决问题的手段，虽然在实际生活中，理性本身并不完备和完美。

奥派不仅从"行为"的角度思考理性，也从"规则"的角度思考理性，认为"理性过程"与"规则形成过程"是同时展开的。[1]所以，"理性"有两个维度，一个是个体维度，在这个维度上，经济学"假设"个体的理性是完备的，这是经济学的出发点；另一个是规则维度，在这个维度上，个体的理性是不完备的，是一个习得的过程。由于在第一维度上，个体是被"假设"为"理性"，所以在这个维度上攻击奥派，说存在"非理性"，那是没有意义的。第二个层面也是历史、社会或经验层面，如哈耶克指出的，规则的形成往往不是理性的产物，个体也往往理解不了规则的形成，但个体知道遵循这些规则对自己有利，也即可以从生成的规则中习得理性。人类追求自身的最大利益，也是在业已形成的规则下进行的，而不是在真空中进行的。朱富强没有区分上述两个维度的理性，混

---

[1] 哈耶克认为人的心智和文化的发展是同时的，而不是先继的，见 Peter Boettke（ed.），*F. A. Hayek：Economics，Political Economy and Social Philosophy*，London：Macmillan，2018，p. 219.

淆了作为假设的理性和真实生活中的理性。他没有把理性放到规则背景下讨论，用"规则真空"的理性去攻击奥派的理性假设，这是不成立的。

朱富强认为，由于个体是非理性的，所以需要政府管制。这一逻辑并不成立，非理性并不意味着政府管制。市场会自发地生成一些规则，来调整人的所谓"非理性行为"，这些规则的作用往往比政府的管制更有效。比如对于沉湎于赌博的行为，"赌博有害"这种普遍的道德伦理会起一定的制约作用；又比如对于青少年沉迷电子游戏的问题，当社会认识到这个问题之后，会促使游戏厂商开发防止沉迷的手段。这都是"使用规则来使个体更理性"的例子。当然，这并不意味着我们一概地反对政府管制。实际上，对政府管制，我们要在方法论上作出如下的区分：一种政府管制的思想是建立在"个体是非理性的，而政府是理性的"这一假设之上的，它把政府管制看作弥补个体理性不及的手段，如新古典经济学和凯恩斯主义经济学就是这样；另一种政府管制的思想是假设政府和普通个体一样，都是无知的，作为解决问题的手段，政府管制也是不完美的，但可以不断改善。在后面这种思路中，政府管制内生于个体的理性，也是市场的一部分，相比之下，在第一种情况中，政府管制是外部施加于市场的，政府和市场是分离的。第二种情况也意味着给个体运用理性，以生成他们认为合适的解决之道的空间。

在规则层面，我们只是说个体从规则中"习得"理性，而不是用规则去判断个体是否理性。也就是说，我们并不认为个体只有遵循规则才是理性的，更不认为个体一定会遵循规则。我们区分了"破坏规则的行为"与"非理性行为"，使市场失灵的是破坏市场的行为，而不是"非理性"行为。奥派没有把"理性"与"合法"等同起来，即不认为理性的总是合法的。奥派只是强调，市场会把这种"违法的理性"降低到最小程度，因为市场会把理性（自利的行为）引导到服务消费者上去。只有在违法的情况下，才存在"自己的利益"与"公众的利益"相背离的情况。朱富强列举的很多"非理性"的例子，其实是规则不完善或执行不力的问题，而不是个体"非理性"的问题。

我们强调，检验个体理性的是个体所处的市场环境，而不是旁观者，如经济学家。"个体所处的市场环境"对个体理性的检验是这样的：假如个体的行为没有被其他人接受，或被证明为有害的，那么市场就会纠正或惩罚他的行为；相反，假如他的行为被其他人接受，被证明是有利的，那么原来的规则本身会发生改变，会产生新的规则，如货币的产生就是这样，这时他就扮演了制度企业家的角色。但这个过程是不确定的，个体的行为受他所处的情势和未来的情势的制约。旁观者，如经济学家不能根据"事后"的结果（历史），去判断他"当初"的行为是理性的还是非理性的。

朱富强正是如此，他拿"事后"的结果或既有的规则去判断个体"当初"的行为是否理性，比如老虎机或小额贷款的例子就是这样。拿事后失败的例子来说明一个人当初的行为是"非理性"的，这不具有经济理论意义，至多只是一种"历史描述"。按照这种逻辑，要是这个人事后取得成功，那他当初的行为就是理性的了。除非我们事先就有一种可以判断个体的行动将成功还是失败的方法，否则我们都无法判定个体的行动究竟是理性的还是非理性的。由于行动本身就包含不确定性和未知性，因此也不可能有这样的方法，除非让个体遵循某个事先给定的行动规范（如前面说的"指导手册"）来行动，但这不仅意味着标准设计者的狂妄，也等于取消个体的行动自由。

结语

朱富强混淆了理论和历史，他用历史来否定一般性理论是不成立的。经济学是理论而不是历史，当否定普遍的一般性理论的时候，也就是否定了市场的有效性，这时各种"市场失灵"论也就出来了。奥派支持市场经济，这不是奥派"有意"要支持市场经济，而是因为市场经济是奥派经济理论的一个自然而然的结论。我们也发现，是否支持市场，与是否理解一般性的经济理论是联系在一起的。对一般性经济理论的否定，也就是对市场的否定。具体而言，如不能理解一般性的经济理论，比如陷入历史学派，那么很容易像朱富强一样，走上批判市场经济的道路。

朱富强使用的是行为经济学和新古典经济学均衡逻辑，这种逻辑方法适用于在事后解释局部现象或具体的个体行为，也就是历史层面的应用，但不适用于市场层面。朱富强把个案与市场划等号，但显然市场所涉的是不同个体的行动之间如何协调的问题，而非个体如何实现最大化的问题。[1] 朱富强多处引用阿克洛夫和席勒等行为经济学家的观点，但这些行为经济学家对某些市场行为（现象）的解释不能视为对市场一般原理的解释，因为市场是无数个体非意图的结果，不是由某些人的行为构成的。即便这些行为经济学家"深刻"地剖析了某些企业家的"破坏性逐利行为"，也不构成对市场的批驳。

---

[1] 如哈耶克所说，"经济学理论诸多成就中的一项成就，便是解释了市场是以什么样的方式促成个人自生自发的活动彼此相适应"，见哈耶克：《自由秩序原理》（上），邓正来译，北京：生活·读书·新知三联书店，1997年，第199页。

　　与"个案"和"市场"这两个层面对应，也有两个层面的理性概念，一个是与"个案"对应的最大化理性，因为个案是最大化理性的产物；另一个是与"市场"对应的"规则理性"。由于市场规则不是个体理性设计的产物，因此不能用最大化理性去分析市场规则。[1] 还要指出的是，奥派的理性概念是"过程的"，即个体不断地习得增进自己利益的规则，并且他的行为也在调整规则。相比之下，朱富强使用的是行为经济学和新古典经济学的"最大化理性"，是一个"均衡"概念。当我们谈理性的时候，我们要清楚我们究竟是在谈哪个层面的理性，不能把这两种理性混在一起，更不能像朱富强一样，用历史层面的理性去攻击理论层面的理性。朱富强对奥派和市场的误解充分表明经济学认识论之重要。只有当我们充分理解了理论和历史的区别，澄清一些重要的基本概念与基本认识之后，才能真正理解市场，捍卫市场。

---

　　[1]　如哈耶克说，"与所有其他价值相同，我们的道德规则也不是理性的产物，而是理性据以发展的一个先决条件"，见弗里德里希. 冯. 哈耶克：《自由秩序原理》（上），邓正来译，北京：生活·读书·新知三联书店，1997 年，第 73 页。

第二篇

市场基于规则

第六章　货币与价格*

在简单的交换经济中，价格问题容易理解，但引入货币要素后，价格动态变化问题变得复杂。沈华嵩教授的《经济学分析原理》一书挑战的就是这样一个高难度的问题，即复杂经济系统中的价格动态变化。沈华嵩教授力图通过对"货币数量-价格波动"关系的说明来回答。他认为研究宏观经济问题，不能以个体逻辑代替整体逻辑，不能以单向逻辑代替复合逻辑，对此笔者深以为然。价格是在"宏观"背景下产生的，是无数个体互动的产物，不是由少数人或单向的因果链条决定的，这也是价格问题的困难所在。马歇尔和凯恩斯都清楚价格问题的复杂和困难程度，沈华嵩教授认为他们都没有很好地解决它。因为新古典的"均衡"思想把"互动"和"系统的复杂性"抽离了，如沈华嵩教授所说，新古典经济学牺牲了"本质上的现实性"。而凯恩斯虽然认识到新古典方法的不足，但其方法本质上也是新古典的，他用总量分析代替系统分析，是过于简化了。与主流经济学不同，沈华嵩教授关注的并非价格的决定，而是价格的动态变化。应该说，沈华嵩教授从货币-价格入手，

---

* 本章内容首发于《学术界》2018 年第 7 期。

建立连接微观与宏观、个体与整体之间的纽带，是抓住了"牛鼻子"。

一、 货币理论的微观基础

货币的微观基础是"西方经济学讳莫如深"的话题。[1] 如沈华嵩教授指出的，"迄今为止，经济学还没有一个完备的关于货币理论的微观基础"。[2] 马歇尔事实上是回避了或跳过了货币问题，他直接用价格问题代替价值问题，在他的《经济学原理》一书中，有关货币问题的阐述只有两节，他说："一个人越是富有，货币的边际效用对他就越小。"[3] 这一论述在笔者看来是错的，因为货币可用于满足不同的欲望，而不同时刻的需求，满足无法比较。同样，"凯恩斯没有打算去建立完备的货币理论的微观基础"。[4] 在流行的经济学教科书中"货币理论"同样也是缺失的。当然，这也注定了微观和宏观割裂的开始。

对货币理论的微观基础这一问题，笔者认为最为重要的是对"货币价值"的认识。古典经济学家认识到货币是商品，但他们的价值理论是"劳动价值论"，把货币视为一般等价物，认为交换是等价交换。这一价值理论的一个明显缺陷是，无法解释货币数量的

---

[1] 沈华嵩：《经济学分析原理》，北京：中国社会科学出版社，2018 年，第 76 页。
[2] 沈华嵩：《经济学分析原理》，北京：中国社会科学出版社，2018 年，第 65 页。
[3] 马歇尔：《经济学分析原理》，朱志泰译，北京：商务印书馆，1997 年，第 115 页。
[4] 沈华嵩：《经济学分析原理》，北京：中国社会科学出版社，2018 年，第69 页。

变化对货币价值的影响，如李嘉图就为这一问题所困扰，在他的《政治经济学及赋税原理》中，他一方面认为货币价值由劳动时间决定，另一方面又认为由货币数量决定，他意识到货币的价值不能用劳动价值论去解释，但又不能自圆其说。[1]

19 世纪末的边际革命推翻了劳动价值论，代之以效用价值论。边际革命三剑客中，杰文斯的边际效用理论是建立在心理满足感之上的，这一理论预设了一个"总效用"，边际效用是对总效用求导，这一边际效用理论是有问题的，因为在现实中，人们连续消费同一种商品获得的满足并不总是下降，甚至有可能是增加的，对货币来说更是如此，自然地这种边际效用理论无法为货币提供价值理论的基础。瓦尔拉斯关注的是均衡体系中的价格决定，没有对货币价值问题进行阐述，如沈华嵩教授所指出的，在瓦尔拉斯纯粹乡村经济的实物均衡联立方程体系中没有货币的容身之地。[2] 门格尔准确地阐述了边际效用的含义，在此基础上说明了价格的决定，并指出货币产生的"演化"特征，这是门格尔的重要贡献。边际革命之后，由马歇尔创始的新古典经济学实际上是杰文斯的效用理论和瓦尔拉斯均衡思想的结合，也没有回答货币价值的基础问题，甚至可以说把货币排除在外了。新古典经济学事实上延续的是古典经济学的货币中性论和货币数量论，关注的是（没有货币理论的）价格问题，而不是价值问题。笔者认为，价格与价值的脱离是"不合法"的，这种脱离是经济学悲剧的起源。可以说在货币价值这一问题上，古典经济学家和现代主流经济学家都是失败的。

---

[1] 张旭昆：《西方经济思想史 18 讲》，上海：上海人民出版社，2007 年，第176 页。

[2] 沈华嵩：《经济学分析原理》，北京：中国社会科学出版社，2018 年，第 87 页。

　　沈华嵩教授指出了古典和新古典货币价值理论的局限，试图予以重构。但在笔者看来，沈华嵩教授的货币理论仍然是"古典的"和"新古典的"，没有跳出古典与新古典经济学的货币数量论框架。比如，沈华嵩教授接受马克思"商品与货币对立"的观点，这也导致他把货币符号化、虚拟化和杠杆化的发展视为"货币脱离商品"的结果。劳动价值论和货币数量论都没有回答货币价值的内在来源问题，尤其是当出现虚拟货币后，这些虚拟货币的价值是怎么来的，劳动价值论和货币数量论无法回答。

　　笔者认为奥派，尤其是其代表人物米塞斯已经解决了这一问题。货币的价值主要是作为交换媒介，这是货币的客观交换价值，货币的主观估价依赖于这种价值的存在。那么，货币的客观交换价值又是怎么来的？古典经济学家和新古典经济学家没有回答这一问题，这是导致他们在货币问题上陷入困境的根本原因，比如使他们认为"货币和商品的对立"。米塞斯指出这种价值源于货币在开始充当货币时，就有一种"与货币功能无关的价值"，他说："寻求货币的客观交换价值的决定因素总是使我们回到一点，在这一点上，货币的价值根本不是由货币作为交换的媒介所决定的，而是完全由它的其他功能决定的，这就给主观价值理论及其边际效用的独特理论为基础的货币价值的完整理论的发展开辟了一条道路。"[1]

　　假如只在"交换"问题上打转，那是无法解释货币作为交换媒介的价值来源的。米塞斯"把货币的客观交换价值追溯至它不再是

---

　　[1] 米塞斯：《货币和信用理论》，樊林洲译，北京：商务印书馆，2015 年，第112 页。

货币的价值，而仅仅成为商品的价值的那一点上"，[1] 或者说，追溯到最早货币作为非货币功能时的客观交换价值，"今天市场上的客观交换价值，在经常光顾市场的个人的主观估价影响之下，来自于昨天的客观交换价值，就像昨天的客观交换价值，在主观估价的影响下，来自于货币前天具有的客观交换价值"。[2] 即货币获得初始的客观交换价值之后，每个人都把自己的边际效用计算建立在货币"过去"的购买力（客观交换价值）之上。[3] 这样米塞斯就把货币也纳入到边际效用的分析框架中，构建关于货币的一般理论。这样就解决了货币价值的循环论证问题。这一思想适用于商品货币，也适用于信用货币与不兑现纸币。[4] 笔者认为也适用于比特币等虚拟货币。由于米塞斯较好地解决了货币微观基础问题，这样也就解决了微观经济学与宏观经济学的割裂问题。

米塞斯把货币纳入主观价值理论框架中，使货币成为"人的行动"的一个因素。相比之下，新古典经济学家持有的是货币数量论和货币中性论，在他们的理论中，货币变成了数字，剩下的是如何最优地管理这个"数字"的问题，这样经济学走向数学化、数量化，变成有关政策问题（最大化问题），而不是市场本质之探讨的研究，也就不可避免。而米塞斯很清楚地指出，数学方法无法处理

---

[1] 米塞斯：《货币和信用理论》，樊林洲译，北京：商务印书馆，2015 年，第 119 页。

[2] 米塞斯：《货币和信用理论》，樊林洲译，北京：商务印书馆，2015 年，第 119 页。

[3] 伊斯雷尔·科兹纳：《米塞斯评传》，朱海就译，上海：上海译文出版社，2010 年，第 116 页。

[4] 米塞斯：《货币和信用理论》，樊林洲译，北京：商务印书馆，2015 年，第 108 页。

货币，这也是因为货币是始终进入个体评价并且导致变化的动态因素。笔者认为，如一个人理解了货币，那他当然是要质疑数学经济学的。米塞斯："数学经济学家当他幻想不借助货币名目，而在一个更一般性的方法下来处理这些问题的时候，他是在欺骗自己。"[1]他继续："所有关于价格与成本关系的研究，得先有货币的使用和市场程序，这是不容否认的。但是，数学经济学者对这个明显的事实闭目不视。他们列出一些方程式，画出一些曲线图，以为那就是实情的陈述…他们拿代数符号替代确定的货币名目用在经济计算，而且以为这样处置可使他们的理论更科学，容易欺骗的门外汉很相信他们的那一套"。[2]现代数学经济学家所犯的不正是这种错误吗？

沈华嵩教授"对最大化原理和均衡原理、对静态分析法一直持批评态度"，[3]也充分认识到凯恩斯方法的问题，他说："凯恩斯的分析方法仍然依赖应用于总变量的马歇尔供求分析框架，以及静态和比较静态的方法。"[4]但沈华嵩教授自己的方法显然也还是在这个框架内，也就是"瓦尔拉斯-马歇尔-凯恩斯"的分析框架内。比如，在他强调的交换范式中没有货币因素，笔者认为这是因为沈华嵩教授没有把货币与主观主义及方法论个人主义联系起来。他关注的不是作为人的行为的交易本身，而是交易的结果"信息"，并用"比特"单位去表示它。这也就决定了沈华嵩教授一定会进入到

---

[1] 米塞斯：《人的行为》，夏道平译，上海：上海社会科学院出版社，2015年，第333页。

[2] 米塞斯：《人的行为》，夏道平译，上海：上海社会科学院出版社，2015年，第333页。

[3] 沈华嵩：《经济学分析原理》，北京：中国社会科学出版社，2018年，第173页。

[4] 沈华嵩：《经济学分析原理》，北京：中国社会科学出版社，2018年，第72页。

"客观主义"的路径中。

　　概而言之，经济学研究应该建立在可靠的微观基础之上，在微观和宏观之间应该有一贯的脉络，沈华嵩教授意识到微观基础的重要性，但在他的研究中，微观与宏观还是脱节的。沈华嵩教授把货币的微观基础问题提出来了，但并没有解决它。沈华嵩教授试图重构货币理论的微观基础，但并不成功，他秉持的也是古典经济学和新古典经济学失败的货币数量论。相比之下，米塞斯通过对货币价值来源的解释，把货币纳入边际价值论的分析框架，使货币成为"人的行动"的一个因素，成功地解决了货币理论的微观基础问题，也实现了微观经济学与宏观经济学的一体化。

二、　货币与价格关系

　　困扰经济学界的一个问题是，大家都知道滥发货币的坏处，但并不清楚"货币发行到什么程度，会进入到危险区间"，沈华嵩教授提供了一个解决方案，为货币的量化管理和宏观调控提供了依据。可以说，建立货币数量与价格动态变化的关系，是沈华嵩教授在这本书中最主要的创新。在对这一关系的研究中，起关键作用的是货币数量参数λ，也就是"M2和GDP的比值"，当λ值处于不同区间时，价格将呈现不同的变化趋势，λ值高到一定程度，比如大于4时，将有发生恶性通货膨胀的可能。据此，沈华嵩教授也提出货币政策应该与"通货膨胀目标"挂钩。这个方法确实做到了前所未有的"简洁"，操作性强。然而，从理论上说，这一方法存在"用价格说明价格，用货币说明货币"的问题，因为GDP本身是货币和价格现象。如货币量大，GDP 数字通常也会高，这样"λ值"就不会高，用它反映货币量的变化就会失灵。所以，沈华嵩教授应该对 M2 和 GDP 之间的转化机制予以说明，说明在什么情况下，M2 会较多或较少地转化为 GDP，根据不同情况，对这个比值进行调整。

此外，在沈华嵩教授有关"货币数量参数和价格"相关关系的研究中，选取什么价格作为考察对象也是值得思考的问题。在货币增发的情况下，商品和资产的价格变化不一样，不同的商品和不同的资产价格变化也不一样。比如 M2 大幅增加，股指不一定涨，CPI 也不一定涨，即通货膨胀不一定表现在价格上。用价格来衡量通货膨胀是有缺陷的。另外，如发生信用扩张，即便价格没有上涨也已经产生"危害"，如扭曲生产结构和财富的不公平分配等。或者说，价格没有上涨不意味着没有危害发生。恶性的通货膨胀（货币的大幅贬值）是政府持续信用扩张的结果，当发生信用扩张时，如下一次政府停止信用扩张，那么物价就不一定上涨，恶性通货膨胀就不会发生。这意味着如要让这个"λ"值发挥预测作用，就要预测政府的行为。

沈华嵩教授充分认识到"系统"层面的价格问题和简单条件下的价格问题是不同的。为了解决系统层面的价格变化与货币的关系问题，沈华嵩教授把价格作为"信息"来处理，借用物理学方法来分析"价格"的动态变化。如沈华嵩教授说，"通过高频数据流可以得到市场价格涨落和市场价格动态模式的一般图像"。[1] 但这种

----

[1] 沈华嵩：《经济学分析原理》，北京：中国社会科学出版社，2018 年，第 233 页。

处理方式某种程度上也是"去经济学化"了，或者说，经济学的味道不浓了。作为有关交换合作问题的科学，经济学色彩在这种处理方式中体现不出来。我们说，系统层面确实信息很多很杂，而理论本身就是对现实的抽象，这种抽象不能脱离"人是有创造性的个体"或"能够做出自己选择的个体"这一基本认识。把价格作为信息处理之后，研究宏观的货币数量参数和价格之间的关系时，这一基本认识就体现不出来了。

沈华嵩教授运用系统论等自然科学方法，建立货币数量与价格动态变化之间变动的函数，考察两者之间的变化规律，这种方法的好处是简洁，易于操作，但在追求可预测性的同时，也脱离了经济学的微观理论基础，比如简单地把"价格"作为"信息"来处理，没有从交换与互动的角度去认识价格。

三、 经济学处理宏观问题的两种方式

经济学如何处理宏观层面的问题？宏观层面有没有可靠的逻辑？这是哈耶克在《经济学与知识》一文中提出的问题。对于宏观层面的问题，一种方式就是主流经济学的方法，这种方法隐含了某个"宏观的最优"，如沈华嵩教授提出的"通胀目标"，这样，剩下的就是如何去实现这个目标。另一种方式是把宏观问题作为"制度"来处理的方法。这种方法并不预设具体的最优目标，而是强调改善制度，使之不断趋于理想状态。这样，宏观层面的问题就不是一个"数量"问题，而是一个"制度"问题，如笔者认为哈耶克的政治哲学可视为"宏观经济学"。这种方法认为，让制度回归正常，

那么价格就回归正常。价格是制度运行的结果，事实上，哈耶克把"价格"也作为制度处理。这意味着与其关注作为"结果"的价格，不如关注导致价格变化的原因，这才是回到本质。比如奥派认为货币问题是一个"法律"问题，货币"应该"是自发产生的，不应该由政府垄断，更不应该把货币作为宏观调控的工具。相比之下，主流经济学则接受了政府垄断货币的"现实"，在研究"货币"时，采用的是货币数量论，也即把货币作为"数量"而不是一个"法律"问题来处理。

上述这两种方式背后的方法论是不一样的。前者以方法论整体主义为基础，后者建立在方法论个人主义与主观主义之上。沈华嵩教授虽然提出"从市场微观个体的选择行为出发"，认识到价格是无数个体"协同互动"的产物，认识到研究宏观问题要有微观基础，但沈华嵩教授并没有在方法论上把这一点体现出来。沈华嵩教授利用自然科学方法，通过模拟复杂系统来理解复杂现象，如沈华嵩教授说"大数据和云计算为认识复杂大系统提供更强大的手段"。[1] 这种方法更强调对真实市场的"接近"，用多大程度上接近真实市场来检验理论，属于芝加哥学派推崇的实证主义。对于使用自然科学方法来理解经济系统，笔者是有怀疑的。经济系统（市场）和物理系统有根本性的区别，前者是有目的的人的行动的结果，后者由客观的自然现象构成，这意味着两个系统应该使用不同的方法。在笔者看来，对于人的行动构成的系统，应该贯彻方法论个人主义和主观主义。

---

[1] 沈华嵩：《经济学分析原理》，北京：中国社会科学出版社，2018 年，第 177 页。

　　沈华嵩教授在书中指出"新古典经济学也是非主流的"，笔者深以为然。笔者认为马歇尔在"边际"这样一个重要概念上就偏离了"边际革命"的核心"主观主义"。马歇尔的学说是指向"客观主义"的，事实上，马歇尔在《经济学原理》的序言中明确指出"经济学家的目标应当在于经济生物学，而不是经济力学"。[1] 然而在思想史上，他却因基于经济力学范式的局部均衡分析而为人所熟知。[2] 经济学与生物学确实有某种相似，但还是有本质不同的，因为人毕竟不同于不会思考的生物。社会的复杂性是人的行为产生的复杂性，不是生物世界的复杂性。这样，提倡经济生物学的马歇尔走向经济力学也就不奇怪了。

　　当马歇尔把价值问题变成价格问题之后，也就使经济学问题变成数学（数量）问题。如货币客观化后，经济学变成"计算"的科学也就注定了。经济学越来越多地使用自然科学的路径，比如经济学的形式化以及实证与计量的流行，都与马歇尔没能在"人的行动"基础上理解货币有直接关系。虽然马歇尔认识到经济学"是研究人的科学的一部分"，[3] 但马歇尔并没有从"主观主义"和方法论个人主义角度理解"人"，他更多的把人视为计算效用的"机器"。新古典经济学的"机械化"本来就与模仿物理学的方法有关，沈华嵩教授用高级物理学如热力学取代之前的牛顿力学，并不能从根本上改变这一方法的局限性。现在难道还要回到机械模型物理学

---

　　[1]　马歇尔：《经济学分析原理》，朱志泰译，北京：商务印书馆，1997年，第18页。

　　[2]　张日波：《马歇尔论经济生物学》，《经济学动态》2012年第10期。

　　[3]　马歇尔：《经济学分析原理》，朱志泰译，北京：商务印书馆，1997年，第23页。

的老路上去吗？在笔者看来，经济学应该回到人文科学的传统。

沈华嵩教授采用自然科学方法研究经济系统或许与他认为经济系统是一个"不规则的黑箱"有关，既然在系统层面不存在经济学逻辑，那么只能通过把握"数据"运行的规律去把握宏观经济规律。在这种处理方式下，相对来说个体行为如何就不是那么重要了，因为无论什么个体，行动的最终结果都是沈华嵩教授作为分析对象的"信息"。相比而言，奥派是通过对复杂现实的抽象来理解现实，也即不是去"模拟现实"，而是用行动学的"逻辑"去理解现实。在宏观层面不存在数量间的确切关系，但存在"制度逻辑"，比如违反某种制度，就会产生某种结果。这样，如哈耶克所说，经济学家就可以根据制度做出"模式预测"。

笔者认为要区分"经济学家的关注"和"市场当事人的关注"。在制度正当的情况下，宏观层面无论产生什么信息，那都是市场参与者关注的对象，而不是经济学家关注的对象。经济学家的任务是指出制度是否合理，因为关切每个人福利的是"制度"，而不是具体的价格。沈华嵩教授认为"不能从微观个体行为演绎出宏观经济定律"，笔者深以为然，但笔者怀疑"宏观经济定律"是不是一个值得探讨的问题。如制度本身是"坏的"，那么危害已经发生，并不是等出现了价格的大幅波动才发生危害。因此，盯住价格变化是可疑的政策目标。况且，市场本来就应该允许价格波动，包括大幅度的波动，不让价格大幅波动并不意味着消除了危害。认为控制了价格的波动，就是防止了危机，是自欺欺人。以某个通货膨胀水平为目标，用人为的货币政策去调节价格，这最终使价格进一步扭曲，产生比当初更坏的结果。我们不能认为危机是价格波动导致的，因为价格波动只是"结果"，政府的不断干预才是危机产生的真正原因，奥派经济学家罗斯巴德在他的《美国大萧条》一书中对此有深入的阐述。

经济学家更应该关注如何完善市场制度，而不是对市场价格的波动做出预测，后者是企业家的事情。假如货币制度是扭曲的，那么即便没有出现表现为价格大幅下跌的危机，各种危害都已经发生。那种认为控制了价格，就解决了危机的观点是自欺欺人。

四、　与沈华嵩教授的其他商榷之处

1. 沈华嵩教授没有区分两种不同的"边际效用理论"，一种是奥派的边际效用理论，它与真正的主观主义联系在一起，另一种是新古典的"边际效用理论"，后者与"心理满足"而非与主观主义联系在一起。或者说，奥派是边际学派，但不同于以杰文斯和瓦尔拉斯思想为基础的新古典边际学派。

2. 沈华嵩教授探寻价格决定之原理，提出"价格作为发现过程"的观点，这和哈耶克"竞争是发现的程序"类似。但这一说法改为"价格是市场对信息进行处理的结果"或许更合适。价格虽然是信息，但重要的是这种信息的生成机制，也就是市场本身，如仅把价格作为信息，忽视市场本身，那就有舍本逐末的嫌疑。他虽然认识到信息的主观性，但还是把信息做客观处理，当然这与宏观层面难以"主观"地处理信息有关。"宏观层面"认识价格变化的规律确实是一个难题。他认为"信息价值量"可以通过成交量计量，把价格视为成交量的函数等，但成交量显然和价格是直接相关的，这意味着存在自相关的问题。

3. 沈华嵩教授提出"价格信息的价值量排序"、"计量价格信息价值"、"信息的价值量"等概念，这些概念在经济学上是否成立值得商榷。价值是不可计量的，价值排序只能由个体进行，而不能由经济学家进行。同样，"最大化"概念也只能对特定个体而言，脱离这个背景，谈总体的最大化，如"信息熵最大化"没有意义，因为某些人的最大化，可能意味着其他人的损失。

4. 沈华嵩教授提出"多元价值系统"，认为法币与虚拟货币应该多元共存，相互竞争，这个设想不错。但法币具有特权地位，这种竞争是不公平的。政府也不一定允许其他货币与法币竞争。另外，法币本身就是扰乱价格的要素，当存在法币时，其他货币与法币之间的比价是失真的，所以，米塞斯的观点是取消法币，回到金本位。

5. 沈华嵩教授很大程度上接受"货币出现后，危机内生于市场"的观点，认为"货币本身"导致经济的"不确定性和不稳定性"。奥派不认为危机是市场内生的，强调危机是政府干预的结果。不确定性和不稳定是市场本身的特征，和危机是两回事。

6. 沈华嵩教授认为互联网时代传统经济学的硬核，比如自利、欲望、效用、边际等等都动摇了，应该由新的硬核代替旧的硬核。特别是沈华嵩教授认为，由于知识产品可以大量"低成本复制"，"边际收益递减"法则不成立了。但笔者认为经济学原理是人的行动学原理，不是"现象"原理，经济学基本原理不会因为技术进步而改变。奥派认为，边际原理关于"人首先把手段应用于他认为最重要的目的"，和是否"低成本复制"无关。沈华嵩教授在批评新古典经济学时，把经济学的重要概念与思想也抛弃了。

结语

古典和新古典经济学没有彻底解决货币理论问题，是经济学朝着数量化和计量化发展的重要原因，也是经济学变成一门"政策性"科学的原因。如在货币问题上回归经济学本源，那么宏观层面的经济学问题就是哈耶克意义上的政治哲学问题，而不是凯恩斯主义的数量调控问题。真正需要关注的是"如何使制度回到经济学揭示的原则"，而不是在一个既有的不正当制度下，如何实现经济学家或政府官员设想的最优。

沈华嵩教授试图通过对货币与价格变化规律的探索，发现复杂的经济系统的秩序，可以视为对奥派经济学的补充。奥派关注并揭示市场的本质，告诉人们理想的市场应该是怎样的，经济政策应该以"实现原则为目标"，而不是以实现"某个最优数量为目标"。但是，生活在现实中的人们有时需要解决当下该怎么办的问题，比如在已经发生严重通货膨胀时如何避免严重危机的发生，这时作为"救急"，那些"操作"层面的手段可以接受。但即便在操作层面也要遵循经济学原则。忽视原则的政策建议最终使市场经济倒退。笔者倾向认为，假如制度本身是"错"的，比如是法币垄断下的货币制度，那么任何着眼于"价格目标"的方案，都不是真的解决问题，而是制造问题。或者说，只有"制度的"问题，没有"目标的"问题。

对货币理论的微观基础认识不清，是干预主义持久存在，甚至愈演愈烈的重要原因。如我们知道货币的本质，那么就会对经济政策有新的认识：明白政策的目标不是管理货币量以避免危机的发生，而是如何改善市场的规则，在一开始就不让通货膨胀发生。着眼于通胀目标的政策相当于说"政府可以做坏事，只要不发生大的灾难"，这样相当于纵容权力之恶，让坏的制度一直延续下去，并且当出现问题时，可以不断地用货币去掩盖它，直到大的危机发生。实际上，着眼于通胀目标的政策恰恰是危机的元凶。经济学的巨大价值不在提供政策建议，而是告诉人们正当的市场是怎样的，以及如何回归正当的市场。

第七章 资本的时间与结构：从庞巴维克到拉赫曼

"资本"是经济学最重要的概念之一，资本与土地、劳动力并称为基本"三要素"，人们还把那些能为拥有者带来价值的能力或制度都称为"资本"，如人力资本和社会资本等等。但是，这种认识忽视了资本的其他更加重要的特征，对资本的理解事实上只停留在表面。本章将从"时间"与"结构"两个方面挖掘"资本"概念的重要内涵，研究"资本"、"时间"与"结构"三者之间的内在联系。我们首先以庞巴维克的"二元利息论"为切入点展开分析。

一、从庞巴维克的"二元利息论"说起

庞巴维克对资本理论做出了重要的贡献，他的《资本实证论》被认为是资本理论最重要的著作之一。但是在这本著作中，他事实上给出了两种不同的利息理论，即"时间偏好利息论"和"生产力利息理论"，他既把利息看作是现在与未来的"交换"的产物，又把利息看成是迂回生产提高产出的结果。我们不能清楚他究竟坚持的是哪种利息理论。而他没有能将这两种理论统一起来，"二元利

息论"是他被后来其他经济学家诟病的主要原因之一。在这里我们首先简单介绍这两种利息理论的内容。

庞巴维克的"时间偏好利息论"

庞巴维克的"时间偏好利息论"是和主观价值论联系在一起的。他认为人们往往"低估未来"，对同一物品，人们偏好现在而不是未来的物品，"目前物品通常比同种类、同数量的未来物品具有较高的主观价值。由于主观评价的结果决定客观交换价值，目前物品，通常比同种类、同数量的未来物品具有较高的交换价值和价格"。[1] 利息的来源是由于现在物品与未来物品之间的"交换"，而由于人们对同一物品现在与未来价值评价是不同的，"不管什么社会组织和法律制度，只要有现在物品和未来物品相交换的场合，利息总是会出现的"。[2]

庞巴维克的"生产力利息理论"

如罗宾斯所说，在《资本实证论》中，庞巴维克在不知不觉中让"生产力利息理论"从后门溜了进来，并比"时间偏好利息论"占据更重要的位置，而他曾是坚决反对任何"生产力利息论的"。[3] 生产力利息理论是和两个重要的概念联系在一起的，一个是"迂回生产"，另一个是"平均生产时期"。在该书中，他认为由

---

[1] 庞巴维克：《资本实证论》，陈瑞译，北京：商务印书馆，1981年，第253页。

[2] 庞巴维克：《资本实证论》，陈瑞译，北京：商务印书馆，1981年，第262页。

[3] Robbins, L., *The history of Economics Thought: the LSE Lectures*, Princeton University Press, 1998, p. 380.

于资本延长了生产时期，提高了产出，资本"总要产生一些利息"。[1]迂回生产可以提高产出，但是提高的速率是"边际递减"的，利率是"受制于并决定于经济上允许的最后一次延长的生产过程的生产力和经济上不容许的进一步延长的生产过程的生产力"。[2]他认为人口的增加，如果同时没有资本的增加，就有提高利率的倾向。这是因为生产时期能延长多久是取决于工资基金与工人数量，如果工资基金既定，而工人数量增加，那么平均生产时期将缩短，按照边际收益递减原理，生产时期的缩短意味着最后一次延长的资本的生产力提高，从而利息也将上升，相反，如果资本增加而工人数量保持不变，那么最后一次延长的资本生产力将下降，利息也将下降。按照他的生产力理论，"利率"高低取决于平均生产时期的长短和产生力，而平均生产时期的长短又取决于国家维持基金的数量和劳动人口的数目，利率的高低决定于平均生产时期延长到"边际"时，在边际点上决定的产出。

显然，这是不同的两种利息理论，尽管他是在《资本实证论》一书的第六篇和第七篇才详细论述这两种利息论，特别是在第七篇中才论述生产力利息理论，但他的"二元利息论"思想已经包含在该书的第五篇第五章关于利息的"三个基础"的论述中，这"三个基础"分别是：现在和未来供应情况的差别，对未来利益和未来物品的低估，以及冗长的生产方法具有更高的产出。[3]在这"三个基础"中，前两个是与时间偏好利息理论相关的，而第三个体现了

[1] 庞巴维克：《资本实证论》，陈瑞译，北京：商务印书馆，1981年，第380页。
[2] 庞巴维克：《资本实证论》，陈瑞译，北京：商务印书馆，1981年，第380页。
[3] 庞巴维克：《资本实证论》，陈瑞译，北京：商务印书馆，1981年，第276页。

生产力利息理论，这说明在他的书中，两种利息理论并存的种子从一开始就已经埋下了。

任何人都知道，理论应该保持一致，关于同一个问题，一个理论家不应该同时秉承两种截然不同的理论解释，这一现象发生在庞巴维克这样一位伟大的经济学家身上让人费解。[1] 但是如果我们从"时间"与"结构"两个方面对他的资本理论进行考察，就不难发现，造成他理论混乱的原因是他在资本的"时间"这个问题上前后摇摆，他从"主观偏好"意义上的时间转向了"平均生产时期"意义上的时间，而这两种不同的时间观对应的正是上述两种不同的利息理论。

二、 资本的"时间"

在新古典经济学中，"资本"是没有"时间"内涵的，因为生产、分配、交换和消费在新古典的模型中是同时发生的。而奥派经济学家却坚持认为不可忽视"时间"因素。在奥地利经济学内部，对"时间"的理解也有不同，一是庞巴维克"平均生产时期"中的"时间"思想，二是费特（Fetter，F. A）、米塞斯、哈耶克与拉赫曼等人从"偏好"角度理解的"时间"。下面我们着重分析费特、

---

[1] 熊彼特认为庞巴维克"第一次阐明了将作为主观评价和'客观'事实的有机统一体的社会经济过程理论"（见熊彼特：《从马克思到凯恩斯》，韩宏等译，南京：江苏人民出版社，1999 年，第 171 页），意为他已经将上述两种利息理论完美地结合在一起。但我们不这么认为，事实上，门格尔、米塞斯以及哈耶克等其他奥派经济学家都批评了他的二元利息论，门格尔更认为他的资本理论是"伟大的错误"。

米塞斯与哈耶克对"时间"的理解，他们都对庞巴维克的"平均生产时期"思想进行了批评。

费特的"纯时间偏好利息理论"

费特是美国早期奥地利经济学的领导人物。他是从下面的问题开始说明他的"纯时间偏好利息理论"的：既然每个资本都能得到"租金"，那么什么是额外的"利息"的回报（有时它也被称为"长期正常利润"）？如果预计一台机器在接下去的十年中每年能获取 10,000 元的收入，或者说租金，那么这台机器为什么在起初时的卖价不是 100,000 元？为什么机器的目前的卖价要小于 100,000 元，因此投资机器的工厂事实上在十年中得到了净利息回报？各种产出利息理论认为是由于机器的"生产性特征"（Productive），利息来自于机器的"产出"。但费特认为这是不中肯的，无疑机器的生产性特征能解释租金的来源，但是却仍然不能回答为什么目前机器的市场价格要低于期望的未来租金的总和。费特认为解释这一问题只能把"边际生产力"理论和"利息"理论区分开。"边际生产力"理论能解释的是要素租金的高低，但是需要另外一个原理去解释这些"租金"为什么要被贴现或以什么为基础被贴现至要素当前的资本化价值？费特认为这一原理是"时间偏好"，即人们宁愿目前的商品，而不愿意未来的商品。[1]

在费特看来与生产力相关的只是"租金"而不是"利率"，即使庞巴维克强调的"迂回生产"可以提高生产力的观点是正确的，

---

[1]　Rothbard，M. N.，Introduction to Frank. A. Fetter，In Littlechild，S.，*Austrian Economics*，Vol II，Edward Elgar，1990，p. 7.

"迂回生产"可以提高的也只是"租金"，而非"利率"，"利率"唯一地是由人的"时间偏好"所决定的。[1] 因此，费特认为在庞巴维克"三个基础"中的第二个基础，即"对未来利益和未来物品的低估"才是最重要的。[2] 费特认为庞巴维克的"平均生产时期"根本不适合用于解决"利率"问题。庞巴维克原想用生产时期的长短表示迂回生产的程度，但是这牵涉到是"单个"产业的时间还是社会"整体"的时间这样两个不同的层面，在论述"迂回生产"时，庞巴维克论述的"平均时期"指的是单个产业链上的生产时间，而在说明"利率"决定时的"平均时期"指的却是社会的"平均生产时间"，这两种时间的含义并不相同。费特认为用"社会"的"平均生产时间"来解释利率是错误的，我们不可能用"所有"买者与卖者的"平均主观估计"来解释市场的价格。在某个时刻某个特定的产业，延长生产时间，或者说使用更多资本，有可能会有更大的产出，但是这有可能伴随着整个社会生产时期的缩短，假如资本从一个生产时期较长的产业转移到生产时期较短的产业。[3]

费特无疑指出了庞巴维克没有解决的一个重要问题，即把"边际"的概念应用于"社会平均"中去是有问题的，因为"边际"是个体意义上的概念，而"平均"是整体意义上的概念，两者是难以相容的，而庞巴维克为了说明利率，人为地将两者结合在一起。如果不同产业的"生产时期"不能"平均化"，当然也就不能用这个

[1] Fetter, F. A., The "Roundabout Process" in the Interest Theory, in Littlechild, S., *Austrian Economics*, Vol II, Edward Elgar, 1990, p. 179.

[2] Fetter, F. A., The "Roundabout Process" in the Interest Theory, in Littlechild, S., *Austrian Economics*, Vol II, Edward Elgar, 1990, p. 164.

[3] Fetter, F. A., The "Roundabout Process" in the Interest Theory, in Littlechild, S., *Austrian Economics*. Vol II, Edward Elgar, 1990, p. 173 - 174.

"平均化"了的时期来解释利率。

米塞斯对时间的理解

米塞斯是"纯时间偏好"利息理论的坚定支持者，对于利率来源的解释，他与费特的解释是一致的。相对于费特，他用他的"行动学"方法更加清楚地阐述了资本的"时间"含义。

在他著名的《人的行为》一书中，米塞斯认为庞巴维克的"生产力"利息理论是错误的，他指出，利息来源的唯一解释只能是"人的行动"，即相对于未来物品，人们对现在物品的偏好，与资本的生产力没有关系。按照庞巴维克的生产力观点，如果某一天，人们到达一个状态，不能再通过延长生产时期来进一步提高生产力，那么利息将会消失，但是这是不可能的，只要有稀缺性和人的行动，利息就不会消失，[1] 即使是在没有生产的世界中，利率也会出现。[2] 米塞斯认为人类采取任何手段都不可能消除利率，如果利率能被消除，那意味着人们对 100 年后的一个苹果的评价和现在一个苹果的评价相同。法律与政令能消除的是资本家接受利息的权利，而不可能消除利率本身，但是假如真的有消除利息的法律，那么它将导致资本的"过度消费"，使人类回到原始的贫困状态。[3]

---

[1] Mises. L, Von（1949），*Human Action：A treatise on Economics*，Third Revised Edition，Fox & Wilkes San Francisco，1966，p. 525.

[2] 要说明的是庞巴维克本人在阐述他的时间偏好利息论时，也说利息总是会存在的，"现在物品的主人在把它来交换未来物品时可以得到贴水这一事实是永远不会、且也不可能变更的……甚至在像鲁滨逊那样的孤独经济中，也不是没有利息现象的基地的"（庞巴维克，1981，362）。但是当他转到生产力利息论时，这一观点就难站住脚了。

[3] Mises. L, Von（1949），*Human Action：A treatise on Economics*. Third Revised Edition，Fox & Wilkes San Francisco，1966，p. 529.

显然，米塞斯唯一地从"时间偏好"来解释利率。

从他的"行动学"方法出发，米塞斯认为尽管庞巴维克意识到人类的"时间偏好"是普遍存在的，但他的这一理论也是不充分的，因为庞巴维克的"时间偏好"论是建立在"心理"考虑之上的。然而，"心理因素"不能证明"时间偏好"规律在任何时候、任何场合都能适用。[1]

与费特一样，米塞斯也反对"平均生产时期"的概念，他说通过延长生产时期能增加单位投入的产出数量，或生产那些短时期内根本不能生产的产品。但是，却不能因此认为这增加财富的价值就是利息的来源。如果人们采纳这样的观念，将陷入庞巴维克用生产力来解释利息的错误泥潭中。[2]其实，费特反对"平均生产时期"潜在的理由也是米塞斯的"行动学"方法，但是费特没有把这点挖掘出来，而米塞斯却明确地说："生产时期"是一个属于"行动学"范畴的概念，但庞巴维克却没有从这个意义上对"生产时期"加以理解。米塞斯正确地指出，"生产时期"在行为中扮演的角色完全存在于行为人在不同长度的生产时期之间的"选择"，"生产时期"是由选择构成的，物理意义上的生产时期长短在米塞斯看来没有多大的意义。在米塞斯看来，生产当前资本品所"已经"消耗掉的时间是没有什么价值的，资本品的价值只能依据该资本品满足人们未来需求时所起的作用。他认为"平均生产时期"是个空洞的概念，相反，他认为人们在选择能消除未来"不适"（uneasiness）的各种

---

[1] Mises. L, Von（1949），*Human Action：A treatise on Economics*. Third Revised Edition，Fox & Wilkes San Francisco，1966，p. 485.

[2] Mises. L, Von（1949），*Human Action：A treatise on Economics*. Third Revised Edition，Fox & Wilkes San Francisco，1966，p. 526 - 527.

手段时，从采取各种可能手段到产生结果之间所需要的"等待时间"长短却是一个重要的因素，因为该因素影响人们行为的"选择"。[1]

米塞斯与庞巴维克对"时间"的不同理解还体现在，庞巴维克的时间"冻结"在生产过程中，或者说庞巴维克的时间是随着生产的进行而流逝的，而米塞斯的"时间"是"前瞻"的，是和未发生的生产过程相关的，或者也可以说，米塞斯的时间是"想象"中的"未来"的时间，而非已经发生的时间。在米塞斯看来，"利率"纯粹是"时间"现象，而与资本或资本品没有关系，尽管利率很典型地出现在使用资本的世界中，但利率绝非资本的生产力回报。"利率"与"生产"的关系不是资本的生产"产生"了利率，而是由于生产都要花费时间，那么生产者、资源所有者和消费者在做出市场决定时都必须考虑利率现象。利率产生的唯一原因是人们"正的时间偏好"，即给定的未来物品，在现在评价时，其价值要低于在未来某个时刻的评价。[2]

要指出的是，米塞斯分析的"利率"与银行"利率"不是一回事，米塞斯想要说明的是利率的起源，是本质意义上的利率，我们可以称之为"初始利率"。而银行利率是"人为"的利率，除了

---

[1] Mises. L, Von（1949），*Human Action：A treatise on Economics*. Third Revised Edition, Fox & Wilkes San Francisco, 1966, p. 486. 但庞巴维克也意识到等待时间长短与物品主观价值大小之间的关系，他说"未来物品在主观和客观两方面，都有较小的价值，和它们在时间上的差距程度相适应着"，见庞巴维克：《资本实证论》，陈瑞译，北京：商务印书馆，1981 年，第 284 页。按照这种逻辑，未来距离现在的时期越长，"未来物品"的价值就越低。

[2] Kirzner, I. M., *Ludwig Von Mises*, ISI Books, Wilmington, Delaware, 2001, p. 149 - 159. 要说明的是，"低估未来"也是庞巴维克"时间偏好利息论"的理论基础。

"初始利率"外，还包含了"利润"，因为储户和银行实际上也是企业家，要获得企业家利润，而这个利润包含在了存贷款利息中。

哈耶克反对"平均生产时期"的理由

哈耶克也反对庞巴维克的"平均生产时期"，但是其理由和米塞斯的理由是不同的。如上文所说，米塞斯是从"人的行动"的角度反对"平均生产时期"，而哈耶克则是在"技术"层面，确切地说是根据他对社会生产"复杂性"的认识，是对社会生产的"交换经济"（catallactic）特征的认识，以及他的方法论"个人主义"。和米塞斯不同，他并不否定资本品的"时间结构"，但是正因为资本的时间是一个"结构"，所以不能对"时期"进行"平均"。

哈耶克的上述观点集中体现在上世纪 30 年代他与奈特（Knight，F）的争论中，要特别说明的是奈特不仅接受庞巴维克的"平均生产时期"理论，也接受后者的"生产力利息"理论，我们可以把他看作是"庞巴维克主义者"，他的观点实际上也代表了后来新古典经济学家的观点，哈耶克不同意奈特的观点，实际上也就是不同意庞巴维克的观点。他批驳奈特的文章是 1936 年发表在《经济学季刊》上的《资本的神话》，但相关思想在写于上世纪 30 年代但发表在 1941 年的《资本的纯理论》一书中表现得最为充分。下面我们具体地看哈耶克反对"平均生产时期"的理由。

哈耶克认为"单一的生产时期"或"平均的生产时期"等是没有意义的抽象概念，因为这些概念与真实世界没有多少联系。奈特没有尝试分析真实的世界，却用了一些假的、缺少实质内容的概念来逃避真实的问题。哈耶克认为"资本"不能被看作为"基金"，而奈特的"平均生产时期"的错误来自于对"资本"的错误认识，把资本看作是能够自动地自我复制、保持或扩大自身规模的"基金",按照奈特的资本"基金"论,资本一旦存在,就能自发地进行再生,所有资本都是概念上的、永续的,资本的替代是理所当然的。显然资本的"基金论"是计算资本"平均生产时期"的理论基础,因为如果在理论上假设资本的供给是受限制的,不是自发进行的,是断断续续的,那么就无法进行"平均生产时期"的计算。[1]

哈耶克指出奈特的理论是建立在不现实的假设之上的,其中重要的一个假设是忽视了资本供应的约束。哈耶克认为所有与"资本"相关的问题都产生于这样一个事实,即部分生产设备是非永久性的,要进行有意的"经济的"更换,也即资本的供应是受到限制的,而奈特没有看到这一点,这是最终导致他错误结论的原因。奈特延续了庞巴维克的逻辑,即资本的供给增加,生产时期延长,生产力提高,哈耶克指出,关键是资本供给何以增加?而不是把它看作是理所当然的前提。在哈耶克看来,"迂回生产"提高生产力的前提是有足够的资本已经存在,而以前为什么不能实现"迂回生产"恰是没有足够的资本,我们不能仅讨论"迂回生产"而忽视资本的供应。[2]

哈耶克认为"生产时期"不是一个好的概念,这个概念如果没有被发明出来更好,他认为用"投资时期"这个概念要好得多。他举一个例子:增加资本的供应可能并不导致某个特定产业生产技术的变化,而仅仅是把要素从需要较短"投资时期"的产业转移到需

---

[1] Hayek, F. A., The Mythology of Capital, *Quarterly Journal of Economics*, 50, 1936, pp. 199 – 228.

[2] Hayek, F. A., The Mythology of Capital, *Quarterly Journal of Economics*, 50, 1936, pp. 199 – 228.

要较长"投资时期"的产业，在这种情况下，人们等待某种产品的时间可能不变，但是要素的"投资时期"却延长了。

更具有说服力的是，哈耶克指出"时期"是一个"结构"概念，不是单维的。在他看来，不同要素具有不同的投资时期，如果用单个时间维度，如"平均生产时期"去描述这些各异的投资时期，是不可取也是不能允许的。[1] 我们认为哈耶克在这点上是一针见血的，拿生产眼镜为例，假如镜架的时间是 2 天，生产玻璃片的时间是 1 天，我们可以说生产眼镜"平均时间"是 1.5 天吗？显然不能，如哈耶克所指出的，这个"平均时间"没有意义。显然，哈耶克正确地指出社会生产是相互联系的，"生产时期"是多维度的矢量，不同产品的"生产时期"不能加总测量，不能"平均化"，社会的"平均生产时期"不能说明什么问题，也不能进行比较，如我们可以说中国的"平均生产时期"比美国的长吗，或反之？这显然是谁都无法回答的荒谬问题。我们认为"平均生产时期"的概念只有在整个社会生产单一产品且生产工序是上下游关系的情况下才可能成立，如做一件衣服，我们可以把不同企业花费在种植棉花、纺纱、织布、裁剪、缝纫等工序的时间加起来，然后求平均生产时间，但是一旦产品扩展到两个以上，产品之间有互补或替代关系发生时，"平均生产时期"就没有意义，也不可能实现，相应地根据"平均生产时期"决定的边际生产力去求利率也是错误的。

还有一个理由与米塞斯是相同的，哈耶克的理论也是面向"未来"，是向前看的，他认为已经发生的生产时间是没有意义的，有

---

[1] Hayek, F. A., The Mythology of Capital, *Quarterly Journal of Economics*, 50, 1936, pp. 199－228.

意义的是从要素被投资的时刻开始到要素将要转化为商品时这段时间，而绝不是从最初始的要素到已经产生的产品这段"已经流逝"的时间。庞巴维克虽然也强调未来，强调生产是为未来的生产，他的"平均生产时期"虽然也不是指已经发生的事实上的生产时期，但是，他的"生产时期"却是受制于"国家生活基金总量"和"由基金维持的工人数目"等这些已经存在的事物，与已经发生的"生产时期"并没有本质的区别。米塞斯与哈耶克的未来时间是包含"不确定性"含义的，而庞巴维克与奈特等的"时期"概念都没有"不确定性"的含义。

对于哈耶克与奈特的争论，拉赫曼做了评论，他认为哈耶克拒绝的不仅是庞巴维克的"平均生产时期"概念，还包括他的"实体基金论"（subsistence fund），奈特的资本观点是"古典的"和"政治经济学的"，他并不关心个体，而是把资本看作是一个"集合体"，而哈耶克认为资本理论的基础应该是"个体的决策"。[1] 在资本的"主观主义"立场上，我们说过他和米塞斯一致，但是与米塞斯不同的是，哈耶克同时也重视实际生产过程，把个体的"主观决定"与实体资本之间的"相互协调"联系起来研究，努力使理论与现实接近，因此他对资本的探索更具有深度。

我们不妨用沙克尔（Shackle，G. L. S）对哈耶克的评价来总结哈耶克在"资本"与"时间"问题上所做的贡献。沙克尔说他不认为伟大的智力作品的产生是从"开放的心灵"（an open mind）开始的，相反，他认为是某种"坚定的信念"（faith）。决定去追求某

---

　　[1] Lachmann，L. M（1982），The Salvage of Ideas：Problems of the Revival of Austrian Economic Thought，in Littlechild，S.，*Austrian Economics*，Vol II，Edward Elgar，1990，p. 338.

个他相信为正确的"暗示"，无论这个暗示是"地球绕太阳转"还是"资本问题是时间问题"，都必定有获得科学上的美感或给人巨大启发的内在动力。"资本问题是时间问题"的观点在一开始就给人以"简约"与"力量"的"暗示"，但是要真正从这个观点中获得知识的进展与确切的知识，却要求用巨大的热情来武装强有力的思维。哈耶克这样投入地做了一次，这是他非常伟大的成就。[1]

三、 资本的结构

如本章开篇所说，新古典经济学并没有资本结构的思想，如克拉克（Clark, J. B）与奈特等接受实体资本概念，这导致他们把资本看作是同质的"基金"，而奥地利经济学认为资本是个"结构"意义上的概念。在奥地利经济学内部，对资本结构的理解可以分为两派，一派是以庞巴维克为代表的"实物资本结构论"，另一派是以拉赫曼为代表的"主观资本结构论"，后者是真正的资本结构论。

实体资本结构论

如上文所说，庞巴维克的"平均生产时期"否定了资本的"时间"结构，但是他并不是没有"结构"的思想，最明显地是体现在他的"迂回生产"思想中，这又是和他对"资本"概念的理解分不开的。庞巴维克把迂回生产当作是"资本主义"生产方法，他认为

---

[1] Shackle, G. L. S., F. A. Hayek, 1899, In D. P. O'Brien and J. R. Presley（eds），*Pioneers of Modern Economics in Britain*，London：Macmilian, 1981, pp. 234 - 261.

土地和劳动是最重要的经济生产力，"要用这两种生产要素来制造人类消费的财货，人们可以采用下面两种方法中的一种。它可以把一些经济生产力互相结合在一起——或者把它们同无代价的自然力的活力结合在一起，使所想望的财货作为结合的结果而立即出现，例如在海边采集贝类。他也可以采取迂回的方法，用他所支配的生产要素，首先制造另一种财货，然后依靠它的协助，再生产他所需要的财货；例如，先去制造渔船和渔网，然后再去捕鱼"。[1] 用迂回的生产方法进行生产的一个好处是提高实际的生产力，但坏处是要消耗更多的"时间"。[2]

不难发现，"迂回生产"体现了"纵向"的资本"结构"，这种"纵向"的资本结构适应于"平均生产时期"的计算和"边际生产力的计算"，因此我们可以说，庞巴维克的"生产力利息理论"的思想早已经隐含在了"迂回生产"的思想中。"迂回生产"事实上已经体现了庞巴维克和米塞斯、拉赫曼等奥派经济学家的区别，后者强调资本的"主观性"，而"迂回生产"理论显然是建立在"实体资本理论"的基础上的。"实体资本"的思想在《资本实证论》一书中得到比较充分的体现，如他对"资本"的定义"我们把那些用来获得财货的手段的产品叫做资本"，[3] 广义的"资本"概念指的是"生产手段"，而狭义的资本指"生产出来的生产手段"。[4]

构成庞巴维克的"实体资本结构"的是"具体"资本，而不是

---

[1] 庞巴维克：《资本实证论》，陈瑞译，北京：商务印书馆，1981年，第110—111页。

[2] 庞巴维克追随门格尔，他的许多思想来自门格尔，如"迂回产生"的思想来自门格尔高、低级财货的区分。

[3] 庞巴维克：《资本实证论》，陈瑞译，北京：商务印书馆，1981年，第73页。

[4] 庞巴维克：《资本实证论》，陈瑞译，北京：商务印书馆，1981年，第75页。

"抽象"的资本。在与克拉克的那场著名辩论中，庞巴维克强调资本必然是"具体"的，资本的"具体特征"是不可以抹去的，资本的具体特征会不断发生变化，但这并不意味着我们可以用一个抽象的资本概念去代替具体的资本，只有保持对资本具体特征的认识，才可能保留资本的"时间"意识，如"生产"与"消费"不是同时发生的，他批评克拉克"抽象"的资本排斥了时间因素。[1]但是，庞巴维克的"二元性"在这里又体现出来。在"迂回生产"中，体现的是他与克拉克辩论时强调的"实体"资本思想，但是在"生产力利息理论"时，隐含在其中的却是资本的"基金"思想，和他所反对的、也是克拉克所采取的"抽象"资本论已经没有区别，在生产力利息理论中，"资本"已经不是具体的"物"，而是"流"，以致于有人认为克拉克的观点就是来自于庞巴维克。也许是为了"利息的生产力"理论的需要，庞巴维克才偷换了"资本"概念的内涵。

主观资本结构论

奥地利经济学以"主观主义"而闻名，这也表现在对资本问题的认识上。但奥地利经济学内部，不同的经济学家对资本"主观性"的强调程度不同，相对于庞巴维克、哈耶克等奥派经济学家，在对资本问题的分析中，米塞斯与拉赫曼理论中的"主观"成分要更多一些。在他的代表作之一的《资本及其结构》一书中，拉赫曼明确说他的方法不是"客观的"和"数量"分析的方法，而是对现

---

[1] Eugen von Böhm-Bawerk, The Positive Theory of Capital and Its Critics, *Quarterly Journal of Economics*，1895，IX，113 - 131.

象的"主观主义"的解释。[1]尽管哈耶克与拉赫曼都反对庞巴维克的"平均生产时期"思想,但是他们的依据是不同的,哈耶克的依据是资本世界的复杂性,而拉赫曼依据的是以米塞斯的"行动学"思想为微观基础的资本结构思想。下面我们首先说明拉赫曼"资本结构理论"的主要观点,然后分析为什么"资本结构论"中包含的"时间"思想和"平均生产时期"是不相容的。

拉赫曼的资本结构论和他对资本特征的认识是分不开的,他认为"资本"的本质不是资本的物理特征,而是对资本的"使用",资本不一定都是被人生产出来的"生产手段",但是一定是被人使用,这是他和庞巴维克在"资本"概念理解上的差异。在拉赫曼看来,在不同的使用"计划"下,资本特征的表现是不同的,我们可以举个简单的例子说明。以一台机器为例,假如它不被人使用,那么这台机器就不能称为资本,假如它在不同的企业家手里,或是同一个企业家对之有不同的使用计划,那该机器的资本性质是不同的。拉赫曼认为所有的资本资源都是"异质的"(heterogeneous),新古典经济学是从资本的物理特征来理解资本的异质性,和新古典经济学不同的是,拉赫曼认为资本的"异质性"源于资本不同的使用。但是,拉赫曼并没有完全排斥资本物理特征对资本用途的限制,他认为资本的"异质性"意味着每一种资本品都只能被用于有限的几种目的,而不是能被用于任何场合,拉赫曼称之为资本的"多重特质性"(multiple specificity)。[2]要说明的是,拉赫曼还坚

---

[1] Lachmann, L. M., *Capital and Its Structure*, Sheed Andrews and Mcmeel, Inc, 1978, p. 3.

[2] Lachmann, L. M., *Capital and Its Structure*, Sheed Andrews and Mcmeel, Inc, 1978, p. 2.

持了资本异质性的"个人主义"特征，而其他一些经济学家等虽然也认识到了物理资本的异质性，但是在解释利息的来源（如庞巴维克）或对资本进行数量计算（如克拉克和奈特）时，却又把资本看成是"基金"，也就是抛弃了资本个体特征的差异性。

与资本的"异质性"直接相关的概念是资本的"互补性"（complementarity），拉赫曼对此的解释是任何资本都不是单独地被使用的，而是需要与其他资本相结合，被共同地使用的，拉赫曼认为"互补性"是资本使用的本质。"互补性"也是新古典经济学的重要概念，在新古典经济学中，要素的互补性取决于要素的物理特征，如录音机和磁带是互补品，但是拉赫曼强调的互补性与物理特征关系不大，他认为资本资源的异质性（如物理上的互补性）并不意味着资本在什么情况下都能相结合，而实际上只有某种形式的互补性在技术上是可能的，在经济上是可行的，资本"互补性"的实现实际上是企业家花费时间和精力去发现的结果，[1] 而不是物理特征决定的。

资本的"互补性"是拉赫曼资本结构理论的最重要的内容之一。他介绍了两种不同类型的资本"互补性"，一是计划的互补性，二是结构的互补性。计划的互补性指的是资本品在某个"计划"框架下的互补性，互补性的产生是由企业家"计划"的结果，企业家实施某个计划，他就要组织资源，这些被组织进他计划的资源相互之间构成了互补关系，企业家的职能是制订计划和修改计划，因此，没有企业家计划，就不会产生计划的互补性。第二种类型的互

---

[1] Lachmann, L. M., *Capital and Its Structure*, Sheed Andrews and Mcmeel, Inc, 1978, p. 3.

补性是由于"市场"的作用产生的，即不同的企业家计划之间的相互作用。但是资本的互补性不止于这两个方面，只要有人的计划与行为，资本互补性现象就会产生，只要一个"行动计划"包含对专门资源的使用，无论是用于何种目的，资本的互补性都会出现。[1]拉赫曼所说的互补性实际上是计划的互补性，要素的互补性要求在计划决定的框架内，每一种要素都有其功能。可见"资本结构"不可缺少的两个因素是"企业家计划"和"被使用的、具有某种功能的要素"，这两个因素是相关的，也是不可分的。

拉赫曼的"资本结构"可比作为动态的"网络"，这张网是由个体的"计划"编织而成的。由于市场中存在不确定性，计划的改变是经常发生的，如果计划被修订，要素被重新组合，那么资本的结构就要发生变化，因此资本结构的"网"是动态的。哈耶克也有资本网络的思想，但是他强调的是实体资本之间的网络特征，他不像拉赫曼那样强调"计划"和"不确定性"对资本结构的影响。与哈耶克不同的是，拉赫曼还强调资本的"服务流"特征，同样的资本品，可以产生出不同的服务流，如一座房子，用于开商店和用于居住，产生的服务流就是不同的，资本品可看作是资本结构中产生服务流的"节点"，当然产生不同的服务流是因为企业家资本使用计划的不同。

与费特等人不同，拉赫曼不否定庞巴维克迂回生产提高生产力的观点，但是他不认为这是利息产生的原因，他认为不需要庞巴维克的第三个基础也能解释利率，[2]与米塞斯一样，他也认为"利

---

[1] Lachmann, L. M., *Capital and Its Structure*, Sheed Andrews and Mcmeel, Inc, 1978, p. 54 - 55.

[2] Lachmann, L. M., *Capital and Its Structure*, Sheed Andrews and Mcmeel, Inc, 1978, p. 74.

息"唯一地来源于现在与未来的"交换"。他不同意庞巴维克的"迂回生产"的地方在于"迂回生产"体现的是"单维度"的时间观，而在拉赫曼看来，资本的"时间"是不能用维度多少表示的，在他的"资本结构"理论中，"时间"不是前后承启的、长度相对固定的连续的"阶段"，而是要与其他生产时间匹配的、长度随时要根据企业家计划与市场不确定性而发生变化的，实际上他对"时间"的理解也是继承米塞斯"行动学"思想的，即时间的"个体性"与"主观性"。

另外，在拉赫曼看来，资本的"结构"意味着资本是不能被简化为同质的"基金"的，或者说是不能用作为"资金流"的"资本"概念来代替作为"结构的"的"资本"概念的，而庞巴维克的"平均生产时期"及"生产力利息理论"体现的都是"基金"或"资金流"的思想。拉赫曼与庞巴维克在"时间"问题上的另一个不同是庞巴维克认为经济发展的特征是"平均生产时期"的延长，而拉赫曼认为经济发展意味着"资本结构"复杂程度的提高，如生产阶段的增加。

四、"资本"、"时间"与"结构"的内在关系

本章以庞巴维克的"二元利息论"为切入点，围绕"平均生产时期"展开分析，考察了不同经济学家对资本"时间"与资本"结构"问题的认识，对相关理论进行了比较。

但最重要的是，我们发现了"资本"、"时间"与"结构"三者之间存在的内在关系。如庞巴维克的"二元利息论"是直接和他的

"二元时间论"联系在一起的。他一方面从"主观偏好"的角度理解时间，即"现在"与"未来"相比较的角度上理解时间，而另一方面，在"平均生产时期"思想中包含的时间却是牛顿物理学意义上的"时间"，这分别导致他采取两种不同的利息理论。以克拉克和奈特等为代表的新古典经济学家把资本理解为同质的"基金"，是对资本所做的高度的简化，在这个基础上，他们自然地接受了庞巴维克的"平均生产时期"和与之相关的"生产力利息理论"。而米塞斯、哈耶克与拉赫曼等奥派经济学家从"时间偏好"的角度解释"利息"，从"结构"的角度理解"资本"，是因为他们认识到现实世界的复杂性，认识到资本的主客观"异质性"，资本不能简化为"基金"，"时间"也决不能用单维度的"平均时期"来衡量长短，在多数奥派经济学家看来，庞巴维克的"平均时期"是对"结构"思想的否定。

与其他奥派经济学家相比，庞巴维克不是一个彻底的主观主义者，而与新古典经济学家相比，他又不够"客观"，在方法论上他是摇摆的。一方面庞巴维克认为价值是"主观的"，消费品的价值取决于主观评价，但另一方面，他认为资本品的价值又是"客观的"，他把资本品的价值与"生产力"联系起来，在这点上他偏离了门格尔的传统，门格尔及后来的米塞斯、哈耶克与拉赫曼等采用一个价值理论，即主观价值论，在价值问题上并不区分"资本品"与"消费品"，显然，客观价值论为"平均生产时期"打开了大门。但是我们不能否认，他的"生产力利息理论"和"实体资本基金论"在逻辑上是一致的。庞巴维克的"生产力利息论"及其所包含的相关思想早已被吸收进了新古典经济学，庞巴维克可看作是古典经济学、新古典经济学和奥地利经济学三大理论"交汇"处的人物，在他身上，这三大理论的思想都能找到。

我们可以用下表概括本章的主要观点，在纵向上，我们不难发现"资本"、"时间"、"结构"与"利息"之间的内在联系。在横向上，该表比较了庞巴维克、拉赫曼和以克拉克、奈特为代表的新古典经济学在这些问题上的不同认识。要说明的是，米塞斯与拉赫曼属于同一阵营，哈耶克的资本思想与他们有区别，但基本上也可以归为这一阵营。

表 7.1　资本、时间与结构：相关理论的比较

	新古典经济学（克拉克、奈特）	奥地利经济学	
		庞巴维克	拉赫曼
资本	基金	生产手段	异质的资源
时间	物理时间	心理偏好/物理时间	心理偏好
结构	无	实体的	主观的
利息	生产力利息论	"二元论"	时间偏好理论

结语

本章分析"资本"、"时间"与"结构"三者之间的内在关系。导致庞巴维克的"二元利息论"的原因是他既有"心理偏好"的时间，又有"平均生产时期"意义上的时间。与"平均生产时期"对应的是资本的"基金论"和"生产力利息论"，与"心理偏好"的时间对应的是资本的"结构论"与"时间偏好利息论"。本章着重分析了费特、米塞斯与哈耶克等人对资本"时间"的理解和拉赫曼对资本"结构"的理解，并对相关理论进行了比较。

　　"资本"问题是经济学最复杂的问题之一，也是无数经济学家萦绕万千、尝试为之一搏的问题。我们同意哈耶克的观点，"资本"问题实际上是个"时间"问题，如马克思，他把"资本"理解为分析社会生产关系的工具，似乎与"时间"无关，但其实不然，因为马克思已经把与"资本"关系密切的"价值"概念和"社会平均必要劳动时间"联系起来了，与本章所提及的主要经济学家不同的是，马克思对"资本"的认识也是"古典的"和"政治经济学的"。

　　理论是对现实的"抽象"，但抽象得有适度才能使我们对现实有更深入的理解，但是，新古典经济学的资本理论抽象的程度未免太高了，把资本简化为无差别的"基金"后，虽然在应用上便利了"计算"，如我们经常看到的对一个地区或国家资本投资收益率的计算，但是这种方便与高度简化的代价是掩盖、甚至扭曲了我们对资本本质的认识，而且我们也很怀疑上述计算的意义与计算结论的可靠性。拉赫曼的资本结构理论也是对现实的抽象，但是抽象的程度要低，或者说其理论更接近于现实，对我们理解真实世界有很大帮助，因为该理论提供了认识世界的一个新视角，如从资本结构变动的角度来理解经济结构或产业结构的变动，可以比较"资本分工"与"劳动分工"的关系。但也有其内在的不足，假如利率决定于"个体"的时间偏好，那么"市场"上的"自然率"又怎么解释呢？我们可以猜测，庞巴维克后来也许是认识到了这一困难，所以才抛开了个体层面的时间偏好率理论，转而直接用边际生产力来说明利息率，真实情况是否如此我们不得而知。

第八章 企业的性质:"企业家定价" 还是"定价企业家"

企业的性质是什么?自科斯 1937 年发表《企业的经济性质》一文以来,这已经成为经济学家关注的一个问题,特别是新制度经济学家,他们从"契约"和"交易"的角度考察企业。不同于新制度经济学,本章从"企业家"的角度考察企业的性质,认为新制度经济学的研究范畴属于"企业家定价",这一研究范畴尽管给人们认识企业的某些性质提供了很多启示,但其代价却是不能对企业的另外一些重要性质进行考察。下面将从"定价企业家"的角度来研究企业的性质,试图得出一些新的有意义的结论。

一、 科斯传统是"企业家定价"的传统

科斯企业理论的两大传统

科斯开创性地提出企业是节约交易费用的组织,企业是用一组"命令"的契约代替市场的契约,这一理论奠定了新制度经济学企

业理论研究的基础，但科斯留下没有解决的问题，如所有权的含义、财产权与所有权的关系等等。[1] 根据交易费用的来源，科斯企业理论可以分为两大不同的研究传统。一是把企业看做是"契约连接体"，包括完全契约与非完全契约理论。完全契约理论包括张五常的"企业的契约论"，阿尔钦、德姆塞茨（Alchian and Demsetz）的"队生产理论"，以及詹森与麦克林（Jensen and Meckling）等的"委托代理理论"，考察的重点是监督与测量的成本，由于存在道德风险，监督与测度的困难，产生交易费用，他们研究的是当存在这些原因引起交易费用时，事先如何设计机制，防止道德风险、降低代理成本，完全契约理论不能解释资产所有权的分配或资产所有者的配置等问题，[2] 因为它假定契约是完整的，没有必要再重新配置财产权。[3] 非完全契约企业理论（Grossman and Hart）认为由于不能制订出考虑到各种情况的契约，存在着在契约中无法明确规定的权利，这部分权利，也被称为"剩余控制权利"，是公认的对"所有权"最无歧义的定义。[4] 完全合约关注的是事先如何安排合约以防止事后可能产生的问题，而非完全契约理论相反，是考察事后可能的风险来安排事先的合约，也即事先的权利配置，非完全合约理论也被称为"产权方法"。

科斯理论的另一研究传统是威廉姆森的"资产专用性方法"，

---

[1] Foss, K & Foss, N., Assets, Attributes and Ownership, *International Journal of the Economics of Business*, 2001, Vol. 8, No1, pp. 19 - 37.

[2] Foss, K & Foss, N., Assets, Attributes and Ownership, *International Journal of the Economics of Business*, 2001, Vol. 8, No1, pp. 19 - 37.

[3] Foss, N., More on Knight and the Theory of the Firm, in *Managerial and Decision Economics*, 1993, Vol. 14, pp. 269 - 276.

[4] 奥利弗·哈特（1995）：《企业、合同与财务结构》，费方域译，上海：上海三联书店，上海人民出版社，1998 年，第 35 页。

威廉姆森有两大行为假设，即有限理性与机会主义，有三大决定交易成本的维度，即"不确定性、交易的频率与资产专用性"，这三种维度的不同组合决定三种不同的规制结构：市场、科层与混合态。但要指出的是，研究传统之间的"界线"不是绝对的，威廉姆森的方法也属于非完全契约理论方法。[1]

为什么说科斯传统是"企业家定价"的传统

科斯认识到企业家在企业形成过程中的重要作用，如他说"企业是资源配置由企业家指导时所产生的关系体系构成的"，[2] 但是他所说的企业家与真正意义上的企业家，也就是下文将要谈及的企业家有根本的差异。他的企业理论包含了两种不同含义的企业家，一是"全知全能的企业家"，科斯把企业看做是解决"市场失灵"的机构，由于市场的交易费用很高，组织的协调替代市场的协调有助于降低成本。在竞争性一般均衡假设之上，科斯假设企业家能够

---

[1] Foss, N., More on Knight and the Theory of the Firm, in *Managerial and Decision Economics*, 1993, Vol. 14, pp. 269 - 276. 理论之间往往没有明确的界线，对科斯企业理论传统上述划分方法不是绝对的、唯一的，除了本章给出的这种分类外，还有其他划分，如余赴礼将科斯企业理论划分为"强调道德风险与监督问题"的方法和"强调合作中测度问题"的方法，见 Tony Fu-Lai Yu, Toward a Praxeological Theory of the Firm, in *Review of Austrian Economics*, 12, 1999, pp. 25 - 41. 前一方法的代表人物有阿尔钦、德姆塞茨与威廉姆森，后一方法的代表人物有张五常与巴泽尔。朗格卢瓦（Langlois, R）将科斯传统的企业理论分为"契约传统"与"产权传统"，也把后者称为"非完全契约理论"。Langlois, R., The boundaries of the firm, in Boettke, P. J. (ed.), *The Elgar companion to Austrian economics*, Aldershot: Edward Elgar, 1994, pp. 173 - 179. 我们认为根据分析着眼点的不同，科斯企业理论可分为三类，即关注"合约"的方法，代表人物如张五常；关注"激励"的方法，代表人物如威廉姆森与哈特；以及关注"属性"与"测度"的方法，代表人物如巴泽尔等。

[2] Coase, R. H., The Nature of the Firm, *Economica*, Vol. 4, No. 16 (Nov 1937), pp. 386 - 405.

对市场的边际交易成本与组织的边际管理成本进行比较，在投入产出既定的情况下，"企业"能用最小的成本将这些投入转化为产出，或者说企业家能选择出成本最低的组织形式。二是作为"管理者"的企业家，他的职能是"指挥"，"在某一报酬（它可以是固定的也可以是浮动的）水平上，生产要素通过合同同意在某些限度内服从企业家的指挥。这一合同的本质特征是，它应该只规定企业家的权力范围。在这些限度内，他可以指挥其他生产要素"。[1]

"抑制了价格机制的使用"，也就是说更多地利用"管理"，被科斯认为是"企业与市场最显著的区别"。[2] 但是要指出的是，"管理"实际上是给要素所有者定价。企业家雇佣员工甲，支付给他工资，是给员工的劳动确定一个价格，如该员工表现好，支付更高的工资，是重新确定价格，因此，与员工签约即给员工定价，这是同一过程。至于选择哪种定价方式，是计件，还是计工，依据的是监督的难易与测度成本的高低。[3] 根据"定价"方式的不同，我们也可以从另一角度认识市场与企业的不同，"市场"是双方讨价还价之上的定价，而"企业"是企业家有主导权的定价。科斯意指用"企业的契约"代替"市场的契约"可以节约交易费用，而这一过程也可以看做为"企业家的定价"替代"市场的定价"可以节

[1] Coase, R. H., The Nature of the Firm, *Economica*, Vol. 4, No. 16（Nov 1937），pp. 386 – 405.

[2] Coase, R. H., The Nature of the Firm: Meaning, *Journal of Law, Economics, & Organization*, Vol. 4, No. 1, 1988, pp. 19 – 32.

[3] Cheung, S. S. N., The Contractual Theory of the Firm, *Journal of Law and Economics*, 1983, 26, pp. 1 – 22.

约交易费用。[1]

"队生产理论"以及"委托代理理论"等理论都可以从"企业家定价"的角度进行解读，在完全契约企业理论中，企业家有无限的定价能力，[2]在事先就能进行精确的定价，无需事后再谈判。而在非完全契约论与资产专用理论中，全知全能的企业家不见了，取而代之的是"有限理性"的企业家。"有限理性"的企业家怎么进行定价呢？他或是通过占有剩余控制权，对事先不能通过契约进行定价的灰色地带的权利进行定价，或是通过规制结构的"选择"确定定价的方式。[3]

科斯企业理论的不足

我们把科斯的理论概括为"企业家定价"的理论，这一理论深化了人们对组织的认识，如回答了企业为什么存在（科斯），不同的规制结构如何选择（威廉姆森），以及企业内部的最优产权结构（哈特），因此科斯理论对企业理论的进展贡献很大。但是这种理论的不足也是很明显的，如不能说明"企业"与"非营利组织"（如

---

[1] 科斯传统的一个问题是认为存在一个可以被（企业家定价）替代的、由抽象的市场（供求）力量决定的市场价格，我们认为这是对市场价格的片面理解，实际上，所谓的"市场价格"往往也是由企业家人为决定的，企业家在"企业内部"对要素的定价往往就成为"市场价格"，在企业内部确定的价格与市场价格之间是不可分的，不存在明显的界线，两种价格之间实际上并不是替代关系。

[2] 如阿尔钦与德姆塞茨说"对生产率的计量与监督，以使边际生产率与投入的成本相配，从而能在企业内（比所有投入通过市场的双边谈判）更经济地实现偷懒的减少"（Alchian and Demsetz, 1972, p. 794），这里"计量与监督"实际上就是"定价"，而"生产率"与"投入的成本"在"边际上相配"意指这种能力的无限性。

[3] Williamson, O. E., *The Economic Institutions of Capitalism*, New York: Free Press, 1985.

官僚机构）的区别，解释企业的理论也可以用于说明官僚机构，两种组织都可以用"企业家定价"的视角进行分析，但这两种组织显然是有区别的。科斯回答了"企业为什么会存在"这一问题，但是对于"企业区别于市场的特征是什么"这个问题的回答是不充分的，也是不令人信服的。[1] 经济问题产生于变化，哈耶克早已指出"经济问题始终是由变化所引起的，而且也唯有变化才会产生经济问题"，[2] 但除威廉姆森等少数人外，科斯传统的多数经济学家都没有对"组织如何应对外部市场的变化"这一重要的问题进行过考察。尽管威廉姆森的理论有"过程"思想，考察了市场变化对规制结构的影响，但是在他的理论中，他假设企业的资源是既定的，投入的要素已经达到了最优的状态，因而他的理论没有"价值创造"的思想，[3] 在这一点上他的理论与非完全契约理论是相同的，也是与真实世界不符的。委托代理理论以及非完全契约论等后科斯企业理论更多地是注重"激励兼容"问题的研究，然而如罗斯比所指出的，"决策，如同生产与交换，需要被组织，这就不仅要求有激励兼容"。[4]

科斯传统的上述不足，一个重要原因就是"真实的"企业家在这一理论中从没有上场。在他们的企业理论中，没有"真正的企业

[1] 科斯本人并不认为区分"企业"与"市场"有多大的价值，见 Coase, R. H., "The Nature of the Firm: Meaning," *Journal of Law, Economics, & Organization*, 1988, Vol. 4, No. 1, pp. 19–32. 他着重想要说明的是"企业是降低交易费用的机制"，见 Coase, R. H., The Nature of the Firm: Meaning, *Journal of Law, Economics, & Organization*, 1988, Vol. 4, No. 1, pp. 19–32.

[2] 哈耶克:《个人主义与经济秩序》，邓正来译，北京:生活·读书·新知三联书店，2003年，第123页。

[3] Foss, N., *Strategy, Economic Organization, and the Knowledge Economy: The Coordination of Firms and Resources*, Oxford University Press, 2005, p. 76.

[4] Loasby, B. J., Explaining Firms, in Foss, N and Klein, P. (ed.), *Entrepreneurship and the Firm*, Edward Elgar, 2002, p. 20.

家"，而只有"有限理性的管理者"。从方法论层面看，科斯传统有内在的紧张，因为这个"有限理性的管理者"一方面是"有限理性"的，但另一方面，他却知道怎么安排剩余控制权（哈特），怎么选择规制结构（威廉姆森），怎么激励代理人（詹森和麦克林）等来"协调"生产，以实现利益的最大化，因此，他又具有"完全理性"的特点。科斯企业理论传统的这一内在冲突，显然来自于他把企业视为"企业家定价"的机制。

二、从"定价企业家"的视角来考察企业的性质

相对于科斯的"企业家定价"，我们要提出的研究视角是"定价企业家"，简单地说，我们的"定价企业家"视角把"企业家"作为基本的分析单位，从真实的企业家出发来探讨企业的性质。那么什么才是"企业家"？经济学家从不同的方面概括了企业家的特征，其中最具有代表性的是熊彼特、柯兹纳、奈特与拉赫曼及沙克尔等人各自从不同角度的概括。熊彼特强调企业家"创新"的一面，这已为人熟知，柯兹纳认为企业家最重要的职能是"发现"，也即"警觉机会"，奈特则认为企业家是承担"不确定"者，而拉赫曼与沙克尔等重视的是"想象"，认为"想象"才是企业家最重要的特征。在本章中，我们把企业家看做是"综合"具有上述四种特征的人。[1] 下面我们用"定价企业家"这个视角来考察"企业

---

[1] 本章从主观主义的角度理解企业家，因此强调的是创新、发现与想象的企业家，奈特"承当不确定"意义上的企业家不在本章讨论的范围之内。

的存在"、"企业的边界"以及"企业的内部组织"这三个企业理论
的基本问题。

企业的存在

企业为什么存在？从"定价企业家"的视角看，企业的存在可
以解释为企业家是没有市场价格的，"企业家"不同于人力资本，
甚至根本就不是资本，企业家的"创新"、"发现"与"想象"等是
不能拿到市场中去交换的，也没有市场价格，[1] 因此企业家无法
在市场上直接实现他的价值，只有通过建立"企业"，利用"企业"
才有可能为自己定价。市场表现企业价值的方式有两种，一是根据
企业的股票价格或企业的市值，二是根据企业提供的产品与服务，
如产品与服务在市场中受消费者欢迎，企业的价值就高。

科斯强调企业的存在是降低交易费用，同样的生产要素在市场
中交易的费用比在企业内部交易更高，[2] 所以才有企业，但这一
说法的问题是，在企业家建立企业之前，我们是无法对"费用"进
行比较的，企业都还没产生，怎么可能知道费用高低呢？只有建立
企业之后，才能对事先发生的交易费用与事后企业内部的交易费用
进行比较，可见，企业的建立是在费用比较之前，费用的比较是在
企业建立之后，科斯颠倒了前后顺序，在逻辑上是有问题的。假设
企业"事先"已经存在，是科斯传统的重要特征，科斯传统在此假
设基础上考察不同产权安排的效果（哈特），或考察不同情况下企业

---

[1] "企业家的判断，是市场上不能买到的东西之一。"见米塞斯：《人的行为》，夏道平译，台北：远流出版事业股份有限公司，1991 年，第 1058 页。

[2] Coase, R. H., "The Nature of the Firm: Meaning," *Journal of Law, Economics, & Organization*, Vol. 4, No. 1 (1988), pp. 19–32.

的规制结构（威廉姆森），或考察如何使代理人的行为符合委托人利益（詹森和麦克林），而我们要问的是为什么企业一开始会存在？

　　而在上文我们已经对这个问题进行了回答，企业的存在是企业家为了自我定价。企业是企业家建立的，企业家与非企业家的一个重要区别是企业家建立组织，而非企业家没有。[1]但是，我们不能把顺序颠倒过来，把企业家组织资源看做是企业存在的原因。企业家当然会购买一些要素，也会雇佣员工，用给要素直接定价的方式降低市场交易费用，但是，我们却不能把雇佣员工、给人力资本定价等看作为企业家建立企业的目的，看作为企业存在的原因。

　　科斯与张五常把交易成本看做是"发现价格"的成本，随着定价成本的变化，契约的形式会发生变化，作为合约安排的企业与市场的替代关系也就产生。张五常说："我追随科斯，强调了发现价格的成本，包括信息成本、度量成本和谈判成本。当这些成本发生变化时，就会出现不同的合约安排……在私有产权下，任何朝着转让使用权的合约安排方向的转变，主要是由定价成本约束引起的。"[2]但我们认为"发现价格的成本"或"定价成本"不能作为企业存在的解释，企业合约（要素所有权的转让）的签定，主要并不是因为度量这种要素的成本下降，或者说发现该要素价格的成本下降，而是因为那种要素对定价企业家来说是必须的。[3]

---

　　[1] Gick，W.，"Schumpeter's and Kirzner's entrepreneur reconsidered: corporate entrepreneurship, subjectivism and the need for a theory of the firm," in Foss，N and Klein，P.（ed.），*Entrepreneurship and the Firm*，Edward Elgar，2002，p. 96.

　　[2] 张五常：《经济解释》，北京：商务印书馆，2000 年，第 372 页。

　　[3] 朗格卢瓦从"企业家"与"资本所有者"的关系这一角度为企业的存在提供了另一种解释，他认为企业的存在是因为企业家不能将他们独特的想法与资本所有者交流，让资本所有者相信他的想法，但后者对企业家实现他的想法（转下页）

企业的边界

科斯传统根据合约的特征说明"企业"与"市场"的边界，如果合约中包含使用权已经转让，那就属于"企业契约"，如果没有使用权的转让，是属于"市场契约"；或是根据合约的长短，如是长期合约，那就是"企业"，[1]反之，是"市场"。我们认为根据"是否发生使用权的转让"比根据"时期的长短"要更具有说服力。[2]那么紧接着的一个问题是，什么时候才会签定包含使用权转让的合约呢？科斯传统是依据"效率"标准来回答这一问题的，如科斯本人把不同的"契约形式"与"交易成本"的高低联系在一起，张五常强调"测度成本"与"契约形式"之间的关系，威廉姆森用"官僚主义成本"与"市场治理成本"来分析企业的"效率边界"，[3]甚至以哈特为代表的产权学派也是用"效率"来考察企业的边界，只是产权学派是在"事后产生由于合同不完全产生的成本"与"事先签定合约的成本"之间进行"权衡"（Trade-off），而不像契约学派那样权衡"企业的成本"与"市场的成本"。

（接上页）却是必须的，因此，企业家自己建立企业。见 Foss, N. , More on Knight and the Theory of the Firm, in *Managerial and Decision Economics*, Vol. 14, 1993, pp. 269 - 276. 这种解释隐含了上文提到的"企业家没有价格"的思想。

[1] Coase, R. H. , "The Nature of the Firm: Meaning," *Journal of Law, Economics, & Organization*, Vol. 4, No. 1, 1988, pp. 19 - 32.

[2] 朗格卢瓦认为从"产权"的角度来研究企业会有更清楚的认识，而如果仅仅是从"契约"的角度，那就难以揭示企业的性质。见 Langlois, R. , "The boundaries of the firm," in Boettke, P. J. （ed. ）, *The Elgar companion to Austrian economics*, Aldershot: Edward Elgar, 1994, pp. 173 - 179.

[3] 威廉姆森：《资本主义经济制度》，段毅才、王伟译，北京：商务印书馆 2004 年，第 135 页。

然而我们认为用"效率"来解释企业的边界是不充分的，有以下两个理由：一、在很多情况下，某种生产要素使用权转移至企业家手中，被企业家雇佣，企业家并非出于效率考虑。企业家雇佣某种生产要素主要关心的是该生产要素给他带去多少"未来"的收益，而非"当下"购买的成本高低，而效率理论考虑的只是"当下"的成本与收益。企业家雇佣生产要素，是做出具有"不确定性"特征的决策，而不是对"已知"的数据进行计算，如上文所指出的，在雇佣决策做出之前，是不能进行效率比较的。二、雇佣某种生产要素对企业家来说是做出投资，企业的边界主要取决于投资的结果，而不是投资的决定，而"效率"理论关注的是投资的"决定"，而不是"结果"，然而投资的"结果"对于企业的边界来说是十分关键的。试举一个例子，企业家想雇佣甲或乙两位营销人才中的一位，甲已经有点名气，而乙没有名气，但其（潜在的）才能远高于甲，只是还未被市场所认识，但却被这位企业家"发现"，企业家愿意付出与甲一样高的工资雇他，那么这时企业家雇佣甲或乙所产生的交易成本和管理成本是接近的，但企业的边界却大不相同，雇佣乙的边界却比雇佣甲的边界要更广，这是"效率"理论无法解释的。

那么根据"定价企业家"这个视角，企业的边界又是如何决定？我们认为企业的边界取决于"企业家"与"市场"这两个方面。首先看"企业家"如何影响企业边界。企业家用企业来"试验"他的新发现或他的新想象，[1]"企业"可看作为企业家进行思想实验活动的制度安排，如做这样考虑，企业的边界一方面取决于

---

[1] Foss, K & Foss, N., Organizing Economic Experiments: Property Rights and Firm Organization, in *Review of Austrian Economics*, 15（4），2002, pp. 297 - 312.

企业家的能力，企业家"创新"、"发现"或"想象"的"能力"越大，企业的边界就大，如盖茨与微软公司的关系是一个典型的例子。[1]另一方面，企业家也会根据自己的战略需要和市场的变化情况，随时调整企业的边界，决定生产要素是"自己生产"还是"向市场购买"。一个相关问题是企业家在"决定企业边界"这一过程中的角色是什么？仅仅是一个生产的协调者（生产的管理者）吗？如按照科斯传统，把企业家看做是生产协调者（生产的管理者），那么解释契约形式的选择是没有说服力的，只有把企业家看做是如熊彼特的"创新发动者"，奈特的"不确定承当者"，柯兹纳的"市场发现者"以及拉赫曼的"市场想象者"，那么我们才可能更加清楚地明白企业家为什么会选择这种合约形式而非另外一种合约形式。

其次，来看"市场"对企业边界的影响。人们通常都知道，企业家的"创新"、"发现"或"想象"，如被市场所认同，企业的边界就会扩张，反之就会收缩，甚至消亡，即企业的破产。然而，这是浅层次的认识，"市场"对"企业边界"的意义在于，如果没有市场，也就说，没有市场提供的反映稀缺性的要素价格，企业家就无法判断究竟是从市场购买更有利，还是自己生产更有利，用米塞斯的话说，就是不能进行"经济计算"，这样，不仅企业边界无法确定，甚至连企业都不可能存在，或存在的只是类似于计划下的那种虚假企业。科斯与威廉姆森也考虑到"市场"对企业边界的影响，只是科斯考虑到的是市场交易成本对企业边界的影响，威廉姆森考虑到市场不确定性等对企业边界的影响，而我们关注的是"企业家"。

---

[1] 虽然企业的"边界"不等同于企业的"规模"，但两者之间的相关关系是存在的。

根据"企业家"与"市场"这两个影响企业边界的因素，企业边界的决定实际上可划分为两个阶段，第一个阶段是企业家组织要素，建立企业，这是企业边界的初始决定；第二个阶段是市场对企业的定价，是企业边界的再调整过程。

我们强调"企业家"与"市场"对企业边界的决定作用，这并不是说科斯传统重视的"组织成本"对企业的边界就没有影响，而是说，企业家是在"决定"采取企业这种契约形式之后，才会有"组织成本"，组织成本的产生是在企业家确定了契约形式之后，因此它的重要性是第二位的。

企业的内部组织

为什么剩余控制权归企业家？企业内部的权威结构是怎么样的？如何解释雇佣关系？下面，我们从"定价企业家"的视角重新审视这三个问题。依照哈特等的产权理论，企业家拥有剩余控制权有两个原因：一是企业家拥有非人力资产，"对非人力资产的控制，将导致对于人力资产的控制……如果这类资产不存在的话，那么，使企业凝聚在一起的究竟是什么，或者，企业内的权力究竟用什么来定义，就不清楚了"；[1] 二是企业家的作用更大，"资产应该掌握在拥有重要人力资本的人手中……资产的所有权集中在拥有重要人力资本的人的手中的额外利益，是工人的激励将会得到加强"。[2] 哈特强调的是"激励"，着眼的是"剩余的分配"，

---

[1] 奥利弗·哈特：《企业、合同与财务结构》，费方域译，上海：上海三联书店、上海人民出版社，1998 年，第 71 页。

[2] 奥利弗·哈特：《企业、合同与财务结构》，费方域译，上海：上海三联书店、上海人民出版社，1998 年，第 73 页。

他的观点是有一定说服力的。但对企业来说，关键问题是"剩余的来源"，而不是"剩余的分配"，显然，用"剩余的来源"来解释剩余控制权的归属要比用"剩余的分配"来解释更有说服力。企业家是企业剩余的创造者，这才是企业家拥有剩余控制权的根本原因。那么可能有人要问，难道资本所有者就不拥有剩余控制权了吗？我们要说，资本家与企业家是不可分的，事实上，"没有资本的纯企业家"和"拥有资本的资本家"都是企业家，在企业中，企业家不是某一个人，而是一群人，如在风险投资公司中，风险投资商与创业者都是企业家。因此，拥有剩余控制权的也是一群人，而不是某个人。

科斯传统把"交易成本"作为"权威"分析的基本单位，如企业家的权威是因为企业家用内部协调的方法降低了交易费用（科斯），或是企业家监督生产，用"队生产"的方法降低了交易费用（阿尔钦与德姆塞茨）。[1] 但是，如凯利（Khalil, E. L）所指出的，交易成本方法不能说明企业权威的独特性，"交易成本同样也被用于解释网络内部的权力，由此看来，交易成本无法解释厂商专有的特性……的确，科斯和威廉姆森都认为厂商可以等同于对权威的服从（这只能是不对称的），但交易成本方法的效率框架仍不足以解释这种服从"。[2] 而从"定价企业家"的视角进行思考，企业家的

---

[1] 哈特认为雇主的权威不是表现为他或她可以迫使雇员做某事，而是通过控制非人力资产而获得可观的事后的剩余。Foss, N., *Strategy, Economic Organization, and the Knowledge Economy: The Coordination of Firms and Resources*, Oxford University Press, 2005, p. 130.

[2] 凯利，E. I：《探求厂商的特殊性质：对正统新古典经济学批判的超越》，约翰·克劳奈维根编：《交易成本经济学及其超越》，朱舟、黄瑞虹译，上海：上海财经大学出版社，2002年，第385页。

权威来自于"定价"的权力，企业家建立企业，为自己定价的过程也就是获得权威的过程，没有权威也就无法进行"定价"。威廉姆森、哈特和巴泽尔等强调资产的物理属性在确定权威归属中的作用，这是不恰当的，因为资产的属性不是固定的，也不是事先就决定了的，恰恰是企业家的权威赋予资产不同的属性特征，而不是相反。

科斯、张五常等用"发现价格的难易"来解释要素究竟是雇佣还是从市场购买。如果价格是容易发现的，那就从市场购买，如果价格是难以发现的，就雇佣。在"雇佣"问题上，"定价企业家"的视角与科斯传统有相似之处，都认为容易发现价格的要素就从市场购买，不容易发现价格的则雇佣。但不同之处是，科斯传统没有区分"接受固定工资的普通员工"的雇佣与"接受灵活工资的管理者"的雇佣，也难以对这两种不同的雇佣进行区分，而根据"定价企业家"理论，可以区分管理者的雇佣与普通员工的雇佣。企业家难以对管理者进行"定价"，而对普通员工则容易，这是一个"定价"难易的问题，而不只是一个"价格发现"难易的问题，管理者在一定程度上也是由"企业"与"市场"共同定价的，而拿固定工资的员工，是企业家对他们进行定价，当然这种定价最终也会通过市场价格的方式体现出来。

三、 重新解释"交易费用"

"交易费用"是科斯传统的基本分析工具。科斯传统对交易费用有两种不同的理解，一种是为人熟知的"市场中使用价格机制的成本"（科斯），而张五常理解的交易费用是指"租值耗散"，指的是合约安排不当造成的财富的浪费。科斯看到的是合约本身的费用，是从零"加上去"的，而张五常假设市场中已经有交易费用，不同的合约安排对减少交易费用将产生不同的影响。

而从"定价企业家"的视角，交易费用可以理解为"重新定价企业家"的费用，包括两个方面：一是由于企业家有新的"创新"、"发现"或"想象"，企业家要重新组织企业的资产，原有的资本结构要进行重新调整，比如要将原有资产转化为新用途，或要去除一部分原有的资产，如解雇一部分员工，企业家调整资本结构所花费的费用就是"交易费用"，要指出的是这种费用主要并不是发生在企业内部，而是发生在市场中。二是由于市场的变化所导致的"企业家"价格的变化，如市场上已经有新的技术或新产品，仍然用原有技术进行生产的企业的价值就要下降，企业家的实际价格相应地要下跌，这个贬值的部分就是"交易费用"。当然，市场的变化将迫使企业家对生产进行调整，这意味着将产生上述第一种交易费用。在以上两种交易费用中，第一种相当于科斯理解的交易费用，是从"加"的角度去理解的，而第二种相当于张五常理解的交易费用，是从"减"的角度去理解的。

如福斯教授所指出的，科斯的企业理论只是把交易费用与道德风险、资产专用性、信息成本联系起来，没有考虑技术的变化也将产生信息与交易成本。[1]与科斯传统比较，我们考虑到了"变化"对交易费用的影响，我们不仅考虑到了市场外部环境变化产生的交易费用，也考虑到了企业家自身主观活动的变化产生的交易费用，

---

[1] Foss, N., More on Knight and the Theory of the Firm, in *Managerial and Decision Economics*, Vol. 14, 1993, pp. 269 – 276.

而上述两种交易费用一般是同时存在的，可以用下面的函数式表示交易费用，即交易费用＝f（市场变化，企业家主观活动的变化）。

四、 企业家、资本结构与企业间关系

科斯传统关注的是怎么安排"契约"或"产权"，使得既定的投入产出最大，关注的是企业本身的资源最优配置问题，而撇开了企业之间协调关系的研究，或者我们也可以认为，在竞争性一般均衡假设之下，科斯传统暗含了企业之间的关系会自动地调至"最优"的状态，因此企业间的关系对企业的存在、企业的边界及企业的内部组织等问题而言是无需考虑的因素。[1] 而从"定价企业家"的视角对企业间的关系进行考察，企业家要为自己确定一个"好"的价格不仅仅取决于企业家要建立的企业，而且还取决于与企业之间的关系。虽然我们不能把企业之间的关系看做是企业边界的延伸，但我们可以把它看做是企业内部"资本结构"的向外扩展，把"定价企业家"看做是对"资本结构"的定价，因为企业家是"资本结构"的建立者，而资本结构的特征决定了企业间关系的特征。下面我们将从"资本结构"的角度来考察企业间的"市场交易"、"合作"与"一体化"这三种协调关系。在此之前，我们先说明企

---

[1] 如福斯教授所指出的，威廉姆森教授是个例外。Foss, N., "More on Knight and the Theory of the Firm," in *Managerial and Decision Economics*，Vol. 14, 1993, pp. 269-276. 但是威廉姆森对企业之间关系的论述是不令人满意的，因为他的理论中没有真正的企业家，或有一个能理性地选择规制结构的企业家，这与真实世界不符，也多少使他的理论有机械决定论的色彩。

业之间的协调是以"企业家"为纽带实现的。

企业家是企业间协调关系的纽带

人们往往把企业之间的关系看做是企业之间"直接"的关系，如产品之间的关系，服务之间的关系或在产业链或价值链上的关系。然而，这一认识忽略了企业家的作用。企业之间的关系是以"企业家"为纽带"间接"实现的，企业家首先对市场上其他企业的需求进行判断、发现或想象，然后调整企业内部的资本结构，使企业生产出与他的判断、发现或想象相一致的产品。强调"企业家"在企业协调关系上的纽带作用，是"定价企业家"这个角度与其他理论视角在研究企业间关系问题上的重要区别。可以用下图来表示。

调整　　　　　判断、发现与想象

企业的资本结构 ◄──── 企业家 ────► 其他企业

图 8.1　"企业家"是企业互动的桥梁

解释企业间的三种关系

企业家的功能是"调整他所关心的资本的具体构成"，[1] 拉赫曼指的是企业内部的资本结构，但我们从广义的角度理解资本结构，把资本结构扩展至单个企业之外。资本的结构是由资本的互补特征决定的，"资本的使用，最重要的特征是其互补性"。[2] 任何资本都需要与其他资本构成互补关系才得到使用，企业家要实现他

---

[1] Lachmann, L. M., *Capital and Its Structure*, Sheed Andrews and Mcmeel, Inc., 1978, p. 98-99.

[2] Lachmann, L. M., *Capital and Its Structure*, Sheed Andrews and Mcmeel, Inc., 1978, p. 3.

的目的，实施他的"计划"，必须努力寻求最优的资本组合，建立最合适的资本结构。但是在我们的资本结构理论中，"互补性"并不是指资产在"物理"属性上的互补，而是资产在"功能"上的互补性，资产的功能表现为资产所能生产的服务，但资产产生什么样的服务，很大程度取决于企业家如何考虑该资产在整个资本结构中的角色，或该资产在完成他的"计划"中该起什么作用，而不是资产本身的物理属性。

如里查德森指出的，"互补性"导致的是企业之间采取"合作"的方式协调，"我们所要协调的不是一种通用型投入品的总产量与需要它的产品的总产量，而是协调特殊活动——我们称之为高度互补性活动。在这些情况下，所需要协调数量和性质上的协调要求有关当事方相互合作"。[1]与威廉姆森等仅考虑资产物理属性上的互补性相比，里查德森放宽了"互补"的含义，他考虑的是"活动的"互补性。我们可以进一步问，"活动"的互补性又是怎么产生的？显然，我们可以认为"活动"的互补性是由"资本结构"的互补性决定的。因此，我们对里查德森的解释做了进一步的深化。

我们再用"资本结构"理论来解释企业之间的"市场交易"与"一体化"这两种关系。假如企业家认为对方企业与本企业在资产上虽然有一定的互补性，但是这种互补性只需要通过购买对方的产品就能实现，而不需要对对方资产的功能进行重新"定义"，那么两个企业之间出现的是"市场交易"关系。相反，如果企业家认为，对方资产虽然与本企业的资产有互补性，但是这种互补性只有当他把他

---

[1] 里查德森：《产业组织》，路易斯·普特曼，兰德尔·克罗茨纳编：《企业的经济性质》，孙经纬译，上海：上海财经大学出版社，2000年，第154页。

自己的知识（如他的发现、想象等）"赋予"该资产的时候才能实现，那么企业家就会把对方的资产收之旗下，进行"一体化"。

与科斯传统比较，我们是从企业家的"主观判断"来认识互补性，而不是资产的"物理属性"。如哈特认为"如果这些（互补的）资产不处在共同的所有权下，套牢问题就会增加"，[1] 而我们要指出的是，资产物理属性上的互补并不意味着"套牢"问题，假如企业家认为对方的资产对自己的"计划"没有用，不能构成自己"资本结构"的一部分，那么无论资产在物理属性上的互补性有多强，都不会构成"套牢"。反之，即使是非专有的资产也可能产生"套牢"，只要两种资产在"资本结构"上具有互补性，因此，是否会产生"套牢"问题，取决于企业家的"判断"，而不是资产本身。

不难发现，与科斯传统比较，用企业家的资本结构理论能更好地解释企业间的动态关系，以及市场中出现的各种"新奇"（novel）事件。因此，也更能说明为什么市场是"创造性过程"。[2]

五、 与奈特"企业家企业"的比较

奈特把企业看做是企业家在不确定性条件下检验他们判断的机

---

[1] 奥利弗·哈特：《企业、合同与财务结构》，费方域译，上海：上海三联书店、上海人民出版社，1998年，第61页。

[2] 布坎南与凡伯格在1991年发表题为《作为创造性过程的市场》的文章，他指出，企业家的活动不是对已有机会的选择，而是"创造性"的想象，相应地，市场是个"创造性"过程，而不是"选择"的过程。Buchanan and Viktor J. Vanberg. , The Market as a Creative Process, *Economics and Philosophy*，7（1），1991，pp. 167 - 186. 他们对企业家与市场的理解与我们一致，只是我们认为，"市场的创造性"也可以从企业家对企业间关系的创造中得到说明。

制，如果他们的判断通过企业，能通过市场的检验，意味着他们赌赢，这样他们将获得利润，如果不能通过市场的检验，意味着他们赌输，他们将亏损。由于不确定性不能"保险"，企业家只能通过建立企业去减少不确定性，因为企业包含了减少不确定的两种机制，即"归类"与"特定类型的人"。[1] 我们的理论与奈特的理论比较，共同之处是，都把"企业"看做是具有某种特殊"功能"的制度安排，在奈特的理论中，企业的功能是"降低不确定性"，而在我们的理论中，企业的功能是"定价企业家"的主要环节。

与奈特比较，我们的理论也同样考虑到了"不确定性"。奈特认为人们现在的生产是为了满足未来的欲望，而生产需要时间，这就出现了不确定性，包括两个方面，一是对生产的判断，给定的资源究竟能生产出多少产品，生产的质量会怎么样，二是对消费者需求的预测，生产出的产品能否满足未来消费者的需求。在我们的理论中，企业家也要承担两个方面的不确定性，一是未来的市场是否会认同企业家的创新、发现与想象，二是企业家是否能用他建立的企业"正确地表达出"他的创新、发现与想象，这两个方面都包含了奈特所说的"不确定性"，企业家只有在这两个方面都成功才可能获得利润。可见，"定价企业家"理论中包含的这两种不确定性与奈特对不确定的理解没有本质不同，只是表述上有区别。奈特没有像我们一样明确区分这两种不确定性，而我们给予指明，可看做是对奈特不确定性概念的细化。

---

[1] Knight, F. H., *Risk，Uncertainty and Profit*，New York：Augustus M. Kelley，1965，p. 243.

结语

　　"企业"是"定价企业家"的需要，我们用这一视角对企业的性质进行了解读。在科斯传统中，"企业家"是相对次要的，只能算是一个"管理者"，而把交易费用、资产属性与人的机会主义等因素放在更加重要的位置上，因此，科斯传统可看做为"企业家定价"的传统，是"企业家的定价"替代了"市场的定价"。而本章用"定价企业家"的视角重新考察了企业的性质，指出由于"企业家"没有市场价格，企业家只有通过建立组织才能实现自身的定价，"定价企业家"理论把"企业家"放在考察企业性质的"中心"位置，企业家是应对不确定环境的创新者、发现者与想象者。科斯传统的优势是能对理论进行"模型化"，但不足之处也是非常明显，最主要的是不能用以分析当技术或市场发生"变化"时的组织，因此其理论与真实世界有相当的距离。而"定价企业家"理论为我们认识真实世界的企业提供了一个新的视角。当然我们并不是要否定科斯传统，而是对科斯传统进行补充。

第九章 理性与道德：安·兰德与米塞斯学术思想比较 *

何谓"道德"？简言之，道德是一种价值体系。从功利主义与演化的角度看，道德是增进福利的理念与行为准则，准确地说，是关于什么行为可以接受，或值得尊敬的行为准则，本章将说明理性与这个意义上的道德的关系。我们将首先阐述奥派与安·兰德对"理性"概念的不同认识，然后说明"从理性到道德"的两条不同路径，接着讨论利己与利他的问题，最后基于哈耶克对内部规则与外部规则的区分，并结合安·兰德的思想，提出"天赋道德"与"人赋道德"的概念。

一、 比较奥派的"理性"与安·兰德的"理性"

奥派经济学家米塞斯把"理性"视为对人的最一般意义上的假设，比如，人的行为是有目的的，人总是尽可能地减少自己的不适等等。在米塞斯看来，这种假设也是建立在对人的心智特征的认识

＊ 本章内容首发于《学术界》2017 年第 8 期，略有改动。

之上的，它包括两个方面，一是人的行动是有逻辑的，人根据自己的逻辑来行动；二是人具有理解他人行动的意义的能力，虽然理解不一定准确。这两个方面都是正常人所具备的，因此，人都是理性的。在米塞斯的行动学中，理性与行动是同义的，只要一个人选择他认为可取的手段，即便这个手段没有达到他的目标，他也是理性的。这种理性的定义是最一般的，他不要求人有正确的逻辑，不正确的逻辑也是理性的。相比米塞斯，哈耶克更强调"理性不及"，他视"理性"为文明的产物，而不是文明的原因。另外，哈耶克也从认知心理学的角度扩展了米塞斯的理性概念。

安·兰德虽然也认为人具有上述心智结构，但与米塞斯的不同之处在于安·兰德更强调理性是个体认识世界的手段。作为认识手段的理性，其内涵会相对窄一点，比如安·兰德把欲望，包括感觉、情感、奇想和愿望，甚至还有信仰都排除在"理性"之外，认为欲望无助于个体认识客观实在，但在米塞斯更为广义的"理性"概念中，理性更多地指向手段的选择，而较少涉及目标的来源，米塞斯不像安·兰德那样把理性与欲望、情感对立起来，"即使在感情激动时，手段和目的也会被考虑到"，[1] 在米塞斯看来，理性的人也是有七情六欲的人，有情有欲并不意味着不理性，人通过理性可以控制情感，情感并不构成对理性的破坏，他说："人之所以异于禽兽，正在于他会着意于调整他的行动。人这个东西，有自制力，能够操纵他的冲动和情欲，有能力抑制本能的情欲和本能的冲

---

[1] 米塞斯：《人的行为》，夏道平译，上海：上海社会科学院出版社，2015年，第18页。

动"，[1] 概而言之，对于"理性"，虽然两者都强调"心智"，但奥派的理性是"关于真实人的假设"，而安·兰德的理性则是"理想建构"，"理性人"就是她"客观价值"的化身和代言人，是我们在现实中很难找到的"巨人"。[2]

奥派并不要求理性人能够"正确地"认识事物，理性只是体现个体的一种意识的"能力"，从这点看，奥派的理性是"康德式的"，理性作为"能力"而言是一种客观事实，但安·兰德赋予"理性"本身以客观性，可见，她对"理性"提出了更高的要求，认为只有与客观实在联系在一起的意识才是理性的，也正是这种"实在"的存在才使得"理性"成为可能，或者说，"理性"是因为有客观实在的存在，而不是意识本身。从把"理性"作为认识事物的"能力"意义上看，安·兰德与奥派是共通的，奥派所定义的"理性"是安·兰德"理性"概念的基础，如安·兰德也认为，理性人的利益是不会相互矛盾的，那么怎么才能做到不相互矛盾呢？这就需要"逻辑"，而奥派正是把逻辑看作是理性的重要方面。

在安·兰德的笔下，"理性"与"理智"在很大程度上是同义词，如她所说"利己的人是通过理智的引导来选择目标的"，[3] 一个人的目标和手段都需要经过"理智"的确认。奥派（尤其是米塞斯）虽然也接受"理智"，但那只是在前述心智结构上接受理性人是理智的，并不像安·兰德那样赋予"理智"以"客观价值"的

[1] 米塞斯：《人的行为》，夏道平译，上海：上海社会科学院出版社，2015，第 18 页。

[2] 她在小说中塑造了多个理性的"理想人物"，如高尔特。

[3] 爱因·安·兰德：《新个体主义伦理观——爱因·安·兰德文选》，秦裕等译，上海：三联书店，1993 年，第 175 页。

内涵。

安·兰德认为，一个人只有他自己知道什么对他是重要的，不同的重要性是可以"排序的"，即从最重要的到次要的，然后再到更不重要的等等，这一价值排序是由理性人自己来认定的，理性的人总是首先满足他认为最主要的价值，"拒绝牺牲更高的价值而屈从于低的价值和无价值"。[1]安·兰德的这一"价值由理性人自己认定"与奥派（特别是米塞斯）经济学的"主观价值"（边际思想）是一致的，这也表明安·兰德的"客观主义"伦理观并不构成对奥派"主观主义"的否定。

安·兰德的"理性"也是对人提出的要求，为理性施加了一个人为的判断标准，即"现实"，要求人的理性去接近"现实"，不接近"现实"的则是"非理性"的。同样，假如一个人没有去追求自尊，最大的幸福，也被安·兰德认为是不理性的。安·兰德把"有助于个体自身生命的维持与幸福的增进"作为判断理性与否的"客观"标准，但由谁来判断？或者说，谁有资格来判断另一个人的行为究竟是不是有助于他生命的维持与幸福的增进呢？在奥派看来，这是一个主观的问题，只能由当事人自己决定，但安·兰德隐含了他人（比如安·兰德）可以判断，可以根据这一"客观"标准，对他人是否理性进行评价，这意味着掌握这一标准的人其实就是审判者。相比之下，虽然米塞斯也强调"人的行动都是为了减少自己的不适"，但这一假设中并没有隐含他人可以做出类似的判断。

奥派认为，人的心智是背景的或状态的，这意味着"现实"其

---

[1] 爱因·安·兰德：《新个体主义伦理观——爱因·安·兰德文选》，秦裕等译，上海：三联书店，1993年，第174页。

实不是"客观的"，而是随着个体的心智变化而变化的，"现实"很大程度上不是给定的，而是被人"无中生有"地创造出来的。但在安·兰德这里，她一方面强调人的创造性，也就是变化，但另一方面又说现实是不变的，[1] 这或许有自相矛盾的嫌疑。

哈耶克与米塞斯认为，人有共同的认知机制，这种共同的心智结构使米塞斯与哈耶克的理性概念都包含了"协调"的含义。我们知道，协调的可能性在于理解他人行为的意义（目的），共同的心智结构意味着人具有这种能力，他可以根据他人的行为调整自己的行为（即哈耶克强调的"学习"），使自己的行为与他人的行为更好地协调起来，从而实现自己的目标。人的行为具有这种"协调性"，米塞斯也认为人能够意识到这种协调的重要性。

二、 从理性到道德的两条不同路径

从演化角度，一个社会会把那些有助于人类福利增进的规则筛选出来，作为道德。那么，什么样的规则会被选出来呢？必然是那些有助于知识利用的规则，这样的规则会被视为"道德"，在这一点上，奥派与安·兰德存在差异，奥派强调的是利用他人知识的那种规则，而安·兰德强调的是利用自身知识的规则。

通常，人们视道德为对人的理性所提出的伦理要求，那么，奥派又是根据什么提出要求的呢？答案是根据是否有助于合作，其原

---

[1] 安·兰德：《理性的声音：客观主义思想文集》，万里新译，北京：新星出版社，2005 年，第 23 页。

因在于，奥派认为个体的幸福源于社会的分工合作，而不仅是个体
自身。所以，奥派主张的道德是"遵循规则"，米塞斯与哈耶克都
是"合作"视角的道德观，比如米塞斯认为"道德律的目标在于促
进人们把他们的行为调整到适于社会生活，凡是有害于和平的社会
合作之保持与人际关系之改善的行为都不做"。[1] 这意味着米塞斯
是用合作来说明道德的，这是从市场到个体的思路，而安·兰德直
接对个体的"理性"提出了要求，她认为，只要个体满足了她提出
的要求，就会有好的市场，这是从个体到市场的进路。当然，我们
认为奥派与安·兰德虽然角度不同，但结论差是不多的，两者之间
是有互补性的，因为安·兰德所强调的这种理性是有助于实现奥派
强调的协调性。

虽然米塞斯与哈耶克的"道德"都是"规则"概念，但两者还
是有区别的。哈耶克强调一般性规则，在《个人主义：真与伪》
中，哈耶克说"只要人不是无所不知和无所不能的，那么能够给个
人以自由的惟一途径就是用这样的一般性规则来界分个人得以在其
间进行决策的领域。"[2] 除了一般性规则外，哈耶克还强调了传统
和惯例，在同样一篇文章中，他说"非强制性惯例或约定也是维续
人类社会有序运行的基本要素"。[3] 米塞斯不像哈耶克那样预设一
般性规则和传统，而是对规则保持开放的态度，把是否有助于人与
人之间的相互合作作为检验规则的标准。

［1］ 米塞斯：《人的行为》，夏道平译，台北：远流出版事业股份有限公司，
1991 年，第 153 页。

［2］ 哈耶克：《个人主义与经济秩序》，邓正来译，北京：生活·读书·新知三
联书店，2003 年，第 26 页。

［3］ 哈耶克：《个人主义与经济秩序》，邓正来译，北京：生活·读书·新知三
联书店，2003 年，第 31 页。

比较奥派与安·兰德的观点，我们发现，即便我们接受安·兰德"个体自身生命的维持和幸福的增进"是一种客观价值，那么对于这种"客观价值"的实现而言，个体的最好选择除了实践安·兰德强调的"理性"外，还要接受那些有助于协调的规则，这些规则对个体生命的维持与幸福的增进是必须的，在合作中才能实现生命价值的最大化。这意味着即便从她主张的客观价值的角度来说，道德也应该是一个与协调相关的概念。

可以说，奥派与安·兰德代表了两种不同的道德观。前者是建立在对共同的心智结构有所认识的基础上的，共同的心智结构也包含了利用他人知识的可能性，利用他人的知识使这种道德满足了功利主义的要求，也即，使人"更幸福"，这种知识利用是通过遵循规则来实现的。否定规则，也意味着否定了协调的可能，从而否定了人本身。后者的道德观是建立在对个体理性能力的认识之上的，这种道德观充分肯定了个体的理性能力，与此同时，把这种能力与权利联系起来，认为道德在于发挥这种能力，个体自己不发挥或他人限制这种能力的发挥都是不道德的。

这两种不同的道德观也代表了两条不同的路径。第一路径是奥派的，从"共同的心智结构"，到协调，再到道德，这三者的关系是前者依次为后者的前提，也即，没有"共同的心智结构"就没有协调问题，没有协调问题，也就没有道德问题。可见，在奥派这里，理性与道德之间并不存在直接的联系，"理性"是需要通过协调，才能与道德建立联系的，一个人是否道德，要看他是否遵循了那些有助于协调的规则。由于协调主要借助于规则，那么道德也是由"规则"所定义的，且通过规则对人的理性提出要求。

第二条路径是安·兰德的，她直接从"理性"到"道德"，是否道德由是否理性来检验，她在理性与道德之间画上了等号。在安·兰德看来，不追求自己的幸福，不去"认识"客观的价值，不去发现事物的本质，是不理性的，也是不道德的。米塞斯不对人的理性提出如此要求，不发挥创造性不会被米塞斯视为不理性、不道德。所以，在安·兰德这里，她实际上假设协调问题已经解决了，这相当于已经不存在奥派所强调的那个"道德"问题，这不是一个容易为奥派接受的立场。

安·兰德"所认为"的理性与她"所要求"的理性是一体的，在《人类利益的冲突》一文中，她从"真实情况"、"关系"、"责任"和"努力"四个方面概括了理性人"应该"具有的特征，比如她认为理性人不会追求自相矛盾的目标，[1] 理性人应该不受奇想的控制，不受他人喜好的摆布，仅仅依靠自己的努力。[2] 理性人"不允许使长期的利益和短期的利益处于冲突或矛盾之中。他不会成为自我毁灭者，即今天所追求的目标会在明天损害其全部的价值"。[3] 她的这些论述某种程度上也是她直接从"理性"跨到"道德"的证据。

奥派：理性——协调——道德
安·兰德：理性——道德

图 9.1　从理性到道德的两条路径

---

[1] 爱因·安·兰德：《新个体主义伦理观——爱因·安·兰德文选》，秦裕等译，上海：三联书店，1993 年，第 50 页。

[2] 爱因·安·兰德：《新个体主义伦理观——爱因·安·兰德文选》，秦裕等译，上海：三联书店，1993 年，第 52 页。

[3] 爱因·安·兰德：《新个体主义伦理观——爱因·安·兰德文选》，秦裕等译，上海：三联书店，1993 年，第 51 页。

要强调的是，在上图中，虽然我们都同样地使用了"理性"一词，但奥派的"理性"是对人的假设，而安·兰德的"理性"是对人的要求，我们不能把这两种具有不同含义的"理性"概念混在一起。奥派的理性概念本身没有道德含义，而安·兰德的"理性"概念本身就包含了道德，这种道德当然也可以视为规则，但却不是奥派所强调的那种协调意义上的规则，而是道德情操意义上的自然法，比如她重视的"诚实"或"自尊"就体现了自然法，假如她的理性概念没有这层含义，那么，她"从理性直接到道德"的路径是无法成立的，其原因在于，如把这种规则抛开，那么，个体的为所欲为也会被视为"道德的"，比如希特勒、麦道夫的不道德不是因为他们不思考，不追求自我的实现，而是违背了自然法。

与奥派把理性概念放到"协调"的背景下相比，安·兰德的理性概念是针对个体而言的，是一种个体英雄主义的理性观，她要求个体深入到事物本质的思考，以及正直与诚实等，安·兰德把这种理性视为道德，但这与其说是道德，不如说是美德，因为道德是关于多人的，而美德只是关于个体的，可以说，安·兰德某种程度上并没有一个有关道德的学说。

安·兰德的理性是与制度相脱离的，这样，她就需要面对这样一个问题，即个体靠什么来保证其理性？安·兰德似乎并没有想过这个问题，她假想"理性人"清楚地知道自己的利益所在，那么现实中的人呢？安·兰德深知现实中的人是理性不及的，为此，她呼唤、求助于"人的内省"，准确地说，是对"客观实在的认识"，她说："如果人内省地辨识内心状态的正确率达到他们辨识客观实在的十分之一，我们就是理想的巨人一族了。"[1] 在安·兰德看来，理性的实现依靠理性人的"思考"（理性的运用）和对自己认定的价值的"忠诚"，[2] 换句话说，理性是个体"内求"的结果，相比安·兰德的"内省"，哈耶克的"理性"更多地是一个"学习"概念，他强调理性是习得的，是通过遵从外部的制度实现的，习得制度是对个体理性不及的弥补。哈耶克所指的"学习"也包括"无意识的模仿"，然而，在安·兰德看来，这种无意识的模仿则是非理性的体现。

如果一个人在追求自己所认定的客观价值时和其必须遵循的规则发生冲突又该怎么办？这时候，究竟是谁服从谁？安·兰德虽没有直接回答这一问题，但在她看来，前者的重要性优先于后者，至少，个体不应该为了遵从外部规则而牺牲自己的理性，也即，未经自己理智审视，"盲目地"服从规则既是非理性的，也是不道德的。这意味着，规则需要经过个体的理性评判，之后，个体可以根据其是否有助于实现"客观价值"，选择接受或不接受。

可以说，安·兰德的理性是没有"锚"的，或者说，其理性本身就是理性的判断标准，"当一个人拒绝把理性作为判断的标准，那么，对他来说，就只有另一条标准：他的感觉。"[3] 比如之前提到的"价值等级"，安·兰德认为"理性的行为准则要求人们按照

---

[1] 安·兰德：《客观主义认识论导论》，江怡等译，北京：华夏出版社，2007年，第157页。

[2] 安·兰德：《客观主义认识论导论》，江怡等译，北京：华夏出版社，2007年，第178页。

[3] 爱因·安·兰德：《新个体主义伦理观——爱因·安·兰德文选》，秦裕等译，上海：三联书店，1993年，第152页。

自己的价值等级体系来行动，别为了较小价值而牺牲较大的价值",[1] 这似乎隐含了理性个体所确定的价值等级"总是正确的"，个体自己认定的价值对他而言就如同"最高法律"一般至高无上。

这样一来，自然会引出另外的问题，即难道个体理性不需要纠正吗？个体理性所导致的社会结果都是好的吗？或者说，怎么保证一个理性人的理性行动不是破坏性的？如何防止"理性的"罪犯？如一个生活在集体专制下的人，若认为服从专制比抵抗专制更有助于自己生命的维持和幸福（客观价值），那么这究竟是理性还是非理性，究竟是善还是恶？安·兰德并没有直面这一问题。相比之下，斯密、哈耶克和罗斯巴德都给"理性"设定了一个锚，斯密的"锚"是道德情操，哈耶克的"锚"是演化形成的规则，而罗斯巴德的"锚"则是自然法则，通过这些相对稳定的规则将个体的理性行动与他人的行动协调起来，同时，这些规则也是具有伦理价值的，即只有遵从规则才是善的，如罗斯巴德就明确地认为只有遵从自然法则才是正义的。相比而言，安·兰德的"善"就是"理性"本身。安·兰德较少考虑规则问题，对此，也许可以这么解释，即安·兰德的"理性"概念是"规范性"的，理性是对"客观实在"的认识，这自然包含了对规则正当性的认识，[2] 此外，这种认识也是个体理性与否的体现。

在奥派这里，由于道德是规则概念，而规则是演化的，所以道

---

[1] 安·兰德：《自私的德性》，焦晓菊译，北京：华夏出版社，2007 年，第 37 页。

[2] 如安·兰德说，理性人知道"他人的生命和成就不是他的财产"，见安·兰德：《自私的德性》，焦晓菊译，北京：华夏出版社，2007 年，第 47 页，这句话包含了"理性人自动认识产权规则"之意。

德也是过程性的，是随着规则的变化而变化的，可以说，这是一种动态的道德观。相比之下，安·兰德用个体的客观价值（自身生命的维持和幸福的增进）来检验个体的道德，这一标准就像她笔下的"存在物"一样"客观"，具有不变性，为此，她的道德观某种程度上是静态的。

奥派与安·兰德都强调企业家精神，但上述路径的不同也表明两者有不同的角度。奥派从协调的角度来说明企业家精神的重要性，即没有企业家才能的发挥，市场协调便无法实现。安·兰德则是从"伦理"的角度说明企业家精神的重要性，把发挥企业家才能视为对个体的要求，不发挥企业家才能，不仅是不理性的，也是不道德的。另外，安·兰德虽然没有直接关注过协调问题，但她实际上"隐含地"认为只要个体发挥企业家才能，协调就得以实现，而奥派则认为企业家才能的发挥还要满足"制度"条件才能使协调得以可能。

三、 利己与利他的问题

安·兰德明确区分了利己与利他，认为利他是不理性的，也是不道德的，但利己与利他的区分隐含了他人可以对另一个人的价值计算进行判断，但这是能够做到的吗？由于价值的主观性，个体的价值计算其实是不为他人所知的，这意味着外人实际上是不知道另一个人究竟在多大程度上"牺牲"了自己的利益，也即，无法区分利己与利他。

安·兰德的理性所强调的是个体运用其理智，思考什么是自己的利益，然后去实现，因此，"利己"就是"理性"的必然推论。可见，理性的人为实现其客观价值（生命的维持、幸福等），必须思考什么才是自己的利益，然后去实现它，这用安·兰德的话说就是"自利"。如一个人认为帮助他人是他的自我利益，那么这个人也是在"利己"而非"利他"，那此人也就不成为安·兰德所批评的对象。如此一来，人们通常所说的"利他"，就既可以是"理性的"，也可以是"非理性的"，而安·兰德所批评的是非理性的"利他"，也即下文要说的"利他主义"。

根据奥派，在现实中，我们只能根据规则判断一个人的行为究竟是不是道德，道德与否只在于是否遵循那些有助于协调的规则，和利己还是利他无关，如遵循市场规则，那么利己就是帮助他人，就是在利他。所以，关键不是利己还是利他，而是有助于协调的规则的形成与遵循的问题。例如，某位企业家把自己的大部分财产捐出来做慈善，这种利他行为在安·兰德看来是非理性的，也是不道德的，但由于这种行为并不破坏协调的规则，从而也应该被视为是"道德的"。

任何人可以采取他认为最有效的手段增进自己的利益，无论是经商还是做慈善，从这个意义上说，区分利己还是利他是没有意义的。但是，有一种利他是我们必须反对的，即那种不经过自己思考的利他和被迫的利他。用安·兰德的话说，没有人可以"毫无理由地"为他人牺牲自己，这样做，就是把自己的生命价值视为低于他人的生命价值。相反，如思考后认为帮助别人是自己的利益，那么这种利他是可取的，这属于"有理由的"利他。那种被强制、被要求或被鼓动的利他，我们可以称之为"利他主义"，以区别于常说的"利他"。

即便是自愿的利他，也要看情况。比如一个不会游泳的人为了救另外一个人而下水，结果牺牲了自己，这是不可取的利他，他应该采取打求助电话，寻找救生工具等手段去施救，在正常情况下，一个人的道德情操会指引他采取恰当的行为。

我们也反对违背规则的利己，这里的规则既包括自然法，也包括演化形成的规则。经济学上说，为什么自利要以遵循规则为前提，是因为个体利益的实现很大程度上取决于他人，个体的能力很有限，他的福利的改善依赖于整个分工合作体系，即前面说的"协调"，这一分工合作体系依靠市场规则维持，而市场规则是关系每个人利益的公共产品，规则被破坏，那么所有人的利益都受损害。比如，像安·兰德，她非常强调"理性自私"，但如前所述，她是以"自然法"为预设前提的。所有以违背或破坏自然法为代价的自利都是应受谴责的。在上面的例子中，假如他对落水者袖手旁观，这种"利己"就要受谴责了，因为这种自利违背了自然法意义上的正义原则。

利己是人的天性，那种"主张利他，反对利己"的道德观否定了人的天性。道德建立在承认人都是利己这一点上。但也并非所有满足"遵循规则"这一条件的自利都是值得称道的。我们可以把自利进一步分为两个不同层面，一是不思考生命的意义，得过且过，在既有的外部约束下求得自己的利益。第二种是认真思考自己的未来，并且努力去实现它，这种自利不一定以金钱的最大化为目标，可以是各个方面的成就。这种以最充分地实现自己的生命价值为特征的自利才是值得称道的。我们也可以把前面这种自利称为"无意识的自利"，后面这种自利称为"有意识的自利"。

在遵循规则的前提下，把自己的才能充分发挥出来的自利其实就是最大的利他，如斯密也早就说这种自利比有意识地帮助他人更有效地帮助了他人。比尔·盖茨经营微软的时候，比他现在做慈善对社会的贡献更大，因为从微软产品中受益的人要远比从他慈善事业中受益的人多。另外，没有之前经营微软所积累的财富，他也没有从事慈善的本钱。

"自利"意味着个体要自己去实现自己认定的目标，不能以牺牲他人为代价实现自己的意图。假如某个人真的认为做某件事对社会很重要，那么他应该自己去提供相关的服务，而不是要求纳税人掏钱为"他们认为的重要性"买单。以他人为代价来满足自己的目标实际上是侵犯了他人的私有产权，也即背离了基本的产权规则。

四、 内部规则与外部规则

在这里，我们把规则分为"内部规则"与"外部规则"。[1] 个体通过对自然法的认识，自发地行动产生的规则为"内部规则"，相反，为了服务某些人或整体性目标而制订，并且强制他人执行的规则，称为"外部规则"。可以说，内部规则的产生经过了个体内心的审视与自我判断，而外部规则一般没有，虽然有些外部规则也是演化形成的，但因其与自然法不一致，终究是要被消除、被淘汰的。

安·兰德捍卫的"理性自私"有助于内部规则的形成和外部规

---

[1] 哈耶克也有"内部规则"与"外部规则"的区分，不过他的区分与本章的区分稍有不同。

则的消除。这源于她主张的"理性自私"不仅是认识到自己的利益（幸福），更是认识到自然法，两者是一体的，也即，幸福是遵循自然法意义上的幸福。为此，安·兰德思想的可借鉴之处或许还不在于她对理性自私的强调，而在于她强调的理性自私已经包含了自然法的思想。

对应于内部规则与外部规则，也可以把道德分为"天赋道德"与"人赋道德"，前者与内部规则对应，后者与外部规则对应，"天赋道德"是形成内部规则的源泉，而"人赋道德"更多的是当权者为了维护自己的统治，通过权力而强行推行的道德法则，是外部规则的"卫道士"。

演化形成的道德习俗要适应内部规则而变。人们经常遇到的一个困境是"被习俗所强制"，保守主义思想在这个问题上强调的是遵循习俗，这样可能背离当事人的意愿。不过，如引入内部规则与企业家精神的概念可以更好地解决这一问题，通过发挥企业家才能，说服他人，在"内部规则"上达成共识，求得理解，那么是可以做到既不伤害他人，同时也不违背自己意愿的。安·兰德的个体英雄主义的企业家，如扩展成"说服的"、"人际间"意义上的企业家，那就更能实现对个体权利的尊重。这样，传统的不良习俗也会随之而"改良"。安·兰德的理性自私思想强调个体要自主地"认识自身生命的价值"，这一思想对于消除外部规则很重要，因为外部规则之所以长久维持，一个重要因素是个体对自己可以通过遵循正当的规则获取利益没有信心。

结语

米塞斯的理性概念是对人的最一般意义的假设，同时也包含了

"人具有共同的心智结构"这一认识。根据这种理性观，道德指的是遵循有助于协调的规则，而且也只有这样的规则才是正当的。安·兰德所强调的理性是对人提出的一种要求，其中主要是"思考"，据此，不运用自己的理性就是不道德的，也即道德是一个与理性本身有关的问题，但安·兰德的理性概念也包含了自然法的思想，否则她无法说明社会为什么会存在，或不同的行为为什么能够实现协调。本章在这一理论框架中讨论了利己与利他问题，认为利他主义与不顾正当规则的利己会破坏社会的协调，因此两者都是不可取的。

通过对理性与道德关系的分析，我们指出奥派的"理性"并不直接指向道德，而是通过有助于协调的规则才和道德建立联系的。与奥派相比，安·兰德的理性是直接指向道德的，也就是说理性与道德是一体的，不理性的也是不道德的。本章的讨论对于如何深化市场经济改革是有启发意义的。我们认为市场经济有两个敌人，一个是根据奥派思想所理解的敌人，也就是罔顾那些有助于协调的正当性规则的自利，这种自利最终破坏了市场的分工与合作，从而损害了效率；二是安·兰德意义上的敌人，即不思考、盲从，不去充分发挥自己的创造性，明哲保身，苟且偷生，放弃个体的尊严，也就是她说的"不理性"，其结果是市场失去活力，产品与服务的供给减少。可见，把奥派的思想与安·兰德的思想结合起来，对于推动下一步的市场化改革来说一定是大有裨益的。

市场是协调的过程

第三篇

第十章　价格如何协调市场：干预主义的谬误

在很多经济学家，尤其是宏观经济学家看来，由于信息不完全或人的理性局限等问题，市场是经常失灵的，因此必须对市场价格进行干预。我们将指出，干预主义者的这一主张并不成立，一个重要原因在于他们对于"价格是如何协调市场的"这个问题有错误的理解。本章从剖析干预主义的隐含前提出发进行分析。

一、　干预主义的隐含前提

在瓦尔拉斯与马歇尔的均衡体系中，价格会自发地调整供求，消费者不需要知道商品的供应条件，商品的可获得性以及生产商品的成本等等，而生产商也不需要知道消费者的偏好，他们是否有可替代的消费品等等，市场参与者需要知道的只是商品的均衡价格，而市场价格就是均衡价格。众所周知，这种古典经济学的观点受到了宏观经济学的创始人凯恩斯的批评，在他的《就业、利息与货币通论》中，他着重批评的就是古典经济学"把社会总产量的需求价格和其供给价格假设为相等"的说法，[1] 指出市场价格不能自发地调节市场，使市场的总供给与总需求相等，价格机制是不可能使市场完全出清的，诸如失业等现象是不可避免的，这也是他为什么提出要干预市场价格（尤其是利率），人为地解决有效需求不足导致的失业等问题。[2] 他认为古典（新古典）经济学的"放任自由"与"自由竞争"纯粹是一个虚构的假设。

要注意的是凯恩斯并不拒绝市场经济，他并不否定价格机制能有效地利用资源，但是，他强调的是"生产出协调经济活动所需要的信息需要花费时间，成本很高"，[3] 在市场这样一个大系统中，不存在瓦尔拉斯或马歇尔理论体系中拥有完全信息的"拍卖者"，因此，仅凭价格机制本身，把所有交易者"目前的"活动与"未来的"活动协调一致是不可能的。现代新凯恩斯主义如乔治·阿克洛夫与约瑟夫·斯蒂格利茨等人也以不完全信息和不完全竞争为前提，得出了价格黏性、市场经济不稳定以及大量非自愿失业现象必然存在等论断，因此他们也主张政府干预市场。

由于信息不对称、交易成本和有限理性等原因，价格有效但不足以协调市场，这是干预主义者的一个重要结论，但是价格机制不能使市场出清，是否就一定意味着要干预价格？干预主义者给出的

---

[1] 凯恩斯：《就业、利息与货币通论》，高鸿业译：北京：商务印书馆，1999年，第 26 页。

[2] 凯恩斯实际上深受英国本国马歇尔均衡理论的影响，他对欧洲大陆的经济理论，尤其是门格尔和米塞斯等人的理论知道得并不多，他的宏观经济学是以一般均衡理论为基础的。"凯恩斯用的分析方法是马歇尔的分析方法"，Foss, N. J., *The Austrian School and Modern Economics*, Copenhagen Business School Press, 1994, p. 28.

[3] Leijonhufvud, A., *Information and Coordination: Essays in Macroeconomic Theory*, Oxford University Press, 1981, p. 7.

是肯定的答案。然而，不易被人们发现的是，"应该干预市场价格"是以一个重要的假设为前提条件的，即"人们对价格变动所做出的反应有固定的模式可循"，比如一旦价格上涨，人们都减少需求，增加供给，价格一旦下降，人们都增加需求，减少供给，人们消费或生产行为的变化与价格变化的步调完全一致。[1] 只有在这个前提下，价格干预才能实现其目的，价格干预的结果才有可能与干预主义者的预期相吻合。然而，我们要问的是，这个前提假设成立吗？下面，我们将通过"价格是内生的"，"价格对市场的协调过程是个创造性过程"这两个问题的阐述来说明干预主义的这个隐含前提不能成立，是对价格协调机制的误解。

二、　价格内生于人的行动

在干预主义者眼中，价格是外生的，可以人为地改变价格或设定一个价格，来达到某个干预目标。然而，这是对价格的严重误解。价格内生于人的行动，"价格机制并不是人之设计的产物"。[2] 我们看到每一种商品或要素都有一个市场价格，人们往往以为价格是外生于个体行为的，而实际上每一个人的买卖或生产行为，多多少少都对价格的变动产生影响，[3] 尽管就单个人来说，这种影响是非常细微的。我们可以举一个简单的例子，比如一种普通的笔，

---

　　[1]　在这点上，凯恩斯与马歇尔有惊人的一致性。

　　[2]　哈耶克：《知识在社会中的运用》，《个人主义与经济秩序》，邓正来译，北京：生活·读书·新知三联书店，2003年，第131页。

　　[3]　在资本市场中，买卖行为对价格变化的影响尤其明显。

卖价是 5 元，这个价格看似固定不变，是由厂商决定了的，但其实不然，假如买这种笔的消费者很少，意味着生产这种笔的厂商将要亏损，厂商将被迫调整笔的价格，或改进产品，可见，消费者的买或不买的决定影响了这种笔的价格。再比如这种笔很好卖，另外厂商看到了，将会与之竞争，这种笔的价格将趋于下降，可见，厂商的竞争行为影响了这种笔的价格。市场价格是无数个市场参与者行动的结果，尽管每一个参与者的影响小到难以观测，如哈耶克所说，"在确定这些价格和工资的过程当中，每一个参与市场过程的行动者所拥有的特定信息都会产生某种影响——这些具体事实的总和在整体上讲是不可能为任何科学观测者所知道的，甚或也是不可能为任何其他个人所知道的。"[1]

我们看到的市场价格，自身都包含了变动的趋势，或者说可能性，只不过这种变动有时候我们看到了，如同火山已经喷发，而更经常地，我们没有看到价格变化，如同在火山里面有涌动的岩浆，等待触发，大多数人看不到。因此，每种商品的价格，可看做是厂商与消费者行动的结果。奥派经济学家认为，即使是"利息"也是人们时间偏好（表现为行动的选择）的产物，如威克塞尔以及庞巴维克等奥派经济学家对"自然利率"与仅作为货币现象的"货币利息率"的区分。

价格内生于人的行动的一个重要表现是"价格总是反映消费者的偏好及其变化"，即"消费者主权"。这一思想最早体现在门格尔有关高级财货与低级财货的论述中，他认为这两种财货的价格都是

---

[1] 哈耶克：《知识的僭妄》，《哈耶克论文集》，邓正来选编译：北京：首都经济贸易大学出版社，2001 年，第 387 页。

受消费者需求支配的。米塞斯对这一思想的逻辑结论进行了考察，并明确提出了消费者主权的思想，在他看来，在市场中尽管企业家（生产者）直接控制生产，"他们是这条船的掌舵者、驾驶人"，但他们不是至高无上的，"船主是消费者……一个富有的人只有不断地以最有效的方式为消费者服务，才能保有他的财富"。[1] 米塞斯认为，物质生产要素的拥有者，如他要想凭借他的资产价值而兴旺发达，只有将那些资产服务于消费者，并根据消费者的偏好来使用这些资产。企业家的逐利竞争导致他们寻求用更精确的方式来预测消费者的偏好，他们总是会想尽办法，尽其所能地去满足消费者的偏好。特别地，只要人类社会的稀缺性规律不变，企业家为利润而展开的竞争就表达了消费者的主权，因为每一盎司的潜在资源都被用在了满足消费者更进一步的需求上。消费者主权将资源闲置、资源浪费的可能性降至最小。[2]

　　任何一个时刻的价格都是"非均衡"的，价格的非均衡性有两种理解，一是人们通常说的"价格不能使市场出清"，在任何时刻，供求完全相等的价格实际上是不存在的，这也是凯恩斯主义者对市场价格的基本认识，哈耶克也有同样的看法，而且他还指出在研究时"假设价格完善性"的危害，"这些调整活动很可能永远都无法达到'完善的'或'完全的'程度，尽管一些经济学家在均衡分析中认为它们是'完善的'或'完全的'。但是，我颇感担忧的是，我们所养成的那些根据几乎所有人都具有大体'完善的'或'完全

---

　　[1]　Mises. L, Von., *Human Action：A treatise on Economics*, Third Revised Edition, Fox & Wilkes San, p. 271.

　　[2]　Kirzner, I. M., *Ludwig Von Mises*, ISI Books Wilmington, Delaware 2001, p. 109.

的'知识这一假设来处理这个问题的理论研究习惯，在一定程度上会使我们无法洞见到价格机制的真正作用，而且还会致使我们在判断价格机制之效力的时候采取颇具误导性的标准"。[1] 因此，我们在研究时不能"预设"一个均衡价格（使市场充分协调的价格）。

二是价格不足以实现"人们计划的兼容"，也即哈耶克所说的"均衡"，价格不能即时地把人们计划的改变和行动的改变反映出来，或者说，价格不足以成为人们满意地实现其目标的"完全依据"，价格本身所包含的信息必然是不完全的，我们称之为"价格的非均衡性"。如哈耶克所说的，"价格预期乃至有关时价的知识仅仅是知识问题当中一个很小的方面而已。"[2] 价格信号在很大程度上可以说是个"噪音"，[3] 价格的非均衡性也意味着市场本身的协调是不完美的，哈耶克指出"均衡要么在过去不存在，要么正在被扰乱"。[4] 但是非均衡性并不是对"均衡趋势"的否定，价格的变动趋势体现了"不同社会成员所具有的知识和意图应当越来越趋于一致……人们的预期，特别是企业家的预期，将会变得越来越正确"，[5] 价格的变动使市场的协调具有动态性，它意味着消费者需求的进一步满足以及资源利用效率的进一步提高。

---

[1] 哈耶克：《知识在社会中的运用》，《个人主义与经济秩序》，邓正来译，北京：生活·读书·新知三联书店，2003年，第130页。

[2] 哈耶克：《知识在社会中的运用》，《个人主义与经济秩序》，邓正来译，北京：生活·读书·新知三联书店，2003年，第75页。

[3] Foss, N. J., *The Austrian School and Modern Economics*, Copenhagen Business School Press, 1994, p. 44.

[4] 哈耶克：《知识在社会中的运用》，《个人主义与经济秩序》，邓正来译，北京：生活·读书·新知三联书店，2003年，第75页。

[5] 哈耶克：《知识在社会中的运用》，《个人主义与经济秩序》，邓正来译，北京：生活·读书·新知三联书店，2003年，第67页。

凯恩斯等人也认为，价格的非均衡性在使用货币的经济中是不可避免的。他本人对市场价格的非均衡性有深刻的认识，按照他的观点，市场是一个协调机制，在一个使用货币的市场中，货币价格将信号传递给各个相关主体，但是由于信息不完全等原因，货币价格信号不能实现充分的协调，将导致累积性的失业。凯恩斯《就业、利息与货币通论》所表达的中心思想是"分散的市场体系容易遭受长期不稳定性的折磨，假如没有第三方的干预，市场本身不能够克服这种不稳定性"。[1] 这也是凯恩斯经济学与那些以市场能够充分协调为前提假设的（新）古典经济学的主要区别。然而，在如何处理"价格的非均衡性"问题上，凯恩斯与哈耶克等奥派经济学家产生了分歧，凯恩斯主张用"人为的协调"，如增加货币供给去干预，而哈耶克则提出了相反的观点，他认为政府干预货币的发行会使市场更不稳定，他提出的建议是让市场产生它自己的货币，完全断绝政府干预货币的可能性。[2]

三、 价格对市场的协调是一个"创造性的过程"

价格引导人们去发现迄今尚未被发现的重要知识，价格对市场

[1] Butos，W. N. ，The Hayek-Keynes macro debate，in Boettke，P. ，*The Elgar Companion to Austrian Economics*，Edward Elgar Publishing Limited，1994，p. 472 - 473.

[2] 哈耶克：《货币的非国家化》，姚中秋译，北京：新星出版社，2007 年。苏格兰长期以来实行的是自由银行体系，而其货币非常稳定，这表明哈耶克的这个洞见其实是深刻的，见 High，J. ，The market process：an Austrian view，in Boettke，P. J. and Prychitko，D. J. ，*Market Process Theories*，Vol II，Cheltenham UK，Northampton，MA，USA，1998，p. 23.

的协调过程是一个创造性的过程，这是最早由哈耶克提出的重要思想，后来由柯兹纳加以发扬。哈耶克强调，在经济理论的研究中，假设知识是完全的，或基据是不变的是没有意义的，因为一切都需要通过竞争去发现，在他 1968 年发表的《竞争是一个发现的过程》中有生动的描述，"显而易见，无论是在体育赛事或各种考试中，还是在政府的合同决标或诗歌大赛中，如果我们事先就明确知道谁会表现最佳，那么再安排竞争也就毫无意义可言了。正如本演讲的题目所表明的那样，我建议把竞争视做是发现某些事实的一种过程，因为不诉求竞争这种过程，这些事实就不会为任何人所知道，或者至少不会为人们所利用"。[1] 在这篇著名的文章中，哈耶克特别谈到"价格"在发现过程中的意义，"价格会使人们集中关注这样一个问题，即在市场提供的各种各样的物品和服务当中，何者是值得发现的"，[2] 在这篇文章中，哈耶克考察了"发现什么"（发现"有关事实的知识"），以及怎么发现（通过"竞争"发现）的这两个问题。对于后一个问题，柯兹纳后来做了深入的阐述。

价格的非均衡性（过程性）也是干预主义者干预市场的理由，而实际上，价格的意义恰在于其非均衡性（过程性）。非均衡的价格"激励"人们去发现迄今还没有被发现的机会，[3] 任何一个时

---

[1] 哈耶克著《作为一种发现过程的竞争》，《哈耶克论文集》，邓正来选编，北京：首都经济贸易大学出版社，2001 年，第442—443 页。

[2] 哈耶克著：《作为一种发现过程的竞争》，《哈耶克论文集》，邓正来选编，北京：首都经济贸易大学出版社，2001 年，第445 页。

[3] Kirzner, I. M., Price, the Communication of Knowledge, and the Discovery Process, in Littlechild, S., *Austrian Economics*, Vol II, Edward Elgar, 1990, p. 206. 哈耶克在《知识在社会中的运用》一文中提到"价格体系的基本作用乃在于激励个人在追求自身利益的同时去做一些符合一般利益的事情"，见哈耶克：《个 （转下页）

刻的价格，都体现了已有约束调节下资源的利用程度和消费者需求的满足程度，但这决不是说资源的利用已经不可以再改善（以满足消费的需求而论），企业家根据已有的价格信号，进行"想象"，并调整生产，如果起初发动变化的企业家成功了，那么其他企业家也会模仿（这也即哈耶克所说的"竞争"），这个过程必然导致价格的变化。按照柯兹纳的观点，价格在这个过程中所起的作用除了"信号"外，更重要的是"激励"，即价格的变化会激励企业家去尝试，去冒险。

我们反对干预价格的一个理由就在于，作为干预主义者的干预目标的那个价格是"外生的"，完全不同于能反映企业家判断与消费者需求的那个内生价格，外生的价格是"非竞争性的"，不可能具有与内生的价格相同的功能。任何一个"市场价格"的形成，必然是以无数的"竞争"为基础的，它体现的是市场参与者对主观知识、分散知识和情境知识的利用，而干预主义者并不是知识竞争和知识利用的当事人，这意味着干预主义者没有判断价格何为高，何为低的"正当权利"。在市场中，价格起到了"纠错"的作用，[1]由于技术和消费者需求（偏好）等随时可能发生变化，任何一个价格在某种意义上都是错的（也即上文论述的价格非均衡性），然而，尽管我们不能保证在任何一个价格水平上，消费者的需求都已经得

（接上页）人主义与经济秩序》，邓正来译，北京：生活·读书·新知三联书店，2003年，第133页。这里他所说的"做符合一般利益的事情"就相当于我们这里所说的"去发现迄今还没有被发现的机会"。

　　[1] 在一篇文章中，柯兹纳把价格对市场的调节比喻为交通信号灯对交通流量的调节，信号灯与价格一样可以根据车流量的变化进行调整，区别在于信号灯的调节是人为设置的，而价格的变化是自发的。见 Kirzner, I. M., Price, the Communication of Knowledge, and the Discovery Process, in Littlechild, S., *Austrian Economics*, Vol II, Edward Elgar, 1990, p. 194.

到了最大的满足，资源都已经充分利用（如充分就业），但是价格的自我纠正却是朝着更多地满足消费者需求和更充分地利用资源的方向前进的。[1] 干预价格的结果要么是使这一过程延误实现，或使这一过程的实现付出更大的代价。

干预主义者总是想寻找到一个"正确"价格，而上面的分析告诉我们市场中绝不存在什么"正确"的价格，任何一个价格，都在市场过程中不断地反映"变化了的消费者需求"和"企业家判断"。价格之所以能对市场起到协调的作用，恰恰在于不可能存在干预者眼中的"正确"价格，试想假如我们要求价格能准确地反映每个人计划或行动的改变，那样的价格必然是瞬息万变的。换句话说，如果要求价格完全反映人们计划或行动的改变，那也就否定了价格的存在，甚至也否定了市场本身。

任何价格都是人们在不确定条件下"试验"的产物。价格体现了人们为满足需求所做的试验的"相对代价"，如一部手机一千元，一部笔记本电脑五千元，说明为满足笔记本电脑的需求所付出的代价是满足手机需求的五倍，这与哈耶克所说的价格是知识的节约有异曲同工之妙，[2] 但我们认为价格节约的是"人类迄今已经为生产这种产品（服务）所做的各种试验所付出的代价"相关的知识，比如再尝试花一万元去生产现在只卖一千元的手机是不经济

---

[1] 哈耶克说"无以计数的人——他们的身份五花八门，即使用数个月的时间也无法调查清楚——却能够用一种更为节约的方式去使用这种原材料制成的产品。这就是说，他们会采取正确的行动"。见哈耶克：《知识在社会中的运用》，《个人主义与经济秩序》，邓正来译，北京：生活·读书·新知三联书店，2003年，第130页。

[2] 见哈耶克对锡价的论述，哈耶克：《知识在社会中的运用》，《个人主义与经济秩序》，邓正来译，北京：生活·读书·新知三联书店，2003年，第128页。

的，即再去做这样的试验已经没有意义，因此，价格为人们提供
了更经济地利用稀缺资源的重要信息。可见，虽然价格并不告诉
企业家怎么做才是正确的，但在很大程度上告诉企业家怎么做是
错误的。资源是稀缺的，所有价格实际上都是"相对价格"，价
格反映资源使用中的机会成本，只有通过市场竞争（试验），才
能知道（发现）同一种稀缺的资源是用于生产"产品甲"经济还
是用于生产"产品乙"更经济。干预主义者误认为他们知道资源
的有效用途，可以跳过市场的检验，这不仅是哈耶克所说的理性
狂妄，而且还忽视了价格的真正含义与资源的稀缺性这一不变的
事实。[1]

　　在市场中，价格的"准确性"体现在它能反映人们需求和行动
的变化，反映资源的稀缺性。但是价格的准确性不是通过绝对价
格，而是通过价格的相对变化体现出来的，对企业家来说重要的是
相对价格的高低。假如在市场中注入大量货币，利用通货膨胀方法
干预价格，那么相对价格必然会发生变化（如不同行业之间的相对
工资率），因为有的行业对货币注入敏感，有的不敏感，[2]成千上
万个相对价格的真实性必然要被扭曲。

　　干预主义者认为市场是非稳定的，如凯恩斯认为市场自身无法
避免大的波动，政府干预可以缓解市场的波动。而我们则认为一个

---

[1]　人们对凯恩斯理论的主要指责之一就是他没有考虑资本的稀缺性，他以
"资本的丰裕性"为理论前提，"凯恩斯的乌托邦是资本不再稀缺"，载 Garrison, R.
W., Keynes was a Keynesian, in *The Review of Austrian Economics*, Vol. 9, No. 1
(1996), pp. 165－171, p. 166。

[2]　相关论述可见 Horwitz, S., Price, the price level and macroeconomic
coordination: Hutt on Keynesian economics, in Boettke, P. J and Prychitko, D. J.,
Market Process Theories, Vol II, Cheltenham UK, Northampton, MA, USA, 1998.

不受干预的市场是相对稳定的，[1] 不会出现剧烈的波动，其原因一方面在于市场的参与者有共同的"有关相关事实的知识"，[2] 这种共同的知识是市场稳定的基础。另一方面，市场解决了如何获得"必要"信息的问题，如利用价格。价格是解决信息问题的有效办法，如哈耶克所强调的，价格是"不断交流知识和获得知识的途径"，[3] "正是通过价格体系的作用，劳动分工和以分立知识为基础的协调运用资源的做法才有了可能"，[4] 以及"价格是一种电信系统，把最关键的知识传递给有关人士"。[5]

四、 价格协调机制与人的行为假设

以上的论述表明，干预主义者的隐含前提"价格对市场的协调遵循某种固定的模式"是不能成立的，那么我们要进一步追问，为什么干预主义者会认为价格对市场协调有固定的模式可循？或者说，为什么我们有理由认为价格对市场的协调是一个创造性的过

---

[1] 霍普认为经济长期大幅波动的可能性几乎没有。见 Hoppe, H. H., "The Misesian Case Against Keynes," in *Dissent on Keynes*, *A Critical Appraisal of Economics*, New York, Westport, Connecticut, London, 1992.

[2] 哈耶克：《知识在社会中的运用》，《个人主义与经济秩序》，邓正来译，北京：生活·读书·新知三联书店，2003 年，第 128 页。

[3] 哈耶克：《知识在社会中的运用》，《个人主义与经济秩序》，邓正来译，北京：生活·读书·新知三联书店，2003 年，第 135 页。

[4] 哈耶克：《知识在社会中的运用》，《个人主义与经济秩序》，邓正来译，北京：生活·读书·新知三联书店，2003 年，第 132 页。

[5] 哈耶克：《知识在社会中的运用》，《个人主义与经济秩序》，邓正来译，北京：生活·读书·新知三联书店，2003 年，第 130 页。

程？我们将从有关"人的行为"的假设的角度进行剖析。

相信精英，还是相信大众？

"凯恩斯是个精英主义者"，[1] 他的假设是经济学家有足够的知识提出建议，而政府官员有足够的能力将经济学家的建议付诸实施，经济的波动可以抚平，充分就业的目标可以实现。[2] 在他看来，大众是非理性的，而且市场极易受大众"动物本能冲动"的影响，"关于结果要在许多天后才能见分晓的积极行动，我们的大作数决策很可能起源于动物的本能——一种自发的从事行动、而不是无所事事的冲动；它不是用利益的数量乘以概率后而得到的加权平均数所导致的结果……因此，如果动物的本能有所减弱而自发的乐观精神又萎靡不振，以致我们只能以数学期望值作为从事经营的根据时，那么，企业便会萎缩和衰亡——虽然对企业的前景看好和看坏的根据和以前没有什么不同之处。"[3] 而哈耶克则相反，他相信大众，关键的知识是分散在大众手中的"有关特定时空之情势的那种知识"，[4] 而不是专家的知识。按照凯恩斯的逻辑，大众动物的冲动是需要精英予以指引的，而哈耶克则相反，反对干预自发秩

［1］　Buchanana，J. M. etc.，*The Consequences of Mr Keynes*，Goron Pro-Print Co. Ltd.，p. 16.

［2］　凯恩斯在批驳哈耶克的《通向奴役之路》时指出，只要有好心的决策者，就不会滑向奴役之路。见 Hoover，K. R.，*Economics As Ideology：Keynes，Laski，Hayek and the Creation of Modern Politics*，Rowman and Littlefield Publishers，INC，2003，p. 256.

［3］　凯恩斯：《就业、利息与货币通论》，高鸿业译，北京：商务印书馆，1999年，第 165 页。

［4］　哈耶克：《知识在社会中的运用》，《个人主义与经济秩序》，邓正来译，北京：生活・读书・新知三联书店，2003 年，第 121 页。

序。凯恩斯实际上假设精英（干预者）"知道"怎么调整价格才能实现他所要实现的目标，这显然是理性的狂妄，哈耶克在他 1945 年的文章《知识在社会中的运用》中已经进行了足够充分的批驳。

"刺激－反应"的人还是"行动"的人？

人究竟是机械地对外部的变化做出反应，还是会积极地采取行动，主动应对外界的不确定性？这是干预主义者与自由主义者在个体行为假设上的重要分歧。在上面我们已经提及，凯恩斯隐含地认为，当政府干预价格时，市场中的每个人都会对价格的变化做出符合政府预期的反应，[1] 只有在这个前提假设下，他的理论体系中的"干预"才有可能在事实上成立。[2]

与"刺激－反应"的人不同，我们强调的是"行动"的人（actor），它有两层含义，一是哈耶克所说的"学习"的人，他认为市场中的个体能够"学习"，"学习和掌握各种特定工作的知识，实际上耗用了我们整个工作生涯的很大一部分时间"，[3]"学习"意味着个体能够对外界的变化做出调整，[4] 而不只是对价格等变化

---

[1] 凯恩斯强调心理反应，如他说"资本的边际效率在目前系由无法控制和不听控制的工商界的心理状态所决定"，见凯恩斯：《就业、利息与货币通论》，高鸿业译，北京：商务印书馆，1999 年，第 328 页。要指出的是，"心理反应"与这里强调的人的行动的"主观性"有重要的区别。

[2] 凯恩斯考察的是动态的问题，但他应用的却是静态的方法，"反应的人"构成他静态分析方法的重要组成部分，也成为他方法论的一个困境，即一方面他认为现实中的大众是愚笨的，但在静态方法中，他又假设每个人都能够立刻且准确地对价格信号做出反应，是绝顶聪明的，这显然是一个矛盾。

[3] 哈耶克：《知识在社会中的运用》，《个人主义与经济秩序》，邓正来译，北京：生活·读书·新知三联书店，2003 年，第 121 页。

[4] 与弗里德曼的"适应性调整"有类似之处，但弗里德曼的理性人假设与这里描述的理性人不一样。

做机械的反应，"商品和服务的持续流动之所以得以维持，实在是因为下述情势所致：第一，人们持续不断地进行着精心的调整；第二，人们每天都在根据前一天所不知道的情势做出新的安排"。[1]哈耶克的"学习人"是建立在对人的"无知性"的认识之上的（"无知"意味着需要"学习"），而干预主义者的"精英意识"否定了人的"无知性"。在新凯恩斯主义者（如乔治·阿克洛夫与约瑟夫·斯蒂格利茨等人）的理论中，假设理性人没有完全的信息，与我们这里所说的"无知"似乎有相似之处，但是一个关键的区别是在他们的理论中，假设"完全的信息是已经在那儿的"，只不过由于搜寻成本很高或其他原因导致市场主体没有完全获得它。[2]而在哈耶克的"无知"理论中，"知识是需要被创造出来的"。

二是米塞斯与柯兹纳强调的是"企业家"意义上的行动人。米塞斯的代表作《人的行动》第一章的题目就是《行动人》（Acting Man），米塞斯强调，人最基本的行为特征是"有目的"，在不确定的环境下，人的目的性表现为"企业家才能"。米塞斯认为普通人，即使是劳工，也具有企业家才能，都可以根据环境或预期的变化调整自己的行动，而不仅仅是对环境的变化做机械的反应，"在任何实际的生动的经济里面，每个行动者总是一个企业家和投机者……资本家、地主和劳工，必定是投机者……经济学把下列的这些人都叫做企业家：特别热衷于调整生产适应于预期的变化，以谋取利润

[1] 哈耶克：《知识在社会中的运用》，《个人主义与经济秩序》，邓正来译，北京：生活·读书·新知三联书店，2003年，第124页。
[2] Boettke, P. J., "Information and Knowledge: Austrian Economics in Search of its Uniqueness," in *The Review of Austrian Economics*, 15：4, 2002, pp. 263-274.

的人……"。[1]

"行动"的人在追求自己目标的过程中自发地调整市场价格，产生新产品和新的信息，使市场产生动态的协调。如政府干预了市场价格，人的行动就会被扭曲，使需求不能得到更好的满足。不可否认，在市场中不同主体的企业家才能有很大的差别，有少数人企业家才能很强，他们属于米塞斯所说的"促进者"（promoter），多数人只具有一般意义上的企业家才能，表面上这种差别类似于干预主义所说的"精英"与"大众"的差别。但是要指出的是，市场中的促进者的"行动"与干预价格的精英的"行动"有根本的区别，一是"促进者"受消费者主权的支配，总是以消费者的需求作为行动的指向，以满足消费者需求来获取最大利润为其行动目标的，而"精英"却不是这样，他们对市场价格的干预往往是为了达到某个宏观目标，并且他们不会考虑由此造成的扭曲；[2]二是"促进者"会随时调整自己的行动，这样，市场价格就具有了随时变化的可能性（价格的"灵活性"），使市场具有自发调整的特征，但是"精英"设定的干预价格往往是僵化的，不具有自我调适的灵活性。[3]

---

[1] 米塞斯：《人的行为》，夏道平译，台北：远流出版事业股份有限公司，1991年，第346—348页。

[2] 干预者和市场中的企业家都是"自利"的，但如斯密"看不见的手"所揭示的，企业家的"自利"会促进公共利益，而干预者的"自利"则不能。因为这两种"自利"对应两种完全不同的行为，即干预者的行为不响应市场价格信号，不受盈亏约束，并且使用他人的财富来实现自己的目标，而企业家则相反。

[3] 也许人们会说市场中的"垄断价格"是僵化的，然而实际上这是对垄断价格的误解，"垄断价格"也包含了随时变化的可能性，如米塞斯所说，"垄断者也是时时刻刻地在为争取消费者的货币而（和其他产业的生产者）进行积极的'企业家竞争'……在米塞斯看来，垄断价格在市场经济中一般是不会出现的。假如真的出现了垄断价格，这就意味着资源的垄断所有者竟然做到了对消费者的偏（转下页）

"凯恩斯试图把石头变成面包",[1] 米塞斯的讥讽生动地表明,通过人为地多增发货币等手段是不可能把财富创造出来的,简单地刺激经济必然要付出沉重的代价,创造财富的是企业家而不是"干预主义者",用政府干预的办法解决有效需求不足问题从长久看是得不偿失的。[2] 实际上斯密早就提出了类似的观点,在《道德情感论》中,斯密把人类社会比作为棋盘,他说:"在人类这个大棋盘上每一个棋子都有其自己的动力。它完全不同于立法机关可能选来按在它身上的那个动力。如果这两个动力相一致,向同一个方向行动,人类社会这盘棋就能自由自在地和谐走下去,而且很可能是幸福而圆满。如果两者相互对立或者方向不同,这盘棋就将是悲惨的,而且社会必然永远处于高度混乱之中。"[3] 斯密这段话肯定了市场有其自身的规律,政府行为(如制定规则)要顺应市场自身规律的要求。

科斯、威廉姆森和德姆塞茨等人提出的交易费用理论也表明市场有解决自己问题的可能性。只要有明晰界定的产权,在价格机制的作用下,人们会自己找到降低交易费用的办法,如选择"纵向一体化的企业"或"市场合约"。政府要充分尊重市场自发形成的规则与制度,在市场中,起协调作用的不仅仅是"价格",还包括各

(接上页)好置之不理。"见 Kirzner, I. M., *Ludwig Von Mises*, ISI Books Wilmington, Delaware 2001, p. 107 - 111。

　　[1] Mises, L. V., *Stones into Bread*: *The Keynesian Miracle*, Plain Talk, March 1948.

　　[2] 实际上,我们认为需求的"足"还是"不足"是一个伪概念,因为并不存在判断"足"还是"不足"的标准(及程度),说需求"不足"意味着强加了一个人为的标准,用这个人为的标准来衡量现实情况。

　　[3] 亚当·斯密:《道德情感论》,谢祖钧译,西安:陕西人民出版社,2006年,第 283 页。

种规则制度，价格与规则制度所起的协调作用在很大程度上是互补的。人类自发形成的规则是人类行动长期试验的产物，其市场协调功能是被经验所证明了的。

人们通常都会认识到政府直接干预价格的危害，这一点经济学教科书已经讲得很清楚了，但是，对于政府干预"人的行动"（如交易双方的契约行动）所可能产生的危害却没有足够的重视，这是因为他们没有意识到价格是建立在人们行动之上的，更准确地说，对市场起到协调作用的价格是建立在非强制的行动之上的。如果人们的行动受外界人为因素的干扰，价格必然不能准确地反映人们的需求和资源的稀缺性，价格的资源配置功能也会被扭曲。

结语

市场中的人是"行动"的人，价格内生于人的行动，价格对市场的协调是通过"人的行动"实现的。干预主义者没有看到这一点，他们隐含地认为市场中的人只对价格信号做出"刺激－反应"，价格对市场的协调遵循某种固定的模式。

价格对市场的协调是一个不断变化的创造性过程，市场中并不存在什么"最优状态"。然而，凯恩斯却人为地预设了一个某种"最优状态"，如"充分就业"。在这点上，凯恩斯与他所批驳的（新）古典经济学家没有什么两样。价格对"市场"的协调，实际上就是对"人的行动"的协调。然而，干预主义者没有看到这一点，或者说，他们对人的行为做了不切实际的假设，因此他们也就曲解了价格的真实功能。在凯恩斯的"总和分析法"中，他把人的行动抽象掉了，如他把不同消费者的不同需求都简化为 C，把不同种类的劳动都简化为 N，把复杂的资本结构简化为单一的债券市场等等，做了这样的高度简化之后，市场就成了可以简单地通过货币存量的调整而加以调整的"机械"。[1] 凯恩斯考察的是现实问题，但是他应用的却是非现实的（均衡）方法。我们并不否定凯恩斯理论的某些价值，比如对于短期中由于心理因素，如"羊群效应"等造成的价格波动问题，凯恩斯的理论或许比奥派的理论更有解释力，但这种价格的波动也是内生于人的行动，是市场自发产生的，不能成为政府干预市场的理由。

---

[1] 有关哈耶克对凯恩斯分析方法的批评可见 Foss，N. J.，*The Austrian School and Modern Economics*，Copenhagen Business School Press，1994，p. 34.

第十一章　协调视角下的"无政资"*

　　罗斯巴德是奥派的代表人物之一，也是最有争议的奥派经济学家。他认为自己是米塞斯的学生，也是米塞斯建立的"行动学"的接受者，但他在政治哲学上是支持"无政资"的，而米塞斯与哈耶克是支持"小政府"的。下面将从方法论角度入手说明产生这种分歧的原因。

一、门格尔＋极端先验

　　笔者认为，罗斯巴德接受了米塞斯体系中"比较门格尔"的那一部分，或者说，罗斯巴德更接近门格尔，而不是米塞斯。米塞斯的重要方法论"先验"是"包含行动人的先验"，而罗斯巴德的先验方法是一种"没有行动人"的"先验"。行动人思想（企业家精神）在米塞斯的先验体系中占有重要地位，而在罗斯巴德的体系中只是辅助性的。行动人引申出"协调"的思想。行动人为达到目

　　* 本章的内容首发于《学术界》，2019 年第 2 期。

标，需要进行经济计算，需要利用价格，这一信号是市场提供给他的。社会主义经济计算大辩论体现了米塞斯的"协调"思想。但罗斯巴德的理论并没有充分体现出他对"行动人"和"协调"思想的重视，比如"经济计算"这一主题在《人，经济与国家》中没有专门的阐述。米塞斯的"先验"其实不是那么极端，[1]一个理由是米塞斯的"先验"指向功利主义，而罗斯巴德的"先验"与自然法联系在一起，后者自然显得比较极端。

除了在经济学方面，罗斯巴德在政治哲学方面也采取了"先验"方法，即他直接从公理出发进行推理，认为公理是先验为真，不可证伪的。但一个问题是，我们怎么才能获知这些公理？罗斯巴德认为"这个问题浪费时间，因为公理本身是不证自明的"，[2]然而，"不证自明"并不代表人们就能够"自动"地获知公理，换句话说，获知公理需要"学习"，而这是一个"经验"的过程。罗斯巴德的极端先验，也体现在罗斯巴德往往用一些虚构的情景来论证自己的观点，比如用荒岛上的鲁滨逊如何如何，以及险境求生等作为例子来说明。[3]他忽视了在真实世界中，真实的人们（企业家）会通过行动来确定规则，界定产权。或者说，罗斯巴德没有考虑到

---

　　［1］伊斯雷尔·科兹纳：《米塞斯评传》，朱海就译，海口：海南出版社，2018年，第83页。

　　［2］Murray N. Rothbard., In defence of Extreme of "Extreme Apriorism", *Southern of Economic Journal*（January，1957），pp. 314 - 320，317.

　　［3］穆瑞·罗斯巴德：《自由的伦理》，吕炳斌等译，梁捷审订，上海：复旦大学出版社，2011年，第208页。这也是一些哲学或伦理学常用的方法，其中一个经常被人引用的例子是，一辆火车经过铁轨岔路口，司机发现一边的铁轨上有自己的一个孩子，另外一边的铁轨上有他人的三个孩子，这时火车司机应该如何选择？还有哲学上所谓的"洞穴奇案"。这些虚构没有考虑到真实世界中企业家具有解决问题的能力以及相关的演化形成的规则。经济学并不是关于这种虚构世界的科学，经济学逻辑不是有关虚拟世界的逻辑，这些例子的使用也体现经济学与哲学的区别。

行动人（企业家）会建立相关的规则去处理那些"困境"，并且这些处理"困境"的手段（制度）是不断在演化中的。

米塞斯的先验是行动学意义上的先验，是更接近真实人的，比如认识到人的"理性行为"需要价格与私有产权，它可以包容哈耶克的"无知"和"演化"，而在笔者看来，罗斯巴德的先验是"笛卡尔式的"，"亦即一种依据少数几个显而易见且毋庸置疑的前提进行演绎而达致真理的心智能力"。[1]

阅读罗斯巴德的《人，经济与国家》不难发现，这一经济学本身是没有"知识"、"不确定性"等问题的，属于均衡经济学。而这种经济学是哈耶克 1937 年就脱离了的。哈耶克 1937 年之后，从传统意义上的经济学走向政治哲学，这中间一个很大的因素是哈耶克认识到传统经济学是均衡的抽象世界的经济学，没有"知识"、"不确定"等因素，而对于政治哲学问题来说，是必须考虑这些因素的。相反，罗斯巴德在从经济学到政治哲学的过程中没有把这些因素考虑在内，他的"无政资"思想某种程度上是"均衡世界"的政治哲学："有政府"不符合他"无强制"的理想世界。[2]

在方法论上，米塞斯是"先验方法＋功利主义"，而罗斯巴德是"先验方法＋自然法"，那么罗斯巴德为何钟情"自然法"？这与他认为经济学不能提供价值判断有关。

---

[1] 哈耶克：《哈耶克论文集》，邓正来选编译，北京：首都经济贸易大学出版社，2001 年，第 204 页。

[2] 这类似新古典经济学中用均衡去对照真实市场，得出"市场失灵"的结论一样。

二、 经济学与价值中立

在米塞斯的行动学中，理性是"有目的的"之意。那么"人有目的"意味着什么？一是最大化，对应于目的-手段，二是不同"目的"的协调。米塞斯意识到人要达到自己的目的，需要市场价格信号，也就是说，他把理性放到协调背景下讨论，如没有无数人互动产生的价格，个体无法"理性地"行动。相比之下，罗斯巴德没有充分意识到"理性"的这第二层含义。[1]

在这一"目的-手段"框架下，经济学是价值中立的，即不考虑目标是否合理，只考虑手段在多大程度上能够实现目标。罗斯巴德在这个"目的—手段"框架下思考经济学，认为经济学不能为价值判断提供依据，必须借助于"自然法"才能给出评判。

"目的—手段"框架适用于"一人世界的经济学"，但真实世界是"多人的"。多人世界的问题不是"目的—手段"问题，而是不同目标之间的协调和兼容问题。[2] 在多人世界的框架下，经济学不是价值中立的，因为很显然，"那些有助于协调的手段才是好的"，而经济学可以对那些手段是否有助于协调做出判断。通过基于"协调"思想的"功利主义"方法，米塞斯成功地从一人世界切换到多人世界。实际上，斯密的"看不见的手"和哈耶克的"有意识的行为产生无意识的结果"都是指涉"多人世界的经济学"。

---

[1] 罗斯巴德缺少"协调"的思想，一个重要原因是或许他认为凭借自然法就可以实现协调。

[2] 关于"一人世界的经济学"与"多人世界的经济学"，可参考黄春兴：《当代政治经济学》，杭州：浙江大学出版社，2015年，第29—36页。

罗斯巴德用"目的-手段"的分析框架考察多人世界。他举一个例子，说我们不能说政府的干预政策是"坏"的，因为政府可能本身就是打算让经济萧条，因此只能从自然法角度去说明这种行为是不正当的。而从功利主义角度，由于干预破坏社会合作，从而可以认定它是"坏的"。可见，经济学既是价值中立的，又不是价值中立的，要看你从哪个角度定义经济学。如科兹纳指出，"米塞斯与价值中立，矛盾只是表面的"，[1] 而罗斯巴德则把表面的矛盾视为真实矛盾。

三、"本能的"理性与"习得的"理性

米塞斯从协调视角，把国家视为人们为了合作的需要而构建的制度。或者说，国家这种制度是"理性"的产物。但不同国家的国民会有不同的理性，这也决定国家规模和性质的不同。比如，在有的国家，人们把建立"最小意义上的政府"视为"合理的"，而在另外一些国家，它们的国民完全可能把建立强权政府视为必要。这是为什么人们需要经济学，或经济学为什么重要的原因——经济学告诉人们什么样的制度对他们是有利的，或建立什么样的制度（国家）对他们来说才是"理性的"。制度（政府）的演化是人们观念（对什么是"理性"的认识）变化的结果。在这里，我们发现米塞斯的"理性"概念有一个转换，即从"有目的"意义上的理性转

---

[1] 伊斯雷尔·科兹纳：《米塞斯评传》，朱海就译，海口：海南出版社，2018年，第84页。

化为"规范"意义上的理性。

我们可以进一步区分"本能的"理性和"习得的"理性。本能的理性纯粹以满足自身欲望为目的，不考虑使社会协调得以可能的制度，这种理性也是"原始的"理性。使一个社会变好的，不是本能意义上的理性（约束条件下的最大化），而是习得的（养成的）理性。[1] 它们的区别在于，虽然习得的理性也肯定个体是追求"自利"的，但强调个体通过学习才知道什么样的规则对自己是有利的。从习得的理性看，一些追求自身利益最大化的行为往往是"不理性的"，因为它不能使自己的利益得到长期稳定的改善。这种理性往往是野蛮的，因为它会破坏那些有助于协调的规则，或使之不能生成，它是一个社会陷入持续的周而复始的动荡的根本原因之一。另外，也可以说，本能的理性对应于原始的市场经济，而习得的理性则对应于现代市场经济。

罗斯巴德所谈的"理性"强调"人有认识自然法"的能力，他对"人具有运用理性去认识自然法的能力"非常有信心。某种程度上，罗斯巴德的理论和科斯经济学有某种相似之处，区别在于后者基于"社会成本"，前者基于"自然权利的逻辑"。罗斯巴德对理性的这种能力非常有信心，认为人可以利用理性探索发现的自然法重塑"实在法"，他批评有的自由主义者"无法理解理性的自然法的结构，也因此不能将之作为塑造或者重塑现实存在的实在法的标

---

[1] 在中国，这种"习得的理性"还是很"匮乏"的，可以举个例子。笔者注意到在中国的高校，假如某个老师申请到国家项目的资助，其他老师都会"纷纷"表示祝贺，这种"祝贺"不是因为申请人已经取得了什么学术成就，而是因为他将得到一笔"资金"。把什么视为值得祝贺的事，体现一个社会的价值观是什么。

杆"。[1]

相比之下，哈耶克强调"理性不及"，但我们说，理性不及的人也是理性的。从"不能把握规则的形成等知识"角度来说，米塞斯语境下的理性人也是"理性不足的"，但"理解"那些有助于协调的规则——行动学揭示的原理或哈耶克说的一般性规则——是没有困难的。不同于米塞斯与哈耶克，罗斯巴德让个体"理性"扮演"法官"的角色，认为可以运用自然法，"从根本上对事实上国家推行的'实在法'进行了批判"。[2] 我们认为，正如哈耶克所说，"理性不是法官而是一种工具"，[3] 人的理性没有对不同规则进行裁决的能力，理性本身是制度的产物。人是因为遵循了规则才有了理性。规则如何形成超出理性所能理解的范围。不难发现，哈耶克比较"经验"，他强调一般性规则，但认为不能直接拿这些规则去检验具体的规则，承认演化形成的规则有其内在的合理性。

我们认为，个体运用理性，使用自然法（自然权利）去裁决只适用于明显地违背自然法的情境，比如政府的独裁统治和垄断，但对于其他一些为解决特定问题而设的人为规则并不适用，比如知识产权法是解决产权保护问题的一种手段，是实现协调的必要建构，但罗斯巴德从"自然法"出发，也予以反对，这说明罗斯巴德没有对这两种不同的情景加以区分。概而言之，对"无政资"的强调不应该扩展到对那些有助于协调的具体规则的否定。

---

[1] 穆瑞·罗斯巴德：《自由的伦理》，吕炳斌等译，梁捷审订，上海：复旦大学出版社，2011年，第61页。

[2] 穆瑞·罗斯巴德：《自由的伦理》，吕炳斌等译，梁捷审订，上海：复旦大学出版社，2011年，第60页。

[3] 哈耶克：《哈耶克论文集》，邓正来选编译，北京：首都经济贸易大学出版社，2001年，第208页。

四、 自然法与自然权利

　　一般认为"自然法"是根植于人的本性中的法则，是永恒之法，超越于人为制定的规则。笔者赞同自然法源于"人的本质"，认为自然法的概念可以扩展到包括以下这三个方面：一是内心的上帝之法，内心中良知的声音；[1] 二是没有制度性强制意义上的自然法；三是经济学揭示的原理，我们也把它视为自然法，如私有产权和协作原理等。[2] 赞同自然法是"探寻人的本质"的结果。在这三种自然法中，第一种自然法是西方和东方都认识到的，但第二种和第三种可以视为启蒙运动的产物，尤其是以"理性"为基础的经济学的产物。与西方相比，在东方，"自然法思想"的演变没有经历启蒙运动，长期停留于第一种自然法。[3]

　　米塞斯本人不赞同自然法，但他反对的是那种"与人的理性无关"意义上的自然法，和我们这里说的自然法是有区别的。比如米塞斯说"'自然'不知道什么叫做对错，'你不可以杀人'确不是自然法的成分。自然状态的特征是动物与动物间的杀斗……对错的观

---

　　[1] 此句的英文为"voice of conscience within us"，见 Dylan Pahman，*Foundations of A Free and Virtuous Society*，Acton Institute，2017，p. 39。内心中良知的声音也即康德所说的"心中的道德律"。

　　[2] 道德法则与经济学揭示出来的法则是统一的。基督教倡导的个人主义原则也为经济学所支持。

　　[3] 即便是对第一种类型的自然法而言，东西方也是有区别的，这里不展开论述。

念是人类的设计，是为使分工合作成为可能的设计的一个功效概念。"[1]

虽然这些法则是"与生俱来"的，但要让上述三种法则发挥作用，需要个体去认识到遵循这些规则对他们有利（理性），这是一个"习得"的过程。这三个方面的自然法是使社会得以协调，甚至也可以说是使一个社会得以存在的条件。如自然法越是得到充分遵循，则越有可能出现有助于协调的具体规则，社会就运行得越好。在这些有助于协调的具体规则中，其中一个重要方面是"政府"本身。[2] 也就是说，假如自然法没有得到遵循，那么就会出现"坏政府"。或者说，"好政府"是遵循这些自然法的产物，它本身也是服务于自然法，促进自然法的遵循，相反，坏的政府则是破坏自然法的。

罗斯巴德把自然法和自然权利联系起来，把自然权利视为"自然法的分支"，[3] 他引用美国学者弗朗西斯·利伯的话"自然的法或者自然法……就是权利的总称，是从人的本质中推导出来的"。[4] 他的自然权利观以洛克的"原始占有"思想为基础，再加上"自我所有权"和"自愿"等。

但除了这种"自然权利观"之外，还有一种"自然权利观"是把"人拥有发挥创造性才能"视为自然权利。这两种自然权利观有

[1] 米塞斯：《人的行为》，夏道平译，上海：上海社会科学院出版社，2015年，第666页。

[2] 如下文将要指出的，我们是从"功能"意义上说"政府"。

[3] 穆瑞·罗斯巴德：《自由的伦理》，吕炳斌等译，梁捷审订，上海：复旦大学出版社，2011年，第67页。

[4] 穆瑞·罗斯巴德：《自由的伦理》，吕炳斌等译，梁捷审订，上海：复旦大学出版社，2011年，第67页。

联系，因为发挥创造性才能意味着个体占有其创造性行动的成果，但还是有区别的，后者从"人的行动"出发，强调创造性才能不应受强制和限制，这种和企业家精神联系在一起的自然权利观更为动态。

相比之下，罗斯巴德侧重从"物"的层面讨论"自然权利"，认为财产权主要是"物"的产权。一个例子是他否定知识产权，其理由是"拷贝"没有对"物"进行转移，所以没有对拥有者构成损害。另外，他把"私有产权"理解为财产界定到个人或产权边界明晰，而在我们看来，私有产权的含义是一组规范个体行为的规则。比如他举过一个例子，说马路因为是公共的，财产权利界定不明确，所以出现"人们在马路上游行，警察该不该制止的纠纷"。实际上，当人们的行为基于自愿基础上形成的规则，并且不损害他人时就意味着"私有"，或者说"公共"与"私有"并不是对立的。实际上，把"充分地发挥自己的创造性"视为更为重要的自然权利，其意义在于，只有这样才能使更有利于协调的规则得以产生。这也是一种更为动态的"自然权利"观，相比之下，罗斯巴德"自然权利"观是相对静态的。

另外，某种程度上罗斯巴德把自然法等同于自然权利，但我们认为两者有区别。自然法是被个体以"理解"的方式而得到使用的，理解自然法是一个过程，人们在理解的基础上运用自然法，推动了具体规则的演化形成。原始占有和自愿等"自然权利"是抽象的，在现实中这些权利要通过演化形成的规则去体现。比如，没有具体规则，什么叫"保护自己的人身和财产免受侵犯"是说不清楚的。当然，这些具体规则本身要符合自然法，用斯密的话说，这些规则"要有意符合自然的正义规则"。[1]

五、"无政资"问题

"无政资"的问题是政治哲学问题。经济学与政治哲学之间有一个很大的区别，经济学是对真实世界的抽象建构，是头脑中的思想试验，无论新古典还是奥派经济学，都有这个特征，而政治哲学关于真实世界应该如何，是规范意义上的。关于经济学与政治哲学之间的关联问题，笔者认为米塞斯和哈耶克分别通过行动人（及功利主义）和"知识问题"建立起从经济学到政治哲学的关联，而罗斯巴德则是试图直接从经济学跨到政治哲学，他直接把经济学（的先验方法）应用到政治哲学。笔者认为这是导致罗斯巴德在政治哲学上与米塞斯、哈耶克产生分歧的重要原因。

众所周知，罗斯巴德是"无政资"的捍卫者，他从"自然权利"角度认识国家，认为国家是外在的、强制性的，"国家是一个反社会的工具，它使自由交换、个人创造、劳动分工全部失稳破坏"。[2] 相比之下，哈耶克很大程度上把国家视为演化的产物，是演化形成的法律的体现。这种"规范"意义上的国家在哈耶克的语境中并不违背自然法。米塞斯则认为国家是"协调"社会必不可少的手段，是"理性"的建构。应该说，米塞斯的"功利主义"视角

---

[1] 亚当·斯密：《道德情操论》，谢宗林译，北京：中央编译出版社，2011年，第436页。

[2] 穆瑞·罗斯巴德：《自由的伦理》，吕炳斌等译，梁捷审订，上海：复旦大学出版社，2011年，第248页。

某种程度上兼容了哈耶克：按照米塞斯的观点，国家的演化不是盲目的，虽然不是某些人的理性建构的产物，但却是大部分国民的理性的产物。

罗斯巴德没有区分两种不同的"强制"：执行正当规则所需要的强制和执行没有正当规则为基础的强制。具有协调功能的政府扮演前面这种角色，而破坏协调的政府扮演后面这种角色。假如罗斯巴德仅仅是反对第二种类型的政府，那是没问题的，但他没有对这两种不同类型的政府加以区分，比如他直接从"自然权利"中推出"政府"都是强盗，"一个制度化犯罪和侵权的大型机器"，[1]这是有问题的。罗斯巴德认为任何自愿的强制都是"不可能"的，[2]但在米塞斯与哈耶克的体系下，自愿的强制是可能的，只要大家都"理性"（接受正确的经济学教导）地认识到这种强制对他们都是有利的。当然，执行这种强制功能的是第一种类型的"政府"。

罗斯巴德也批评哈耶克"非意图的结果"这个观点，他说："如果行为大体上都不是有意的，那就意味着政府就像托普西那样生长，没有个人和组织想到这种生长带来的邪恶后果。哈耶克的理论掩盖了权贵精英从政府寻求和占有特权的自利行为，因此推动政府持续生长。"[3]要指出的是，哈耶克并不认为"非意图"就等同于放弃对原则的坚持，比如为"权贵精英从政府寻求和占有特权的

---

[1] Justin Raimondo, *A Enemy of the State: The Life of Murray N. Rothbard*, Prometheus Books, 2000, p. 250.

[2] Murray N. Rothbard," Toward a Reconstruction of Utility and Welfare Economics", in Mary Sennholz (ed.), *On Freedom and Free Enterprise*, Princeton: D Van Nostrand, Ch. XⅧ, 1956, pp. 224 – 262.

[3] Justin Raimondo, *A Enemy of the State: The Life of Murray N. Rothbard*, Prometheus Books, 2000, p. 269.

自利行为"辩护。哈耶克反复强调，遵循原则是产生良好的"非意图的结果"的前提，而罗斯巴德则误认为承认非意图的结果等于接受所有的结果。也就是说，在原则层面，其实是"有意图的"，在原则之下的层面，才适用于"非意图的"。

在政府问题上，一个困境在于"协调"需要政府（比如保护产权，解决纠纷），但政府也抑制了协调。我们知道市场价格是更为有效的协调机制，而政府是不借助于市场价格机制的：政府一方面通过税收获得收入，另一方面政府所做的"分配"也是无需借助于价格机制的。另外，政府的规模也不接受市场调节，当市场不需要那么多的政府服务时，政府不会对市场的这一需求做出反应。相反，一般来说政府总是会不断地利用自己的权力实现自我扩张，这也是很多人反对"小政府"的理由，[1] 如西班牙经济学家德索托就认为政府只要存在，就一定会不断膨胀。

这一困境或许可以通过一个"融合"来解决：将米塞斯与哈耶克"小政府"的观点往前推进一步，将罗斯巴德"无政府"的观点往后退一步。也即不预先设定政府必不可少，也不认为去除政府就万事大吉，而是把政府放置在"协调"之下思考，承认政府具有协调功能，但这种功能不应该被政府垄断，而是竞争和开放的。显然，这里说的"融合"是指"理论上"的融合，而不是不同制度在现实中的融合。

---

[1] 比如罗斯巴德本人就说道，"我意识到自由放任的立场自相矛盾，我要么继续走向无政府主义，要么成为一个国家主义者。毋庸置疑，对我来说，只有一个选择，那就是走向无政府主义。"见 Justin Raimondo, *A Enemy of the State：The Life of Murray N. Rothbard*，Prometheus Books，2000，p. 47。包括米塞斯在内的一些经济学家都认为，处于自由市场和国家主义之间的"中间状态"是"不稳定的"。

　　换句话说，我们既不赞同古典自由主义"小政府"的观点，因为这种观点事先就把小政府视为目标，剩下的就是如何约束政府的问题；同样也不赞同罗斯巴德"非此即彼"的"无政资"观，好像取消了政府就会出现良好秩序。我们认为仅仅取消（施加不正当强制的）政府还不够，还需要个体去认识上述三个层面的自然法，并付诸行动去实践。"无政府"可以视为一个演化的过程，这一过程建立在"人有发挥企业家才能"这一"自然权利"得到保障之上，如前所述，这一自然权利和罗斯巴德所说的"自然权利"是不同的。

　　罗斯巴德从自然法（逻辑）的角度批评政府干预，比如各种管制、垄断和法币等，这是非常精彩的。但在理论上不能从"批评干预"直接跨到"消除政府"。消除政府不等于拥有美好社会。重要的不是有没有政府的问题，而是改善协调的问题。或者说，我们反对的是对协调的破坏，而不是政府本身。我们要区分促进协调的政府（执行正当的规则），和破坏协调的政府（如干预了市场）。政府可能承担部分协调的功能，这部分"功能"不应该反对，当然，破坏协调的功能要予以反对。但即便对这部分协调功能来说，有没有可能被更有效率的机构取代？我们不能事先给出答案。这要交由开放社会来决定。开放社会的一个重要方面是政府不应该是垄断性的，要允许其他机构与之竞争，用前面的话说，就是允许并保护个体创造性才能的发挥。实际上也只有社会的成长，政府的职能才能变小，最终实现罗斯巴德"无政资"的目标。

　　罗斯巴德从"否定"角度批评政府"不正当的"强制是相当有力的。他提出的原则，如允许退出国家（"分离原则"）和自己组建国家对推动自由是极有价值的。罗斯巴德和哈耶克的互补性在于，只有首先去除政府施加的不正当强制，那么个体利用自己的知识，具体规则的演进才具有可能性。要说明的是，要区分破坏自然法的政府和那种符合自然法要求、只是破坏某些具体规则的政府。当谈到反对政府时，要区分反对的是前者还是后者，如是后者，那就不能把"政府"作为整体来反对，但罗斯巴德似乎没有对此加以区分。

这样，我们就区分了两种不同的"无政资"观。一种是罗斯巴德的"无政资"观，以他的"自然权利"思想为基础；另一种是以"协调"思想为基础的"无政资"观，并把发挥企业家才能视为协调的实现条件，它结合了自然法思想、米塞斯的"行动人"思想和哈耶克的演化思想。

结语

罗斯巴德接受了米塞斯的先验主义，但没有接受功利主义，也没有接受哈耶克的自发秩序，某种程度上也没有接受方法论个人主义。他接受了门格尔的静态主观主义，但没有接受由米塞斯发展起来，强调行动人或企业家的动态主观主义。罗斯巴德的经济学由门格尔的主观主义与米塞斯的先验方法构成，而他的政治哲学的基础是洛克的自然权利和托马斯的自然法思想。

笔者认为罗斯巴德在"应用经济学原理"方面远比他的政治哲学更成功，如他应用奥派周期理论重新解释了"美国大萧条"就是成功的例子。但在政治哲学方面，他的"无政资"思想虽然弥足珍贵，但还是需要把它与米塞斯的行动学思想及哈耶克的自发秩序理论结合起来思考，否则容易被误导。罗斯巴德强调消除政府，而哈耶克强调自发秩序，两者并不冲突。当我们把"无政资"放在"协调"（或秩序）背景下讨论时，就会发现重要的不是消除政府，而是如何使促进分工合作的规则不断地得以出现，并得到改善。消除施加不正当强制的政府是实现上述目标的前提条件，但这不等于该目标的实现。将自然法落到实处还需要其他条件，其中尤其重要的是个体要认识到这些法则关切他们的利益。

传统以疆域或民族为单位的国家概念建立在"统治"思想之上，已经不符合市场经济的理念。应该打破建立在疆域和民族概念之上的国家观。换句话说，国家不应以地域和民族为界，而应以具体的人为转移，在空间和民族上都应该相互交错，位于特定地区的政府可以服务世界各地的居民。这时的政府就是"功能"概念，市场中的其他机构也可以提供同样的"功能"，与之竞争，至于是否需要这种功能，以及由谁提供，都由市场决定。这种朝着"市场化组织"方向演变的政府代表一种更高级的文明形态。在这种状态下，"国家"已经消亡，但作为功能的"政府"还在，它和目前与国家高度一体的政府已经是两回事。

上文指出了罗斯巴德与米塞斯、哈耶克的分歧，并做了一些批评，但绝无贬低之意。相反，笔者认为罗斯巴德的重要性是被低估的。特别是鉴于目前政府的职能已经远超出其应有职责，罗斯巴德的思想对于约束政府权力、限制政府扩张就显得尤为重要。另外，罗斯巴德对问题的分析总是简洁、清晰而有力，直指本质，不像现在很多主流经济学家讨论的都是一些表面的和虚假的问题。

罗斯巴德身上聚集了自由至上主义的各种思想源流以及为之奋斗所需要的品质。罗斯巴德继承了"米塞斯与奥派的洞见，还有阿克顿勋爵的革命乐观主义、古典自由主义的思想和政治传统，以及老右派的战斗精神和坚定的反帝国主义。"[1] 罗斯巴德在学术象牙塔之外还有另一面，那就是作为自由主义斗士、政治活动家的罗斯巴德。他忠于自己的信仰，热情洋溢，精力充沛，孤军奋战，他的遗产不仅有思想，更有不屈不挠的精神。就像他欣赏的老右派阿克顿，罗斯巴德"是思想史中的稀有者，越老越激进"，这也是我们喜欢他的原因。

---

[1] Justin Raimondo, *An Enemy of the State*：*The Life of Murray N. Rothbard*，Prometheus Books，2000，p. 134.

第十二章　哈耶克自发秩序论的三大误读

　　"秩序"是哈耶克用以描述市场特征的重要概念，在他看来，市场经济是一个自发秩序的过程。哈耶克学术生涯的后五十年都用以研究"秩序"问题。[1]"秩序"不仅是他研究的对象，也是他"描述复杂现象的最为妥适的术语"。[2]如他自己所说，"秩序"对于复杂现象的分析起的作用如同"规律"对于简单现象的分析所起的作用。[3]"秩序"概念的重要性还在于它体现了哈耶克研究方法、研究兴趣的转移，在他研究生涯的前期（上世纪四十年代末之前）他采取的是"均衡"的方法，而在他学术生涯的后期（上世纪四十年代末之后的近五十年），他从"均衡"方法转向了"秩序"，相应地，他的研究领域也从纯经济学转向政治哲学。"自发的秩序"的概念是哈耶克最伟大的发现，亦是其法律、经济学术的根本原

---

　　[1] Vaughn, K. I., Hayek's Implicit Economics: Rules and the Problem of Order, *Review of Austrian Economics*. 11, 1999, pp. 129 – 144.

　　[2] 哈耶克：《法律、立法与自由》（三卷），邓正来译，北京：中国大百科全书出版社，2000年，第53页。

　　[3] 哈耶克：《法律、立法与自由》（三卷），邓正来译，北京：中国大百科全书出版社，2000年，第53页。

理。[1] 尽管他对秩序理论进行了全面和深入的阐述，但仍然有未予挑明和容易引起人们误解之处，本章着重就这些方面进行分析。本章分为两个部分，第一部分是简要介绍他自发秩序的思想，第二部分阐述对他理论的三个误读，并对它们进行说明，这三个误读分别是关于"自发秩序"与"现实的非序"的关系问题、"规则的模仿"与"规则的群体选择"的关系问题以及"方法论个人主义"与"群体选择"的关系问题。

一、 哈耶克的自发秩序理论的主要内容

哈耶克认为在自然和人为的秩序之外，还存在着作为行动结果的秩序，也即自发秩序。他第一次在《自由秩序》原理中应用"自发秩序"这个概念，这也标志着他的研究兴趣从"知识问题"向规则的选择和进化过程的转变。[2] 他自发秩序思想的主要内容包括四个方面，一是他对秩序的分类，二是自发秩序思想的理论渊源，三是自发秩序理论的微观基础，四是形成自发秩序的前提条件。

秩序的分类

哈耶克在他的《法律、立法与自由》第一卷《规则与秩序》中对秩序做了最为充分的阐述。秩序是自然界当中比较常见的现象，

---

[1] 何信全：《哈耶克自由理论研究》，北京：北京大学出版社，2004 年，第 38 页。

[2] Caldwell, B., *Hayek's Challenge: an Intellectual Biography of F. A. Hayek*, The University of Chicago Press, Chicago & London, 2004, p. 294.

如分子结构式、大雁的"人"字型飞行序列等都表现出秩序，哈耶克认为在人类社会中也存在秩序，无数的单个人或组织的行动，从整体上看就表现出秩序。他认为人类社会中的秩序是复杂现象，自然界中的秩序是简单现象，社会科学的任务就是要研究人类社会中的"秩序"。他把人类社会中的秩序分为两类，一是人为的秩序，二是自然的秩序。这两种秩序的评判标准，他没有明确说明，但不难发现实际上有两种，一是根据服从的规则，是"特定规则"，还是"抽象规则"，前者也称为 taxis 或 thesis，而后者称为 cosmos 或 nomos，[1] 如果服从的是特定规则，那么就是人为秩序，相反，如果服从的是抽象规则，那么就是自然的秩序。另一个判断标准是看是秩序的形成是否有"目的性"，如果是服从特定目的的，那就是归为前一种，相反如果不是服从特定目的的，那应该是后一种类型的秩序。"目的性"与"特定规则"之间有对应关系，而"没有目的"与"抽象规则"之间有对应关系。

自发秩序与组织相区别，哈耶克认为组织是"人为的秩序"，如"家庭、农场、工厂、商行、公司和各种结社团体，以及包括政府在内的一切公共机构，都是组织"，[2] 这么多各种类型的组织又被整合进一种更为宽泛的"自生自发秩序之中"。[3] 哈耶克还指出了"组织"与"自发秩序"的另一个重要区别，即组织是要服从命

---

[1]　哈耶克：《法律、立法与自由》（三卷），邓正来译，北京：中国大百科全书出版社，2000 年，第 56 页。

[2]　哈耶克：《法律、立法与自由》（三卷），邓正来译，北京：中国大百科全书出版社，2000 年，第 68 页。

[3]　哈耶克：《法律、立法与自由》（三卷），邓正来译，北京：中国大百科全书出版社，2000 年，第 68 页。

令的，而秩序无须服从命令。[1]哈耶克进一步指出，组织与自发秩序之间的界线并不是那么明确的，比如氏族，在狩猎、迁移或打仗的时候会作为一个组织而按照头领的指导意志行事，而在平时，会作为一种自生自发的秩序发挥作用。[2]其实，不仅是古代的氏族社会，现代国家也经常地被组织起来，实现某个特定的目的，"社会"在他看来既可以作为组织存在，也可以以自发秩序的形式存在。[3]

哈耶克自发秩序思想的两大理论渊源

说到哈耶克的自发秩序理论，人们自然会想到斯密的"看不见的手"，的确两者有很多相似性，这里不讨论两者之间的区别，而是想简要说明哈耶克与苏格兰启蒙思想家以及奥地利经济学的理论渊源。[4]

哈耶克不仅在《自由宪章》和《法律、立法与自由》中多次赞誉苏格兰启蒙思想家的贡献，还专门撰文《亚当·斯密在今日语言

---

[1] 哈耶克:《法律、立法与自由》（三卷），邓正来译，北京：中国大百科全书出版社，2000 年，第 68 页。

[2] 哈耶克:《法律、立法与自由》（三卷），邓正来译，北京：中国大百科全书出版社，2000 年，第 68 页。

[3] 哈耶克:《法律、立法与自由》（三卷），邓正来译，北京：中国大百科全书出版社，2000 年，第 68 页。哈利勒（Khalil, E, L）认为哈耶克的人为秩序没能将"组织"与"做椅子"或"做手表"相区别。他认为前者服从"内部规则"，而后者服从的是外部规则，有一个外部的操控者，而组织并不存在外部的操控者。他认为组织，如企业也是人的行为而不是人设计的结果，因此，把组织归类于"人为秩序"是不正确的，因此，他认为哈耶克的"自发"与"自然"两分法不能抓住"组织的自发性"与"市场的自发性"之间的区别。

[4] 哈耶克自发秩序思想还有一个理论渊源是康德的思想，有关论述可见邓正来:《哈耶克的社会理论》，载哈耶克:《自由秩序原理》，邓正来译，北京：生活·读书·新知三联书店，1997 年。

中的意义》、《大卫·休谟的法哲学与政治哲学》以及《曼德维尔大夫》等文章予以褒扬。[1] 在《自由宪章》的第四章《自由、理性和传统》中，哈耶克引用福格森的原话"各民族于偶然之中获致的种种成就，实乃是人的行动的结果，而非实施人的设计的结果"，[2] 又如他说"正如亚当·斯密及其同时代思想家的直接传人所指出的，斯密等人的所论所言'解决了这样一个问题，即被人们认为极有作用的种种实在制度，乃是某些显而易见的原则经由自生自发且不可抗拒的发展而形成的结果，——并且表明，即使那些最为复杂、表面上看似出于人为设计的政策规划，亦几乎不是人为设计或政治智慧的结果"。[3] 他认为是斯密、休谟和福格森等人的反唯理主义洞见使得他们最早理解各种制度与道德、语言与法律是如何以一种累积性发展的方式逐渐形成的。[4]

　　哈耶克认为苏格兰启蒙思想家早就意识到"制度的生成，是极其复杂但却条理井然的，然而这既不是设计的结果，也不是发明的结果，而是产生于诸多并未明确意识到其所作所为会有如此结果的人的各自行动"，[5] 他又说"苏格兰理论家非常清楚地认识到……

---

[1] 这三篇文章见哈耶克：《经济、科学与政治：哈耶克论文演讲集》，冯克利译，南京：江苏人民出版社，2003 年。

[2] 哈耶克：《自由秩序原理》，邓正来译，北京：生活·读书·新知三联书店，1997 年，第 64 页。

[3] 哈耶克：《自由秩序原理》，邓正来译，北京：生活·读书·新知三联书店，1997 年，第 65 页。

[4] 哈耶克：《自由秩序原理》，邓正来译，北京：生活·读书·新知三联书店，1997 年，第 65 页。

[5] 哈耶克：《自由秩序原理》，邓正来译，北京：生活·读书·新知三联书店，1997 年，第 67 页。

这些制度既不是出于人的设计，也不是人所能控制的"。[1] 苏格兰启蒙思想家对哈耶克"自发秩序"的影响还体现在进化论上，如他所指出的，是苏格兰启蒙思想家而不是达尔文首先提出进化的思想，而"进化"与"自发秩序"在哈耶克看来是孪生的概念。[2]

哈耶克在《曼德维尔大夫》一文中指出曼德维尔已经具有了自发秩序的思想，并且这种思想影响了休谟、斯密和其他苏格兰启蒙思想家。他认为是曼德维尔"第一次完整地提出了有序的社会结构，包括法律、语言、市场、货币以及技术知识的发展等的自发生长的经典模式"，[3] 哈耶克认为曼德维尔的讨论"显然已经有了对市场产生自发秩序的意识"，[4] 并且曼德维尔的这种思想对斯密起了启发作用。[5] 特别地，哈耶克指出曼德维尔对语言进化的认识是"真正的前无古人"。[6]

哈耶克认为是曼德维尔使休谟成为可能，休谟是接过曼德维尔的观念并认真加以思考的第一人，[7] 哈耶克对休谟的评价很高，认为"在近代所有研究精神与社会的人中间，他（休谟）大概是最

---

[1] 哈耶克：《自由秩序原理》，邓正来译，北京：生活·读书·新知三联书店，1997 年，第 69 页。

[2] 哈耶克：《自由秩序原理》，邓正来译，北京：生活·读书·新知三联书店，1997 年，第 6 页。

[3] 哈耶克：《经济、科学与政治：哈耶克论文演讲集》，冯克利译，南京：江苏人民出版社，2003 年，第 575 页。

[4] 哈耶克：《经济、科学与政治：哈耶克论文演讲集》，冯克利译，南京：江苏人民出版社，2003 年，第 580—581 页。

[5] 哈耶克：《经济、科学与政治：哈耶克论文演讲集》，冯克利译，南京：江苏人民出版社，2003 年，第 580 页。

[6] 哈耶克：《经济、科学与政治：哈耶克论文演讲集》，冯克利译，南京：江苏人民出版社，2003 年，第 586 页。

[7] 哈耶克：《经济、科学与政治：哈耶克论文演讲集》，冯克利译，南京：江苏人民出版社，2003 年，第 588 页。

伟大的一位".[1] 自发秩序理论中所体现出来的理性不及与经验主
义的思想在休谟的著作中有生动的体现。休谟认为社会是"生成
的",如他说:"这个情感既然是通过建立财物占有的稳定这种规则
而约束自己的;所以这个规则如果是深奥而难以发明的,那么社会
就必须被看作可以说是偶然的,是许多世代的产物".[2] 另外,休
谟强调理性的局限性,如他说:"理性永远不能把一个对象和另一
个对象的联系指示给我们,即使理性得到了过去一切例子中对象的
恒常结合的经验和观察的协助".[3] 休谟强调"经验"而不是"理
性"的意义,最著名的莫过于他的那句名言:"理性是、并且也应
该是情感的奴隶,除了服务和服从情感以外,再也不能有任何其他
的职务".[4] 还有,"我们如果没有观察和经验的帮助,要想决定
任何单个的事件或推断出任何原因和结果,那是办不到的",[5]
"我们关于因果关系的知识,在任何情况下都不是从先验的推理获
得的,而是完全产生于经验,即产生于当我们看到一切特殊的对象
恒常地彼此联结在一起的那种经验".[6]

　　斯密也认为人类社会中个体的活动会形成他们自己的秩序,在
下面一段话中这种思想得以集中的体现:

---

　　[1] 哈耶克:《经济、科学与政治:哈耶克论文演讲集》,冯克利译,南京:江
苏人民出版社,2003年,第588页。
　　[2] 休谟:《人性论》(节选本),关文运译,北京:商务印书馆,2002年,第122页。
　　[3] 休谟:《人性论》(节选本),关文运译,北京:商务印书馆,2002年,第73页。
　　[4] 休谟:《人性论》(节选本),关文运译,北京:商务印书馆,2002年,第
109页。
　　[5] 休谟:《道德原理探究》,王淑芹译,北京:中国社会科学出版社,1999
年,第24页。
　　[6] 休谟:《道德原理探究》,王淑芹译,北京:中国社会科学出版社,1999
年,第21页。

在人类社会这个巨大的棋盘上，每一个人都有着他自己的运动原则，而且这些原则还与立法机构可能强加给他的运动原则完全不同。如果这两种原则恰好相吻合并趋于同一个方向，那么人类社会中的人与人之间的竞技或生活就会顺利且和谐地进行下去，而且极有可能是幸福的和成功的。如果这两种原则相反或对立，那么人类社会中的人与人之间的生活就会以悲惨的方式持续下去，而且这种社会也肯定会始终处于最为失序的状态之中。[1]

作为奥派经济学家的哈耶克，其自发秩序理论的思想还明显受到了奥派经济学家的影响，在门格尔的《经济学原理》一书中，就有自发秩序的思想，门格尔已经区分了"人为的秩序和作为无意识结果的秩序"。[2] 在《自由秩序原理》中，他引用门格尔的话"宪法不是制定出来的，而是生成发展起来的"，[3] 门格尔对货币的自发起源的论述广为人所知：

　　货币并不是经济人协约的产物，不是国家立法行为的产

[1] 转引自哈耶克：《法律、立法与自由》（三卷），邓正来译，北京：中国大百科全书出版社，2000年，第52页。有的译者把该段话中的"原则"译为"动力"，见亚当·斯密：《道德情感论》，谢祖钧译，西安：陕西人民出版社，2004年，第283页，但这不够准确。

[2] Vanberg, V., Spontaneous Market Order and Social Rules: A Critical Examination of F. A. Hayek's Theory of Cultural Evolution, *Economics and Philosophy*, 2 (1), (April 1986), pp. 75-100.

[3] 哈耶克：《自由秩序原理》，邓正来译，北京：生活·读书·新知三联书店，1997年，第337页。

物，也不是人民的发明创造。随着各经济人自己经济利益的提高，无论在何地，他们都同时达到了这样的明确认识：即他们若以销售力较小的商品，换入销售力较大的商品，则他们的特殊经济目的，必因而能够得到显著的改善。因此，随着国民经济的发展，货币（销售力较大的商品）就在许多不相关联的文化中心地同时产生出来了。[1]

在他的一篇纪念门格尔的文章《卡尔·门格尔》中，哈耶克指出，门格尔认为所有社会科学的任务是"探索个体行为产生的无意识的结果"，而且门格尔的思想可以追溯到曼德维尔、休谟以及后来十八世纪苏格兰哲学家，虽然门格尔熟悉他们思想的程度并不清楚。[2]

自发秩序的微观理论基础

为什么市场是自发的秩序而不是设计的秩序，哈耶克认为根本原因是人类理性的局限性。设想如果人是全知全能的，那么人类就可以设计出一个最优的秩序来替代自发生成的秩序，自发秩序就不会存在，正是由于人的"无知"，秩序才表现为行动的结果，而不是理性设计的结果。哈耶克强调人的"无知"，这在他早期的"知识论"中就有体现，他所论的知识的分散性、主观性与实践性与他对"无知"的认识是一致的。"无知"意味着"每个社会成员都只

[1] 卡尔·门格尔：《国民经济学原理》，刘絜敖译，上海：上海人民出版社，2001年，第225—226页。

[2] Hayek, F. A（1968），Menger Carl, in Littlechild, S.（ed.），*Austrian EconomicsI*，Edward Elgar，1990，p. 48.

能拥有为所有社会成员所掌握的知识中的一小部分"，[1] 但是"无知"并不意味着人类在社会事件面前束手无策，毫无作为。哈耶克的"无知"有以下几层重要的含义，一是"无知"并不否定"理性"，而是"理性不及"（non-rational）。"理性不及"不同于"非理性"（irrational），不是"理性的"，也不是"本能的"，而是处在"理性"与"本能"之间。[2] 在我们看来，"理性不及"包含了一层重要的含义，即个体可以根据他自己有限的知识对自己的行为进行安排，但不能对整个社会的行为进行安排，个体可以判断行为的结果但不能准确地预测行为的结果。

二是强调人遵循规则之重要性的一面，人可以通过遵循规则来弥补"理性"的局限，哈耶克说"人不仅是一种追求目的的动物，而且在很大程度上也是一种遵循规则的动物。人之所以获得成功，并不是因为他知道他为什么应当遵守那些他实际上所遵守的规则，甚至更不是因为他有能力把所有这些规则形诸文字，而是因为他的思维和行动受着这样一些规则的调整——这些规则是在他生活于期间的社会中经由一种选择过程而演化出来的，从而也是世世代代的经验的产物"。[3]

三是强调智力的进展来自于行为，人类的智力是与自发秩序同时进化的。"人并不是生下来就聪慧、理性而善良，为了做到这一点，他必须受到教育。创设我们道德的并不是我们的理智；相反，

---

[1] 哈耶克：《法律、立法与自由》（三卷），邓正来译，北京：中国大百科全书出版社，2000 年，第 6 页。

[2] 哈耶克：《法律、立法与自由》（三卷），邓正来译，北京：中国大百科全书出版社，2000 年，第 6 页。

[3] 哈耶克：《法律、立法与自由》（三卷），邓正来译，北京：中国大百科全书出版社，2000 年，第 7 页。

是受着我们道德支配的人类交往，使得理性的成长以及同它结合在一起的各种能力成为可能"，[1] 或者，"智力不是文化进化的向导而是它的产物，它主要是以模仿而不是以见识和理性为基础的"。[2] 不难发现，在哈耶克看来智力和秩序是同时进化的，而且是不可分割的。

规则：形成自发秩序的前提条件

在《自由秩序原理》一书中，哈耶克认为确保有助益的自发社会秩序得以产生的条件是自由、一般性规则与竞争，[3] 在这三个条件中，"一般性规则"居中心地位，因为他说"自由只有当一般性规则存在的时候才是可能的"，[4] "竞争发挥作用，有赖于一种适合的法律制度的存在"。[5] "确保自发社会秩序有助益的前提是必须存在着一系列调整自发社会秩序参与者行为的规则"，[6] "自生自发秩序源出于其要素对某些行为规则的遵循"，[7] "我们之所以能够维续如此之复杂的秩序，所凭靠的并不是操纵或控制社会成

[1]　哈耶克：《致命的自负》，冯克利、胡晋华等译，北京：中国社会科学出版社，2000 年，第 20 页。

[2]　哈耶克：《致命的自负》，冯克利、胡晋华等译，北京：中国社会科学出版社，2000 年，第 19 页。

[3]　哈耶克：《自由秩序原理》，邓正来译，北京：生活·读书·新知三联书店，1997 年，第 25 页。

[4]　哈耶克：《自由秩序原理》，邓正来译，北京：生活·读书·新知三联书店，1997 年，第 26 页。

[5]　哈耶克：《自由秩序原理》，邓正来译，北京：生活·读书·新知三联书店，1997 年，第 27 页。

[6]　哈耶克：《自由秩序原理》，邓正来译，北京：生活·读书·新知三联书店，1997 年，第 25 页。

[7]　哈耶克：《法律、立法与自由》（三卷），邓正来译，北京：中国大百科全书出版社，2000 年，第 63 页。

员的方法，而只是一种间接的方式，亦即对那些有助益于型构自生自发秩序的规则予以实施和改进的方式"。[1]

那么需要遵循的是什么样的规则呢？哈耶克区分了两种不同类型的规则，一是"组织"所要服从的外部规则，二是自发秩序服从的内部规则，传统、习俗、惯例、法律等都属于这种内部规则，内部规则称为"抽象规则"或"一般性规则"。哈耶克对两种规则的区别做了进一步的说明，他说："组织的规则必定依附于命令，而且只能调整命令所未规定的事项……与组织的规则构成对照，支配自生自发秩序的规则必定是目的独立的和平等适用的"，[2] 他指出任何人都不可能预见立基于抽象规则之上的自发秩序的具体内容，而组织的规则所要实现的是特定的结果，[3] 也即自发秩序的规则是不带有目的性的，而组织的规则是有目的性的。内部规则与外部规则的区别还在于内部规则几乎都是"否定性的，即它们一般都不会把肯定性的义务强加给任何人"，[4] 内部规则可以是阐明的，也可以是未阐明的，如邓正来所指出的，"在哈耶克的论述脉络中，'未阐明的规则'优位于'阐明的规则'"[5]

---

[1] 哈耶克本人给出了产生"扩展秩序"的前提条件，包括财产、自由和公正（《致命的自负》，第39页）。为什么他在论述"扩展秩序"的时候没有提到"规则"，我们认为扩展秩序是自发秩序的更高层次，既然规则是自发秩序的前提条件，那么扩展秩序自然地已经包含这一条件，不需要再专门指出。

[2] 哈耶克：《法律、立法与自由》（三卷），邓正来译，北京：中国大百科全书出版社，2000年，第72页。

[3] 哈耶克：《法律、立法与自由》（三卷），邓正来译，北京：中国大百科全书出版社，2000年，第72页。

[4] 哈耶克：《法律、立法与自由》（三卷），邓正来译，北京：中国大百科全书出版社，2000年，第35页。

[5] 哈耶克：《法律、立法与自由》（三卷），邓正来译，北京：中国大百科全书出版社，2000年，第37页。

哈耶克认为大多数的规则是自发产生的，特别地，他强调规则的起源具有自发性。"一种规则之所以最初是以自生自发的方式形成的，乃是因为个人所遵循的规则不是刻意制订的产物，而是自生自发形成的结果"，[1] 但哈耶克也认为人可以改进规则，虽然自生自发秩序也可能是以那种完全是刻意设计出来的规则为基础的，但哈耶克指出，只有一部分规则是刻意设计的，而大多数的"道德规则和习俗却是自生自发的产物"，[2] 所以哈耶克说，"必须把由遵循规则而产生的秩序所具有的自生自发特性与这种秩序立基于其上的规则所具有的自生自发性起源区别开来"。[3]

我们已经从"秩序"追溯至"规则"，人的自发的行为产生自发的规则，自发的规则产生自发的秩序。但是人们会问，为什么我们在现实中见到的秩序常常是不那么完美，或者说，在现实中，由于大量"坏"规则的存在，人们所期望看到的秩序并没有出现。为什么人类的演进经常地没有产生"好"的规则与"好"的秩序？如何解释他的理论与现实相矛盾这一困境？

二、　自发秩序与现实的"非序"

哈耶克强调自发秩序的出现是适应性进化的结果，而不是设计

---

[1]　哈耶克：《法律、立法与自由》（三卷），邓正来译，北京：中国大百科全书出版社，2000 年，第 67 页。

[2]　哈耶克：《法律、立法与自由》（三卷），邓正来译，北京：中国大百科全书出版社，2000 年，第 67 页。

[3]　哈耶克：《法律、立法与自由》（三卷），邓正来译，北京：中国大百科全书出版社，2000 年，第 67 页。

的结果，[1]人类自发行为产生规则，规则产生自发的秩序，但是我们在现实中见到的是另一番景象，人类的行为并没有产生好的秩序，虽然在有的国家中，人的行为产生了自由、竞争、私人财产权、法治，并导致持续的繁荣，而在另外的一些国家中，人们仍然陷入战乱与贫困中，可以说在现实中我们看到的更多的是"非序"的状态。马尔萨斯的"人口论"、"外部性"与"囚徒困境"等问题的存在，都构成了对哈耶克自发秩序理论的现实挑战。[2]要解释他的这一理论困境，关键在于理解"自发秩序"的两层重要思想："过程"与"度"的思想。

自发秩序中的"过程"的思想

"过程观"是奥地利经济学的主要立场与方法之一，哈耶克的自发秩序论也包含了这一思想，如果我们考虑自发秩序论中的"过程"，那么上述困境就不难破解。

哈耶克认为进化的结果不能进行道德判断，"我不认为集体选择的传统造成的结果肯定是'好的'——我丝毫不打算主张，在进化过程中长期生存下来的另一些东西，也有道德价值"。[3]进化的结果不能用已有的道德原则去判断，"个人行为的必要改进而导致

---

[1] 哈耶克：《法律、立法与自由》（三卷），邓正来译，北京：中国大百科全书出版社，2000年，第295页。

[2] "囚徒困境"表明随着参与人的增加，各方参与的时间减少，互通信息达成一致的可能性下降，这也意味着产生大家都有利的好规则的可能性降低。Vanberg, V. , Spontaneous Market Order and Social Rules: A Critical Examination of F. A. Hayek's Theory of Cultural Evolution, *Economics and Philosophy*, 2 (1), (April 1986), pp. 75 – 100.

[3] 哈耶克：《致命的自负》，冯克利、胡晋华等译，北京：中国社会科学出版社，2000年，第26页。

的产品的价值，很难说是公正的，因为它们的必要性是由不可预见的事情造成的。如果公正是指符合对与错的先入之见、符合'公共利益'、符合过去已经获得的环境所提供的可能性，那么，进化过程向以前未知领域的迈进不会表现出公正"，[1] "坚持让一切未来的变化符合公正，这无异于要求终止进化过程"。[2] 哈耶克是聪明的，他没有对什么才是好的规则做出定义和说明，因为他认识到社会条件的改变，这个问题的答案也要改变。[3]

但这是不是意味着进化的结果完全可以超越道德判断？并不是这样，哈耶克反复强调自由、竞争、财产权等产生"伟大社会"的条件，反复说明这些条件的重要性，这说明在他眼里伟大社会是一个好的社会这也是他期待出现的社会。我们做一个极端的设想，假如作为自发演进结果的社会是一个贫困、停滞、战乱、邪恶的社会，这样的社会显然不是他心目中的"伟大社会"。

那么哈耶克是不是说，只要满足那些条件，作为自发秩序结果的伟大社会就一定会出现？或者说"自发秩序"描绘的是一个"乌托邦"？[4] 当然也不是。我们认为自发秩序理论体现的是"过程"，不断朝向伟大社会移动的过程，如果满足上述那些条件，人类社会

---

[1] 哈耶克：《致命的自负》，冯克利、胡晋华等译，北京：中国社会科学出版社，2000年，第82页。

[2] 哈耶克：《致命的自负》，冯克利、胡晋华等译，北京：中国社会科学出版社，2000年，第83页。

[3] Vanberg, V., Spontaneous Market Order and Social Rules: A Critical Examination of F. A. Hayek's Theory of Cultural Evolution, *Economics and Philosophy*, 2 (1), (April 1986), pp. 75 - 100.

[4] "不同于计划与集体主义的乌托邦，哈耶克的乌托邦建立在市场与私有产权之上"。Hodgson, G. M., *Economics and Evolution: Bring Life Back to Economics*, Polity Press, 1993, p. 181.

就很有可能会朝向伟大社会迈进，相反如果不具备那些条件，人类就无法向着伟大社会前进，可见，哈耶克给出的是产生好规则或自发秩序的必要条件。同时，我们也要指出，哈耶克的意思并不是说只要依靠自发的力量，就能形成自发的秩序，"为了使形成自发秩序的规则能得到执行，有时另外一种秩序，即组织，也是要求的"。[1] 此外，这也表明他的自发秩序的演进不是在开放条件而是在一个给定条件下的演进，是在限制条件下的演进，[2] 在某种程度上，他的"自发秩序"也可以看作是"理性构建"，只不过我们不能把它看作是终极目标的构建，而是对过程的构建。

自发秩序中"度"的思想

现实社会中我们没有看到完美的自发秩序，这除了可以解释为"过程"的问题外，也可以解释为"度"的问题，或者说是一种居间的状态。自发秩序中"度"的问题表现在"程度"和"范围"两个方面。

从"程度"方面看，现实中的任何秩序都是处在"完全计划"与"完全自发的市场"之间，按照好坏程度，现实中的任何秩序也是处于"悲惨的地狱"与"完美的天堂"之间，可以简单地用下图表示，现实中的秩序处在下图两端之间的任何一个点上。

哈耶克的自发秩序理论除了表明现实中的秩序是一个"程度"问题以外，还表明现实中导致自发秩序的那些前提条件也有一个

---

[1] Hayek, F. A., Kinds of Order in Society, *New Individualists Review*, 3, 1964, pp. 3 - 12.

[2] Arnold, R. A., Hayek and Institutional Evolution, *The Journal of Libertarian Studies*, Vol IV, No. 4, 1980, p. 347.

完全的计划   完全自发的市场

"悲惨的地狱"   现实的秩序   "完美的天堂"

图 12.1　现实的秩序是一个"度"

注：上图并不表明"完全的计划"与"悲惨的地狱"，及"完全自发的市场"与"完美的天堂"之间有对应关系。

"程度"的问题，比如财产权，处在完全的私有与公有之间，比如竞争，处在完全竞争与完全垄断之间，自由与公正也莫不如此。哈耶克对这些在他看来对自发秩序至关重要的前提条件予以浓墨重彩，但他没有直接说明这些前提条件的"度"的差异与自发秩序的"度"之间是否存在对应的关系，即是否更分立的财产权、更高程度的自由、更完全的竞争、更公正等会导致更高程度的"自发秩序"。自发秩序主要是自发的结果，但是，也不排除人为因素的作用，那么究竟在多大程度上依赖于自发力量，在多大程度上依赖于人为作用，这也是一个程度相关的问题，哈耶克并不认为自发秩序的形成完全是自发行为的结果，正如有人指出的"把哈耶克看做是自发秩序的极端主义者是荒唐的"。[1]

从"范围"来看，哈耶克的自发秩序强调的是"整体"的秩序，而不是局部的秩序，或者我们准确地说，自发秩序是对整体而言的，如认为"只有当个人所遵循的是那些会产生一种整体秩序的规则的时候，个人对特定情势所作的应对才会产生出一种整体秩

［1］　Steele，D. R.，Book Review of Hayek's Liberalism and Its Order：His Idea of Spontaneous Order and the Scottish Enlightenment，By Christian Petsoulas. London：Routledge，Studies In Social and Political Thought，2001，*The Quarterly Journal of Austrian Economics*，Vol. Ⅴ，No. 1，2000，pp. 93 - 95.

序"，[1] 我们看到的往往是"组织"形态，自发秩序表现在整体上。自发秩序的整体性思想还表现在下面将要论述的文化演进的思想中。但是要指出的是，在局部与整体之间的划分不存在明确的界线，一个地区可以看作是局部，也可以看作是整体。自发秩序还意味着它不能保证每个个体都能从演进中受益，自发秩序的增益处只能从整体上考察。从时间维度上看，"自发秩序"亦表明它是一个长时期的概念，要从长时期来考察其结果。

三、 规则是被模仿的还是被集体选择的？

秩序的产生并非人为设计的结果，而是个体遵循规则的结果，如上文所述，在形成自发秩序的三个重要前提中，"规则"居于中心地位，那么我们就要问规则是怎么形成的？虽然在哈耶克看来，规则与行为是你中有我，我中有你的，但这样的话，行为与规则之间就有一个循环论证的问题，如何跳出这个循环？哈耶克是用文化演进来回答规则的形成问题的，规则的产生是文化进化过程的产物。他区分了规则的两个不同来源，一是通过学习习得的规则，二是来自本能的规则。哈耶克关心的是"人类习得的规则和它们的传播方式"，[2] 或者说他关心的是文化的演进而不是生物的演进。但是人类习得的规则的演进机制是什么？哈耶克实际上给出了两种不

---

[1] 哈耶克：《法律、立法与自由》（三卷），邓正来译，北京：中国大百科全书出版社，2000 年，第 65 页。

[2] 哈耶克：《法律、立法与自由》（三卷），邓正来译，北京：中国大百科全书出版社，2000 年，第 65 页。

同的标准，一种是行为的模仿，强调遵循已有的惯例，与已有规则
的一致性；另一种是社会对"成功规则"的选择，认为人类社会自
动地选择出有助于整体生存的规则。前一个标准强调的是规则的秩
序功能（相对于"效率"功能），如他说"这些规则之所以能够渐
渐形成，乃是因为它们使整个群体的活动构成了一种秩序，[1] 而
后一个规则强调的是效率。这两个标准似乎并不具有一致性：被个
体模仿的行为为什么一定是成功的规则？下面我们首先对哈耶克的
这两种不同的演化机制进行归纳，然后对这两种机制看似的不一致
性做个说明。

规则的模仿机制

　　规则的模仿机制包括两个方面，一是强调新的规则与已有规则
的一致性；二是强调规则的复制性。首先看他对第一种机制的论
述，他认为行为要符合惯例，新的规则要与已有的规则一致，"一
项新的规则是否能够被融入某一现行的规范系统之中，并不是一个
纯粹逻辑的问题，而往往是这样一个问题，即在现存的事实性情势
中，该项新的规范是否会产生一种使不同行动和谐共存的秩序。[2]
下面这句话也表明了他的这一观点："那些业已接受的规范所有助
益于的目的，只有在某些其他规范也同时得到遵守的时候才能获致
正当性的论证"。[3] 对"一致性"的重视不仅体现在新规则与已有

---

　　[1]　哈耶克：《法律、立法与自由》（三卷），邓正来译，北京：中国大百科全
书出版社，2000 年，第 116 页。
　　[2]　哈耶克：《法律、立法与自由》（三卷），邓正来译，北京：中国大百科全
书出版社，2000 年，第 167 页。
　　[3]　哈耶克：《法律、立法与自由》（三卷），邓正来译，北京：中国大百科全
书出版社，2000 年，第 166 页。

的规则上，还体现在新规则是否能与人们的预期一致，如在论述"法律"这一规则时，哈耶克指出"法官的职责就是要告诉他们那些本应当指导他们预期的惯例，当然，这并不是因为有人在这种惯例指导他们以前先已告诉了他们这种惯例就是规则，而是因为这是他们本应知道的业已确立的惯例。法官在这个时候绝不可能考虑这样的问题，即事实上所采取的某一个行动，从某种更高的层面来看，究竟是权益的，还是有助益于权力机构所欲求的某个特定结果的，而只能考虑这个有争议的行动是否符合公认的规则"。[1]

再看哈耶克对规则复制能力的论述，在他的理论中，某种行为方式更流行，不一定是因为该行为方式必然是更有效的，而很有可能是该行为方式的复制能力强，更容易被模仿，而"传统"实际上也被看作是能够自我复制的行为方式。[2]哈耶克认为行为被模仿而成了规则，如他认为"抽象规则是通过模仿特定的行动而习得的，因为通过模仿，个人'经由类推'而获得了在其他场合根据同样的原则行事的能力，尽管他根本无力把这些原则加以陈述"。[3]"复制"在哈耶克的进化论中有重要的意义，如哈尔蒂·布荣所指出的，"有了自我复制理论，哈耶克主张自由的市场经济秩序也就有了基础"。[4]哈耶克认为，通过模仿，"文化演进"的速度要比生物演进快得多。

---

[1] 哈耶克：《法律、立法与自由》（三卷），邓正来译，北京：中国大百科全书出版社，2000 年，第 87 页。

[2] Sugden, R., Spontaneous Order, *The Journal of Economic Perspectives*, Vol. 3, No. 4., 1989, pp. 85 - 97.

[3] 哈耶克：《法律、立法与自由》（三卷），邓正来译，北京：中国大百科全书出版社，2000 年，第 120 页。

[4] 哈耶克：《哈耶克论文集》，邓正来选编，北京：首都经济贸易大学出版社，2001 年。

但是，如果已有的规则仅仅只是对过去业已存在的规则的模仿、复制或遵循，那么这样的解释是乏力的，因为难以说明规则的演进或新规则的产生，哈耶克给出的另外一个规则演进机制是"群体选择"。

规则的群体选择与"功能主义"

群体选择是哈耶克文化演进论的主要内容，文化演进通过群体选择实现，[1]而群体选择又是用以解释规则的。按照他的群体选择理论，之所以产生的是某些规则而不是另外一些规则，原因是这些规则被证明更加有助于群体的生存，采用该规则的群体的秩序更成功。"这些惯例之所以获得成功，往往不是因为它们给予了行动者个人以任何一种可识别的益处，而是因为它们增加了该行动者所属于的那个群体的生存机会"。[2]他的群体选择理论有一种"功能主义（functionalist）"的思想，即社会会自发地选择出"有利于整体"的规则，在《法律、立法与自由》一书中他多次论述了这样的观点，"这些行为规则并不是作为实现某个已知目的的公认条件而发展起来的，而是因遵循这些规则的群体取得了较大的成功并取代了其他的群体而演化发展起来的。这些行为规则在人类生存的环境

[1] Caldwell，B.，*Hayek's Challenge：an Intellectual Biography of F. A. Hayek*，The University of Chicago Press，Chicago & London，2004. 自发秩序、文化演进与群体选择的关系极为密切，哈耶克用文化演进来解释自发秩序的形成，而文化演进的机制是群体选择。而"自发秩序"又与"伟大社会"、波普尔说的"开放社会"意义相近。

[2] 哈耶克：《法律、立法与自由》（三卷），邓正来译，北京：中国大百科全书出版社，2000 年，第 16 页。

中使较多的遵循这些规则的群体或个人生存了下来"，[1]"大多数
行为规则都具有一个属性，即给予那些遵循它们的群体以更具优势
的力量"。[2]哈耶克认为自发的秩序能使整体的利益最大化，虽然
不能保证每个个体的利益都最大，"个人有理由同意参与这场游戏，
是因为同其他任何方式相比，它能够使个人从中获得份额的蓄水池
变得最大。不过，它也使每个人的份额取决于一切偶然因素，显然
无法保证，这一份额同主观成就或别人对个人努力的评价相一
致"。[3]

"选择"显然是借用于生物演进的概念，如他自己所说，文化
演进与生物演进有很多相似之处，[4]"文化演进虽然是一种独特的
过程，但是它在许多重要方面仍然更像是遗传和生物进化，而不像
受物理或对决定的后果之预先可知性支配的发展"。[5]对群体有助
益的被选择，而对群体无助益的则被抛弃，这种思想也是来自生物
演进。不同的是在生物学中，"基因"起到了重要的作用，既包含了
遗传的信息，又是"选择"的对象，但在文化演进中，扮演类似基
因那样角色的只能是"规则"，但是有一个很重要的区别是"基因"
是被动地被选择的，而"规则"也是被动地被选择的吗？哈耶克的

---

[1] 哈耶克：《法律、立法与自由》（三卷），邓正来译，北京：中国大百科全
书出版社，2000 年，第 17 页。

[2] 哈耶克：《法律、立法与自由》（三卷），邓正来译，北京：中国大百科全
书出版社，2000 年，第 18 页。

[3] 哈耶克：《经济、科学与政治：哈耶克论文演讲集》，冯克利译，南京：江
苏人民出版社，2003 年，第 344 页。

[4] 哈耶克在最后的著作《致命的自负》中比在《法律、立法与自由》一书
中更强调文化演进与生物演进的共同点。

[5] 哈耶克：《致命的自负》，冯克利、胡晋华等译，北京：中国社会科学出版
社，2000 年，第 165 页。

"功能主义"思想是否表明存在一个能对实施规则之结果的好坏进行判断的理性主体？或者说有一只看得见的手在操控"规则"？

规则演进的两种机制并不矛盾

与生物演进不同，哈耶克强调习俗、惯例，人类的演进是在传统之上的演进，如他指出，"如果我们想理解这种结构或秩序，那么我们就必须对那个被社会生物学完全忽略了的有关惯例和习俗的转换过程予以关注"，[1] 传统与习俗的演进带有很大的偶然性，如果我们把"偶然性"因素考虑在内，那么哈耶克上述两个机制就会是统一的，他说，"我们乃是在无意或偶然之中迈入这种经济制度的"，[2] "那些打破陈规的人，亦即那些成为开路先锋的人，肯定不是因为他们认识到了新规则会对他们所在的社会有助益而引进那些新规则的；相反，他们只是率先采取了一些对他们自己有利的行事方式，而这些行事方式则是在事后被证明为有助益于那些盛行这些做法的群体的"，[3] "那些对人类最有助益的制度（从语言到道德及法律的制度），不仅从来就不是他们发明出来的，而且直到今天，他们还没有明白为什么他们在这些制度既不满足其本能也不满足其理性的情况下还应该维护这些制度"，[4] "较为成功的群体的成员往往不知道他们的成功究竟源出于他们自己所具有的哪种特

［1］ 哈耶克：《法律、立法与自由》（三卷），邓正来译，北京：中国大百科全书出版社，2000 年，第 504 页。
　［2］ 哈耶克：《法律、立法与自由》（三卷），邓正来译，北京：中国大百科全书出版社，2000 年，第 513 页。
　［3］ 哈耶克：《法律、立法与自由》（三卷），邓正来译，北京：中国大百科全书出版社，2000 年，第 510 页。
　［4］ 哈耶克：《法律、立法与自由》（三卷），邓正来译，北京：中国大百科全书出版社，2000 年，第 511 页。

性"。[1] 在他看来规则是超越理性的，他的"功能主义"并不存在
"一只操控的手"，不是由事先的"理性"所决定的，而是事后被证
明，并被模仿的。被证明是"好"的规则不是理性决定的，而是社
会自发地选择的结果，但是我们决不可以用"是否最优"，即是否
满足事先给定的标准来判断选择的结果。

在哈耶克的文化演进论中，文化演进与生物演进是一致的，也
是不可分割的，规则的形成应看作是"遵循与适应已有规则之上
的，不脱离传统的群体选择"的结果，文化演进过程也是"适应性
进化"（adaptive evolution）的过程，[2] 可用下图来表示：

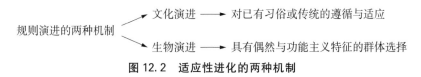

图 12.2　适应性进化的两种机制

哈耶克的文化演进论强调的是依靠模仿、学习与试错等过程来
实现演进，也包括偶然因素在其中所起的作用，而不是依靠基因的
作用，因此，他的进化论实际上更接近于"拉马克主义"而不是
"达尔文的学说"。[3] 他的文化演进论与纳尔逊及温特的演进方法
也有明显的区别，后者构造了一个市场过程演进的随机模型，然后
用以解释经济增长等现象，而哈耶克不构建任何模型，他拒绝承认
存在清晰的演进规律。

[1]　哈耶克：《法律、立法与自由》（三卷），邓正来译，北京：中国大百科全
书出版社，2000 年，第 191 页。

[2]　哈耶克：《自由秩序原理》，邓正来译，北京：生活·读书·新知三联书
店，1997 年，第 67 页。

[3]　格尔哈德·帕普克主编：《知识、自由与秩序》，黄冰源、赵莹、冯兴元等
译，北京：中国社会科学出版社，2001 年，第 113—114 页。

四、 群体选择与方法论个人主义是否冲突？

休谟、福格森以及门格尔等方法论个人主义者没有提出过"群体选择"或"文化演进"的概念，他们都是用"个人主义"的方法来解释社会的演进，甚至斯密"看不见的手"所蕴涵的也是方法论个人主义，而哈耶克在解释规则演进这点上与他的思想前辈似乎有明显的不同，没有人怀疑他的那些前辈是坚定的"方法论个人主义者"，而后期的哈耶克却被认为是离方法论个人主义越来越远，有人甚至认为上世纪六十年代后对文化整体选择的关注与他早期反对方法论"集体主义"与"历史主义"的思想相冲突，[1] 也有人认为他的文化演进思想与他的方法论个人主义之间有冲突，[2] 实际上有很多人都已经指出哈耶克求助于群体选择来解释秩序的演进背离了他的方法论个人主义立场，因为在他们看来，群体选择看重的是群体，而非个体，"群体选择理论试图在文化规则的社会收益与文化规则的出现与延续之间建立直接的联系，在这个过程中规则的演进是由于实施了这些规则的群体更加成功，并取代了其他的群体"。[3] 那么群体选择是否意味着他已经背离了方法论个人主义？

---

[1] Steele, D. R. , Hayek's Theory of Cultural Group Selection, *The Journal of Libertarian Studies*, VolXIII, No. 2, 1987, p. 192.

[2] Hodgson, G. M. , *Economics and Evolution: Bring Life Back to Economics*, Polity Press, 1993, p. 167.

[3] Vanberg, V. , Spontaneous Market Order and Social Rules: A Critical Examination of F. A. Hayek's Theory of Cultural Evolution, *Economics and Philosophy*, 2 (1), (April 1986), pp. 75 - 100.

我们认为他并没有背离。下面首先说明方法论个人主义的含义，然后说明哈耶克的群体选择与方法论个人主义并不冲突。

方法论个人主义的两层含义

方法论个人主义主要有两层意思：一是从微观的个体层面分析问题，二是反对唯理主义。其中第一层意思集中体现在上世纪二三十年代哈耶克与凯恩斯的大辩论中，后者采取的是集体主义（collectivistic）的方法，如他在分析宏观经济时采用的总供给、总需求、价格的总水平、名义工资总量等等无不反映了这一点，对于这种集体主义的方法，哈耶克在《价格与生产》中予以抨击，他认为最重要的是所有不同投入品与产出品市场供求之间的关系，这种关系取决于整个的生产品与投入品的价格结构，而凯恩斯简单地认为对商品的需求就是对劳动的需求，完全忽视了微观个体及其结构特征。哈耶克指出，他对凯恩斯的《就业、利息与货币通论》最不满意的地方就是他的方法论，他对凯恩斯宏观分析法的有效性有深刻的怀疑。[1] 在哈耶克看来，凯恩斯的宏观分析法也是犯了"科学的狂妄"的错误，他专门写了《科学的反革命》反对这种方法。

体现在哈耶克方法论个人主义中的反唯理主义是常常容易被人忽视的，他的这一思想在《个人主义：真与伪》一文中有最清楚的表达，在该文中，他反复强调的是个体的无知性。如他在该文中说"个人主义者的论辩真正赖以为凭的基础乃是：第一，任何人都不可能知道谁知道得最清楚；第二，我们能够据以发现这一点的唯一

---

[1] Christainsen，G. B.，Methodological individualism，in Boettke，P. J. (ed.)，The Elgar Companion to Austrian Economics，Edward Elgar，1994，p. 11 - 29.

途径便是一种社会过程，而在这个过程中，每个人都可以自由地去尝试和发现他自己所能够做的事情"[1] 这表明他把对无知的认识与自由并列为个人主义的两大主要因素。他甚至直接在真个人主义前面冠以"反唯理主义"这一定语，把"反唯理"与"唯理"看作是区分真假个人主义的重要特征，如他说"反唯理主义的真个人主义与唯理主义的伪个人主义之间所存在的这种区别，可以见之于整个社会思想领域"。[2] 与反唯理主义相一致的是哈耶克在该文中强调真个人主义应该"服从传统、遵循规则与惯例等"。

群体选择并不违背方法论个人主义的理由

哈耶克的群体选择理论看似只重视群体演进的结果，似乎背离了方法论个人主义，其实不然，因为他的群体选择理论并未脱离上述方法论个人主义的两大思想。

哈耶克演进论的微观基础是个体，规则的演进是个体对行为模仿的结果，某个规则的形成是由于那些采取该规则的群体中的个体能获得相对的优势，这种相对优势的一个重要表现是更强的"适应性"。哈耶克认为他的个人主义与"社会达尔文主义者"的个人主义是分属两种不同类型，他本人已经就此进行了论述，他认为后者"所关注的乃是个人所具有的遗传能力的选择而不是个人所具有的那些以文化方式传播或存续的能力的选择"。[3] 哈耶克说"自生自

---

[1]　哈耶克：《个人主义与经济秩序》，邓正来译，北京：生活·读书·新知三联书店，2003 年，第 20 页。

[2]　哈耶克：《个人主义与经济秩序》，邓正来译，北京：生活·读书·新知三联书店，2003 年，第 15 页。

[3]　哈耶克：《法律、立法与自由》（三卷），邓正来译，北京：中国大百科全书出版社，2000 年，第 23 页。

发的社会秩序是由个人和组织构成的"，哈耶克显然把个体与组织看做是自发秩序的微观构成。

与熊彼特、纳尔逊及温特等的演进论相比，哈耶克文化演进论的一个重要特征是对"主观主义"的重视，他的文化演进论的一个重要基础是主观主义，如"知识的主观性"等，"主观"意味着个体随时都有可能产生"新奇"（novelty）的行为，而这也更能解释演进过程的展开。在文化演进论中，哈耶克重视人遵循规则的一面，但是要注意，他绝没有否定人可以实施"有目的行为"的一面，如"企业家创新"，这是哈耶克一贯重视的，正是有目的的行为，使行为的模仿或扩散，或对新规则的学习成为可能。[1] 有目的的行为必然是个体的行为，可以说"主观的"必然是"个体的"，两者之间不可分割。

哈耶克区分演进理性与建构理性，他强调的是前者，但也没有否定建构理性的意义，如他说"我们并不能够完全否弃立法"，[2] 用波普尔的话说，建构理性属于"零星工程"，在我们看来，"局部建构"也体现了方法论个人主义，因为任何建构的主体都是由个体实施的。

"方法论个人主义"的第二层意思，即理性不及的含义在哈耶克的群体选择理论中更是有极其充分的体现，如他在《法律、立法与自由》第一卷第一章《理性与进化》中专门论述"我们的事实知

---

[1] 有人认为哈耶克只重视无意识的结果，而忽视有意识的行为，见 Rothbard, M. N., *The Logic of Action*: *Method*, *Money and Austrian School*, Edward Elgar Publishing Limited, 1997, p. 145. 但这种观点是不能成立的。

[2] 哈耶克并不认为演进的结果都是善的，他说，"以此方式演化生成的法律都具有某些可欲的特征的事实，并不能证明它将永远是善法，甚或也无法证明它的某些规则就可能不是非常恶的规则"，见哈耶克：《法律、立法与自由》（三卷），邓正来译，北京：中国大百科全书出版社，2000 年，第 136 页。这是立法必要性的重要理由。

识的永恒局限"，并指出"笛卡尔唯理主义的信条"之错误，由于理性的局限，"人类必须从经验中学习，必须遵循、传播、传递和发展那些因成功而胜出并盛行的惯例"。[1] 关于文化演进与无知的关系在本章的前面已有论述，在此不再重复。

结语

哈耶克的自发秩序理论说明了经过人类长期选择所形成的规则是可靠的，人类的延续不能背离传统，不能背离历经长时间所形成的规则，他的自发秩序论也可看做是斯密"看不见的手"的一个解释和深化。解释规则及其演进是他自发秩序论的中心任务，但"人的行为要遵循规则，而规则又是行为的产物"，演进理论容易陷入这一"循环论证"，为避免这一"循环论证"，他借用了生物学的一些概念，采用群体选择的方法解释规则的形成与演进，但他给出的解释并不够充分，更多的，他是在强调自由、公正、理性不及、遵循惯例等这些形成自发秩序的前提条件的重要性，然而他并没有说明这些重要的前提条件是否也能自发地演化出来，而且这也使他的演化论带有"建构"的色彩。哈耶克的自发秩序理论足以说明"全盘的理性建构"是错误的，但还不足以解释自发秩序产生的"过程"，实际上他不认为我们能够清晰地描述这一过程。与此相关的问题是，为什么经过世代集体选择的规则都是有助益的？这个问题哈耶克并没有很好地回答。哈耶克告诉我们完全依靠自发的行为未必能产生好的秩序，适当的建构是必要的，但他并没有告诉我们建

---

[1] 哈耶克：《法律、立法与自由》（三卷），邓正来译，北京：中国大百科全书出版社，2000年，第16页。

构或干预的限度，更没有告诉我们如何建构，他所给出的答案都是
"否定性"的。尽管有很多问题他并没有讲清楚，但无需质疑的是，
他的自发秩序与演进理论告诉我们，让每个人都拥有学习、尝试之
机会是极为关键的。

第十三章　论市场的公共利益："外部性"不意味着"市场失灵"*

我们经常会有这样的经历，做了自己喜欢的事，或满足了自己的某些欲望，却不需要为此付费，如我们逛街、逛超市不需要付费，看电影海报不需要付费，不仅如此，我们有时还享受商家免费提供的服务，如互联网上的各种信息、电子邮箱和即时通讯工具等等。不仅如此，通过市场，我们做成了一个人不可能做到的事情，如一个人盖不起楼，但通过房地产市场，我们住上了楼房，一个人做不出电脑，但通过电脑市场，我们用上了电脑，等等。在上述这些情况下，我们无疑享受到了市场提供的好处，但我们不知道具体是谁提供的，我们称这种好处为市场带来的或产生的公共利益，简称"市场的公共利益"。[1]

虽然斯密早就认识到了市场存在公共利益，但经济学后来的发展较多地关注市场的供求、价格、竞争、生产、交换、分配、消费或货币、资本与利息等等，市场的公共利益问题一直没有引起重

---

*　本章的内容首发于《浙江工商大学学报》2017年第1期。

［1］　在这里，"市场的公共利益"也可通俗地理解为"市场是大家共同的利益或资源"，本章意图强调的正是这个观点。

视，虽然主流经济学中有"外部性"概念，但把它作为"市场失灵"的依据，事实上是对"市场公共利益"的否定，下文将对此予以具体论述。"市场的公共利益"与公共管理学研究的"公共利益"也不一样，后者指政府通过公共政策或公共服务，给一地区或国家的居民所带来的共同利益，是有意识的行动的产物，而市场的公共利益则不然，它是人们有意识的行动所产生的无意识的结果。"市场的公共利益"在迈克尔·波特等人的"集群"研究中有涉及，市场的专业化分工、知识外溢等在集群中有充分的体现，"集群"也给集群的成员带来"共同的利益"，但是，在"市场公共利益"的研究中，我们应该主要考察的是作为"抽象机制"的市场，而不是作为一种"具体现象"的市场，如"集群"。[1] 为说明"市场公共利益"产生的原因，本章第一部分说明市场公共利益的特征；第二部分说明"市场公共利益"产生的原因；第三、四部分说明在"市场公共利益"的角度下，"外部性"与"产权"等概念需要重新认识；第五部分说明"市场公共利益"思想给经济理论、伦理与公共政策能带来什么样新的启示。

一、"市场公共利益"的特征

斯密早就意识到市场的"公共利益"（public interest），他著名

---

[1] 顺便指出的是，陶永谊的《互利经济的逻辑》（北京：机械工业出版社，2011 年）一书与本章主题也有一定的相关性，他试图用"互利"假设代替主流经济学的"自利"假设，把人的"利他"动机视为达成互利的前提条件，而笔者认为他混淆了"自利"与"理性"，主流经济学中"自利"的含义是"理性"，理性包括了利他动机。互利或公共利益的达成并不需要利他动机，所需的只是良好的市场制度。

的"看不见的手"阐述的就是"私利"与"公共利益"的转化："确实，他通常既不打算促进公共的利益，也不知道他自己是在什么程度上促进那种利益。由于宁愿投资支持国内产业而不支持国外产业，他只是盘算他自己的安全；由于他管理产业的方式目的在于使其生产物的价值能达到最大程度，他所盘算的也只是他自己的利益。在这场合，像在其他许多场合一样，他受着一只看不见的手的指导，去尽力达到一个并非他本意想要达到的目的。也并不因为事非出于本意，就对社会有害。他追求自己的利益，往往使他能比在真正出于本意的情况下更有效地促进社会的利益。"[1]

在上面这段话中，斯密提到的"公共的利益"、"社会的利益"都是一个意思，在本章中，我们称之为"市场的公共利益"，它是无数个体行动的产物，它并不必然意味着免费的或廉价的，而是指由于这样一种共同利益的存在，我们可以达成自己的目的，离开它则我们不能达成自己的目的。称之为"公共"，是因为它向每个个体开放，而且也关系每个个体的利益，它在很大程度上也决定了个体在多大程度上能达成他自己的目的，比如，它越"高级"，个体所能达成的目的就越"高级"，它越"低劣"，个体所能达成的目的就越"低劣"，发达国家与落后国家的一个重要区别就在于有不同质量的"公共利益"，同样地，城市比农村繁荣，也是由于城市有更多的"公共利益"。

不难发现，市场的公共利益也表现在这样的"放大效应"上：
1. 市场带给"每个个体"的回报要远超出个体在没有市场的情况下

---

[1] 亚当·斯密：《国民财富的性质和原因的研究》（下卷），郭大力、王亚南译，北京：商务印书馆，1997年，第27页。

"每个个体"仅凭其自身努力所能获得的回报；2. 市场带给"所有个体"的回报的总和要远超出"所有个体"付出的总和，特别是他们货币付出的总和，即多数人的货币付出远不足以体现他们从市场中获得的利益。这也意味着市场中存在着巨大的"剩余"，它被人们免费或廉价地分享，它不同于通常说的"消费者剩余"，后者是双方的，前者是"多方的"。

但是，也不能简单地把市场的公共利益理解为"剩余"，如上所述，它是个体达成其自身目的所不可缺少的"共同资源"（斯密称之为"common stock"），商品、服务、资本、人才、资源、信息与知识等等都是这种共同资源的组成部分，个体平时甚至意识不到存在着这些他可以据以利用的共同资源，只有当他把其中的某一部分用于实现自己的目的时，他才意识到它的存在。

二、"市场公共利益"产生的条件

"公共利益"是如何产生的呢？我们可以把市场比喻为一架机器，每个追求私利的个体是机器的一个零件，单个的零件不能产生效益，但是，当不同的零件铰合在一起时，就具有了某种功能。市场与机器的区别在于机器的铰合是人"有意识"地造成的，而市场的铰合是"无意识的"，即斯密说的"看不见的"。我们把不同才能之间的协调或合作称为市场的"铰合"，用斯密的话说，就是"交相为用"。斯密有关"分工"的论述，人们都已经比较熟悉，但斯密有关"交相为用"的阐述，还没有引起足够的重视，斯密是这么说的：

"他们彼此间，哪怕是极不类似的才能也能交相为用。他们依着互通有无、物物交换和互相交易的一般倾向，好像把各种才能所生产的各种不同产物，结成一个共同的资源，各个人都可以从这个资源随意购取自己需要的别人生产的物品。"[1]

正是"交相为用"，产生各个人都可以利用的"共同的资源"，它就是"市场的公共利益"。那么为什么不同的行动会铰合，从而使不同的才能"交相为用"？这是自发产生的，不是谁有意安排的，那么为什么会自发出现呢？这是因为人的"自利"本性。个体受自然女神的哄骗，"追求私利"，在自然女神的哄骗下，个体追逐私利的过程，也就是行动的不断铰合过程，对私利的孜孜以求最终产生"公共利益"。对此，斯密在《道德情操论》中是这么说的：

> 幸好自然女神是如此这般地哄骗了我们。正是此一哄骗，激起了人类的勤勉，并使之永久不懈；正是此一哄骗，最初鼓舞了人类耕种土地，构筑房屋，建立城市与国家，并且发明与改进了各门学问与技艺，以荣耀和润饰人类的生命；正是此一哄骗，使整个地球的表面完全改观，使原始的自然森林变成肥沃宜人的田野，使杳无人迹与一无是处的海洋，不仅成为人类赖以维生的新资源，而且也成为通往世界各国的便捷大道……"眼睛大过肚子"这句庸俗的谚语，在他身上得到最为充分的证实。他肚子的容量，和他巨大无比的欲望完全不成比例；他的肚子所接受的食物数量，不会多于最卑贱的农民的肚子所接

---

[1]　亚当·斯密：《国民财富的性质和原因的研究》（上卷），郭大力、王亚南译，北京：商务印书馆，1997年，第16页。

受的。他不得不把剩余的食物，分配给那些以最精致的方式，烹调他本人所享用的那一丁点食物的人，分配给那些建造和整理他的邸第，以供他在其中消费那一丁点食物的人，分配给那些提供和修理各式各样没啥效用的小玩意，以装点他的豪华生活气派的人。所有这些人，就这样从他的豪奢与任性中，得到他们绝不可能指望从他的仁慈或他的公正中得到的那一份生活必需品。[1]

上面几段话分别表达了相连贯的三层意思：1. 个体受自然女神哄骗追求其利益；2. 他人从他追求他自己的利益中获益；3. 他人获益并非源于他的"施舍"，而是源于他"不得不"把自己的所得分配出去。对于这种出于自利而产生的分配，斯密再次使用了"看不见的手"：

他们终究还是和穷人一起分享他们的经营改良所获得的一切成果。他们被一只"看不见的手"引导而做出的那种生活必需品分配，和这世间的土地平均分配给所有居民时会有的那种生活必需品分配，几乎没什么两样。他们就这样，在没打算要有这效果，也不知道有这种效果的情况下，增进了社会的利益，提供了人类繁衍所需的资源。当上帝把这世间的土地分给少数几个权贵地主时，他既没有忘记也没有遗弃那些似乎在分

---

[1] 亚当·斯密：《道德情操论》，谢宗林译，北京：中央编译出版社，2011年，第226页。

配土地时被忽略的人。[1]

斯密这段话可以这么理解，即假如有产生公共利益的机制，那么财产（在斯密的这段话中"土地"）的初始分配不重要，因为这种机制会将所得分配给了在初始时没有获得财产（土地）的人，使他们也能够获得收益。[2]

"追求私利"促使个体发挥他们的企业家才能，试想假如每个个体都识破自然女神的哄骗，开始"修身养性"，那么他们就不会发挥企业家才能，上述铰合机制也就不会出现，公共利益就不会产生。

在自然女神的哄骗下，个体在任何情况下都会追逐私利，这是其本性，但是，并不是任何情况下的私利追逐都会产生公共利益，一个重要的前提条件是"私有财产权制度"。也就是说，只有那种"增加个体财产"的私利追逐才会最终产生公共利益，"个体的财产"与"公共利益"不仅不矛盾，相反，个体的财产是公共利益的基础，一方面是因为私有财产权为个体的（铰合）行动提供激励，另一方面，当个体的财产增加，其他个体实现其目的的可能性就增强，因为个体实现其目的时总是要利用他人的财产。在市场中，个体的财产总是用于服务他人，这是财产"公共性"的体现，其实，个体的财产也只有更好地服务他人，才可能增加。

---

[1]　亚当·斯密：《道德情操论》，谢宗林译，北京：中央编译出版社，2011年，第227页。

[2]　斯密的这一思想与科斯的"产权的初始分配不重要"有异曲同工之妙。

明确指出私有财产具有公共性的是奥派经济学家米塞斯，他早已指出市场经济框架下的财产权与非市场经济框架（如前资本主义制度）下的财产权有根本区别。在市场经济框架下，财产的拥有者不能根据自己的欲望和喜好随意地支配财产，而要"最大可能地满足消费者的需求而使用它们。如果其他人以更好地服务于消费者而使其黯然失色，那么，他就将丧失他的财产。在市场经济中，财产的获得和保持靠的是服务大众，而当大众对其服务的方式不满意时财产就将丧失掉。"[1] 他认为财产所有者是受大众的委托来经营他们的财产，"私有财产是一种大众的授权。可以说，一旦消费者认为其他人将更有效地使用这种私有财产，大众的授权就被收回了。"[2]

米塞斯从"财产权"的角度发展了斯密"看不见的手"，也进一步揭示了市场产生"公共利益"的原因：市场把大众的财产"委托"给了最善于经营的人，通过"利润与亏损"机制，迫使后者尽其最大可能为大众服务，并且所产生的收益也为大众所分享，即市场中财产具有公共性，市场中收益也具有公共性。

三、"外部性"不意味着"市场失灵"

我们强调"市场的公共利益"与科斯刚好相反，因为他强调的

---

[1] 米塞斯：《经济学的最后基础》，夏道平译，台北：远流出版事业股份有限公司，1991，第 207 页。
[2] 米塞斯：《经济学的最后基础》，夏道平译，台北：远流出版事业股份有限公司，1991，第 207 页。

是市场的"费用"（交易费用）。科斯提出的交易成本概念开启了新制度经济学革命，也深化了人们对真实世界的认识，假如我们把分析的角度从科斯强调的"费用"切换到本章提出的"利益"，那么结果会是怎么样呢？会得出哪些不同于交易费用理论所给出的结论呢？先来看一下与之相关的"外部性"概念是否成立，然后在下一部分讨论产权问题。

　　科斯所根据的社会成本最低分配产权的思路是建立在外部性概念之上的，科斯的思路是如何建立能够提供外部性内部化的激励的产权结构，"外部性"是科斯的关键概念，但"外部性"并不独立于"市场"，市场本身就是一个"外部性"的海洋，而"外部性"概念事先预设了一个没有外部性的世界，然后把它套到真实世界中，说真实世界存在"外部性"，这一做法显然是"无端的"。提出"外部性"概念的人也没有意识到市场的公共利益，市场中的个体总是在利用市场，有时他从市场中获得的利益是有意的，有时是无意的，人们很难把他无意中获得的利益，如利用了各种免费的信息，和"有意"中获得的利益，如通过购买或销售的方式获得的利益加以区分，这就意味着不存在"外部性的内部化"问题或"补偿问题"，或者说这根本不构成一个经济学问题，而"消除外部性"更是子虚乌有，因为那就等同于消除市场。

　　个体并不是在任何情况下都打算消除他所受的影响，因为消除这种外部性的（交易）成本可能很高，不值得。同一种"外部性"，在不同个体的价值序列中的位置不同，即对不同的主体的"成本"不同，对有的个体来说，消除某种外部性对他的影响非常迫切，但对另外一些个体来说，消除那种外部性产生的影响不那么迫切，[1]如对住在马路边的个体来说，有的会把解决噪音困扰摆在优先的位置，有的不会去考虑解决这个问题，因为在他看来，他可以把解决噪音的资金用于满足效用更大的目的，消除那种外部性产生的影响对他来说是得不偿失的。一般来说，"外部性"已经体现在价格中，如美丽的湖边，住房价格往往很高，而嘈杂的马路边的房子价格往往比较低。这时，"外部性"已经作为一种成本，进入到个体的评价中，比如他购房时，会权衡房价与包括外部性（噪音）在内的各种成本，判断某一价格是否是划算的，如政府在他购房之后消除了马路的噪音，那意味着给他提供补贴，因为那样房价就会上涨。

上面的例子说明"外部性"并不独立于个体的主观评价，当个体意识到"外部性"对他产生的影响时并不必然会采取行动去消除它，他需要考虑消除这种影响是否划算，这与市场上有没有可供选择的手段有关。他可以选择的方式主要有科斯说的"法律手段"以及"从市场中购买商品或服务"等，他会选择他认为成本最低的方式，假如他发现即便"在他看来"那些成本最低的方式也超出了他因此可以增加的收益，他就会忍受由于"外部性"而导致的损失，因为"忍受"已经是他的最优的选择。当消费者的收入增加时，消除某种外部性产生的影响对他来说会变得更加重要，比如，有可能成为他迫切需要解决的问题。[2]

---

　　[1] 外部性对不同个体意味着不同的影响，某种程度上意味着对科斯《社会成本问题》一文中提出的产权配置方法的否定：假如很多人都受影响，那么究竟按照谁受到的影响来配置产权？如不能只考虑一个人受到的影响，那么只能把不同人受到的影响加总，然而，由于效用是序数概念，显然不能把效用加总。所以，科斯使用的是一种"局部"的方法，即把个体等同于整体，或者说把整体简化为个体。

　　[2] 因为在收入比较低时，他有其他更为迫切的欲望需要满足。

　　他的这一需求一般来说会被企业家警觉，因为这种需求对企业家来说意味着商机。企业家会开发相关的产品去满足个体的需要，对于住在马路边受噪音污染的居民，企业家会设想他们需要防噪音的玻璃窗，或需要郊区安静的住房，企业家会把这些产品与服务生产出来供他们选择，从而大大地扩展"可供选择的手段"。如个体可以选择企业家生产的产品或提供的服务解决他的问题，那么个体就不必和"制造噪音"的打官司（界定行动的权利），而只要和"制造防止噪音设备"的商家交易产品的产权，假如后者对他来说"交易成本"更低的话。一般来说"购买商品"的交易成本总是比"打官司"更低，[1] 这也是为什么我们更多地采用这一方式的原因。打官司一般来说只能是退而求其次的选择，只有当事人提出申诉时，即他认为打官司这种方式的成本低于市场中其他可供选择的方式时（如上面提到的购买设备），才需要法官登场，所以"打官司"这种方式不具有普遍性，个体一般来说并不是通过打官司（产权重新配置）的方式增进其效用，而是通过购买商品或服务的方式增进其效用，个体诉诸法官来解决问题（重新配置产权）只能是特例，是个体不得已做出的选择，科斯把这个特例一般化，使人误以为打官司是个体解决问题的一般途径，这有误导性。

　　个体即便选择打官司，他也不是从"总的社会成本"出发来考虑的，而只是从"他自己的成本-收益"出发来考虑的。"打官司"只能被视为个体解决其遇到的问题（个体为了增进其效用）的手段，而不能视为增进社会福利——通过各方的收益-成本的计算，

----

　　[1]　这个表述和科斯的"制度运行的成本"一样，严格地说并非确切，因为"成本"严格地说只有在个体的选择中才会出现。

进而界定产权实现——的手段。虽然在这个过程中法官对产权的界定也有可能在"无意中"促进了更有助于公益（科斯的"社会总产品"）的产权的形成。[1] 科斯在《社会成本问题》中提出的"重新配置产权"（一个"分配"问题）的方法即便在"总体上"实现了最优（静态均衡意义上），但对个体来说，却不一定是最优的，因为他可能有其他成本更低的手段可供选择。因此，重要的是消费者有没有可能以一种成本较低的方式解决他的问题（满足需求），如是在一个比较自由的市场中，他总是有机会的，因为企业家会对他的需求做出反应，如缺乏这样的市场，那么他不得不一直"忍受"噪音，假如他认为打官司的成本超出他从减少噪音中所获得的利益的话。因此，社会福利的增进不是"产权配置"的结果（科斯的思路），而是在个体欲望的不断满足中增进的。

四、"产权"是个体行动的结果

我们对科斯的一个"不满"是他没有说明"产权"调整的动力，准确地说，他把法官视为一个产权调整的主体，他能够"比较不同的安排产生的总产品"，[2] 据以确定产权安排。科斯实际上预

---

[1] 强调这一点非常重要，即并不是因为法官事先知道如何配置产权才能增进公益，所以才那样配置产权，而是因为法官在解决问题的过程中"发现"了一种有助于解决纠纷的方法，这种方法包含了有价值的知识，它可以被模仿，从而增进了社会的公益。因此，更有助于公益的产权结构只能是一个无意识的"结果"，而不是事先（作为增进公益之目的）的动机的产物。这一解释与英美经验法（判例法）传统吻合。

[2] R. 科斯、A. 阿尔钦和 D. 诺斯等：《财产权利与制度变迁》，刘守英等译，上海：上海三联书店，人民出版社，1994 年，第 40 页。

设了产权在法官调整之前是"清晰"的，剩下的只是"界定"给谁的问题，所以他才会有"合法的妨碍"一说，[1] 但我们认为，与其用"合法"与"妨碍"这样一对自相矛盾的概念，不如承认产权存在模糊地带，即存在不需要明确界定的空间，如上面提到的马路噪音的例子，住在马路边的居民在多大程度上享有安静的权利，法律不可能予以明确的规定，这取决于个体对安静的欲望，以及他在多大程度上愿意为"安静"支付代价以及支付能力如何，就是说，"安静"是一个需要购买的、品质不一的"产品"，可以"很安静"（比如使用先进的防噪音设备），也可以"不那么安静"（比如不使用相关设备），产品质量不同，价格自然也不同，购买不同的产品，就享有不同的产权，这取决于他的购买意愿与支付能力，如他愿意花高价买安静，同时也有支付能力，那么他的"产权状态"自然就比较好，这样，就把"产权"问题转化为"购买"问题，而不是权利的"界定"问题。现在的问题是，在遇到所谓的"外部性"问题时，人们想到的总是政府或法官出面界定产权，而没有想到人们会使用"购买"的方式来决定自身的产权状态。因此，产权是"个体的"，个体的产权是一个"状态"，他的最低支付能力和支付欲望决定了他的产权。

　　还要强调的是，一个人的支付能力，与市场中相关产品的价格有关，假如市场中有更廉价的产品可供选择，那么相当于他的支付

---

　　[1] "许多立法的效果是保护工商企业不受那些因受损害而提出各种要求的人的影响。因此，还存在许多合法的妨碍"，它指的是这样一些侵犯，如被法予阻止的话，将造成更大的社会损失，因此，应该被容忍。R. 科斯、A. 阿尔钦和 D. 诺斯等：《财产权利与制度变迁》，刘守英等译，上海：上海三联书店，人民出版社，1994 年，第 29 页。

能力提升了，这也是市场公益性的体现，假如市场上根本就没有相关产品，那么他买不到"安静"这种产品，如上所述，他只能忍受。可见，"产权明晰"只能意味着个体有权利采取"他认为最适合的手段"解决他的问题，而不是政府或法官的"产权界定"。"产权界定"在理论上不成立，一方面是因为这相当于政府无偿地给某一方赠送产品，如"安静"，这一行动缺乏正义基础，即凭什么要给一方赠送这种产品？另一方面是因为这一方法没有考虑界定的"成本"，没有回答谁为"界定"支付成本？它事实上假设界定是不需要支付代价的，是在真空中发生的，只要"界定"会增加社会总产品，那么"界定"就会自动实现。因此，产权是个体行动的结果，而非界定的结果，通过自身的行动，个体不断地改善自身的产权状态。这意味着产权的调整、个体效用的改善与社会公共利益的增进是不可分割的同一个过程，都是与个体的行动相伴随的。[1]

五、"市场的公共利益"的理论、伦理与公共政策蕴意

根据是否意识到市场的公共利益，可以把经济学分为两类，一种是没有意识到市场存在公共利益，把个体利益最大化（微观经济学）或某个总量水平，如就业水平、增长率或货币量的最优（宏观经济学）作为研究议题的经济学；另一种是意识到市场的公共利益，研究如何推进公共利益的经济学，及什么样的制度才能将个体的私欲转化为公共利益的经济学，这是真正的政治经济学问题。从

---

[1] 科斯把产权的调整作为（政府或法官）增进社会福利的"手段"。

市场公共利益的角度看，经济学不是研究"最大化"的科学或"目的-手段"的科学，而是研究不同的行动如何相协调（铰合），从而产生公共利益的科学。

微观经济学与宏观经济学都是"最大化"的科学，最大化科学的特征是寻找数据，计算最优，而"市场的公共利益"从根本上否定了经济学是一门"最大化"科学，因为"公共利益"看不见摸不着，是无法用数据衡量其价值的，比如个体从市场中获得的各种满足。因此，"成本-收益"分析只适用于微观层面，宏观层面不适用。像宏观经济学那样，把"总产出"或"充分就业"的最大作为追求的目标是不成立的，"总产出"或"充分就业"不等于"公共利益"，因为总产出可能以牺牲市场的公共利益为代价。

市场的公共利益也使我们对价格的功能有新的认识。一般认为，价格是调节供求的信号，这固然没错，但从市场的公共利益角度看，价格是把不同的行动与才能"铰合"在一起的机制，没有价格信号，不同人之间就不能协调他们彼此独立的行动。[1]

同样地，"市场公共利益"也意味着对分配问题的新认识。比如"按劳分配"，在一个企业内部可以实现，但放到一个社会中，就难以实现，一个原因是那些创造者，如盖茨、乔布斯与马云等人的贡献有很大的外部性（公共利益），很难计算出包含外部性在内的"贡献"，然后再把这种"贡献"分配给他，"按劳分配"如要在国家层面推行，必然（也是必须）否定创造性的公共利益。计划经济难实现，是因为计划经济试图在国家层面实施这样的分配制度。

[1] "价格能够帮助不同的个人协调他们所采取的彼此独立的行动"，见哈耶克著：《个人主义与经济秩序》，邓正来译，北京：生活·读书·新知三联书店，2003年，128页。

而市场经济却不需要全面地推行这样的分配制度，因为市场会以各种方式自动地给创造者的贡献计价，这个价格间接地考虑了他在"公共利益"方面的贡献。

不仅如此，"市场公共利益"这个角度也对经济学主流的"供求"分析法提出了挑战。供求平衡与市场公共利益没有什么关系，供求平衡并不意味着市场的公共利益的增加，这意味着着眼于"供求平衡"的经济政策都是值得怀疑的，"供需"与真正的经济学问题甚至是无涉的。

"市场公共利益"也有力地捍卫了自由至上主义。自由至上主义的一些批评者，如周保松、桑德尔和皮凯蒂等人，都没有看到市场的"公共利益"。比如，皮凯蒂的观点就有代表性，他认为由于投资回报率高于经济增长率，导致财富分配越来越不均衡，贫富差距越来越大，财富越来越集中在少数人手中等，这种观点没有意识到，在市场经济条件下，财产所有者只是受大众的"委托"来经营财富，他们的财富只是服务公共利益的手段，因此，贫富差距根本不是问题，重要的问题是如何完善市场机制，以使财产所有者更好地创造公共利益，让贫困者有机会改善福利。

周保松的一个观点是"有钱才有自由，财富的多寡影响自由的多寡"，听起来很有道理，但他没有注意到，有钱人更有钱，可以使穷人有钱，有钱人在变得更有钱的过程中，使商品变得更加丰富，更加便宜，从而增加了穷人的自由。又如，桑德尔说"医疗资源是我认为金钱不应当主导分配的一个领域"，[1] 他没有意识到，

---

[1] 《到底钱不该买什么——哈佛教授桑德尔接受本报专访，回应本报本章〈钱不该买什么〉所引发的质疑》，《中国青年报》，2012 年 12 月 19 日。http：//zqb. cyol. com/html/2012-12/19/nw. D110000zgqnb_20121219_2-09. htm.

让价格机制在医疗资源的分配中发挥作用，会使医疗资源的供应更为充分，价格更低，从而让多数人都能享有更好的医疗服务。

桑德尔的观念隐含资源给定不变的假定，他的分析方法是"静态的"，而非"过程的"。他的"公共的善"，与本章强调的"公共利益"在字面上相似，但有根本区别，他的"公共的善"把社群放到个体前面，是分配结果均等意义上的善，而"公共利益"强调的是个体自由行动权利，通过个体才能的发挥，最终改善所有人的利益。

"市场的公共利益"对政策也有启示。政策应着眼于使"公共利益"不断地得以产生与实现的机制。为此，要辨别"公共政策"与"公共利益"，政府的"公共政策"并不意味着"公共利益"，很多公共政策限制了个体才能的发挥，阻碍了不同行动间的"铰合"，因此恰恰是对公共利益的破坏。如政府试图直接提供公共服务的基建投资、社会保障政策与福利政策等，挤出或阻碍了私人在这些领域发挥才能，使市场价格不能出现或被扭曲。这些政策最终限制了市场中效率更高的服务的出现。

"市场的公共利益"提醒人们注意，公共政策不能立足于"公共服务"，应着眼于市场中个体行动的"铰合"，增进市场公共利益。这一方面要求为企业家才能的发挥松绑，去除限制企业家才能发挥的管制，因为"铰合"的主体是企业家，企业家发挥才能的过程就是行动"铰合"的过程，另一方面要尊重那些自发形成的，有助于"铰合"之实现的制度。

但目前一个严重的问题是片面地认为某些"公共服务"是必不可少的，而没有意识到"市场公共利益"的存在，这种观念所导致的一个结果是赋予某些政府部门或国企提供这些公共服务的特权。

这种做法很可能是得不偿失的，因为一旦政府部门或国企获得了这样的特权，就阻碍了企业家在相关领域发挥才能，这样，这些领域就与其他领域难以实现正常的"铰合"，相当于一架机器中有某些损伤的零件，从而在整体上减少了"市场的公共利益"。不仅如此，"为了公共服务的需要"也容易成为侵犯私人财产权的借口，比如在土地的征收过程中经常会出现这样的情况。

"市场公共利益"与教科书的"公共品"也是不同的概念。"公共品"这一概念暗含的是市场存在失灵，因此需要政府提供公共品去弥补或解决，它虚构了某个理想的状态，然后用这个理想状态去衡量现实，再得出"市场失灵"的结论。可见，"公共品"是一个有误导性的概念，它把人的目光吸引到了虚构的市场"不足"上，而不是市场所产生的实实在在的"公共利益"上，这一概念最终导向"破坏主义"，即对我们赖以生存的"市场公共利益"的破坏而不是增进。

结语

区分"市场的公共利益"与人们常说的"公益"非常重要，"市场的公共利益"是无意中实现的，而人们常说的"公益"是政府、企业或个体有意提供的。我们并不反对有意提供的"公益"，但这种"公益"应以不破坏"市场的公共利益"为前提。政府的公共政策应该立足于努力地提升"市场的公共利益"，立足于怎么将私利通过市场转化为公益，而不是替代市场，垄断那些本来可以由市场提供的公共服务。私有产权的公共性质提醒我们，我们并不需要通过公共产权去实现公共利益，如斯密早就提醒我们，私有产权是实现公共利益的更有效手段，因此，重要的是如何通过市场机制让私有产权的公共性发挥出来，而不是让公有产权去代替私有产权。

　　"市场的公共利益"应该是公共政策的核心，它引发两个不同层面的问题，一是政府在什么情况下提供公共服务，以及政府应该提供什么样的公共服务才不会损害甚至还能促进"市场的公共利益"；二是政府如何把"有助于增进市场公共利益"的服务有效地生产出来。这一区分表明，公共服务的"合法性"不是由大众诉求决定的，更不是政府自己决定的，而是由"它是否有助于促进市场的公共利益"决定的。因此，要在"市场公共利益"的框架下思考"公共服务"问题，政府提供的公共服务必须服务于"市场公共利益"的增进。我们不能想当然地认为政府提供"公共服务"就是好事，因为它可能会破坏"市场的公共利益"，也就是"大众的利益"。因此，"市场公共利益"引发的是一个真正的"政治经济学问题"，它要比第二个层面的问题，即"政府如何更有效地实现某个公共服务目标"这样一个技术经济学或公共管理学的问题，更为根本，也更为重要。

第十四章　大数据、认知与计划经济[*]

　　近日，阿里研究院公众号发布浙江工商大学何大安教授"大数据思维改变人类认知的经济学分析"的文章。[1]文章认为"大数据在未来有可能提供完全信息"，在大数据时代，普通人的认知将和"智慧大脑"的认知趋同。对于何大安教授的观点，本人不敢苟同。马云前段时候提出"大数据将使计划经济越来越大"，何大安教授的文章对此提供了某种理论支持，或许也是阿里研究院发布该文章的原因。但是，包括笔者在内的很多经济学者都已经对马云的观点进行了批驳，此前笔者也认为马云的这种观点已经被驳倒，不需要再去理会。但是，看了何大安教授的文章之后，觉得还有不少人，甚至还有不少经济学教授都还不明白其中的道理，对此，笔者觉得非常有必要再次进行批驳，来澄清错误的观念。这个问题之所以重要，是因为"大数据乌托邦"的观念将可能是导致改革停滞甚至后退的一个因素。

---

[*]　本章的内容首发于《浙江工商大学学报》2018 年第 5 期。

[1]　该文原发于《社会科学战线》2018 年第 1 期。何大安教授在《学术月刊》2018 年第 5 期也发了一篇名为《大数据时代政府宏观调控的思维模式》的文章，两篇文章的方法和观点都类似，本章将同时批驳这两篇文章。

一、 数据，信息与知识

我们先要对数据、信息和知识这三个概念做一个简单说明，这是下文讨论的基础。我们把数据视为客观的符号，是人们行为的历史记录，由数字或文字组成，数据可以是经过处理的，也可以是没有经过处理的。相比之下，信息是主观的，信息意味着相关主体获得了某种认识，数据是否构成信息，构成什么样的信息，都是因人而异。把一堆经济运行数据放在经济学家面前和放在医生面前，对他们来说，这堆数据的信息蕴意是大不一样的。同样，医疗数据对经济学家和医生也意味着不同的信息，这不仅与他们专业能力的差异有关，也与使用数据的目的有关。最为明显的例子是"价格"。在"价格"这种数据面前，不同的人就会有不同的反应，有的人买进，有的人卖出。显然，同样的价格数据对不同人而言有不同的含义。

以上的论述表明，数据要通过个体的头脑，经过他的理解才能转变成他的信息。数据变成什么样的信息，因人而异，因地而异，也因时而异。数据转化成什么信息，又与个体的知识有关。也就是说，在个体使用数据，将数据变成"他的信息"之前，必须事先拥有某种知识。那么什么是"知识"呢？我们说，"知识"可以理解为"因果关系的逻辑"。比如市场的成交量是数据，但帮助他从成交量中得出某个结论的逻辑是知识。

个体运用他认为有助于达到他目的的知识来处理数据，获得信息。由于知识必然与"他认为是否有助于达到他的目的"相关，所以，知识也是主观的。[1] 知识是被个体"调用"的，他用什么知识，不用什么知识，都与他自己的判断相关。换句话说，知识不是由他人塞到他脑子中，然后由他人来决定他应该使用什么知识的。概而言之，个体运用他的知识来使用数据，将数据变成信息。

通过数据分析，可以获知相关关系，但数据分析不能自动地揭示因果关系。我们的眼睛所看到的是相关关系，比如数据之间的关联，但相关关系不等于因果关系，因果关系是建立在逻辑基础上的。当个体认为某种因果关系有助于实现他的目的时，他会使用这种因果关系的知识来达到他的目的。相关关系不会告诉个体在特定情境下他应该使用什么样的因果关系。换句话说，有关因果关系的知识并不是以"客观的"方式存在于个体头脑中的。

举个例子，比如开水烫，不能喝，这是有关因果关系的知识。一个口渴的人，面对一杯热的开水，他会怎么做？他可能会等一段时间，等水凉了再喝，也可以对着开水吹气，使之快点凉。那么，个体究竟会选择哪一种方法呢？大数据能给出答案吗？我们说，虽然通过大数据或许能够得知这个人喜欢喝凉开水，不喜欢喝热开水，但无从得知他究竟会选择哪种方法，因为这牵涉到他在那个情境下对凉开水的需求有多迫切。假如他很急迫，他或许会选择后面这种方法，相反，假如他不急迫，那么他会选择前者。

这种有关"他是否急迫"的知识是主观的与个人的，也是大数据无法收集到的。比如，他突然想起医生说的话，要多喝凉开水，这样他就会等待更长时间，或吹更长时间。知识的主观性和情境性

---

[1] 有关知识的主观特征及其他特征的论述，可见哈耶克《经济学与知识》《知识在社会中的运用》以及《社会科学的事实》等文章，载哈耶克：《个人主义与经济秩序》，邓正来译，北京：生活·读书·新知三联书店，2003 年。

使大数据无能为力，比如在这个例子中，大数据不能事先判断出他是否会突然想起医生的话。每个个体在特定的情境中使用他自己认为重要的因果关系去解决他们当时的问题。所以，个体在特定情境下会遇到什么问题，或他想解决什么问题，大数据并不能给出回答。这意味着大数据永远都只是一种解决问题的辅助手段。可见，大数据本身不构成"思维"，"思维"总是"人"的思维，比如某个人的思维，数据本身不会思维。

　　大数据不能解决"知识"问题，其原因还在于自然界的因果关系和人类社会的因果关系具有不同的性质。我们可以通过对实验数据的分析，获知自然界的因果关系，但对于人类社会的因果关系，却不能通过数据分析的方法获得，而要通过对人和人的行为的理解才能获得。

　　我们认为"市场"对应于"信息"和"知识"，而"大数据"对应于"数据"。这是因为信息和知识都是人所创造的，"每一种企业家行为都无中生有地创造了新的信息"，[1] 信息和知识源于市场中的人，是人的主观活动的结果，具有主观性。"大数据"是机器的运转，它本身无法将主观的信息和知识创造出来，只能处理客观的数据。

　　何大安教授等人说"大数据思维模式的最主要特征，是从大数据中提取信息"，[2] 但我们认为，大数据本身并不自动地提取出信息，人们根据他们的知识（因果关系）从大数据中提取他认为有用

　　[1]　赫苏斯·韦尔塔·德索托：《社会主义：经济计算与企业家才能》，朱海就译，长春：吉林出版集团有限责任公司，2010 年，第 39 页。
　　[2]　何大安、杨益均：《大数据时代政府宏观调控的思维模式》，《学术月刊》，2018 年第 5 期，第 68—77 页。

的信息。概而言之，数据、信息和知识三者的关系是"人们利用知识，处理数据，获得信息"，这种关系不能倒过来，也就是说，数据本身不意味着信息，也不意味着知识。

二、 决定个体行为的是目的而非偏好

在新古典经济学和行为经济学的框架中，理性和偏好是密切相关的概念，新古典经济学假设了解了个体的偏好，就能判断个体究竟是"理性还是非理性"。[1] 在何大安教授的分析中，也正是用偏好去定义理性的，如个体的偏好满足某个给定的最大化标准（通常用函数表示），则他被视为"理性的"，否则被视为"非理性的"。[2] 我们说，通过数据分析，可以在一定程度上了解个体的偏好。但个体偏好不是固定不变的，个体拥有什么样的偏好，其实是个体"理性"（认为什么对他有利）的结果，即个体认为那样做对他有利时，个体才有那样的"偏好"，当个体不再认为那样对他有利时，他的偏好会发生变化。"偏好"只是个体行为的"体现"，本身并不决定个体的行为。那么什么决定个体的行为呢？答案是他的观念，他的目的，他认为什么是重要的，以及他认为什么是达到他

---

[1] 比如新古典经济学创始人之一维尔弗雷多·帕累托（Vilfredo Pareto）就说过一句名言"只要他把他的口味'拍摄'下来交给我们，那么他这个人是可以消失掉的"。见 Stephen Littlechild（ed.），*Austrian Economics*，Vol I，Edward Elgar，1990，p. 348 - 349.

[2] 在何大安教授及他所进入的行为经济学中，"理性"概念被作为"价值判断"来使用，这在某种程度上违背了经济学本该具有的价值中立性。相比之下，奥派经济学把"理性"作为理论公设，即作为逻辑的起点，这更符合价值中立的要求。

目的的最有效手段等，而这些都可以视为个体独有的"知识"，无法归为偏好范畴，也无法用数据去描述。

　　新古典经济学和行为经济学没有看到偏好是理性的结果，他们把人的"偏好"等同于人的行为，认为把握了人的偏好就把握了人的行为，这相当于把人当作"机器人"。新古典经济学和行为经济学最糟糕的假设无疑是"人的行为是外部因素给定的"，但显然，人的行为是"由内而外"的。换句话说，人的行为是"自发的"，不是外部因素决定的，一个人决定做什么，不做什么，不是环境使然。人为什么会决定做某事，这不能通过分析他的环境，以及他过去的行为，哪怕是即刻过去的行为获得到答案。何大安教授说"推测未来数据而形成的未来认知"，[1] 对此，我们要说的是，认知总是"现在的"，有关未来的认知状态是未来才发生的，是由未来那个时候的人们的知识决定的，也即过去的认知并不能形成有关未来的认知，不能根据过去的认知推测未来的认知，历史并不能决定一个人未来怎么做。通过数据分析，或许可以了解一个人过去和现在的偏好，但这并不意味着能够把握一个人未来的行为。个体的行动基于他对未来的判断，而不是历史数据，也即历史数据并不能告诉个体未来如何行动才是最优的。

　　人的行为有目的，人根据其目的决定选择什么手段。而人的目的又是增加自己的效用或减少自己的不适，这又取决于他的"价值排序"，即他认为放弃什么来获得什么可以增加自己的效用。价值排序完全是主观的。使用大数据并不能得知个体的价值排序，也不

―――――――――

　　[1]　何大安：《大数据思维改变人类认知的经济学分析》，《社会科学战线》，2018 年第 1 期，第 47—57 页。

能对个体的效用进行求导，计算出他的最优。

三、"智慧大脑"预设的谬误

何大安教授把大脑区分为"智慧大脑和非智慧大脑"，认为"智慧大脑只有极少数人才具备，绝大部分人（包括智人）都是非智慧大脑。"[1] 我们说，确实有的大脑在某些方面比其他大脑聪明。但任何的智慧大脑或超级电脑都不具有这样的能力去指导市场中无数个体的行为，让后者在每一时刻都实现"最优"。用哈耶克的话说，这无疑是理性的狂妄。如前所述，个体的决策是利用自己隐含的、实践的知识，这种知识是任何的超级电脑都无法收集的，因为它根本没有传递给超级电脑，实际上这种隐含知识也是无法传递的。要使普通大脑的认知与智慧大脑的认知趋同，除非智慧大脑把自己的认知强加于普通大脑，显然，这意味着奴役。

何大安教授认为，智慧大脑的认知比普通人的认知强，借助于大数据这种技术手段，让普通人去模仿智慧大脑的认知，这样可以改善普通人的认知。但是，何大安教授没有认识到，智慧大脑，比如像马云这样杰出的企业家，他们的创造性是独特的，大数据能够把马云的创造性"模仿"出来吗？产品或技术等创造性的产物可以被模仿，但创造性本身无法被模仿。创造性是人头脑中处理信息的独特机制，是每个个体特有的，并且他人也无法预测个体的创造性

---

[1] 何大安：《大数据思维改变人类认知的经济学分析》，《社会科学战线》2018年第1期，第47—57页。

在什么情况下会被使用，什么情况下不被使用，这从根本上决定了创造性的"自发性"。[1] 例如，蒙娜丽莎的画可以被不断地模仿，但达芬奇只有一位，马云也只有一位。假如通过大数据能够模仿企业家的创造性，那么2011年的一则新闻"宁波将斥资5千万培养千名'乔布斯'领军式人物"将不再是一个笑话。[2]

个体的认知是永远有限的，但这不是一个问题，个体会通过学习，不断改善他的认知。个体追求自己目标的过程就是学习的过程。这需要具备两个条件，一是个体能够自由地追求自己的目标；二是他人也能够自由地追求他们的目标。后者之所以重要，是因为只有当他人也发挥创造性才能时，才能产生有助于减少"他的无知"的知识，包括制度，也就是说，假如没有市场，个体无法减少自己的无知。也就是说，使个体的无知得以减少的是市场，因为"好"的知识或制度是在市场竞争中"筛选"出来的，没有哪个人"事先"就知道什么知识或制度是好的，如这可能的话，那么他就可以把它生产出来，灌输给个体。

这里一个关键点是，市场的筛选机制无法被复制，也无法被任何的计算机所模仿，我们也可以说这个机制是"神秘的"。而何大安教授没有看到这一点，根据他的观点，先把智慧大脑筛选出来，然后让普通大脑模仿智慧大脑，问题就解决了。在他看来，"智慧大脑"的认知能够代替"普通大脑"的认知，重要的是如何让普通大脑有效地模仿智慧大脑的认知，而"大数据"就被他看作是解决

---

[1] 哈耶克强调的社会秩序的自发性从根本上说源于个体行为的自发性。

[2] 企业家精神无法被模仿，还因为企业家精神本质上是能力和禀赋。该新闻可见《宁波将斥资5千万培养千名"乔布斯"领军式人物》，新华网（2011-10-11），http：//news．sohu．com/20111011/n321746193．shtml。

这一问题的手段。显然，他把市场处理信息的过程给忽视了，没有认识到"好"还是"不好"不是由某些智慧大脑说了算，而是由市场说了算。"智慧大脑"对数据的处理替代不了市场对信息的处理，这也是我们在本章中反复强调的。并且，还有这样一个根本性的问题，即由谁来筛选出"智慧大脑"？

何大安教授可能没有想到，有权筛选"智慧大脑"的人或组织一定会把有利于自己的"头脑"定义为"智慧大脑"，甚至直接把"自己的头脑"定义为"智慧大脑"，让其他人去服从它。在一个自由竞争的社会中，不可能在一开始就有"智慧大脑"与"普通大脑"的区分，况且没有一个智慧大脑拥有所有的知识，比如爱因斯坦，他在物理学方面造诣很深，但在经济学方面则未必。因此，用智慧大脑来解决问题的构想，无疑是"理性的狂妄"。

四、"精准推送"不意味着计划经济的可行性

何大安教授等人把"精准配置资源"视为计划经济具有可行性的一个条件。在《大数据时代政府宏观调控的思维模式》一文中，何大安教授等人说："实行计划经济的关键，在于人类能不能做到精准配置社会资源，而不是仅仅做到合理配置社会资源……计划经济的破坏性实践主要发生在工业化时代，这个时代的科技水平根本达不到精准配置资源的要求……在某些产品和服务领域出现资源精准配置的可能性，那也只是意味着在局部领域可以实行计划

经济"。[1] 他的意思是，计划经济之所以还不能实现，是因为技术水平还没有达到足够精准配置资源的程度。在大数据的帮助下，当一个社会能够做到精准配置资源时，计划经济是可能的。目前某些领域可以做到精准配置，在这些领域可以实施计划经济。当未来技术足够先进时，就可以全面推行计划经济。对此，我们要指出，计划经济不可行，不是因为无法做到精准，这一点下文将要详细阐述。在此我们首先要指出的是，"精准"一词不适用于经济领域，因为经济现象关于"价值"（效用）和"意义"，这些都是主观概念，需求是否满足只有当事人知道，局外人不能凭借对现象的观察，判断精准与否。实际上，"精准"一词的使用，就体现了"计划经济"或"宏观调控"的思维。

精准推送和精准配置资源被很多人看作是"计划经济具有可行性"的一个重要理由。在这点上，甚至包括马云在内的企业家也犯错，他们认为一旦商家知道了消费者的偏好，就可以对消费者"精准推送"他需要或喜欢的商品，认为这为计划经济的实现提供了某种可能性。但他们没有考虑到的是，商家必须利用资本市场提供的信息进行决策，也就是进行利润计算，假如某些商家发现了消费者新的需求，那么要素的价格必然发生变化，这时商家的生产活动必须进行调整，而这有赖于要素市场的运行提供的信号，去体现要素稀缺性的变化。

资本市场把企业家的判断通过价格信号的方式体现出来。所有的价格都是交换的结果，而所有的交换都是基于企业家对未来的预

---

[1] 何大安、杨益均：《大数据时代政府宏观调控的思维模式》，《学术月刊》2018 年第 5 期，第 68—77 页。

测和判断，这种预测和判断必然是多样化的，而由于大数据的运行模式是单一的和给定的，不可能代替企业家做出预测和判断，因此大数据本身不能实现"交换"，或者说，大数据不能把"价格"制造出来。这也就是说，大数据只能是企业家的工具，本身不能代替企业家的决策。

企业家决定生产什么或不生产什么，取决于他是否认为那有利可图，而不只是依据他对消费者需求的预测。假如企业家预测到消费者需求会发生变化，那么资源的稀缺性也会发生变化。把"精准推送"与"计划经济"联系在一起的观点，忽视了稀缺性的变化，因此它至多只能在虚构的、需求和要素都不变的情况下具有可能性。另外，市场如何对某个需求的变化作出反应，这不是大数据能够给出答案的，因为人的行为不是由外部信息确定的，对同一信息不同的企业家完全可以有不同的行为，比如有的企业家乐观判断，会买入，有的企业家悲观判断，会卖出等。

大数据（超级计算机）不能代替市场对信息的处理。在市场中，每时每刻都有千千万万的人在行动，在制造信息，他们按照自己的意志行动，而不按照某个统一的模式行动，这就意味着市场处理信息的模式难以用明晰的语言描述，因此也无法被大数据复制。大数据必然是按照某种事先给定的模式去处理数据，比如用什么样的数据，怎么利用数据，都是人为给定的，数据本身不能给出回答。并且，市场处理的是隐含的、分散的信息，而大数据处理的只能是明晰的、可收集的数据。

何大安教授说："传统理论的整个分析结论是建立在信息完全假设上的，而大数据思维有关人类认知变化的分析，也是建立在大数据时代有可能提供完全信息的实际基础上的……大数据的极大量、多维度和完备性给人类选择提供了完全信息的基础。"[1]何大安教授等人也说："经由大数据智能平台和机器学习，存在着获得完全信息和准确信息的可能性。"[2]然而，如前所述，信息从本质上说是主观的、实践的、分散的和隐含的，使用大数据并不能改变信息的这些基本特征，换句话说，大数据不可能"提供完全信息"。信息是企业家在行动过程中不断地发现的，以"被理解"的方式接受和利用的，主观的信息无法传递给大数据的操控者，这也意味着精准推送的不可能性。

五、　正确的进路是"利用知识"，而不是"改善认知"

何大安教授的研究进路是"利用大数据，改善个体的认知"，注意，这完全不同于"个体自己利用大数据，改善自己的认知"。在何大安教授的进路中，他预设了一个掌握正确认知或全知的主体（所谓的"智慧大脑"），并且智慧大脑比普通大脑的认知更优异，因此它的认知应该被施加于普通大脑，以改善后者的认知。我们认为，这是彻头彻尾的计划经济思维。何大安教授"用大数据改善个体的认知"的进路是错的，也是危险的。大数据无法模拟任何个体头脑的思维，也无法模拟市场的运行，特别是无法模拟市场生产并筛选知识的过程。

---

　　[1]　何大安：《大数据思维改变人类认知的经济学分析》，《社会科学战线》，2018 年第 1 期，第 47—57 页。
　　[2]　何大安、杨益均：《大数据时代政府宏观调控的思维模式》，《学术月刊》，2018 年第 5 期，第 68—77 页。

何大安教授在新古典经济学框架下阐述"理性"与"非理性"。在这个框架中，理性的含义是"最大化"，在研究方法上，表现为设定函数，然后求解最优解。从人总是追求减少自己的不适这一角度来说，"最大化"假设本身没有问题，问题在于研究者用自己设定的最大化来代替当事人的最大化，并把当事人没有实现研究者设定的最大化视为"非理性"或"认知的局限"。[1] 这是一种从研究者的角度判断个体究竟是理性还是非理性的做法。根据何大安教授的这一考察，个体有时是理性的，有时是非理性的，取决于他是否实现了研究者设定的最优目标，并运用了研究者设定的最优手段。但对此，我们不免要问，研究者怎么可能知道个体应该采取什么样的目标及手段，或者说，他怎么能对个体是不是理性做出判断？如一个人能够对他人是否理性做出判断，那他应该比后者更理性，但他怎么能保证自己一定能够做到这一点呢？

何大安教授也没去区分"非理性"和"认知不足"这两个概念，这是因为他是从局外人角度考察个体的行为的。假如我们站在当事人角度，那么会意识到个体总是理性的，他会选择自己认为效用最大的目标，并采取他认为实现该目标的最有效手段。虽然在事后，他的目标和手段的选择可能会被证明是错误的，但这时他仍然是理性的。个体总是具有一定的有关因果关系的知识，但这些知识不足以使他始终能够实现目标。所以个体具有理性并不意味着个体

---

[1] 何大安教授此前写过不少有关"理性"与"非理性"的文章。他把"理性与非理性"作为一个分析框架应用于政府产业管制、投资与宏观调控等诸多问题的讨论。如下文将要指出的，这个框架本身仍属于新古典经济学的"最大化"范畴，它适用于"单人世界"，而真实世界不是单人世界，是多人世界。对多人世界来说，效率问题是分工合作问题或协调问题（即斯密的"看不见的手"问题），"最大化"分析框架并不适用。

的选择总是正确的，也即理性和正确不能划等号，认知有限不意味着"非理性"。新古典经济学的"完备理性"假设个体总是知道正确的因果关系，因为只有这样才能达到最优或均衡。但人在现实中确实会犯错，何大安教授把这视为新古典经济学的不足，认为大数据的使用，可以改善个体的认知，有助于个体达到最优，从而弥补这一"不足"。但正如上文所说，人的认知有限性是与生俱来的，大数据无法从根本上改变这一点。更为重要的是，如前所述，大数据只能得出相关关系，不能得出因果关系，因此大数据对于改善人的认知其实帮助不大。通过数据来分析个体行为的做法在行为经济学中比较常见，但行为经济学还是属于新古典经济学范畴，它只是放宽了假设条件，比如在函数中添加了一些新的因素，然后求最大化。大数据作为技术手段，和新古典经济学或行为经济学的方法论局限其实是无涉的。

虽然任何一个个体的认知都是有限的，但个体能够"自己"选择目标和手段，换句话说，个体具有创造性，何大安教授忽视了人的这一关键特征。大数据不能替个体选择目标，也不能替个体选择手段，大数据至多只是个体选择目标或手段时的一个辅助工具。个体在决策时，首先利用的是他自己头脑中的隐含知识，他对隐含知识的处理方式无法用一个函数去表示，甚至他自己也不可能建立一个有关他自己如何处理隐含知识的函数，更不用说外部观察者了。何大安教授的观点正是预设了"已经知道个体的决策函数"，那样，剩下的只是一个"计算"的问题。显然，这种预设是不能成立的。

何大安教授的"用大数据改善个体认知"的研究进路还忽视一个重要的"激励"问题，即个体改善认知，使用大数据的激励来自哪里？在何大安教授的考察中，个体的"目标和手段"都是可以利用"大数据"来进行描述的。大数据可以描述智慧大脑的认知，个体只要通过大数据，去模仿智慧大脑的认知就可以。显然，这把个体的自我激励排除在外。在真实世界中，个体有自己的目标，并且如前所述，个体生成自己目标的机制（决策机制）不是大数据能够把握的，个体自己设定的目标为他自己的行为提供了激励，而他的认知是在追求目标中改善的，追求目标和改善认知是同一个过程。

市场的奥秘是使每个人都能够利用他人追求他们自己目标所产生的知识，也正是这些知识为个体确定自己的目标，并为个体实现自己的目标提供了可能性。换句话说，正是市场提供的知识，使个体的认知不断地得到改善。市场的知识是无数人互动产生的，用哈耶克的话说，是无意识的结果，而大数据企业或个体对既有信息的收集，是"有意的"，完全不能替代市场对信息的处理。市场创造知识的机制之所以不能被大数据模仿，是因为大数据不能将无数人互动的过程、个体在特定情况下的行动以及未来可能的行动加以模拟，个体特定情境下的行动以及未来的行动取决于他头脑中的隐含知识，这种隐含知识是大数据无法收集的。还有，知识的运用牵涉个体自己在特定情境下的最优的计算，即目标和手段的选择，而大数据是他人的计算，不能代替当事人的计算。"最优"并不具有客观性和普遍性，某人（包括"智慧大脑"）利用大数据计算出来的最优数据，只是他在特定情景下的最优，并不适用其他人。

要再次强调的是，个体的行为并不是由他有关因果关系的知识决定的，相反，是个体确定目标之后，才决定使用什么样的因果知识。比如我知道绿灯过马路比较安全，并不意味着我会去过马路，而是我决定过马路，才去利用这种知识。那么个体的目标是由什么决定的？只能说他自己决定，自发的，我们永远不知道个体决定他目标的机制是什么，假如有可以决定每个个体最优目标的机制，并且这种机制可以为"智慧大脑"所知（为大数据所模仿），那实施计划经济就具有可能性。

因此，重要的经济学问题，与其说是通过大数据寻找正确的因果关系，不如说让每个个体尽可能地发挥自己的才能，充分利用他自己有关因果关系的知识。在后面这种情况下，通过分工合作，每个个体都可以利用他人的知识。正确的进路应该是"让个体的知识得以充分利用"，而不是何大安教授提出的"改善个体的认知"。个体具有什么样的知识，他的知识是否能够达到他的目标，这不是经济学研究的对象，经济学关注什么样的制度才能使每个个体的知识加以利用。这样一种制度确实与每个人都需要知道的知识，如经济学知识相关。经济学是有关因果关系的理论知识，也是建立在先验公设之上的逻辑体系，比如人的行动意味着要使用稀缺的手段，稀缺性意味着要做出选择，选择意味着成本等等。显然，这一因果关系是科学逻辑，与行为经济学关注的那种因果关系具有不同的含义。

六、"认知"不可能趋同，也不应该趋同

何大安教授反复强调在大数据时代，非智慧大脑的认知将趋同于智慧大脑的认知，他说："在大数据时代，趋同化偏好会改变认知形成过程，消费者和投资者的认知不再是自己独立思考和理智判

断的产物，而是在趋同化偏好驱动下对智慧大脑认知的认同。"[1]他还说，"通过互联网让非智慧大脑效尤智慧大脑的认知，形成趋同化认知，从而使非智慧大脑以智慧大脑的认知为认知来选择"。[2]他认为，在大数据时代"人类的认知问题便完全成为智慧大脑对数据的搜集、整合、分类、加工和处理问题"，在这种情况下，"消费者和投资者的认知不再是自己独立思考和理智判断的产物，而是在趋同化偏好的驱动下认同智慧大脑的认知"。[3]

何大安教授的研究进路是这样的：由于人的认知是有限的，那么利用大数据，把握了智慧大脑和普通大脑的认知后，可以使"普通大脑"的认知趋同于"智慧大脑"的认知，或者说，从"非理性"变为"理性"，这样整个社会的效率就提升了。相应地，经济学的关键问题就变成如何改造人，使普通大脑的认知达到"智慧大脑"的水平。这让笔者联想到纳粹的"生命之泉计划"，[4]"智慧大脑"相当于该计划中被培育的"优质的雅利安人"，以及一些国家在计划经济时代曾实施的"劳动改造"。但我们说，人的认知不需要"被改造"，他需要的是一个能够充分发挥他的创造性的制度环境。

---

[1] 何大安：《大数据思维改变人类认知的经济学分析》，《社会科学战线》，2018年第1期，第47—57页。

[2] 何大安：《大数据思维改变人类认知的经济学分析》，《社会科学战线》，2018年第1期，第47—57页。

[3] 何大安：《大数据思维改变人类认知的经济学分析》，《社会科学战线》，2018年第1期，第47—57页。

[4] 在二战期间，希特勒创立人种优越论。在希特勒看来，雅利安人是最为高贵、纯正的人种。为了获得所谓的纯种"雅利安后代"，纳粹发起了"生命之泉"计划。人种实验室：揭秘纳粹"生育农场"，界面（2017-01-12）. https：//www.jiemian. com/article/1067037. html。

　　个体认知的改善是以一种自发的和分散的方式进行的，比如随着他习得的知识的改善而改善。而在何大安教授设想的机制中，个体的认知应以一种指令性和集中的方式改善，而这在我们看来，是最不利于改善个体认知的。另外，在我们的框架中，认知是一个"知识"问题，当个体习得有关因果关系的知识时，他就改善了自己的认知，认知的改善过程也是知识的学习、生产与利用过程。相比之下，何大安教授把认知视为一个"偏好"问题。在他看来，通过大数据，把握了个体的偏好之后，就把握了他的认知，剩下的就是如何使普通大脑的认知与智慧大脑的认知一致。

　　对此，我们说，每个个体都有共同的心智结构，但个体处理知识的模式或过程是不同的，同样的信息会被不同人以不同方式处理，在此意义上，我们说，认知对每个个体来说都是独特的。认知是隐含的信息处理方式和过程，具有独特性，我们只能习得他人的认知所生产的知识，但无法习得他人的认知。企业家才能或创造性就体现在认知的独特性上。迄今为止，已经有无数杰出人士的大量作品供我们学习，但没有人敢说他的认知和哪位杰出人士的认知是趋同的。一个人习得了所谓的"智慧大脑"所创造的知识，不意味着他的认知能够和他趋同。何大安教授认为，"在未来，智慧大脑的认知将引领非智慧大脑的认知，其结果是导致认知趋同化。"[1]但是，显而易见的是，"智慧大脑"通过他自己的认知，做他自己认为有利的事，他的认知未必适合他人。比如"智慧大脑"喜欢喝可乐，认为可乐提神，对此，"普通大脑"会"趋同"吗？除非

---

　　[1]　何大安：《大数据思维改变人类认知的经济学分析》，《社会科学战线》，2018 年第 1 期，第 47—57 页。

"普通大脑"屈服于"智慧大脑"，否则他的认知不可能与"智慧大脑"趋同。在正常情况下，不同人的认知也不可能趋同，[1] 并且认知不趋同是好事，因为不趋同才有丰富多样的世界。大数据只是帮助个体认知的手段，个体有什么样的认知，就会如何处理大数据，也就是说，大数据只是认知的结果，个体的认知变了，对大数据的处理也变了。正确的进路应该是"让个体的知识得以充分利用"，而不是何大安教授提出的"改善个体的认知"。

何大安教授认为在大数据背景下，"普通大脑"认知会向"智慧大脑"趋同，这是在他熟悉的理性与非理性框架下思考问题，即把智慧大脑设想为理性的，把非智慧大脑设想为非理性的。个体正是通过利用市场所产生的价格信号而变得"理性"的，换句话说，假如没有市场提供的信息，那么每个个体都是瞎子，任何智慧大脑都没有用武之地。所谓的智慧大脑，比如杰出的企业家，也是在市场竞争过程中被发现的。没有谁事先可以确定，谁的大脑是"智慧大脑"。值得担心的不是找不到智慧大脑，不能利用他们的知识，而是智慧大脑这种观念对市场的破坏。实际上，计划经济就预设了中央计划委员会是"智慧大脑"，是无所不知的。还有，假如有智慧大脑，那只能是"市场"这个智慧大脑，在市场面前，每个个体都是无知的，包括所谓的"智慧大脑"。特定个体的头脑，包括"智慧大脑"（大数据），绝不具有替代"市场"这个隐性的智慧大脑的可能性。因此，重要的是如何利用市场创造的知识，也即利用非特定的市场参与者创造的知识，而不是利用特定的"智慧大脑"的数据处理能力。

---

[1] 不排除在正常情况下，人们对真理的认知具有趋同性。

七、 计划经济不可行不是"技术"问题，是"经济"问题

何大安教授等人把经济体制问题视为一个"技术问题"，因此，经济体制问题的讨论可以转变成技术问题的讨论，如他们说"当我们将能不能实行计划经济与如何实行计划经济的讨论，转换为具备不具备大数据思维以及具备不具备大数据融合平台的讨论时，问题便转换成对以大数据为灵魂的科技能力的研究，而不是经济体制或模式的研究。"[1] 我们反复强调，再先进的技术，都代替不了人脑的思维，代替不了市场的知识生产和筛选机制。技术只是人们实现目的的手段，不能代替人本身。一个显而易见的事实是，假如没有私有产权，没有市场，则根本不会有数据产生，意即所有与经济活动相关的数据都是人们响应市场信号才能产生的，也就是先有了市场才有"经济数据"出现。在没有市场的情况下，他们说的什么神经系统数据和"算法"之类的只有生物意义和工程意义，没有经济意义。

何大安教授等人之所以把经济体制问题看作是一个"技术"问题，与他们把"大数据"视为"思维模式"有关，表现为他们提出了"大数据思维模式"的概念。他们说："人类从工业化时代进入大数据时代的显著标志之一，是原先依据部分信息进行逻辑推理和判断的因果思维模式，在未来将逐步转变成依据不夹带任何主观判

---

[1]　何大安、杨益均：《大数据时代政府宏观调控的思维模式》，《学术月刊》，2018 年第 5 期，第 68—77 页。

断的大数据思维模式。"[1] 我们说思维必然是"人的"，人的思维必然是"主观的"，大数据或超级计算机这是技术和机器，本身不会思维，它只是执行人的思维，而不能代替人进行思维。思维是创造性活动，不是"计算"活动，在给定程序下，大数据在最优计算方面或许优于人脑，但大数据本身不具有创造性。并且，也根本不存在"因果思维模式转变为大数据思维模式"一说，因为只要是个"人"，在任何时代，他的行动都离不开"因果思维"（知识），否则他会寸步难行，大数据至多只是他确定了因果关系之后的一个辅助手段。

何大安教授等人认为"技术"可以解决"体制"问题，他们说"大数据思维模式能够在很大程度和范围内消除政府失灵现象"，[2]这在一定程度上是把"术"和"道"的关系颠倒过来。我们说，政府失灵可以理解为政府没有达到自己的目标，其原因一般是政府选择的手段错了，这是一个知识（因果关系）问题，不是技术问题。知识问题决定了解决问题的方向，假如方向错了，那么技术再先进也是于事无补的。举个例子，比如政府打算减少赤字，但又不减少支出，这时会出现政府失灵。政府如不纠正自己的手段，仅仅依靠大数据是不能达到减少赤字的目的的。

何大安教授等人继续说，"人类究竟能不能实行计划经济，未来学家和经济学家都不能说了算，大数据和人工智能的未来发展才是最后的裁判"。对此，我们说，经济学家对"计划经济不可行"

---

[1] 何大安、杨益均：《大数据时代政府宏观调控的思维模式》，《学术月刊》，2018 年第 5 期，第 68—77 页。

[2] 何大安、杨益均：《大数据时代政府宏观调控的思维模式》，《学术月刊》，2018 年第 5 期，第 68—77 页。

完全可以说了算，因为"计划经济不可行"是经济学基于"人的行为"所揭示的基本真理，否定了这一点，也就否定了经济学的最基本常识和最基本的意义。

结语

在本章中，我们强调两点，一是大数据不能模仿"人的行为"。个体具有创造性，个体在"目的-手段"框架下行动，个体为什么会产生某个想法，这是大数据不能模仿的。我们不能赞同新古典经济学和行为经济学的一个基本假设，即人的行为是由偏好决定的，而个体偏好又可以通过分析其历史数据得到，[1] 这样，当通过大数据分析可以得到个体的偏好，进而改善个体的偏好时，整个社会的福利水平将提升。我们指出"改善个体认知"的进路是错的，利用知识的进路才是对的。并且，前者必然意味着强制，而后者是指向自由的。

二是大数据不能模仿"市场"。市场生产和筛选知识的机制不能被大数据模仿。何大安教授受新古典经济学和行为经济学的影响，从"单人世界"的角度去理解市场，把"市场"视为一个最大化问题，典型的是他提出"智慧大脑"和"普通大脑"概念，市场由这两种大脑构成，"智慧大脑"的认知高于"普通大脑"，需要解决的问题是如何通过大数据，让普通大脑的认知向智慧大脑趋同。而我们则认为市场是"多人世界"，是无数人互动和交换的过程，数据、信息和知识在互动中产生，重要的是发挥个体的创造性，把

---

[1] 这里有必要再次强调，不能从"偏好"中推出"利益"，恰恰相反，是个体"认为什么对他有利"，才有那样的"偏好"。

隐含知识利用起来。智慧大脑可能在解决某些给定的问题上有优势，但对于无数个体在他们特定情景中面临的、事先无法预见的问题上，智慧大脑并不具有优势。所以，市场不是认知的趋同问题，而是知识利用问题。

何大安教授有关大数据、认知与计划经济的论述仍然是在新古典经济学"给定约束下的最大化"框架下看问题。他没有认识到计划经济不是一个技术问题，而是一个错误的认识论问题。新古典主义经济学和行为经济学把人的理性理解为偏好，把主观的信息和知识理解为客观的数据，这使他们无法理解市场，也是他们错误的计划经济思维的根源。分散在无数人头脑中的知识不可能为某些超级计算机所掌握。大数据只是工具，不能代替个人对信息的处理，更不能代替市场对信息的处理。我们要特别警惕有了人工智能之后，市场可以被替代、可以不需要进行产权改革了这样的错误观念。也即，要防止计划经济的幽灵，借助于大数据回归。

附一："大数据"会颠覆经济学吗*

浙江工商大学资深教授何大安教授（以下简称何教授）在《社会科学战线》2020 年第三期上发表文章《大数据革命与经济学创新》，认为大数据革命对经济学理论具有颠覆性，并且也使计划经济具有可行性。对他提出的这个问题，笔者在 2018 年已经和他商

---

* 本文写于 2020 年 4 月，首发于笔者的个人微信公众号"奥地利学派经济学评论"。

榷过一次，论文也发表了，可是，这次何教授仍旧刊发同样的观点。由于何教授的观点在经济学界有普遍性，并且这个问题涉及对经济学和市场基本问题的认识，与经济制度的未来走向有相当的关系。因此，笔者觉得非常有必要再度澄清这个问题。

完全信息与完备信息

何教授认为"大数据使完全信息和完备信息有可能"，这是他整个理论的出发点，在该文的摘要中，他说："由于大数据革命有可能给人类提供完全信息和准确信息，因而对于经济学理论具有颠覆性。主流经济学的基础理论以及与此相关的应用理论都是建立在不完全信息之上的，如果人类能够得到完全信息和准确信息，现有经济学理论将出现危机而需创新。"[1] 在文章中，他也提到"大数据革命显现了科技进步提供完全信息和准确信息的端倪"。[2]

他认为，不仅厂商有可能获得完备信息，政府也有可能获得完备信息，"中央政府获取资源配置的完全信息和准确信息，是社会总供给和总需求及其结构的宏观层面上的完全信息和准确信息。"[3] 由于中央政府能够获得这样的完备信息，他认为"政府宏观调控对确定企业产量仍然有十分重要的调节作用。"[4]

对此，首先笔者认为"完全信息"的概念是模糊的。什么叫完

[1] 何大安：《大数据革命与经济学创新》，《社会科学战线》，2020 年第 3 期，第 47 页。

[2] 何大安：《大数据革命与经济学创新》，《社会科学战线》，2020 年第 3 期，第 49 页。

[3] 何大安：《大数据革命与经济学创新》，《社会科学战线》，2020 年第 3 期，第 57－58 页。

[4] 何大安：《大数据革命与经济学创新》，《社会科学战线》，2020 年第 3 期，第 58 页。

全信息，什么叫不完全信息，以什么为参照？事实上，"完全信息"的概念并不成立，因为对个体行动而言，他只能利用他当时所能获得的信息，他不能肯定他得到的信息究竟是完全的还是不完全的，他只是"估计"他的手段能否达到他的目标，其中信息属于手段范畴。并且，对个体来说，并没有客观给定的完全信息，因为信息还是要经过他的处理，经过他的判断。另外，"完全信息"是站在局外人来看的，而不是从当事人的角度来看，并且也是"事后的"，即局外人在事后认为那些数据对他来说是"完备"的。在事前，即便是局外人也不知道信息是不是"完全"。

其次，"准确信息"更是从局外人从事后角度出发得出的一个概念。当事人在决策时怎么知道自己的信息准确与否。他只能对信息准确与否做出判断。实际上，他关心的并不是信息准确还是不准确，而是对他有没有用。经济学的出发点不是"准确"或"完全"，而是"价值"。

另外，在现实中，除非我们已经知道一个人需要什么信息，那么才可能为他提供"完备信息"或"准确信息"，但是，即便借助于大数据，我们也不可能知道一个人需要什么信息，因为这样的信息是在一个人的"心"里面的。

如把市场中个体孤立地考察，即这些个体在实现自己的目标或选择手段时互不影响，并且假设都知道他们的目标（手段），同时也不存在稀缺性，那么，大数据可以帮助这些个体"一一地"实现自己的目标。但是，这不是经济学，因为这种假设和现实不符，在现实中不同个体之间的目标（手段）不是孤立的，而是冲突的（稀缺性），即存在如何兼容与如何协调的问题，正是目标（手段）的冲突性或兼容性才产生了经济学问题。而何教授的讨论和这个目标

（手段）的兼容性问题完全无涉，这也意味着把真正的经济学问题
排除在外了。

人的行动并不是由信息决定的，或者说，信息本身并不直接决
定人的行动。人是根据自己的目标，通过对信息的"理解"，才决
定如何行动的，即不能从"信息"直接跨到"决策"。何教授正是
做了这样的跨越，他假设人的决策函数是给定的，因此剩下的就是
信息多寡的问题，获得的信息多了，人就"理性了"。这个假设显
然不成立，对此下面还将作出说明。

人的"无知性"不是一个"数据"问题

何教授把理性视为一个信息问题，如"有限理性"是指难以获
得实现目标所需的信息，何教授正是在此基础上推论，认为具备
完备信息（有了大数据）之后，将改变经济学的基本假设，即有限
理性。但人的有限理性并不是因为信息不完全，而是决策能力有
限，或者说缺乏企业家精神，因此具备完备信息，也不可能使"有
限理性"的特征有所改变。

重要的不是信息本身，而是人们如何认识信息，或者说，信息
的价值不是给定的，而是取决于人怎么理解它。如认为可以从信息
中得出某个"最优"，可以根据信息替人做出最优安排，就是否定
了人作为人的根本特征，即人的理解力、认识能力和创造力，把人
机械化。

在新古典经济学中，完全信息或非完全信息是一个"方法论"
层面的"假设"，是为均衡服务的理论工具，而不是一个现实的
"缺陷"。或者说，这个方法论层面的假设和"现实"是无涉的，即
"非完全信息"并不是因为人在"现实"中不可能做到完全信息，

所以才做出的假设。而何教授认为，这个"非完全信息"是一个与现实（技术）问题相关的假设，是因为当时技术条件不够，才使经济学家做出了"非完备信息"的假设，现在的技术进步了，这个"非完备信息"的假设就不适用了，就应该做出修改。这是混淆了理论（假设）和现实。

何教授还认为，借助于大数据，普通人可以和精英趋同，"大众群体会以精英群体的偏好函数为自己的偏好函数，以精英群体的认知函数为自己的认知函数，以精英群体的效用函数为自己的效用函数"，[1] 从而"可以把这两大群体的偏好函数、认知函数和效用函数置于一个趋同化框架进行研究"。[2]

何大安教授没有认识到，企业家的创造性是独特的，借助于大数据，普通人能够模仿马云的创造性吗？产品或技术等是创造性的产物，可以被模仿，但创造性本身无法被模仿。并且一个人的经历也无法复制。创造性是人头脑中处理信息的独特机制，是每个个体特有的。受新古典经济学影响，何教授没有认识到人的创造性不是函数概念，无法用一个程序刻画出来，然后把它"移植到"普通人身上，使普通人也成为精英。

信息（数据）不可能改变人的无知性，这是由人的决策能力的有限性决定的。人的无知性是固有的，新古典经济学实际上预设了人在决策能力上是没有问题的，问题只是输入的信息完备与否或准确与否。当通过大数据解决了信息问题，就可以做到"无所不知"。

---

[1] 何大安：《大数据革命与经济学创新》，《社会科学战线》，2020 年第 3 期，第 51 页。

[2] 何大安：《大数据革命与经济学创新》，《社会科学战线》，2020 年第 3 期，第 51 页。

何教授也是受这种理论的影响，即把重点放到了信息（数据）问题上。

人的"无知性"不是一个数据问题，而是人固有的本性。只要人有自己的想法，根据自己的想法行动，那就有不确定性，有不确定性，就意味着无知性的必然存在。数据消除人的无知，只有在一种情况下才可能存在，就是不允许个体有自己的想法，从而消除不确定性。

何教授的"新科技型计划经济"是建立在掌握"未来数据"的基础上的，他在文章中提出了"未来数据"的概念，认为"大数据＝历史数据＋现期数据＋未来数据"。[1]但是，会有"未来数据"吗？未来的数据是未来人们行动的产物，未来的行动还没有发生，怎么可能有数据呢？如有未来数据，那还有不确定性吗？即未来数据和不确定性是相冲突的。数据总是对过去的记录。

"新科技型计划模式"

何教授在文章中提出了"新科技型计划模式"概念，认为大数据可以使计划经济重新变得可能，他说："如果人类能够获取完全信息和准确信息，那么人类经济决策就可以按计划行事……从理论上把未来有可能实施的计划经济解说成一种由大数据革命决定的新科技计划模式，解读人类获得完全信息和准确信息的途径和方法，构建一个由新科技决定的全新理论分析框架，以区别于我们以前认

---

[1]　何大安：《大数据革命与经济学创新》，《社会科学战线》，2020 年第 3 期，第 52 页。

知的中央集权式行政型计划经济模式。"[1] 他还说："经济学家以新科技为底蕴的有关计划经济理论的创新，不是在原有计划经济理论框架内的修补，而是重塑原有的计划经济理论框架，建立起新的假设前提、参照系和分析方法。"[2]

我们说，大数据不可能使任何版本的计划经济具有可行性。重要的数据是一种隐含知识，计划者不可能收集，大数据不能代替个体的自主决策，如前面所强调的，人的决策不是可以用程序刻画的。如要推行这样的计划经济，势必要限制个体的自主决策，让个体遵从某个给定的"最优"。这意味着什么？这样的社会是可以期待的吗？

何教授认为利用大数据，掌握准确的信息，就可以把市场价格计算出来，但是，市场价格能不能用大数据计算出来呢？这种思维假设计划者能够掌握所有人的供求信息，并且这种信息是不变的，人的行动模式是给定的或可以预测的，能够根据过去的数据推断一个人未来会怎么做，从而满足他的需求。它还假设人的行动完全是由输入的数据决定的，没有自己的决策。在这种情况下，价格问题就变成一个数据问题，可以用数据计算出价格，但这些假设显然是不成立的。

企业家利用过去的价格，估计未来的价格，并且产生现在的价格，价格是企业家判断和行动的产物。大数据不能替企业家做出判断。如本章一直强调的，企业家的决策或判断是不能"程序化"

---

[1] 何大安：《大数据革命与经济学创新》，《社会科学战线》，2020 年第 3 期，第 57 页。

[2] 何大安：《大数据革命与经济学创新》，《社会科学战线》，2020 年第 3 期，第 58 页。

的。如明白价格是企业家判断和行动的产物，那我们就清楚大数据无法计算出市场价格，因为大数据或人工智能代替不了企业家。

何教授也误解了"价格配置资源"。在市场中，价格是通过进入企业家的经济计算，并进而通过企业家的行动来实现资源配置的，即价格对资源的配置不是"自动"进行的。这种配置当然也是分散进行的。并且，在现实中也不存在市场出清的均衡价格。或者说，"价格"是通过灵活波动，指引企业家的行动的方式发挥作用的，而不是通过一种"出清"的方式发挥作用的。

新古典市场理论是建立在"假想"的均衡之上的。作为参照，均衡理论一定程度上是可以帮助人们理解真实市场的，但何教授的问题是把均衡直接套用于"真实"的市场，让真实的市场去满足均衡的要求。他设想，有了大数据之后，均衡就可以实现了，计划经济就可行了。

结语

大数据作为技术，会对产业发展产生影响，但这种影响并不包含理论创新的需要，经济学理论的进步不是技术进步的结果，而是理论家思考、创新的结果。假如"大数据"是推动经济学变革的因素，那么在每一次重大技术进步，如发明电报、电话或电脑的时候，或从马车到汽车，都会产生经济学的变革，但相应的变革并没有发生，这也说明技术变革不构成经济理论变革的驱动因素。何教授认为大数据有可能颠覆经济学，并产生新版本的计划经济，这些观点显然是难以成立的。

附二：数字经济的理论基础[1]

数字经济是目前人们讨论比较多的一种现象。数字经济是否会成为具有变革性的力量，取决于人们对它的认识，赋予它的意义，而这种认识与意义的赋予又与人们所掌握的经济学知识相关，错误的经济学知识将会产生相反的效果。下面将首先说明数字经济的认识论基础，然后在此基础上说明数字经济包含的两个过程。

一、对数字经济的认识应从人的"无知性"出发

目前学界对数字经济的认识是以"有限理性"假设为基础的，笔者认为这是错误的和危险的。对数字经济的认识应该从人的"无知性"出发。下面说明"无知"和"有限理性"的区别，并以此来说明数字经济的理论基础。

很多人没有很好地区分"有限理性"和"无知"这两个概念，把两者混同起来，以为"无知"就是"有限理性"，"有限理性"就是"无知"。其实两者有着根本的不同。哈耶克强调的"无知"与新古典经济学的"有限理性"完全不是一回事。

"有限理性"假设实际上把人脑简化为计算机，它假设人已经有了最优的决策程序，最优的目标也已经存在，剩下的只是一个计算能力不足和获取数据的问题，解决了这个问题，就可以实现最优。

---

[1] 本文写于 2020 年 12 月，首发于笔者的个人微信公众号"奥地利学派经济学评论"。

这是为什么新古典经济学者认为，当用大数据或人工智能解决了人的计算能力和数据获取问题时，便"有可能实现完全理性"。如何大安教授，他最近写了多篇有关数字经济的文章，但都是从"有限理性"出发的。基于这一假设，何大安教授认为由于大数据有可能使人变得完全理性，从而改变主流经济学"不完全信息"这一理论基础，因此"现有的经济学理论将出现危机而需要创新"。[1]

实际上，新古典经济学的"有限理性"假设和"完全理性"假设是没有根本区别的，因为都不涉及判断、知识利用和决策的问题，区别仅在于能不能获得足够的信息，以及获得信息的成本。因此，大数据对新古典经济学本身不会有任何的改变或挑战。

事实上，人面临的首要问题并不是信息问题或获取数据的问题，而是如何选择自己的目标和选择实现该目的的手段的问题，也就是说，他是无知的，他首先面临的是一个"知识"问题，而不是一个"信息"问题。那种最优决策只存在于经济学的想象中，经济学家也不可能替他做出最优决策。

个体在面临不确定性时，才会出现知识利用问题和发挥企业家才能的问题。但是在有限理性的框架中是没有不确定性的，也没有知识利用问题的，个体面临的只是一个计算能力的问题和获取信息的问题。

"无知性"是内在于人本身的，人的无知性完全不会因为数字技术的使用而消除。人面对不确定性，他要决策，他只能利用他有

---

[1] 何大安：《大数据革命与经济学创新》，《社会科学战线》，2020年第3期，第47页。

限的知识。他可能会犯错，他要不断尝试。经济的根本问题是如何使个体充分利用其知识，习得新知识的问题，而不是一个假设最优目标已知的情况下，获取最优信息的问题。

之所以要把"数字经济"的问题放到"无知性"的背景下来讨论，而不能放到"有限理性"的背景下来讨论，还因为"有限理性"把数字经济问题变成一个纯技术问题，认为当技术水平提高了，经济就发展了，这完全是错误认识，因为这是"一人世界"的经济学。虽然"经济"的含义确实是"效率"，但是当我们谈论数字经济的时候，它不应该是指"一人世界"的效率，而是"多人世界"的效率。确实，在"一人世界"中，技术水平提高了，他的效率（生产力）就提高了，但在"多人世界"（市场）中则并非如此。"多人世界"中的效率还取决于规则或制度，而不仅是技术水平的高低。因为规则或制度决定了企业家在多大程度上能够发挥才能，从而决定分工合作的水平，而分工合作的水平直接决定了个体的生活水平。

知识问题先于技术问题。当个体认识到数字技术能够解决他的某个问题时，他才会选择使用数字技术。或者说，数字技术的使用是第二层面的，它只是作为一种技术被人使用，而不能代替人对目的和手段的选择。是先有了人的选择，才有了数字技术的使用，而不是说，数字技术的使用解决了人的选择问题。目前对"数字经济"的流行认识似乎把这种关系颠倒过来了。我们知道，"经济"是因为"人的选择"才出现的，当人的选择被排除在外时，也就没有什么"经济"或"数字经济"的问题。

"有限理性"的理论框架把"多人世界"的问题简化为"一人世界"的问题，把数字经济的问题变成一个如何更好地利用数字技术的问题，存在着对"经济"概念的极大误解，甚至可以说是"反经济"的。如果是"反经济"的，那么，自然地也是违反"数字经济"这个概念本身的。

目前对数字经济的流行认识还隐含了这样一层意思，即"数字化就是好，你们应该数字化"，其隐含的逻辑，正是何大安教授所认为"大数据会减少人的有限理性，有可能使人变得完全理性"。但是，显然，经济学家不能替企业家决策，告诉他是否应该采用数字化技术，企业家是否选择数字化技术，完全是根据他自己的成本收益来做出的，采用大数据对他来说经济上未必是划算的。

这一问题之所以重要，正是因为很多人对"经济"概念存在根本的误解，他们错误地以为只要多使用数字技术，"经济"就会好，而事实上经济的好坏在于企业家能否充分地发挥才能。数字技术是企业家发现利润机会之后才会被企业家所使用的，它只是一个辅助手段。只有当某种"数字"技术被企业家选择时，我们才能说它会产生某种"经济"的效果。因此，数字经济的"经济性"只有在"自发"的条件下才成立，相反，如果数字经济不是一种自发产生的现象，而是在人为的推动下产生的，如通过补贴产生的，那么它就不能被认为是"经济的"。

制度先于（数字）技术。一个扩展的、有助于分工合作的制度体系为企业家发现利润机会，进而为企业家使用数字技术提供了可能，而不是说企业家有了数字技术，就有了利润机会。因此，"数字经济"首先是"经济"问题，而不是"数字"问题。只有当我们准确地理解了什么是"经济"时，才能准地理解什么是"数字经济"。

二、数字经济包含两个"知识过程"

上文阐述了数字经济的认识论基础是"无知"。"无知"意味着"知识"的利用，因为我们要利用知识才能不断地减少我们的无知性，尽管无知性是永远无法消除的。从"知识"的角度看，数字经济包括两个过程，一是"隐含知识"变成"明晰知识"的过程，二是"明晰知识"变成"数字化知识"的过程。这两个知识转化过程也是企业家的行动过程，下文将予以具体说明。

第一个知识过程是把头脑中的隐含知识转化成明晰知识的过程，这也是生产产品的过程。如写文章，编程序，设计一件产品等等都是这种知识的转化。通过这个过程，把未编码知识转化为编码知识。知识编码之后，才可以传递给其他人。产品就是一种已经明晰化了的知识，也是知识的载体，销售产品也是传递知识。这个知识转化过程是发生在头脑中的"行动"，是数字技术无法替代的，即数字技术无法代替人脑从事知识创造。生产什么产品，如何生产，都是在人的头脑中实现的。

第二个知识过程是把明晰知识变成数字知识的过程。"数字化"发生在这个阶段，而不是发生在第一阶段。通过数字技术，对产品和生产过程进行数字化。当然，数字化的不仅是产品本身，还包括从生产到销售各个环节的数字化。当企业家认为这些环节可以使用数字技术，并且有利可图，他就会进行数字化。

目前数字技术的使用已经很普遍。例如，在电商领域，消费者可以很方便地追踪自己购买的商品的物流过程。这些数据被采集，根本原因是消费者有需求，企业家满足了消费者对这些数字的需求。当企业家看到消费者的需求，使用数字技术的时候，才出现所谓的"数字经济"。

　　这两个阶段都涉及企业家的判断，都涉及企业家市场知识的利用。但这两种判断并不相同。在第一个阶段，企业家要判断产品有没有市场，从而决定生产什么产品。在第二个阶段，企业家判断要不要把产品数字化，以便利生产和销售。

　　数字化之所以有助于提高生产效率，是因为数字化使知识进一步明晰化。门格尔把知识视为经济发展的根本原因，因为知识是一种"因果关系"，即知识是"有关利用什么可以产生什么的"。对知识的利用实现了高级财货向低级财货的转变，也就是将要素变成产品。任何生产要素，只有融入知识之后，才会成为资本。资本只是知识的载体。生产过程是使用资本的过程，也是利用知识的过程，新的知识也会产生新的产品。知识之所以能够促进经济发展，除了这个"因果关系"的因素之外，还因为重复使用知识的成本很低，如你的知识被其他人拿去用，他就不需要再花钱去开发。由于数字技术将知识更加明晰化，因此它使知识在"因果关系"和"复制"这两个方面的强大作用都得到了进一步的推动。

　　数字技术虽然不生产新知识，但可以帮助企业家解决他们遇到的问题，因为它使知识的利用变得更加快捷。如在制造领域，对生产工艺进行数字化改造后，提高了自动化操作的可能性或生产效率，甚至可以大大减少工人的数量，也提高生产的精准程度。在销售领域，数字化促进了精准销售。如在电商平台上，大数据通过你的购买记录计算你的偏好，进行商品推送，这都是通过数字化自动实现的。

　　要说明的是，数字经济的发展水平不是由数字技术决定的，而是由企业家的行动决定的。如南方地区的数字经济比北方地区更发达，主要不是因为南方的科技发达，而是南方的市场环境相对更优越，企业家愿意投资数字技术。数字技术本身不意味着价值，它的价值需要被企业家发现，当企业家发现数字技术有助于实现他的目标时，他才会投资资本，使用数字技术。也就是说，没有价值的发现，就没有数字技术相关资本的投入，没有数字技术相关资本的投入，也就不会出现数字经济。因此，对数字经济的发展来说，一个有利于企业家发现利润机会的环境是非常关键的。

以上两个知识过程表明，数字技术不等于数字经济，数字经济是企业家使用数字技术的结果。数字经济的发展取决于上述两个过程，即首先要生产出产品或服务；其次是企业家是否会用数字技术将它数字化，推向市场。如没有产品，数字经济将是无本之木，无源之水。如产品没有和数字技术结合，也不会出现数字经济。从根本上说，数字经济是企业家行动的结果，它绝不是一个单纯的技术问题，而是嵌入在整个经济环境中的。

结语

我们不能把"数字经济"理解为"经济的数字化"，这只是技术层面的理解。它首先是"经济"，也就是企业家对价值的发现，然后才是数字技术的利用。因此，数字经济是"价值"驱动的，而不是"技术"驱动的。为企业家发现价值创造条件，就是促进数字经济的发展。也惟有如此，数字经济才不只是一个产业概念，而成为变革性的力量。

第四篇

「行动—规则」框架的应用

第十五章　企业家与经济增长

　　在过去的几十年中，中国经济保持了高速增长，这种增长的势头能否持续是人们非常关注的问题。本章从企业家的视角进行分析，认为依靠要素投入、资本积累和技术引进的经济增长都是不可能持续的，经济持续增长的源泉是企业家才能的不断释放。

一、　新增长理论及其局限

　　怎么解释经济增长一直是经济学家感兴趣的一个问题。古典和新古典经济学家强调储蓄与资本积累，但是随着经济学的发展，经济学家越来越认识到资本积累不能解释经济增长，特别是索洛在1957 年的论文，更是使人们对经济增长有新的认识。索洛发现资本和劳动的投入只能解释 12.5％左右的产出，另外的 87.5％的产出无法用资本和劳动的投入来解释。不能用劳动和资本投入解释的部分被称为"全要素生产率"，成为后来经济学家衡量某地区或某国家经济增长质量的重要指标。索洛注意到"全要素生产率"的主要构成因素是"技术进步"，但在索洛的模型中"技术进步"只是一个外生变量，这种做法显然不能令人满意，几十年来经济学家一直试图将技术进步和影响技术进步的因素内生化，新增长理论（又称内生增长理论）就是沿着这个方向发展起来的。

新增长理论的创始人是罗默和卢卡斯。罗默强调的是"知识"，在罗默的第一代模型中，他假设知识具有外溢效应，知识溢出将导致收益递增，但知识是在资本积累过程中被动产生的，产品是同质的，知识是无差别的，或者说他采取的是完全竞争假设，在罗默的第二代模型中，他对模型进行了修正，在垄断竞争的条件下研究知识与经济增长的关系，在这个模型中，他假定技术进步表现为新型资本品或消费品的不断出现，他的第二代模型也称为知识驱动模型。与罗默不同，卢卡斯认为技术进步的形式是人力资本积累，他在《为何资本不从富国流向穷国》一书中认为："从传统农业向现代化增长的经济转型的关键在于人力资本积累率的提高"。[1] 他认为知识的积累体现在人力资本的积累上，人力资本积累是经济增长的主要因素，"增长的主要动力是人力资本积累——即知识积累——各国生活水平的差距主要也源于人力资本差异。物质资本积累是必不可少的，但显然只起到补充作用。"[2] 内生增长理论的另一研究路线是认为技术进步表现为产品质量的提高，这种研究方法的代表人物是是格罗斯曼（Grossman，G. M）和赫尔普曼（Helpman，E)，"在这种模型中，产品质量逐步改进。每种新产品高度可

---

[1] 卢卡斯：《为何资本不从富国流向穷国》，罗汉等译，南京：江苏人民出版社，2005 年，第 17 页。

[2] 卢卡斯：《为何资本不从富国流向穷国》，罗汉等译，南京：江苏人民出版社，2005 年，第 104 页。

替代质量较低的一种类似产品，但很少能替代其他产品"。[1]赫尔普曼等得出的结论与索罗（Solow，R. M）得出的结论是相似的，即都认为影响经济增长的主要因素不是资本积累而是全要素生产率的增长，发达国家与发展中国家的差距是因为发达国家对创新进行了投资。[2]

实际上新古典经济学也早就指出，如果经济增长仅仅是依靠要素的投入，那么必然会遭遇边际收益递减的命运，由于边际收益递减，经济增长也将不可持续。只有通过创新或者说技术进步才能避免要素收益递减的限制，就此而言，新增长理论与新古典理论有异曲同工之妙。[3]抛开资本积累，而转向内生的技术进步和创新，是新增长理论的重要贡献，但是，这种理论仍然不能使我们满意，因为它没能回答经济增长背后的驱动力究竟是什么？新增长理论把增长主要归为创新或技术进步，但是创新、技术进步及人力资本积累只是结果，究竟是什么导致了创新或技术进步，它没有回答。鲍莫尔教授做了一个比喻，在宏观经济内生增长模型中漏掉了"丹麦王子"，"这些模型告诉我们许多有关创新与增长方面的知识，但是它们却没能解释自由市场经济增长历史最显著、最非凡的特征，即自由市场经济无以媲美的成就。"[4]技术进步就一定能带来经济增长吗？显然我们可以找到有技术进步但没有经济增长或经济不能持

[1] E·赫尔普曼：《经济增长的秘密》，王世华译，北京：中国人民大学出版社，2007年，第41页。

[2] E·赫尔普曼：《经济增长的秘密》，王世华译，北京：中国人民大学出版社，2007年，第72页。

[3] 但在分析方法上，罗默第二代模型之后的新增长理论应用的不是新古典经济学的边际分析而是杨小凯的超边际分析。

[4] 威廉·鲍莫尔：《创新的微观经济学：市场经济的增长引擎》，《南大商学评论》第十辑，第125页。

续增长的反例。比如计划经济时代的苏联，有大批高素质的人才，人力资本积累和技术进步并不落后美国多少，但经济状况却不断恶化，最终导致国家解体。中国中西部的陕西等省份技术、人才等指标均超过东部的浙江、江苏，但是经济发展水平却相对落后。所以我们认为，无论是用知识、技术抑或人力资本，对经济增长的解释都是不充分的。换言之，新增长理论对"知识"、"技术"及"创新"等概念的理解是狭隘的。

在某种意义上，新增长理论的研究还没有超越新古典增长理论，这两大理论都是在"要素"层面研究增长问题，无非是新古典理论强调的是要素量的增加，而新增长理论强调的是要素质量的改善，或者说，新增长理论是用创新的人力资本、技术和知识等要素替代了传统理论中没有创新的资本和劳动力等要素而已。那么，经济增长中的哈姆雷特究竟是谁？或者说，究竟是谁推动了创新？答案是企业家。

二、 经济增长与两种不同类型的企业家

讲到企业家与经济增长的关系，我们自然会想到熊彼特以及他在《经济发展理论》中的论述，但是他理解的企业家，或者说他所描述的那一类企业家对经济持续增长的解释是不充分的。

"熊彼特企业家"对经济持续增长的解释是不充分的

在熊彼特的笔下，企业家是打破均衡状态的力量，但是打破均衡并不意味着经济的持续增长。熊彼特本人关注的不是"增长"，

而是"发展",他考察了企业家与发展的关系,而并没有考察企业家与增长的关系。"增长"与"发展"在他熊彼特的眼中有不同含义,"增长"在熊彼特看来是连续的微小的变化,是'新组合'通过小步骤的不断调整从旧组合中产生,[1] 而"发展"是一种跳跃式的变化,是对旧组合的否定,"而新组合间断地出现的时候,那么具有发展特点的现象就出现了"。[2] "发展"是具有"创造性破坏"特征的,执行这种职能的就是"企业家"。在《经济发展理论》中,他给出了"新组合"的五种情况,分别是采用一种新的产品、采用一种新的生产方法、开辟一个新的市场、掠取或控制原材料或半制成品的一种新的供应来源以及实现任何一种工业的新的组织。[3] 他把新组合的实现称为"企业",把职能是实现新组合的人们称为"企业家"。[4] 这种具有创造性破坏特征的"发展"与本章研究的"增长"没有必然的联系。创造性破坏并非经济持续增长的前提条件,创造性破坏也并不必然导致经济的持续增长。工业革命可以看做是创造性破坏的具体例子,我们不能否认三次工业革命(突变式技术创新)在经济增长中的作用,但是绝不能说工业革命之后持续几十年乃至上百年的增长都归为工业革命的结果。熊彼特强调的是非连续的突变式的创新,而演化经济学的研究已经表明,持续的改善才是经济增长的动力。罗斯巴德也指出企业家活动主要是由"小调整"所构成的,熊彼特对企业家的理解是片面的,他批

---

[1] 熊彼特:《经济发展理论》,何畏等译,北京:商务印书馆,2000年,第73页。要指出的是,他所说的"增长"与本章主题中的"增长"含义基本一致。

[2] 熊彼特:《经济发展理论》,何畏等译,北京:商务印书馆,2000年,第73页。

[3] 熊彼特:《经济发展理论》,何畏等译,北京:商务印书馆,2000年,第73页。

[4] 熊彼特:《经济发展理论》,何畏等译,北京:商务印书馆,2000年,第83页。

评道"熊彼特关于企业家地位的观点——通常被认为是他最重要的贡献——十分狭隘和片面。他只是认为企业家进行创新，为创新建立新的企业等。实际上，企业家在不断工作，根据将来不确定的需求和供给状况一直进行调整，包括创新产生的结果"。[1]

在熊彼特看来，作为"人"的企业家其创新功能最终会丧失，企业家的创新职能会被官僚组织的计划取代。在《资本主义、社会主义与民主》一书中，熊彼特对此做了深刻的说明，他说："完全官僚化了的巨型工业单位不但驱逐中小型企业，'剥夺'其业主，而且到最后它还会撵走企业家，剥夺作为一个阶级的资产阶级。"[2]"这种社会职能的重要性正在丧失，即使经济过程本身——企业家精神是主要推动力——继续不减缓地进行下去，在今后，其重要性必定还会加速丧失。这是因为，一方面做不属于熟悉的日常事务的事情现在比过去容易得多——革新本身已降为日常事务了。技术进步越来越成为受过训练的专家小组的业务，他们制成所需要的东西，使它以可以预计的方式运行。早期的商业性冒险的浪漫气氛正在很快消失，因为许许多多事情现在都能严密计算，而在过去，必须要有天才的闪光才能看出它来"。[3]这段话表明，在熊彼特看来，专家的理性计算最终会替代企业家。其实早在《经济发展理论》一书中，[4]他就已经提出了企业家的职能可以被理性计算替代的观点，"我们愈益准确地学会怎样去理解自然的和社会

---

[1] 默里·罗斯巴德：《美国大萧条》，谢华育译，上海：上海人民出版社，2003年，第125页。

[2] 熊彼特：《经济发展理论》，何畏等译，北京：商务印书馆，2000年，第214页。

[3] 熊彼特：《经济发展理论》，何畏等译，北京：商务印书馆，2000年，第211页。

[4] 熊彼特的《经济发展理论》1911年第一次出版，而《资本主义、社会主义与民主》是从1942年开始写的。

的世界，我们对事实的控制就愈完全；事务能进行简单计算，并且的确是迅速的和可靠的计算的范围（具有时间和逐渐增加的合理化）越大，这个职能的意义就越是减少。因此，企业家类型的人物的重要性必然要减少，就像军事指挥员的重要性已经减少了一样。"[1] 但是，果真如此吗？理性计划的组织和官僚会替代企业家实施经济发展的职能吗？答案都是否定的。前苏联几十年计划经济的失败足以证明理性计划替代不了企业家。从西方几百年经济发展的历史看，市场经济没有被官僚组织替代的迹象，市场经济没有消失。[2] 实际上，企业家职能会被理性计划取代是一个不切实际的臆测，很多经济学家并不同意这种观点，如理查德·R·尼尔森说："熊彼特预言到，实际竞争在技术进步中的重要性，会随着科学的日益强大和创新活动'降为例行事务'而消蚀。我在后面将论证这是一个错误的观点。"[3]

熊彼特没有回答下面两个问题，这两个问题是我们研究经济持续增长的关键：一是为什么创新带来的就一定是"发展（增长）"而不是"破坏"呢？二是"创新"的来源是什么？如果创新的来源

---

[1] 熊彼特：《经济发展理论》，何畏等译，北京：商务印书馆，2000年，第95页。

[2] 熊彼特之所以提出理性计算会替代企业家的观点，笔者认为是他的分析方法仍然是新古典的"均衡分析法"。他笔下的企业家也是最大化的有限理性人。在他的模型中，没有不确定性，也没有"无知"，而这恰是我们所要强调的。尼尔森已经对此做了说明，他说："虽然熊彼特坚持的通过创新开展的竞争是最重要的竞争的观点，已经逐步在产业组织模型和国际发展趋势中得到体现，但几乎没有例外地，这些模型都假设企业能够'洞悉'竞争对手通过创新而出现的竞争，并且在均衡条件下求解问题。"载理查德·R·尼尔森：《经济增长的源泉》，汤光华译，北京：中国经济出版社，2001，第109页。

[3] 理查德·R·尼尔森：《经济增长的源泉》，汤光华译，北京：中国经济出版社，2001年，第64页。

会消失，那么增长是不可能持续的。熊彼特并不关心创新的来源问题，他关注的是创新扩散（所产生的经济周期）问题，实际上受瓦尔拉斯一般均衡分析方法的影响，在他的理论模型中所有的生产要素都是给定的，机会都已经是存在的，所要做的就是去"做"、去"创造性破坏"或"实施新的组合"，他实际上把"创新"问题变成了"投资"问题。[1] 可以说，要么他没有深究创新的内涵，要么他对创新内涵的理解存在偏差。下面我们将回答上述两个问题，同时这也是对企业家创新概念的进一步解读。

"奈特-柯兹纳企业家"与经济持续增长

要回答上述第一个问题，我们必须引入奈特强调的"不确定性"。人们通常以为经济增长就是产出的增加，新古典经济学与新增长理论实际上都是从这一供给角度来理解增长。但这是对"增长"的片面理解，衡量经济是否增长的应该是消费者的偏好是否得到满足，消费者的效用是否提高。但是，企业家是否一开始就知道什么产品或服务更能满足消费者的偏好和需求呢？当然不能。他的生产是在"不确定"的情况下进行的，市场的不确定性一方面来自于产品或服务是否能迎合消费者的口味，另一方面也来自于竞争者是否提供了更高质量的产品或服务。经济增长只有在不确定性条件下才能得到说明，与经济增长相关的企业家一定是"不确定"之下的企业家，取消不确定性，也就取消竞争，也就取消了企业家活动。只有在竞争过程中，才能"发现"什么样的产品或服务更能满

[1] Witt, U., Turning Austrian Economics into an evolutionary theory, in Caldwell, B and Boehm, S. (eds.), *Austrian Economics：Tension and New Direction*, Kluwer Academic Publishers, 1992, p. 220.

足消费者的需求（按照上述定义，这意味着经济增长）。[1] 可见，不确定性、竞争与经济增长是三位一体的，假如人为地消除不确定性（如前苏联在计划经济时代所做的那样），那也就消除了经济增长的可能性，不考虑不确定性的增长理论也必然是缺乏解释力的。[2] 经济增长是企业家在不确定的环境下的竞争的自然产物。[3] 不确定性下的企业家与增长的关系，除了可以从上述"竞争"这一视角进行解读外，还可以从"企业家利润"[4] 的角度进行说明，"利润，就它的广义而言，是来自行为的利得：它是满足的增加（不愉快之减少）"。[5] "满足的增加"也就是经济的增长。利润必然是"不确定性"条件下的产物，按照奈特的解释，没有不确定性，就没有利润，而经济增长本质上表现为企业家在总体上所获得的正的利润，如米塞斯所说，"如果利润总额超过亏损总额，这就证明经济在进步，而大家的生活标准也在提高，这个超额越大，一般的繁荣也愈增加"。[6] 在市场经济中，不确定性是不可能消除的，每个面对不确定性的人实际上都是企业家，都参与经济活

---

　　[1]　哈耶克：《作为一种发现过程的竞争》，载《哈耶克论文集》，邓正来选编译，北京：首都经济贸易大学出版社，2001年。

　　[2]　熊彼特的企业家不是风险承担者。见 Hebert, R. F., Link, A. N., *The Entrepreneur: Mainstream Views and Radical Critiques*, Praeger Publishers, 1988, p. 101.

　　[3]　新古典经济理论、新增长理论以及熊彼特的模型都没有考虑"不确定性"。

　　[4]　我们要区分"企业家利润"和"垄断利润"，特别是"行政垄断利润"，后者的实现不能说明经济的增长。

　　[5]　米塞斯：《人的行为》，夏道平译，台北：远流出版事业股份有限公司，1991年，第383页。

　　[6]　米塞斯：《人的行为》，夏道平译，台北：远流出版事业股份有限公司，1991年，第392页。

动，都以他自己的方式参与经济增长的过程。[1] 这样我们具有了检验是否是创新的标准，即是否对增长有贡献，假如新组合没有实现利润，那不能视为创新。

再看熊彼特没有回答的第二个问题，即创新的来源。在不确定的环境下，企业家要获得利润，就必须进行"判断"、"发现"等主观活动。这些主观活动是企业家创新的来源，赋予产品与服务更高的附加价值的也正是企业家这些主观的创新活动。生产要素总是稀缺的，任何要素都是有成本的，但是企业家活动不一样，企业家的创造性是没有成本的（准确地说是没有机会成本），"创造性的企业家活动不牵涉到任何成本"、[2] "创造性是无中生有"，[3] 企业家利润并非来自于要素，而唯一地来自于企业家的创造性。[4] 企业家的创造性具有"主观"特征，企业家赋予产品或服务附加价值的发现与判断之才能是不会枯竭的，促使产品或服务附加价值不断提升（也即经济的持续增长）的，绝不是稀缺的要素本身，而只能是企业家的主观活动。建立在企业家（主观）创新基础上的经济增长消耗的主要是企业家的主观思想，而不是物质资源，我们有理由认为这样的增长方式必然是资源节约型的。

新技术或新知识并不必然意味着经济增长，如果新技术或新知

---

[1] 按照米塞斯和坎蒂隆对企业家的定义，所有应对不确定性的行为都是企业家行为。

[2] Jesús Huerta de Soto, *Socialism*, *Economic Calculation and Entrepreneurship*, Compuesto y Maquetado por JPU GRAPHIC, S. L., 1992, p. 24.

[3] Jesús Huerta de Soto, *Socialism*, *Economic Calculation and Entrepreneurship*, Compuesto y Maquetado por JPU GRAPHIC, S. L., 1992, p. 33.

[4] Jesús Huerta de Soto, *Socialism*, *Economic Calculation and Entrepreneurship*, Compuesto y Maquetado por JPU GRAPHIC, S. L., 1992, p. 33. 当然，这并不是说企业家的创造活动就不需要物质资本。

识不被企业家利用到满足消费者的需求中去，就没有价值可言，反之，即使是陈旧的技术或知识，经过企业家的判断、发现和想象等创造性活动，可以化腐朽为神奇，能利用到满足消费者需求的地方中去（这属于创新活动），创造新价值（也即经济的增长）。与企业家创新相关的知识接近于哈耶克所描述的知识，即这是一种"主观知识"，是"企业家独有的知识"、是"分散在不同的企业家当中的知识"，是"不能用语言表达的知识"，我们还可以补充另外一个特征，即"企业家知识"是"无中生有的知识"。[1]对经济增长来说，我们更应该强调的是"企业家知识"，而不是新增长理论所强调的"技术知识"。我们可以把"企业家知识"看做是凌驾于"技术知识"之上的一种知识，举个简单的例子，企业家首先要"发现市场机会"（企业家知识），然后才会去研发某种产品（技术知识），前一种知识的发现决定了后一种知识的利用。技术知识是可以独立于市场而发展的，比如在实验室里开发的技术，写的论文。但是，要把技术知识商品化，进入到市场中满足消费者需求，需要企业家知识作为纽带。虽然国家鼓励技术创新，鼓励研发，但这只是增加了"技术知识"的产出。很多科研成果最后没法真正满足消费者的需求，其原因正是在于企业家知识的缺乏。

假如我们从企业家的角度理解经济增长，就会意识到，经济增长问题绝不是"在给定目标下如何配置既定的稀缺资源"的问题，或者说不是"罗宾斯最大化问题"，[2]企业家的创造性活动是不断

---

[1] "品牌"是企业家"无中生有"的一个典型例子。
[2] 罗宾斯对经济学的著名定义实际上把经济问题降为一个求解最大化或最优解的"技术问题"，这一定义受新古典经济学家的推崇，但是却受奥派 （转下页）

"发现"新的目标（ends）与新的手段（means），目标和手段都不是既定的，企业家的生产可能性边界不是事先就已经确定了的。经济的增长，更多地是体现在企业家"发现"了新的机会，而不仅是对既定资源的使用上。

什么样的"制度"才能促进企业家创新

只要做简单的比较，就可以发现，不同的国家和或一个国家内部不同的地区，企业家创新的程度有天壤之别，对于这种情况，我们不能用人种的差异去解释，而只能说在某些国家和地区缺乏企业家创新所必须的条件，那么我自然要问企业家创新活动需要的条件是什么？

企业家创新活动受规则或制度的引导，规则或制度可以分为两种不同的类型，一种是限制或阻碍企业家创新活动的，如用各种强制措施为创新活动设置障碍；另一种是保护、促进企业家创新活动的，如保护产权的制度。前一种往往是政府等组织强制实施的产物，如行政垄断，而后一种一般来说是自发形成的，哈耶克强调的法律、传统、习俗及惯例就具有这种功能。其实，赫尔普曼、鲍莫尔和奥尔森等很多经济学家早已指出制度与企业家创新活动之间的相关关系，只不过我们考察制度重要性的角度与他们不同，我们认为制度那么重要是因为它与企业家创新活动必不可少的"经济计算"相关。"经济计算"通俗地说是企业家在不确定的环境下对利

（接上页）经济学家的批评。见 Jesús Huerta de Soto，*Socialism，Economic Calculation and Entrepreneurship*，Compuesto y Maquetado por JPU GRAPHIC，S. L.，1992，p. 51.

润机会的把握，在实施创新活动前，他要"计算"一下他的行为"值不值得"，假如此时的要素价格是扭曲的，或者说根本不存在反映要素稀缺性和反映消费者和投资者需求状况的"真实"价格，[1] 那么他就无法进行经济计算，或者说他的经济计算必然有误，投资必然亏损，如果一个社会中多数企业家都不能进行投资活动，或即使投资也必然是亏损的结果，那么经济增长是无从谈起的。而制度直接影响要素价格，进而影响企业家的经济计算。[2]

制度与要素价格之间的关系，米塞斯在上世纪二十年代那场著名的社会主义大辩论中已经隐含地做了论述。他认为，在计划经济"这种制度"下，是不可能有要素价格的，因此计划者当局的计划也是不可能的。只有企业家竞争过程中形成的价格才是"真实的价格"，才是企业家创新的可靠依据。我们把这种观点扩展一下。假如我们把完全的计划当作是一种极端的制度，那么纯粹的自由市场是另外一种极端的制度（这两种制度都只是在理论抽象中才存在，真实世界的制度总是处于这两种制度之间），那么真实世界中的要素价格也是处于"完全不真实的价格"与"完全真实的价格"这两种虚构的价格之间。尽管我们不能指望在真实的世界中有完全"真实"的要素价格存在，但无论如何，制度应该服务于越来越"真实"的要素价格的形成，而不是阻碍这种价格形成。

----

[1] 下面谈到的"真实"价格指的也是"反映要素稀缺性和反映消费者和投资者需求状况的价格"。

[2] 对企业家创新活动来说，特别重要的是要素价格和要素市场。如米塞斯所说，"指挥生产事业以最好的方法去满足消费者最迫切的欲望的，是发起人和投机者的这些金融交易。这些交易构成这样的市场。如果你废除它们，你就不能保存市场的任何部分。因为遗留下来的，是个不能单独存在的片段，而且不能发挥市场的功能"，见米塞斯：《人的行为》，夏道平译，台北：远流出版事业股份有限公司，1991年，第865—866页。

我们强调的制度是一种"实践"意义上的制度，我们不能简单地把制度理解为条文，对企业家创新活动来说，制度与是否被正式制定出来的条文关系不大，重要的是是否被履践，没有被履践的制度只是一纸空文。而那些被人们自觉履践的制度通常是"自发"地内生出来的，往往是先于成文制度的。这种自发形成的制度除了哈耶克强调的传统、习俗外，还有就是企业家在竞争过程中确立的游戏规则。[1]甚至制度本身也被解释为企业家创新活动的产物。[2]我们强调自发形成的制度并不是因为自发形成的制度一定就是"最优的"，而是因为这种制度是经过选择的，本身是开放的，是可进化的，另外实施这种制度不需要专门机构花大力气去监督，实施的成本较小。对与企业家创新活动相关的制度做出上述界定之后，我们就可以对政府的行为是否恰当给出一个大致的判定标准，即政府是否维护了自发形成的制度，是否尊重了自发形成的制度，是否为自发制度的形成创造越来越宽松的条件。

不难发现，在政府较少干预、主要依靠市场自发形成的制度来协调经济的地区，企业家活动就比较频繁，经济增长也往往较快，而在政府干预较多、制度的自发形成相对缓慢、企业家活动较少的地区经济状况往往差强人意。而且，我们也发现，那些政府较少干预、利用市场自发形成的制度来协调的市场往往发育较好，而政府干预较多、把自发形成的制度排除在外的市场往往停滞不前。这方

[1] 在本章中，"自发形成的制度"与哈耶克说的"自发秩序"是可以互换的概念。但特别要指出的是"自发"并不排除有意识的行为（建构），两者并不总是冲突的。

[2] Tony Fu-lai Yu, *Firm*, *Government and Economic Change*, Edward Elgar, Cheltenham, Uk and Northampton, MA, USA, 2001, p. 115 - 127.

面的一个典型例子是义乌小商品市场，它从"鸡毛换糖"到成为
"国际商贸中心"历史不长，只用了二十多年时间，从形成到发展，
主要是自发制度的产物。

结语

中国经济能否持续增长，在于能否从要素投入型的增长转向企
业家创新驱动型的增长。笔者认为，用熊彼特的企业家创新思想不
足以说明经济的持续增长，而且他对企业家创新的理解有局限。笔
者提出的"奈特-柯兹纳企业家"概念对"企业家创新"的内涵进
行了深化，同时也回答了为什么经济的持续增长必须依赖于企业家
创新这一问题。有助于企业家创新的制度是企业家在竞争中内生地
衍生出来的，具有自发性特征的制度与企业家创新相辅相成，而且
是企业家创新的载体，为这种制度的扩展设置障碍，就是阻碍企业
家创新，也就阻碍经济的持续增长。当前，阻碍企业家创新的制度
障碍仍然存在，如国有企业行政垄断、行业准入的限制等，对我们
政府来说，一方面要消除制度阻碍，让企业家参与垄断行业的要素
配置，参与国有产权的重组，另一方面还要尊重企业家竞争中自发
形成的制度，为这种制度的形成和扩展提供保障。

第十六章 "合约"抑或"行动"视角的产权：驳张五常等人的"地方政府竞争"论

　　产权是经济学的重要概念，其中尤其以新制度经济学中基于"合约"概念的产权理论最具有代表性，根据这种产权理论，产权由合约安排确定，某种程度上产权理论就是合约理论。新制度经济学家把这种产权理论应用于说明市场和组织，如企业，也用它来解释经济现象，如张五常用它来解释"地方政府竞争"，并把"地方政府竞争"视为中国经济增长的主要原因。但是，假如我们对产权予以新的解释，把产权理解为"拥有发挥企业家才能的创造物"，即从"人的行动"出发理解产权，会发现张五常等人对"地方政府竞争"的解释是错误的：他们"把对政府的激励"等同于"经济增长"的实现，前者是"最大化"问题，后者是"协调"问题，分别对应于两种完全不同性质的合约，即最大化合约与一般性规则意义上的合约，而张五常等人没有对这两种合约加以区分。这种错误也是致命性的，因为它被普遍接受而造成了误导和观念的混乱，特别是它使人误认为地方政府也是合格的资源的配置主体，甚至会把地方政府配置资源视为中国的优势等。这种错误需要得到澄清。本章将区分"合约"视角的产权和"人的行动"视角的产权，把它作为一个分析视角，说明"地方政府竞争论"的错误。

我们将揭示这种错误的根源是"最大化"方法以及与之相关的"经验主义",这种方法指向的是"理性建构",而不是"自发秩序"。经济学作为社会科学,其意义在于揭示社会运行的一般性规则,当一般性规则被不断认识并得到遵循时,经济的繁荣才有可能性。

一、 合约视角的产权

新制度经济学的产权理论基于两点,一是"理性人"假设,二是"交易费用",两者又是通过合约概念联系在一起的,具体而言,产权是理性人为了达成最大利益所签订的合约确定的。合约视角的产权观建立在科斯交易费用理论之上,根据科斯定理,假如交易费用为零,那么不同的合约安排(产权)的最终结果都相同,在一个正的交易费用的世界中,不同的合约安排会产生不同的资源配置效果。[1] 根据 E. G. 菲吕博腾与 S. 配杰威齐对产权的定义,"产权不是指人与物之间的关系,而是指由物的存在及关于它们的使用所

---

[1] 但让人感到惊讶的是,张五常想证明的是"只要产权安排是排他的和可转让的,不同的合约安排并不意味着不同的资源配置效率",见张五常:《交易费用、风险规避与合约安排的选择》,R. 科斯、A. 阿尔钦和 D. 诺斯等:《财产权利与制度变迁》,刘守英等译,上海:上海三联书店,上海人民出版社,1994 年,第 115 页。这个结论不同于科斯定理,按照科斯定理,"不同的合约不意味着不同的资源配置效率"显然只有在零交易费用的理想世界中才有可能,而张五常则试图说明在止的交易费用的真实世界中也能成立。他的《佃农理论》一书想要证明的就是无论是分成租金、定额租或地主自耕等不同合约安排,土地利用的效率是相同的。显然,在产权界定明晰的情况下,也存在交易费用,那么按照科斯定理,不同的合约安排的效果是不同的。

引起的人们之间相互认可的行为关系"。[1] 在这句话中，"相互认可的行为"更表明在新制度经济学中，产权是一个"合约"概念，是理性人对外部环境所做的最大化反应的体现，会随着交易费用（约束条件）的改变而改变。

"合约"视角的产权观（以下也简称"合约论"）建立在新古典经济学的"最大化"方法（成本-收益分析）之上，比如关于"产权的形成"德姆塞茨是这么说的，"产权的形成就可以通过它们与新的或不同的受益与受损效应的形成的联系而得到最好的理解"。[2] 新制度经济学家把产权安排视为使外部性内部化，从而降低交易费用的手段。[3] 比如在科斯看来，企业这种合约安排降低了市场的交易费用，科斯据此来解释企业存在的原因，如他在《企业的性质》一文中说，"市场的运行是有成本的，通过形成一个组织，并允许某个权威（一个'企业家'）来支配资源，就能节约某些市场运行成本"。[4] 在《社会成本问题》一文中，科斯也认为，当市场存在交易费用时，通过人为的合约安排，比如企业、政府这种组织形式或法官的权利界定，"能以低于利用市场的成本而达到

---

［1］ E. G. 菲吕博腾与 S. 配杰威齐：《产权与经济理论：近期文献的一个综述》，R. 科斯、A. 阿尔钦和 D. 诺斯等：《财产权利与制度变迁》，刘守英等译，上海：上海三联书店，上海人民出版社，1994 年，第 148 页。

［2］ 德姆塞茨：《关于产权的理论》，R. 科斯、A. 阿尔钦和 D. 诺斯等：《财产权利与制度变迁》，刘守英等译，上海：上海三联书店，上海人民出版社，1994 年，第 73 页。

［3］ 德姆塞茨：《关于产权的理论》，R. 科斯、A. 阿尔钦和 D. 诺斯等：《财产权利与制度变迁》，刘守英等译，上海：上海三联书店，上海人民出版社，1994 年，第 71 页。

［4］ 科斯：《企业的性质》，R·科斯、A·阿尔钦和 D·诺斯等：《财产权利与制度变迁》，刘守英等译，上海：上海三联书店，上海人民出版社，1994 年，第 40 页。

同样的效果".[1] 在这篇经典文献中,科斯把合约安排视为降低社会总成本,增加社会中产出的手段,"当经济学家在比较互替的社会安排时,适当的做法是比较这些不同安排产生的总社会产品",[2] "在设计和选择社会安排时,我们应考虑总的效果".[3]张五常也明确提出"合约安排的选择是为了在交易费用的约束下,使从风险的分散中所获取的收益最大化".[4]

而合约安排又取决于决定交易费用的因素,比如在威廉姆森的契约理论中,影响交易费用的因素有交易的频率(偶然、经常)、资产特征(非专用性、混合、独特)和不确定性等。这些因素的不同组合下产生不同的交易费用,并对应于不同的"最优合约安排",包括古典式合约、新古典合约、关系合约与纵向一体化等,每一种合约安排就是一种产权结构。概而言之,合约论者认为产权是一组合约安排,而合约安排又是理性人在不同的交易成本条件下计算最大化的结果,交易成本最低的合约安排决定了最优的产权结构。

如前所述,在考察产权安排问题时,新制度经济学有一个基本假设,即理性人假设,但是新制度经济学的理性人并不是指人有完备的信息,[5] 而是指人有"无限计算能力",一开始都已经充分认

---

[1] 科斯:《社会成本问题》,R. 科斯、A. 阿尔钦和 D. 诺斯等:《财产权利与制度变迁》,刘守英等译,上海:上海三联书店,上海人民出版社,1994年,第114页。
[2] 科斯:《社会成本问题》,R. 科斯、A. 阿尔钦和 D. 诺斯等:《财产权利与制度变迁》,刘守英等译,上海:上海三联书店,上海人民出版社,1994年,第135页。
[3] 科斯:《社会成本问题》,R. 科斯、A. 阿尔钦和 D. 诺斯等:《财产权利与制度变迁》,刘守英等译,上海:上海三联书店,上海人民出版社,1994年,第147页。
[4] 德姆塞茨:《关于产权的理论》,R. 科斯、A. 阿尔钦和 D. 诺斯等:《财产权利与制度变迁》,刘守英等译,上海:上海三联书店,上海人民出版社,1994年,第101页。
[5] 因为存在交易费用,使得信息完备的条件不具备。

识到所有潜在的参与者，他们可能的战略及其支付，能够计算出什么样的产权安排是最优的（使交易成本最少）。比如，在提出企业的"团队理论"的阿尔钦和德姆塞茨笔下，产权（经济组织形式）是某种信息条件（交易费用）下的"计量"问题。[1]

二、"人的行动"视角的产权

新制度经济学从合约（交易费用）角度对产权做了解释。"人的行动"（企业家）为认识产权提供了新视角。从"人的行动"的角度，产权问题的核心并不是能不能降低交易费用，而是能不能"发挥企业家才能"。这包括几个方面：一是产权的形成。虽然产权也可以理解为规则，但这些规则应该包括两个方面，一是一般性规则，如法律，道德，它们是自发产生的，或自然的；[2]二是人为设计的合约。对此，后面还会专门讲述，也会指出张五常没有区分这两种规则。

二是产权的含义。从"人的行动"角度，我们把"产权"定义为"拥有自己发挥创造性才能的创造物的权利"。新制度经济学的产权观针对的是既有的、已经被创造出来的"物"的使用或支配等，从"人的行动"角度看，产权的关键问题是能不能拥有发挥才能创造出来的物，因为只有这样才能激发创造性。这是两种不同的

---

[1] 阿曼·A. 阿尔钦、哈罗德·德姆塞茨：《生产、信息费用与经济组织》，R. 科斯、A. 阿尔钦和 D. 诺斯等：《财产权利与制度变迁》，刘守英等译，上海：上海三联书店，上海人民出版社，1994。

[2] "一般性规则"其实也包括"自然法"，在文中主要强调"自发产生的一般性规则"。

产权观，前者是向后看的，后者是向前看的。这个观点对解释中国农村改革的成功很有启发，实行联产承包制之后的农民对土地并不拥有法律意义上的所有权，但拥有自己发挥企业家才能的创造物，这一点我们在后面还会说明。

三是关于什么产权制度是"好"的。基于合约思想的产权观，产权的作用在于提供激励，减少由于道德风险、逆选择和资产专用性等产生的交易费用。这种产权观预设已经知道交易费用，然后通过某种合约（产权安排）去降低了交易费用，一种产权制度是"好的"，是因为它"降低交易费用"。但是，假如我们从"行动"的角度理解"产权"，会发现产权的关键问题是产权主体的"行动"如何，这种行动究竟是"生产性的"，还是"破坏性的"。也就是说，一种"好"的产权安排之所以是"好"的，不是因为它降低了交易费用，[1] 而是促进了企业家才能的发挥，创造新的价值。企业家不是根据给定的约束条件计算最优合约安排，而是创造和利用机会，拥有新资产的产权或建立新的产权关系等。

某种程度上，新制度经济学也把产权理解为"行动"，只不过这是约束条件下的"理性人的行动"，而非"企业家的行动"，或者说在新制度经济学"合约"视角的产权理论中是没有"企业家"这个角色的。比如关于产权的性质，德姆塞茨说："产权具体规定了如何使人们收益，如何使之受损，以及为调整人们的行为，谁必须对谁支付费用。"[2] 从这句话中，不难发现，在他的理论中"产

---

[1] 事实上，把企业理解为降低交易费用的组织也是有偏颇的（体现了新古典经济学的特征），企业更应该被理解为"生产"或"创造"的组织。

[2] 哈罗德·德姆塞茨：《所有权、控制与企业》，段毅才等译，北京：经济科学出版社，1999年，第129页。

权"是人的行为规范，决定理性人能够做什么和不能够做什么。可见，在合约视角的产权理论中，行动主体不是一个"主动"的"企业家"，而是"被动"的"理性人"。

"人的行动"视角的产权建立在一般性规则（价格）之上。[1]一般性规则保障企业家拥有发挥才能的创造物，即"行动"视角的产权首先是由它确定和保障的，其次才是由合约确定和保障的。要指出的是，这些一般性规则不同于具体的行政命令，而是自发产生的或自然的，适用于所有人，比如哈耶克说的"法律"就是一般性规则。[2]另外，没有价格，企业家就无法进行经济计算，[3]不能进行经济计算也就无法使自己的行动与他人的行动相协调，从而使自己对最大利益的追求也促进公共利益，即产生斯密说的"看不见的手"的效应。由于一般性规则是"过程"性的，即没有最优的一般性规则，我们也可以说"人的行动"意义上的产权也是没有最优的，也是"过程"性的概念，相比之下，合约视角的产权是静态的，因为它基于"理性人"，指向设计最优的合约来设计最优的产权。

"合约"视角下的产权是一个"最优"概念，相比之下，"人的行动"视角的产权是一个"过程"概念，即从人的行动角度看，不存在最优的产权，因为它取决于人的行动的范围和空间有多大，而这又取决于一般性规则在多大程度上得到贯彻。比如，实行土地承

---

[1] 价格本身也可以视为一般性规则或制度，如哈耶克所说，"价格体系只是这些惯例和制度当中的一种而已"，见哈耶克：《知识在社会中的运用》，《个人主义与经济秩序》，邓正来译，北京：生活·读书·新知三联书店，2003年，第132页。因此，下面说的"一般性规则"包括了"价格"。

[2] 可见哈耶克：《法律、立法与自由》，邓正来译，北京：中国大百科全书出版社，2000年。

[3] 价格对经济计算的重要性，可见米塞斯：《人的行为》，夏道平译，上海：上海社会科学院出版社，2015年。

包制后的农民只是部分地拥有"人的行动"意义上的产权，因为他们在很多方面还受到限制，但相比之前，这是一个改善。

另外，"合约"视角的产权孤立地考察产权，即从相关的约束条件（合约）来解释产权，其背后是新古典经济学的最大化方法。而"人的行动"的方法把产权放在市场背景下考察，把产权和一般性原则联系起来。相比之下，"合约"方法基于"最大化"方法，它孤立地考察"产权"，不能促使人们从一个更大范围（市场）的角度去审视自己行为的正当性，即审视自己的行为是否符合促进公共利益的一般性规则，从这个意义上说"合约"方法不是"社会科学"的，因为经济学的社会科学价值是通过那个促进人类合作的一般性规则而得到体现的。

三、"地方政府竞争论"的错误

"地方政府竞争"是指地方政府为吸引资本、技术和人才等生产要素而在投资环境、法律制度、政府效率等方面开展的跨区域竞争。张五常认为地方政府和上级政府之间实行了类似"佃农分成"的分成合约，[1] 这种分成合约激励了地方政府，产生了"地方政府竞争"。"地方政府竞争"是对中国经济增长的流行解释，包括张五常教授在内，很多经济学家把"地方政府竞争"视为中国经济增长的重要因素。

---

[1] "在县与上头之间有一条分配收入的方程式，对于鼓励竞争重要"，见张五常：《中国的经济制度》，北京：中信出版社，2017年，第149页。

"地方政府竞争论"与基于"合约"视角的产权理论

张五常教授是从"合约视角的产权观"来解释"地方政府竞争"的。如张五常所说，"这个合约的结构，每一个地区都等于一个公司在竞争，通过层层承包，推动佃农分成。"[1] 当地方政府和中央政府以及企业确定分成比例后，就明确了地方政府的"产权"边界，为地方政府配置资源、改善投资环境等提供了激励，激发了地区之间的竞争。类似地，姚洋、钱颖一和许成钢教授等人的"财政分权论"，肖耿教授的"条块体制论"，张军教授的"政治集权和经济分权论"，以及周黎安教授的"晋升锦标制论"等都是从激励和约束地方政府的角度解释中国经济增长，这些解释也是属于"地方政府竞争论"类型的，并且也都是基于合约的思想。如"财政分权论"认为中央的权力下放，特别是财政权下放，实现了分散决策，一定程度上解决了中央和地方之间的信息不对称问题，从而提高了资源配置效率，为地方政府追求利益最大化提供了激励，这里的"财政分权"也可以理解为"合约"。

然而，"合约论"存在明显的不足，比如为什么在改革开放之前，比如在同样的体制下没有出现地方竞争？还有，"合约论"隐含了地方政府配置资源的正当性，而这和古典经济学，特别是斯密和李嘉图等人提出的"小政府"的原则是不符的，难道古典经济学错了吗？对此，"合约论"不能自圆其说。

对一种现象的解释很重要，不同的解释不仅有不同的理论视

---

[1] 张五常："平生没有见过这么好的制度"，http：//zwc10b．blogchina．com/933125181．html，2018 年 10 月 28 日。

角，而且也有不同的政策指向。好的解释在逻辑上更为自洽，而且也更有说服力，而错误的解释则相反，它不仅逻辑上不成立，而且制造观念上的混乱，误导经济政策。下文将从"'人的行动'视角的产权观"的角度说明"地方政府竞争"并不是某种人为的合约安排的产物，而是地方政府响应市场价格信号的结果。

使地方政府竞争成为可能的是"价格"而非"合约"

张五常用"现象"（地方政府竞争）解释"现象"（经济增长），他用的是"最大化"方法（"合约"的思想），把对"地方政府最大化"的解释等同于对"现象"（地方政府竞争和经济增长）的解释。然而，这一解释是不成立的，因为地方政府在任何情况下都是追求最大化的，用米塞斯的话说，人的行动总是理性的。并且，任何一种"最大化"都有可能是破坏性的，也就是说，需要解释的不是地方政府的"最大化"，而是为什么这种最大化产生了一种"积极"的资源配置效果（也就是下面说的"和其他主体的行动兼容"）。[1]

---

[1] 理论上，经济学家不能凭借肉眼去判断一种行为究竟有没有产生积极的资源配置效果，他只能说自己的行为能否达成自己的目标。在这里，由于地方政府某种程度上确实遵循了"价格"（可以理解为正当的规则），因此使自己达到自己的目标（比如增加财政收入）。如米塞斯所言，"评价人的行动的标准只有一个：看它是否适于达成行为人所想达成的目标"。见米塞斯：《人的行为》，夏道平译，上海：上海社会科学院出版社，2015年，第188页。可见，认为地方政府的行动产生了"积极的资源配置效果"，就如同"改善"或"进步"一样，并不合适。下文说的"积极的配置效果"，是指"达到自己的目标"。相比之下，芝加哥学派，如张五常，才是直接根据经验观察来得出地方政府竞争产生积极的资源配置效果的结论。他观察到"地方政府竞争"这种现象，然后就认为这是中国经济增长的原因，这是他的一个经验假说。然后，他用"最大化"方法（合约）去验证这个"假说"。顺便要说的是，"最大化"方法总是能够验证任何一个假说。或者说，用"最大化"来解释，实际上是一种套套逻辑。

并且，任何一种"最大化"都可以有很多解释，而张五常给出的基于合约的解释不能说明为什么地方政府的最大化能够产生"积极"的资源配置效果。

另外，张五常用当时特有的合约安排（国有土地产权制度）来解释地方政府的"最大化"，他认为这种产权制度是"历史上最好的"。[1]但为什么这样一种"最好的制度"在改革开放之前没有起作用，而是到了改革开放之后才起作用呢？对此，张五常并没有给出解释。在下面将说明，使地方政府的"最大化"产生"积极"的资源配置效果的不是合约（也即与国有的土地产权制度无关），而是地方政府接受了价格信号的引导，在这种价格信号的引导下，地方政府才扮演了类似企业家的角色。

我们说，"地方政府竞争"这种现象并不是在改革开放一开始时就出现的，或者说，市场和市场价格的出现要早于"政府竞争"。有资料表明，地方政府竞争，即地方政府大规模的招商引资，建设工业园区、开发区和保税区是从1992年开始的，但在这之前已经形成了市场。这个市场的出现是源于放松管制之后，无数的个体，尤其是农民拥有了"人的行动"视角的产权，他们发挥了自己的"企业家才能"。从上世纪七十年代末开始，千千万万的农民从土地中解放出来，人们获得了自由流动和经商的权利，可以从事各种生产经营活动，可以把产品卖到全国各地，产品和要素广泛流动，各种市场大量涌现，比如在上世纪八十年代小商品市场就相当发达。他们可以不依赖土地，而是通过其他手段（比如打工，经商）实现

---

[1] 张五常："平生没有见过这么好的制度"，http://zwc10b.blogchina.com/933125181.html，2018年10月28日。

改善自己状况的目标。

产品价格和要素价格的出现，为地方政府进行"利润的核算"（经济计算）提供了可能性，使地方政府能够"理性行动"，从而和农民一样，也拥有了"人的行动"视角的产权。[1] 这里特别值得一提的是土地价格的出现。在改革开放之前，虽然地方政府官员也可以配置土地资源，也想实现经济增长（提高生产力），但在计划经济条件下，没有出现"市场价格"可供地方政府利用的"手段"，这样就导致地方政府无法"在满足消费者需求的方向"上发挥自己的才能，通过服务于他人的方式增进自己的利益。正是市场价格的出现，使得地方政府的行动能够与其他人的行动兼容，地方政府在追求自己利益的同时也促进了公共利益（他人的利益），也就出现了"地方政府竞争"这种现象。

"分成合约"是地方政府竞争的结果，而不是原因

张五常把"分成合约"视为产生地方政府竞争的原因，但分成合约其实是"结果"，而不是"原因"。地方政府借助于价格，才能和中央政府和各类企业谈判，即计算自己的最大利益，并通过分成合约的方式把这种谈判结果确立下来。所以这种"分成合约"不是使得地方政府能够进行经济计算，从而使地方政府竞争这种现象有可能出现的原因，相反，它是地方政府响应市场价格，进行经济计

---

[1] 米塞斯说，只有普遍使用交易媒介时，理性的经济行动才有可能。见米塞斯：《人的行为》，夏道平译，上海：上海社会科学院出版社，2015 年，第 12 章。要说明的是，使得地方政府能够理性行动的"市场价格"不完全是"改革"带来的，即农民从土地中解放出来之后产生的市场价格，而且也包括"开放"带来的市场价格，即来自国际市场的价格。

算的"结果"。

如米塞斯强调的，有了市场价格之后，地方政府才能进行"利润的核算"，从而与各方确定各种合约，比如和中央的分成比例是多少，给企业的税收优惠和给与的土地价格是多少等等。也正是市场价格的出现，使地方政府发现了市场背景下土地有利用价值，从而确定分成比例（合约）。假如没有价格，就没有"价值的发现"，没有价值的发现，那么地方政府与其他主体签订合约的行为根本就不会出现。

换句话说，是在出现了市场价格信号之后，地方政府才发现了土地的价值，然后才有分成合约的制定，这个过程也是"地方政府竞争"展开的过程。张五常颠倒了因果，把"结果"，也就是"分成合约"视为地方政府竞争的原因。合约可以用来解释地方政府的最大化，但不能解释为什么地方政府的这种"最大化"具有一种积极的资源配置效果，即促进自己利益的同时也促进了他人的利益。如前面指出的，地方政府正是借助于市场价格，才使自己的行动和无数他人的行动协调，而合约只是实现协调的"形式"。也就是说，这种协调不是通过"合约"实现的，用合约解释"最大化"也是没有意义的，因为合约只是地方政府与其它主体行动的一个"结果"而非他们行动的"原因"。

"分权"也不是地方政府竞争的原因

不少学者，如历史学家甘阳认为改革开放之前就已经存在"地方分权"（一种合约安排），他们认为正是因为这种分权才使地方政府竞争得以出现，并产生了"积极的资源配置效果"。但是，这一解释也不成立。即便是在分权的情况下，如地方政府的行动是迎合上级的意志（"争宠"），那么其结果必然是资源配置的严重扭曲，一个最典型的例子是发生于上世纪的"大跃进"，当时各个地方政府都竞先去满足上级的要求，甚至不惜砸锅卖铁，但结果却是国民经济的大幅下滑。显然，上级政府并不具有如何有效配置资源的"理性"，这也是哈耶克著名的"致命的自负"原理所揭示的。[1]为什么地方政府响应市场价格能够把无数个体的行动协调在一起（产生），而上级的命令则不能？其原因是价格"凝结"了有关无数个体的供求信息，而上级政府的命令显然不具有这样的功能。市场价格出现之后，地方政府的行动模式很大程度上发生了变化，从"迎合上级"到"迎合市场"（价格），[2]因为他们发现迎合市场（价格）比迎合上级对自己更有利，这样就产生了地方政府竞争。

实际上，经济上的分权现象本身也是地方政府响应市场价格信号、发现获利机会之后而产生的。当不同地区都追逐各自的利益时，就出现不同地区间分散的利益，"分权"一词只是对这种"分散的利益"的刻画。相反，假如没有市场价格，各个地方政府都"统一"地响应中央政府的命令，那么人们看到的就是"集权"现象。当中央政府看到允许地方政府配置资源对自己也有利，即能够从地方增加的财政收入中获得一部分，这时也愿意保持这种"分权"状态。[3]一个明显的证据是，改革开放之前，虽然在政治结构上有某种分权的特征，但这种"分权现象"并没有出现。可以

---

[1] 这种自上而下的激励必然产生扭曲，可是"地方政府竞争论"者仍然把这种激励视为中国经济增长的原因，说明他们本质上是"计划经济"的支持者。

[2] 迎合市场（价格）其实也就是迎合消费者需求。

[3] "分权"还是"集权"很大程度上是个人的经验判断，并不存在"标准答案"。

说，正是市场价格的出现，才使分权现象得以呈现。可见，姚洋、许成钢及钱颖一等人把"分权"作为地方政府竞争的原因，这种观点并不成立，因为如这里指出的，"分权"只是"结果"。

相比分权，"放权"——中央政府允许地方政府追逐自己的利益，并把很多审批权下放——是产生地方政府竞争这种现象的一个不可或缺的前提条件。换句话说，假如中央政府不允许地方政府追逐自己的利益，自己包揽审批权，那么地方政府竞争也就不可能出现。要指出的是，中央政府并不是一开始就做出放权的决定，而是从地方政府追逐自己利益的行动中看到了积极效应，如经济增长、促进就业和增加财政收入等，然后才予以默认。这是一个习得的过程，下一章的讨论将涉及这一内容。不过，地方政府追求自己的最大利益（配置资源）并不符合一般性规则，从而不能给予正当性支持，这也是本章将要论述的内容。

所有权不重要吗

张五常教授说"土地的所有权不重要，使用权重要"，[1] 意思是只要能够使用就够了，至于谁所有不重要，由于各种使用权都是合约安排的结果，因此张五常的意思是合约安排才是重要的。[2]怎么看这个观点？

为了说明这一问题，我们把所有权分为"法律"意义上的所有

---

[1] 张五常：《制度的选择》，北京：中信出版社，2014 年，第 154—155 页。在他的《中国的经济制度》一书中，张五常也强调使用权比所有权重要，他说"我看不到所有权对私有资源的使用有何重要"，见张五常：《中国的经济制度》，北京：中信出版社，2017 年，第 126 页。

[2] 这个观点自然指向如何设计最优的合约。

权和"经济"意义上的所有权。前者是指"具体的法律"所确定的产权归属；[1] 而"经济"意义上的所有权是从"谁受益"角度而言的。当一个人发挥企业家才能，利用"法律"上归属于自己的资产时，其他人也会从中受益，尽管其他人在"法律"上并不拥有那种资产，但相当于在"经济"上拥有该种资产的所有权。正如米塞斯所指出的，真正的老板是消费者，"必须把消费者视为实际意义上的真正所有者，把法律意义上的所有者视为他人财产的管理者"。[2] 因此，重要的不是所有权在"法律"上的归属，而是个体能不能充分发挥才能以使一个社会的资产得到充分利用，在这种情况下，其他人也拥有了"经济"意义上的所有权。

要注意的是，使得"法律"意义上的"所有权"变得不重要是有前提条件的，那就是一般性规则所保障的"人的行动"视角的产权，[3] 当个体在一般性规则的保障下，充分发挥企业家才能，进行创造和交换时，在"法律"上并不拥有某种资产的人也可以通过交换自己的商品的方式，拥有他人利用该种资产生产出来的产品。可见，"人的行动"意义上的所有权是使"法律"意义上的所有权变得不重要的前提。在"地方政府竞争"这个例子中，就是地方政府遵循了一般性规则（价格），拥有了"人的行动"意义上的所有权之后，使得对土地产权的法律规定变得不重要了。

斯密著名的"看不见的手"某种程度上也说明了法律意义上的

---

[1]　这里区分了"具体的"法律和"一般性规则"意义上的法律，下面还会进一步说明这种区分。

[2]　米瑟斯：《社会主义：经济与社会学的分析》，王建民、冯克利与崔树义译，北京：中国社会科学出版社，1991年，第7页。

[3]　米塞斯称这个条件为"存在分工合作的社会"，和这里所说的"人的行动视角的产权"是一个意思，只是表述不同。

所有权不重要。在《道德情操论》一书中，斯密说，有钱人"终究还是和穷人一起分享他们的经营改良所获得的一切成果。他们被一只看不见手引导而做出的那种生活必需品分配，和这世间的土地平均分配给所有居民时会有的那种生活必需品分配，几乎没什么两样。"[1] 在这里，斯密认为土地集中在地主手里，和土地平均分配给所有人的效果是相同的。

因此，假如张五常说的"所有权不重要"是从上述角度理解，即指上述"法律意义上的所有权变得不重要"，那他说得确实有道理。但是，在这里我们还要区分两种"法律"，一是"具体的法律规定"意义上的法律，二是"一般性规则"意义上的法律。前者是人为的、具体的，后者不是人为的，是自发的或自然的（与生俱来的）和抽象的。"法律意义上的所有权变得不重要"这句话中"法律"是指"具体的法律规定"意义上的法律，而不是指"一般性规则"意义上的法律。实际上，使得"法律意义上的所有权变得不重要"的原因，恰恰是"人的行动"遵循了一般性规则意义上的法律。但是，这并不意味着"具体的法律规定"是不重要的，假如具体的法律规定背离了一般性规则，那么一般性规则将形同虚设，也使得"法律意义上的所有权变得不重要"的前提不具备。

所以，"法律意义上的所有权变得不重要"并不意味着法律对所有权的规定本身就是不重要的，实际上，产权的法律规定会影响企业家才能的发挥，即影响人的行动意义上的产权。"具体的法律规定"具体地确立个体的产权，它不能违背"一般性规则"，或者

---

[1] 亚当·斯密：《道德情操论》，谢宗林译，北京：中央编译出版社，2011年，第227页。

说必须和一般法则所确立的原则一致。在"地方政府竞争"这个例子中，是因为价格（一般性规则）的出现，地方政府拥有了"人的行动"意义的产权，使得国家对土地的所有权（被认为是地方政府能够进行土地配置的原因）变得不重要，而不是说这种土地产权制度本身就是"好"的，是产生增长效应的原因。[1]

当然，张五常也没有深究是什么使得"法律"意义上的所有权变得不重要。其根本原因在于他只是在合约（使用权安排）的层面理解产权，而没有从"人的行动"的视角理解产权，后者是和一般性规则（价格）联系在一起的。正如下面要讨论的，张五常及其他新制度经济学家对产权的讨论没有涉及一般性规则，他们没有区分合约和一般性规则。

当张五常说"使用权重要"的时候，他的意思是只要能够转让使用权，就可以实现资源优化配置，但是他没有意识到使用权转让的前提是个体拥有"人的行动"意义上的所有权，或者说，即使用权依附于"人的行动"意义上的所有权。当张五常从一个经济学家角度说"使用权重要"时，好像使用权是可以由经济学家设计出来的。实际上，使用权是当事人拥有了"人的行动"意义上的所有权之后才创造出来的。拥有这种所有权的主体发现利润机会之后，决定如何使用某资产，包括获取和转让资产等，即派生出张五常强调的"转让权"。拿"地方政府竞争"这个例子来说，各种使用权合约是地方政府拥有了"人的行动"意义上的所有权之后，和其他主体签订而产生的。当这种所有权越得到充分保障，被创造出来的使用权合约就越多。在"地方政府竞争"这个例子中，假如地方政府

---

[1]　张五常把这种土地产权制度安排视为中国增长的原因和优势。

不拥有"人的行动"意义上的所有权，即不能从发现土地的价值中获得自己的利益，那么各种"使用权转让合约"就不会出现，土地的产权会被置于"公地"的状态中。

正是地方政府拥有"人的行动"意义上的所有权，对自己可以支配的土地加以利用，才使法律上归政府所有的"公地"产权具有了某种"私有"的性质，即某种程度上使地方政府成为土地的地主。就是说，即便地方政府在"法律"上拥有土地的所有权，但是，假如地方政府不能对土地加以（市场化的）利用以获取利益，也即不能使用土地，那么相当于地方政府在"经济"上并不拥有这种土地产权。假如张五常说"使用权重要"是指"土地被使用起来很重要"，那他是有道理的，当然他没有正确理解是什么原因导致土地被使用，在他看来，使土地得到使用的是使用权合约，这是错的，因为使用权合约安排本身只是"土地被使用"的具体体现，而不是"土地被使用"的原因。

因此，重要的并不是"使用权"或"转让权"，而是"人的行动"意义上的所有权。换句话说，假如"所有权"从"人的行动"意义上理解，那么所有权就不像张五常说的那样"不重要"，而是确实很重要，相比之下，"使用权"倒是不重要，因为使用权是从这种所有权中派生出来的。张五常举香港的例子来说明土地的所有权不重要。他说"香港的土地，源自英国的传统，到今天其所有权还是政府的，只是使用权属楼主或业主所有。"[1] 但是，这种所有权之所以不重要，是因为这种所有权受制于一般性规则，也就是在英国和香港有高度的法治，政府不能背离一般性规则来使用土地，

---

[1] 张五常：《制度的选择》，北京：中信出版社，2014年，第156页。

比如以拥有所有权的名义侵犯个体的私有产权。也即，是因为对一般性规则的遵循，才使得那种"所有权"变得不重要（变成了名义上的所有权）。而张五常的观点给人的印象是，所有权本身就是不重要的，是可以用"一纸的合约规定"（法律）让它虚置的，而这里的考察表明，在英国和香港，政府的土地所有权"虚置"是社会普遍遵循一般性规则的结果，而不是因为法律规定它不重要，让它虚置。如按照张五常的观点，得出的建议将是取消所有权，用合约确定"好"的使用权，而这是完全行不通的，因为没有一般性规则的遵循（在地方政府竞争这个例子中，是"价格"扮演了一般性规则的作用），"好"的使用权根本不会产生，而张五常对"一般性规则"完全不谈。

张五常从合约的角度，不仅得出"所有权不重要"的结论，还得出所有权和使用权可以分离的结论，如他说"使用权与所有权分离没有影响"。[1] 然而，假如从"人的行动"的视角理解所有权，那么就会发现所有权和使用权是不可分的，如前所述，使用权是"人的行动"意义上的所有权的产物，并且也是这种所有权的体现。如地方政府和中央政府及企业签订土地使用合约正是地方政府拥有"人的行动"意义上的所有权的体现。

张五常没有区分一般性规则和合约

如前所述，一般性规则是指自发产生的或自然的法则，它们具有普遍的适用性，如哈耶克说的法律和道德，它确定的是一般意义上的产权，即"人的行动"意义上的产权；而"合约"是当事人双

---

[1] 张五常:《制度的选择》，北京:中信出版社，2014年，第155页。

方签订的，它确定的是特定情境下的产权。一般性规则协调无数个体的行动，它先于合约所限定的产权，即一个人的行动只有先满足一般性规则的要求，才可以与他人签订契约，产生合约所限定的权利，换句话说，合约所确定的权利是个体在一般性规则之下追求最大利益的"结果"。先要有一般规则的遵循，然后才能谈合约问题。如何签订合约是当事人的事，不是经济学家的事。经济学家应该关注的是如何使一般性规则的遵循具有可能性，而这一点恰恰是张五常等人避而不谈的。

因此，一般性规则确定的产权属于第一层面，合约确定的产权属于第二层面，张五常没有区分这两个层面，他只是在第二个层面上讨论合约与产权（使用权安排）。实际上，第二个层面的产权设置应该交给当事人，即由交易者自己完成，或者说这不是经济学家的事，经济学家也没有这个能力替当事人（如地方政府）设计合约。[1] 只有第一层面的产权才是需要经济学家去面对的。张五常的问题恰恰是他不谈一般性规则，只是在经验层面谈各种具体的使用权，这就相当于是在替当事人决策。张五常虽然正确地认识到了合约是"约束资源使用的竞争"的，[2] 但他没有区分"合约的约束"和"一般性规则的约束"。不难发现，"合约"视角的产权观是没有产权主体的，是经济学家从旁观者的角度讨论如何选择或设计最优的合约，实际上是在替当事人决策。

张五常的"经济解释"思维用各种合约（约束条件）来解释地方政府的"最优"选择，然而，地方政府作为理性人总是追求最优

---

[1] "人的行动"意义上的产权也是把产权放在"一般均衡"（分工合作的市场）的角度下理解，合约论者是把产权放到局限条件下来理解（局部均衡）。

[2] 张五常：《中国的经济制度》，北京：中信出版社，2017年，第128页。

的，关键问题是这种"追求"能不能产生一种促进公共利益的结果，即斯密说的"看不见的手"的效应（即前面说的"积极效应"）。这种"积极效应"是在遵循一般性规则和响应价格的情况下产生的，而非某种给定的或人为设计的合约的结果。也就是说，只有在一般性规则（价格）下追求最大化时，那么对"最优"的追求才会产生积极效果。如没有这个前提，只强调追求最优是危险的，因为这种对"最优"的追求可能是"破坏性"的，如下面将要指出的，在没有一般性规则的前提下，[1]地方政府追求"最优"是有破坏性的。

但让人遗憾的是，张五常没有意识到"一般性规则"的重要性，即那个使无数人的行动得以协调的普遍性规则（哈耶克说的法律和道德）问题被他忽视，在他笔下，法律的作用是降低交易费用，不是协调无数个体的行动，因此也是可以人为设计的，如他把法律视为"约束资源使用的竞争的法例管制"。[2] 显然，必须区分自发产生的（和自然的）一般性规则和人为设计的合约，但张五常没有做出区分，如他说："我说过，一个国家的宪法是合约。私有产权、等级排列、法例管制、风俗宗教，等等，以我之见，都是不同形式的合约安排。"[3] 在这里，他把"自发形成的（和自然的）法律"和"人为设计的合约"都放在一个筐子里。事实上，"等级排列"和"法例管制"可以视为人为设计的合约，而"私有产权"和"风俗宗教"是自发形成的一般性规则，不能被视为合约。[4]

---

[1] 如前面指出的，地方政府部分地遵循了"价格"这种一般性规则，产生了积极的资源配置效果，但除了价格，还有其他的一般性规则，下文将会讨论。

[2] 张五常：《中国的经济制度》，北京：中信出版社，2017年，第128页。

[3] 张五常：《中国的经济制度》，北京：中信出版社，2017年，第129页。

[4] 这里的关键不是说明"法律是不是合约"，而是区分"设计的"与"自发的"，张五常没有对这两者加以区分。

正如哈耶克所强调的，法律作为一般性规则是市场自发形成的，是无数个体的行动的"非意图的结果"，它不是由某个经济学家（如张五常）或组织设计出来的，而合约是当事人为最大利益而设计的。由于张五常没有区分一般性规则和合约，他会误导人们对市场的理解，使人认为协调无数个体行动的一般性规则可以被人为设计的合约代替，市场可以通过合约设计出来。

如米塞斯所说，"社会合作有两种不同的形态，一是靠平等契约的合作，二是靠服从命令的合作。在合作基于契约的场合，合作人之间的逻辑关系是对称的。人类文明，为我们迄今所经验到的，主要是契约关系的产品。"[1] 这里"平等契约的合作"就是一般性规则概念，因为在一般性规则之上，才有平等的合作。地方政府竞争论者事实上没有区分"平等的合作"和"命令"，他们把自上而下的"命令"（如"晋升锦标制论"）也视为平等的市场合约。他们只看合约的形式，而没有看到合约的实质，把人为设计的合约等同于平等的契约。

地方政府之间的"竞赛"与"竞争"

"竞争"是以"分散"的方式响应市场价格信号，各自追求自己最大利益的产物。而张五常等人错误地认为"竞争"是人为设计的合约（地方政府和上级政府之间的分成合约或晋升锦标合约）激励出来的，这是完全误解了"竞争"。

"竞赛"和"竞争"是两个不同概念。竞赛是对给定目标和给

---

[1] 米塞斯：《人的行为》，夏道平译，上海：上海社会科学院出版社，2015年，第10章。

定获胜者数量而言的，比如体育比赛是竞赛，官员升迁也可以说是竞赛。市场竞争发生在追求不同利益的、独立决策的个体之间，是多元化的、分散性的，没有事先给定的价值标准和行动指南。企业家根据自己的判断能力迎合消费者的需求。那些更好地满足了消费者需求的企业家获得利润，在竞争中获胜。用哈耶克的话说，"竞争是一个发现的过程"。[1] 假如事先给定了评价标准，就相当于已经确定了什么是有利可图的，什么是无利可图的。这时个体的"动机"就是如何更好地满足该标准。换句话说，个体不再有激励去发现大众的需求是什么。这就相当于取消了真正意义上的竞争，或者说，这时"竞争"被"竞赛"所取代。

显然，地方政府官员的首要目的是升迁，要升迁就要满足上级的考核要求，谁完成得好，谁的升迁机会大，这是一种给定目标下的行为，所以地方政府官员之间在这种情况下展开的是竞赛，而不是竞争。但是，当地方响应市场价格的方式追求自己的最大利益时，地方政府之间确实是在"竞争"。可见，地方政府同时在"竞赛"和"竞争"，两者是冲突的。当地方政府努力去满足上级的考核要求时，它就不能以响应市场价格信号的方式来追求自己的最大利益，这使"竞争"扭曲。事实上有的地方政府为完成招商引资的任务，会用当地的财政收入把企业"养"起来或吸引过来，这已经属于"造假"，也导致资源的无效配置。张五常教授说，为了吸引投资，地方政府会降低土地价格或税收，但是，张五常教授没有区分这种行为究竟是"响应市场价格信号"而产生的"竞争"，还是

---

[1] 哈耶克：《作为一种发现过程的竞争》，《作为一种发现过程的竞争：哈耶克经济学、历史学论文集》，邓正来译，北京：首都经济贸易大学出版社，2014年。

为了完成上级的考核任务而产生的"竞赛"。虽然都是合约下的行为，但性质完全不同，也会产生完全不同的结果，这是推崇实证主义的合约论者没有看到的。

张五常等合约论者认为最优的合约（界定产权）先于主体的行动而存在，比如张五常认为"地方政府竞争"之所以出现，是因为之前刚好有"地方政府拥有土地支配权"这样一种土地制度，这也是张五常极力赞赏这种制度的原因。正如前文所解释的，这种土地制度不是产生地方政府竞争这种现象的原因。

在市场中，人的行为无法在事先用合约详细地确定下来。任何人为设计的合约都隐含了合约设计者的目标，如前所述，市场竞争是不能事先给定目标的，假如让市场主体迎合给定的合约目标，那就等于取消了市场竞争。另外，合约制定者也无法根据自己掌握的信息判断他人是否有效地配置了资源，比如，看到某企业家把牛奶倒掉，他能做出该企业家没有有效配置资源的结论吗？显然不能，因为在那位企业家看来，存放牛奶比倒掉牛奶成本更高。

地方政府不是合格的资源配置主体

如前所述，在市场背景下，地方政府在一定程度上确实具有"人的行为"意义上的所有权，即响应价格信号配置资源，这也是"地方政府竞争"具有积极的资源配置效应的原因。但我们不要忘了，地方政府也是拥有权力的主体。当地方政府认为通过权力配置资源比响应市场价格信号配置资源收益更高时，就会选择前者，这意味着地方政府的行为并不总是遵循一般性规则的。所以，地方政府配置资源产生"积极效果"只是一种"经验"现象，不具有一般性。比如，地方政府可以用行政手段压低土地价格来招商引资。

这种不遵循市场法则，用权力来配置资源的行为是没有积极效应的，它产生的扭曲效应是他们无法看见的。合约论者没有区分地方政府究竟是用权力来配置资源，还是以响应市场需求的方式配置资源。

张五常教授等人把地方政府视为公司，把地方官员视为企业家，但事实上地方政府不同于企业，地方官员也不同于企业家。企业的特征是企业家（投资者）要把自己的资产押下去，用自己的资产承担市场风险，而地方政府官员并没有押下自己的资产，他们经营的是公共的土地，换句话说，他们不承担经营风险。因此，地方政府（官员）本质上不同于企业家，不是合格的"人的行动"意义上的产权主体。如前所述，虽然在"经验"上可以认为地方政府配置资源会产生一些看得见的效果，地方政府竞争论者的观点正是基于这种看得见的效果的，但他们没注意到地方政府竞争也会产生看不见的危害。这是因为地方政府不需要为自己的行动承担代价，比如可以通过政府负债或银行负债的方式转嫁出去，这样就产生负的外部性。这个看不见的"危害"可能远大于那个看得见的"效果"。[1] 如一直追求看得见的效果，也就是追求某个主体（如政府）的目标，如经济复苏或充分就业等等，而忽视看不见的方面，则会一步步走向计划经济，并导致经济的衰败。

按照地方政府竞争论者的观点，只要设计出好的合约来激励和约束地方政府，地方政府也可以是合格的资源配置主体，这意味着地方政府不需要退出资源配置活动，需要做的是"更有效"地实现

---

[1] 这也是为什么经济学是"先验"的科学的原因。

他们认为的好目标。[1] 与之相反，我们认为地方政府不是合格的资源配置主体，应该把资源配置的职能从地方政府手中剥离出来，交给真正的市场主体去配置。特别是当我们认识到"地方政府竞争"所产生的积极效应本来就不是地方政府拥有配置资源的"权力"的结果，而是响应市场价格信号的结果时，我们更加坚信把资源配置职能从地方政府手中剥离出去之后，不仅不会影响既有的资源配置效率，而且还会极大地改善资源配置效率。

如地方政府既扮演维护市场秩序的角色，又扮演资源配置者的角色，那么由于这两个角色不可避免地存在冲突，将使地方政府难以把这两种职能都扮演好。当把资源配置的职能剥离出去之后，地方政府会更好地承担起维护市场秩序的责任。这时，由于权力介入市场而导致的扭曲将不复存在，产权会得到更为充分的保护，个体的创造性才能会得到更为充分的发挥，从而极大地提升经济效率。

四、 合约论是"理性建构"思维

市场竞争利用千千万万人的知识，这些知识大部分是隐含的，不能用明晰语言（合约）表示。当事人只有在用到这些知识的时候才去把它们调出来，所以无法在事先用合约把这些知识表示出来，

---

[1] 比如政府为了调控房价，不让资金流入房地产，这就好像已经知道资金进入房地产是"不好"的，而进入实体经济是"好"的，这样就导致人为的调控取代市场的配置。在金融领域存在严重的管制，而这些管制的"合法性"都是建立在上述不切实际的假定之上的。顺便要说的是，实现某个自己认为"好"的目标属于"生产效率"概念，与"生产效率"对应的是"经济效率"，后者是从不同主体的行动的"协调"意义上说的。

并用这些合约去指导人的行为。合约论者隐含地认为，只要设计出完美的合约，就可以取得与价格机制相同的效果，但一般性规则和价格是无数人以一种"看不见的"方式互动形成的，包含的是无数分散的、主观的和隐含的知识，而合约是人为设计的，所包含的只是合约设计者的知识。无论合约设计得多么完美，都无法取代一般性规则和价格。合约所提供的激励只是让当事人满足合约设计者的要求，而一般性规则和价格激励当事人满足消费者的需求。因此，重要的不是激励本身，而是激励来自哪里，只有响应市场价格的激励（行动），才可能使一种行动和无数其他主体的行动兼容。当然，除了受价格引导外，这种行动还必须以一般性规则为基础才具有协调性，这也是因为一般性规则包含了无数个体的知识。[1]我们批评地方政府，就是因为地方政府的资源配置行为不是以一般性规则为基础的。

在合约论的视角下，合约起到了激励和约束的作用，假如合约在执行过程中出现什么"问题"，也可以通过不断修正合约的方式去解决。合约论不仅预设了制定合约的上级部门是无所不知的，而且还用自己的目标去代替当事人的目标。这与合约论的假设有关，即假如当事人没有自己的目标（不是"行动的人"），只是在约束下追求最大化。

如前所述，合约论建立在交易费用思想上，而交易费用是一个抽象的整体性概念，不是个体的、主观意义上的成本概念。由于交易费用的计算者事实上是经济学家，而不是当事人。当经济学家计

---

[1] 价格可以视为一般性规则，这是因为价格和一般性规则一样，都包含了无数个体的知识。

算交易费用，设计最优的合约时，实际上就是从旁观者角度替他人安排合约。比如，当张五常说某种产权重要，某种产权不重要时，就预设自己能够计算出不同合约安排所对应的"租值"，[1] 从而确定哪种合约（产权）是重要的。相比之下，在"人的行动"视角的产权观中，"计算"的主体是无数的当事人自己，而不是经济学家。

张五常正是从"设计"的角度去理解中国改革的，他把中国改革理解为"合约安排"的改变。如张五常认为，"例如从人民公社的大锅饭制改作一九八三年兴起的包产到户制——是明显的合约转变"，[2] 根据这种思路，关键是设计一种最优的合约安排（交易费用最低）。这种设计思维在政策上必然是指向"理性建构"的。实际上，正是放松管制，使个体拥有"人的行动"意义上的产权，出现了市场价格，才使得制度变迁得以发生，如出现了"地方政府竞争"这样的现象，而在张五常等合约论者看来，这都是某种人为设计的制度安排的结果。

合约视角的产权观把产权明晰视为市场化的前提条件，如张五常说："从科斯的定律看，市场的运作分两步。第一步是界定私有产权，我的看法是以合约来约束资源使用的竞争。第二步是市场本身的出现，通过有市价的合约来交换资源的使用或产品的权利"。[3] 即认为先要界定私有产权，才有市场的出现，当然"界定私有产权"也意味着设计合约。这种把产权界定明晰的方法在俄罗

---

[1] "租值"是一个"整体性概念"，如张五常把租值视为国民收入的组成部分。他说"大致上国民的总收入可分两部分：一是交易或制度费用，二是租值"。见张五常：《制度的选择》，北京：中信出版社，2014 年，第 153—155 页。

[2] 张五常：《制度的选择》，北京：中信出版社，2014 年，第 151 页。

[3] 张五常：《中国的经济制度》，北京：中信出版社，2017 年，第 162 页。

斯和东欧的改革中被应用，却没有在中国被采用，也不能解释中国的改革。中国的市场是放松管制，使个体，包括农民和地方政府官员拥有"人的行动"意义上的产权之后，产生了市场价格，在市场价格的基础上产生新的规则，然后政府确认这些规则，这就是中国"改革"的本质，也是下一章要阐述的。

五、"最大化解释"与"原则的解释"[1]

"合约论"属于新制度经济学，它的方法是用新古典经济学的"最大化"来解释经验现象。如"地方政府竞争"就是被解释的"经验"，而"合约"就是约束条件。不仅是张五常，整个芝加哥学派包括弗里德曼、科斯等经济学家都强调经验和实证，他们把"最大化"方法应用于不同领域，比如把"最大化"方法应用于信息问题，得出"信息经济学"。"最大化"方法立足观察经验，用"最大化"来解释观察经验，我们称之为"最大化解释"，它是一个"解释框架"，本身并不包含经济学逻辑。或者说，"最大化"本身不是经济学"理论"，只是一种"解释方法"，也即"最大化解释"没有提供协调无数个体行动的一般性的经济学原理，因此往往把经验性的解释视为"一般性"的解释。张五常等合约论者也是经验主义者，他们使用的是"经验解释"，而不是基于经济学原理的解释，也就是"原则的解释"。经验解释基于观察，根据观察得出结论，

---

[1] 关于"原则的解释"，可见哈耶克：《解释的限度》，《经济，科学与政治：哈耶克思想精粹》，冯克利译，江苏人民出版社，2003年，第482页。

而观察总是局部性的，所以它类似于"盲人摸象"。

相比之下，"人的行动"视角的产权观用米塞斯的"行动学"解释经验现象，我们称之为"原则的解释"。米塞斯从"人的行动的有目的性"出发建立了先验的一般性理论，包含经济学公理，如"分工合作需要借助于一般性规则，包括价格"就是先验的公理。

"原则的解释"不同于"最大化"的解释，首先是对人的行为的假设不同，"最大化解释"假设人的行为是对外部环境做出反应而产生的，"原则的解释"假设个体的行为是有目的的，不受限于环境；其次是解释的方法不同，"最大化解释"用约束条件来解释个体的行动，比如张五常用合约解释地方政府的行为，"原则的解释"用行动学原理来解释个体的行为，比如地方政府之所以能够"理性地"行动，是因为借助了先前存在的市场价格。

第三，"最大化解释"是用"经验"（约束条件，如合约）解释"经验"（现象），这样所建立的只是同一时点的经验现象之间的相关关系。而"原则的解释"则是利用"行动学"原理在人的行动时间序列中建立因果关系。这是因为确切的经济学理论提供的正是因果关系，或者说因果关系包含在确切的经济学理论中，应用经济学理论才能揭示因果关系。还要补充的是，"最大化解释"是解释者利用他"看得见的"经验来解释现象，那些他看不见的经验会被他忽视，比如地方政府竞争产生的债务、通货膨胀等问题。

"最大化"是从某个主体（个体或国家）的"最大化"角度得出的结论（给出的建议），这个政策可以是"放松管制"的政策，也可以是"加强管制"的政策，[1] 完全取决于是否满足合约论者

---

[1] 虽然他们的政策大部分是倾向放松管制的。

眼中的"最大化"要求，即不能得出逻辑一致的政策建议。虽然，有时候"最大化解释"和"原则的解释"能得出相同的结论和政策建议，[1] 但其背后的理论支撑是大相径庭的，因此蕴意也是大不相同的。"最大化解释"没有可靠的经济学理论支撑，不是从可靠的经济学公理出发，因此它做出的解释是不可靠的，比如"什么构成当事人的约束条件"完全凭借解释者自己的主观判断。

　　如前所述，"最大化"本身不是经济学理论。也由于没有可靠的理论为基础，"最大化解释"带有随意性，如把经济增长的积极效应归于"地方政府竞争"是没有逻辑基础的。同样，他们做出的价值判断也是随意的，他们从"最大化解释"中得出"最优"，这不是基于"因果关系"的判断，而是基于"最大化"的解释，是用最大化解释来代替逻辑。比如他们说"某个经验是最好的"，把他们自己"主观判断"的，并且也是"经验"意义上的成功当成是具有普遍意义的成功，他们不能说明其他的经验就一定没有那个经验"好"，或在其他情况下，那个经验还同样有效等等。实际上，我们不能从经验的角度判断某种行为产生的效果究竟是"利大于弊，还是弊大于利"，因为无法统计所有的影响，更主要的是作为效用，这些"影响"体现在无数人的主观感受中，不能被解释者所知，而且解释者的评价和当事人的评价也必然是不同的。因此，不能从"解释"中得出"好"还是"不好"，人们只能基于经济学揭示的原理来做出价值判断，即合理与否在于是否符合经济学揭示的原理。

　　相比之下，"原则的解释"是更为可靠的，因为它是从确切的

---

[1] 如张五常提出要零关税，见张五常：《为什么中国要推出零关税》，http：//finance.ifeng.com/c/7sHsTAnpPFA，2019 年 12 月 10 日。

经济学理论出发的。比如前面我们基于"人的行动需要借助于价格"这一"行动学公理"对"地方政府竞争"这种现象进行了解释，这种解释比"最大化"解释更具有说服力。确切的经济学理论就像一把"理论的尺子"，没有"理论的尺子"无法理解现象，就如物理世界中没有尺子无法衡量长短。

实际上，基于"最大化"的经济解释只适用于"一人世界"，对于一人世界来说，经济学家可以从"理性人"出发，对其行为进行解释，这是可以接受的。但市场是"多人世界"。对多人世界来说，不是最大化问题，而是"协调"（分工合作）问题。在多人世界中，不同的人通过一般性规则，实现分工合作，产生效率。如斯密的分工合作原理所揭示的，在多人世界中，效率不是来自特定主体（如地方政府）的"最大化"，而是来自不同主体的协作，这也是财富增进的原因。张五常以及其他支持地方政府竞争论的经济学者错误地把适用于"一人世界"的"最大化"方法套用到"多人世界"中，把"协调"问题简化为"最大化"问题，这是不能成立的。

六、 区分两种激励

张五常等人从合约角度理解产权，没有认识到"人的行动"不仅受合约调整，也受一般性规则的调整，后者不是合约概念，更不是设计产生的并且后者是前者的基础，即有效的合约是以一般性规则为前提的。一般性规则协调无数个体的行动，产生了使每个个体受益的"市场"，因此其重要性优先于人为设计的合约。但是，受新古典经济学静态均衡思想的影响，包括张五常在内的新制度经济学家忽视了一般性规则，只是在合约层面讨论市场，他们假设协调问题，即那个与一般性规则相关的问题已经解决，剩下只是如何设计合约，使经济主体（地方政府）最大化，这显然是忽视了市场的要义。另外，一般性规则需要被不断发现、被认识，产权也是在这个认识过程中不断被完善的，因此产权不是"最大化"概念，而是"过程"概念。

张五常等人想要说明的是为什么地方政府的"最大化"会产生积极的资源配置效果，而这恰恰是他们没有解释的，他们只是解释了为什么能够最大化，但"最大化"不等于"协调"。需要解释的不是为什么地方政府能够"最大化"，而是地方政府的行动为什么能够和其他主体的行动相协调，因为正是这种协调产生了他们所认为的那种资源配置效果。行动的"生产性"是在协调性中实现的，张五常用合约来解释地方政府的最大化，但没能解释什么地方政府的最大化是"生产性的"而不是"破坏性的"。

张五常等人没有区分两种不同的激励，即基于人为设计的合约的激励和来自一般性规则（如价格）的激励。"地方政府竞争论"强调激励，而忽视了激励的来源问题，隐含地认为只要是激励（地方政府），就会产生增长的效果。特别是"晋升锦标制论"者，他们没有意识到，如这种激励来自上级而不是来自市场，那将扭曲地方政府的行为，产生破坏性。只有源于市场价格的激励才产生"协调"的效果，也就是使地方政府的行为和其他市场主体的行为相兼容，这种"兼容"产生经济增长效应，因为经济增长正是不同主体的行动相互协调（分工合作）的产物。所以，增长并不来自于对特定主体（如地方政府）的激励，只有满足协调性要求的激励才是生产性的。自上而下的人为规则，如张五常强调的国有产权制度安排或周黎安强调的晋升锦标制无法产生这种协调性。

七、 结语

本章指出，地方政府遵循了"价格"这种"一般性规则"，才扮演了类似企业家的角色，使自己的行动具有了生产性，也即这种生产性不是最大化合约的产物，而是遵循一般性规则的产物。这样我们就为地方政府竞争现象提供了完全不同的解释。使一个社会变得更好的不是个体追求自己的最大利益，而是在一般性规则下追求自己的最大利益，因为正是一般性规则使不同个体对自己最大福利的追求能够相互促进，个体也因此得到远大于他在孤立状态下的利益或分工合作被破坏时的利益。遗憾的是，张五常恰恰是抛开一般性规则而谈最大化。

由于张五常等人没有区分"合约"和"一般性规则"，因此也没有区分"设计"和"自发性"，进而把"市场"看作是一个如何设计最优合约的问题，这是"理性建构"的思维。合约只是地方政府"理性行动"的结果，而不是其原因。假如我们认识到"地方政府竞争"这种现象的出现不是因为"合约设计"，而是出现了促进分工合作的一般性规则的结果，那么自然地，我们在优化我们的制度时，就会从促进分工合作的有关制度安排出发，而不是从激励和约束地方政府的合约出发。一种"最坏"的制度安排在其他良好制度的衬托下，也会产生"好"的效果，这是经验主义者不能看到的，如地方政府配置资源本身是不符合经济学原理的，但是在出现分工合作的秩序中，看似产生了"好"的效果，这使得张五常等经验主义者误认为这种制度安排"本身"就是好的。这也说明经验主义方法的局限性。经验主义者没有看到，假如让这些"坏"的制度回归正常，在文中就是"地方政府退出资源配置"，那会产生更好的增长效果。

如前所述，从"人的行动"看，产权是"过程"概念而不是"最优"概念。这个过程是人们对一般性规则的认识和遵循的过程。当人们不断地认识和理解一般性规则时，那些促进分工合作的产权制度就会"非意图地"形成，当这些自发形成的产权制度被立法者发现并变成法律时，社会的法治程度不断提高，人们的企业家才能得到更充分的发挥，分工合作秩序得到深化和扩展，社会更加繁荣。

一种最坏的制度，即政府配置资源，经过张五常的解释变成了"最好的制度"。他的这个错误产生了深远的影响，给决策者和普通民众造成一种印象，即权力参与配置资源是中国的特色，也是中国的优势。现在到了纠正这种错误的时候，使政府和资源配置活动相分离，这样才能有新的经济前景。

第十七章 改革是制度生成的过程

中国自1978年以来的改革通常被称为渐进式改革，但这个改革是怎么发生的？今天的制度，以及与这种制度对应的经济发展，都不是事先预想中的。[1]中国改革走出了一条自发演化的道路，体现了哈耶克自发秩序的思想。我们把中国改革的经验称为"制度生成"，中国的经济是"制度生成"的结果。那么，什么是"制度生成"？制度生成的逻辑是什么？制度生成与改革是什么关系？本章将说明制度生成的一般逻辑，然后把改革放在这个一般逻辑之下来讨论，后者是前者的一个应用。本章还将比较制度生成与制度试验，说明中国改革的经验是制度生成而非制度试验。

一、 制度生成的逻辑

"不是由于事先的设计，而是由于无数的个体追求自己的利益

---

[1] "中国的领导者们开始改革的时候并没有想要建设市场经济。相反，他们的目标是，通过刺激人们的积极性，来完善已存在的公有制为基础的计划经济，然而改革自己创造了一条通往市场经济的路。"见张维迎：《从中国改革看制度变革的演进特征》，《中国改革》第11期，2003年，第5页。

而在无意中产生制度的现象"我们称之为"制度生成"。在自利的驱使下，那些更能满足需求、更能增进个体福利的行动会被其他人模仿，也就是会被市场挑选出来，最终变成了制度，这个过程就是哈耶克说的"文化选择"过程。奥派的创始人卡尔·门格尔在他的《国民经济学原理》一书中就用"货币"的出现为例说明了制度的演化形成，这种有利于协调无数人行动的制度，也就是前一章所说的"一般性规则"。

在没有强制的情况下，只有那种有利于他人的行动才是有利于自己的。当这种行为被模仿，成为制度时，这种制度必然具有"互利"的性质。不仅如此，由于制度的生成是人们追求自利的自然而然的产物，当人们在遵循这些制度的时候不会觉得"不适应"，而是会觉得"本来就应该这样"。如后面将要说明的，制度的生成也使改革变成一个自然而然的过程。制度的生成不仅是自然的，也是不可预见的，因为制度的生成是自利行动的一个"非意图的结果"。这意味着假如允许制度生成，那么就应该接受制度形成的"不可预见性"。

当管制被打开一个缺口之后，个体就有机会利用业已存在的传统道德伦理等法则，这些是历史上生成的制度，包含了有关交易的市场知识。人们会发现，遵循这些传统法则进行交易对自己更有利，这样，新的制度就在这些传统法则的基础上生长出来。尤其是在相对保留了较多市场知识的南方，在放开管制后，有助于交易的新制度大量涌现，如雨后春笋一般快速地长出来。比如在浙江各地就出现各种专业市场，如桥头纽扣市场、海宁皮革市场、绍兴纺织品市场，其中义乌小商品市场更是举世闻名，还有浙江台州出现中国最早的股份制，以及后期在浙江杭州出现电商代表阿里巴巴。这一制度变迁过程也体现在新的交易制度对旧的交易制度的更替上，比如集中的交易（如专业市场）代替了走街串巷的分散交易，网上交易代替实体店交易等。所有这些制度都是在人的自利本性驱使下自然地生长出来的，而不是事先可预见的。

这里或许可以提出"制度的回溯"概念，类似米塞斯把货币回溯到黄金不是作为货币用途时的使用价值，在这里也可以把改革后生成的制度回溯到改革前就已经存在的自发生成的制度，当然还可以追溯到更早之前。即我们不能说1978年之后的制度是突然冒出来的，实际上它们本身就是长期演化的产物。

二、 制度生成的扩展性

这一自利驱使的制度生成过程必然是不断地自我强化的。它首先使单一的"计划经济轨"变成了"计划"与"市场"并存的"双轨"，逐步地"市场轨"蚕食了"计划轨"的空间，最终使"双轨"并存的局面变成了"市场"一轨，这相当于是一条"市场围剿计划"的道路。

这种"市场越来越大，计划越来越小"的转变体现在上世纪八十年代中央全会的报告中。比如，在1982年十二大上提出的是"计划经济为主，市场调节为辅"，在1984年，在十二届三中全会上提出了"有计划的商品经济"。在1987年十三大报告上提出"国家调节市场，市场引导企业"，1993年在十四届三中全会上确立了"建立社会主义市场经济体制"。从这几次会议的提法中不难发现，计划的成分越来越少，市场的成分越来越多，这充分体现了市场的扩展性，每一次会议，只不过是在事后承认了自发产生的、已经被市场证明为有效的制度。

如前所述，制度是从自利的行动中产生的，那么有效率的制度又是如何从个体追求自利的行动中产生的？我们认为"价格"扮演了重要角色。只有借助于初始出现的价格，个体才能进行"经济计算"，从而使得他那种有意追求自己最大利益的行动，也在无意中助益于他人，这就是说价格引导他的行动与他人的行动兼容。[1]

那种有助于公共利益的制度正是在无数个体利用价格的过程中"非意图地生成"的。换句话说，当价格信号引导个体采取一种更能满足自己利益的行动时，一种更有助于协调，从而也是更具效率的制度就会从这些行动中产生。如在一开始就不允许市场价格出现，那么好的制度就不可能产生。相反，如允许市场价格出现，那么好的制度就会不断产生。可见，价格发挥了引导制度变革的作用，价格的出现使一种效率更高的制度代替之前的制度具有可能性。比如乡镇企业在最开始的时候是有效率的，但随着私营经济的崛起，它的低效就显示出来了，也迫使乡镇企业进行产权改革。

比如，在上世纪 80 年代，以乡镇企业为特色的"苏南模式"还是备受推崇的，但到了上世纪 90 年代，它产权不明晰的弊端就暴露出来了，如著名经济学家董辅礽指出的"众多乡镇企业陷入了困境，亏损企业大量增加。例如，在 1996 年 10 月，苏州亏损的乡镇企业比 1995 年同期增长了 31%。在此情况下，实行苏南模式的地方先后实行了改革。改革的方向是大部分乡镇集体所有制企业转

---

[1] "整体越复杂，我们就越得凭借在个人之间的分散的行动。至少，这些个人的个别行动，是由我们叫做价格体系的那种用以传播有关消息的非人为的机制来加以协调的"。哈耶克：《通往奴役之路》，冯兴元等译，北京：中国社会科学出版社，1997 年，第 74 页。

变为非公有制企业，同时鼓励（而不是像过去那样限制或禁止）发展非公有制企业"。[1] 这一转变过程是自发完成的，价格利润信号会迫使这些企业朝着能够盈利的方向进行改革，那种效率更高的制度正是从这种更能盈利的制度中生成的。

在这个例子中，我们看到市场主体在面临亏损压力时不得不调整自己，这样就催生出新的制度。那种使企业能够盈利的制度才能在市场中存活下去。价格、个体的行动与制度的生成之间有着相互依赖、相辅相成的关系。当更完善的产权制度出现时，就会推进价格作用的进一步发挥，同时也会使个体的行动空间进一步扩大，这样也有利于新的制度的产生。在这里我们必须指出，那种认为价格信号直接配置资源的观点是新古典经济学的理论抽象，并不符合现实，事实上，价格是通过指引更有效的制度的生成，从而实现资源优化配置的。

市场并不是根据某些已知条件求解最优价格或产量。相反，市场是在无数个体的行动过程中不断展开的过程，他们在追求自己最大利益的同时，也创造了一系列的制度，同时也扩展了自己的行动空间，但这一切的前提条件是允许市场价格的存在。有利于福利增进的制度是在包含价格的竞争过程中被"发现的"。这些制度很多是没有被人察觉的，是看不见的，只有在用的时候人们才能感觉到它的存在。制度的变迁正是在这个过程中无意发生的。

与新古典经济学家不同，我们并不假设价格给定，即不假设价格事先就已经"普遍地"存在于所有领域。价格最初只出现在那些

---

[1] 董辅礽：《温州模式的继承与提高》，何福清主编：《纵论浙江》，杭州：浙江人民出版社，2003年，第250页。

放松管制的领域,当一开始出现的市场价格得到承认之后,更多的价格就会在更多领域出现。比如价格最初是在商品市场中出现并发挥作用,后来逐渐扩展到要素市场。这是因为当允许个体拥有自己的财产时,个体就有激励发挥自身的企业家才能,进行创造,以及交易自己的创造物,这时就在更多领域出现了市场价格,并形成更多新的制度。

在上面的阐述中,通过引入"个体的行动",我们阐述了价格在制度生成过程中的作用。中国过去四十多年发生的故事,揭示了"价格"与"制度"都是"过程"概念,并且价格的生成与制度的生成是同时发生的过程,两者相互依赖。当我们把"个体的行动"、"制度的生成"、"价格与制度生成的相互关系"等概念引入之后,就更好地解释了中国的经济增长现象。

三、 制度生成与"习得的理性"

人是无知的,也是理性的。有两种理性,即与生俱来的与习得的。个体是追求最大化的(自利的,或理性的),但是,理性(自利)也不是在真空中发生的,个体通过"生成的"制度习得理性。"理性"(自利)并不总是具有"生产性","遵循制度的理性"才具有"生产性"。

一般说来,经济学假设每个个体都追求自己的最大利益,这也被称为自利或理性。但是,事实上个体对自利的追求不是在真空中发生的。正是"生成的制度"使个体知道怎么做对自己更为有利,我们把这种来自于"生成的制度"的"理性"称为"习得的理性"。

很多情况下，个体从制度中习得理性是一个"非意图"的过程，也就是说，他并不是在事先就认识到某种制度是合理的或对他有用才会去利用它，而是在解决具体问题中无意地利用了该种制度。这意味着习得的理性是遵循规则的产物，正如哈耶克所指出的那样，我们是因为遵循规则才发展了我们的理性，而不是因为我们具有理性才遵循了规则。或者说，人的心智的发展和文化的发展是同时的关系，而不是先继的关系。[1] 遵循生成的制度使社会避免陷入公地悲剧，避免成为丛林社会。丛林社会的"理性"就是没有规则的"最大化"。生成的制度使个体具有"习得的理性"，一定程度上克服无知，进而使个体的自利行动具有"生产性"。

理性与制度的关系体现在人们对"价格"的使用上。如前所述，价格作为制度，使个体能够进行经济计算，从而知道应该采取何种行动，也就是使个体具有习得的理性。具有"习得理性"的个体在行动中"非意图地"生成新的制度，个体又从新生成的制度中习得新理性，这是一个不断往复向前的循环过程。

"习得的理性"的一个例子是政府对市场的态度随着中国市场经济的发展而转变。政府一开始还是想搞计划经济，当时的提法是"计划经济为主，商品经济为辅"。当价格自发地在某些领域出现之后，政府发现接受这些价格对它有利，这样就承认了市场价格。正是生成的制度慢慢地改变了政府的观念，使政府逐步地接受了市场，也就是制度生成过程。这方面，一个典型的例子是义乌政府对小商品交易市场的态度的转变：

---

[1] Boettke, Peter. J. (ed.), *F. A. Hayek: Economics, Political Economy and Social Philosophy*, London: Macmillan, 2018, p. 219.

在浙江义乌，在计划经济体制下，农民在农闲经商要被"割资本主义尾巴"，"货郎担"和农村集市贸易被严格控制，"打办"（打击投机倒把办公室的简称）在各个交通要道设置检查点，甚至在定期集市贸易上交易也随时有可能被"打办"人员抓获。尽管如此，"资本主义的尾巴"还是越割越长。由于这种"猫捉老鼠"的游戏长期玩下去总不是解决的办法，这就逼迫市场主管部门必须拿出有效的解决措施。既然禁止的做法不能奏效，小商品市场本身也不会对社会造成危害，与其关闭，还不如顺其自然，开放小商品市场。为了小商品市场的关闭或开放的问题，义乌县政府曾召开三次县长办公会议，经过反复讨论，大多数领导初步形成了这样的共识：对小百货市场，不应该用强硬的手段强制关闭，可以走一步看一步，关键在于正确的引导、加强管理。于是便有了第一代的湖清门市场。湖清门市场开放之后，当时的义乌县委、县政府领导看到了这股经商的潮流，感受到潜伏于这股潮流下的巨大经济动力。1982 年 9 月，义乌县委、县政府召开了农村专业户、重点户代表会议。县委书记谢高华在讲话中果断提出"四个允许"，即允许转包责任田，允许带几个学徒，允许议价销售，允许长途贩运，后来又被整理为"允许农民经商，允许从事长途贩运，允许开放城乡市场，允许多渠道竞争"。正是"四个允许"的政策打消了许多尚在等待观望的经营者的疑虑，为小商品市场的萌芽提供了政策环境。[1]

---

[1] 陆立军、王祖强、杨志文：《义乌模式》，北京：人民出版社，2008 年，第32 页。

在义乌小商品市场的例子中，政府从最初不接受自发生成的交易制度到最终接受它，其原因在于政府"认识"到这种交易制度对地方经济有巨大的推动作用。政府认识到"不应该用强硬的手段强制关闭"，说明政府对自发形成的市场采取了包容的态度；"可以走一步看一步"说明政府是在"习得理性"之后再决定下一步的行动。不仅如此，生成的制度也使政府意识到之前的某些制度安排是"不利"的，比如家庭联产承包制的出现使政府认识到农村集体生产模式是低效率的，民营经济的成长使政府认识到国有企业缺乏效率，等等。

人从生成的制度中习得理性，但人的理性也不是完全受生成的制度束缚的，即人的理性不是被动的理性，而是有创造性的理性。个体会有新的观念产生，新的观念又会"非意图"地生成新的制度。当习得的理性接受新生成的制度时，一些旧的制度会被取代，这样就推动了制度的变迁。既已生成的制度不能一劳永逸地解决所有问题，某种制度在当时的条件下是有利于经济发展的，但是假如情势发生了改变而制度不变，那么它就会成为经济发展的束缚，如斯密在《国富论》中分析中国明朝经济发展情况时说的那样，"五百年前访问过中国的马可·波罗关于其耕种、产业和人口稠密状况的记述与当今旅行家关于它们的报告，几乎没有什么区别。可能在马可·波罗时代以前好久，中国的财富就已达到了其法律制度所允许的富裕程度"。[1] 对此，我们说法律制度的停滞可归于习得的理性的停滞。习得的理性很大程度上决定了制度变迁的速度和性质。

---

[1] 斯密：《国民财富的性质和原因的研究》（上），郭大力、王亚南译，北京：商务印书馆，1997年，第65页。

四、"改革"是"习得的理性"的结果

我们把"改革"作为一种"行动"来理解，行动是理性的产物，和任何行动一样，改革也需要理性。那么改革所需要的理性来自哪里？我们说正是生成的制度，为改革提供了所需要的理性。

改革之所以能够称为"改革"，是因为"改革"这种行动具有"生产性"，即能够促进公共利益，否则"改革"就是徒有其名。从生成的制度中习得的理性，使得"改革"成为一种建设性的行动而不是一种破坏性的行动。这是因为这些生成的制度具有使不同的行为相互协调、促进分工合作的功能。当政府发现这些制度，并承认和维护这些制度时，就是实施了"改革"——采取了一种能够促进分工合作，并使自己融入到分工合作当中的行动，这可以视为"改革"的定义。假如脱离生成的制度，那么人们的行动将是盲目的，改革者的行动也不例外。在这种情况下，改革者即便想改革，他们也将无从下手。假如他们真的"下手"了，那么他们所采取的行动很可能是破坏性的而不是生产性的，正如我们从"大跃进"中看到的一样。

"改革"通常被理解为政府行为，被认为是政府对某项制度的改革。但事实上，其他的市场主体，尤其是企业家也是改革者。当他们从生成的制度中习得理性，调整自己的行为时，就是进行了改革，只是这些行为通常没有被称为"改革"。不仅如此，无数的个体对自己行为的调整，也是政府推进改革的前提条件。因为正是个体对自己行为的调整，使新的制度不断生成，而政府正是从新生成

的制度中看到既有的某些制度的缺陷，当政府改变这些制度时，就是在推行我们常说的改革。

在这里，"盈亏"扮演了制度优劣的指示器的作用。上世纪80年代，"苏南模式"还是备受推崇的，但到了上世纪90年代产权不明晰的弊端就暴露出来了，如著名经济学家董辅礽指出的，众多乡镇企业陷入了困境，亏损企业大量增加。例如，在1996年10月，苏州亏损的乡镇企业比1995年同期增长了31％。在此情况下，实行"苏南模式"的地方先后实行了产权改革。市场主体在面临亏损压力时不得不调整自己，这样就催生出新的制度。那种使企业能够盈利的制度才能在市场中存活下去。

可见，价格信号不仅是配置资源的信号，而且也能引领新制度的生成。新古典经济学认为价格信号直接配置资源，事实上，价格是通过指引更有效的制度的生成，从而实现资源优化配置的。

众所周知，改革的阻力之一是人们不能预期改革存在的风险，但生成的制度却解决了这一问题。这是因为生成的制度所产生的积极效应已经让人们预期到改革会使他们受益。生成的制度降低了改革的风险，因此提高了人们的改革诉求。当政府顺应这种诉求推动改革时，改革就会变得自然而然。如前所述，改革其实是"发现"已经生成的、被证明为有效的制度并予以"确认"。比如生成了股份制之后，政府发现它并承认其合法性，这也就是进行了股份制改革，等等。但是，很多改革其实并没有经过政府的确认。比如，开发区、专业市场以及电子商务等等就属于这种类型。它们被普遍接受，在市场中扮演重要角色。实际上，生成的制度中大部分是无法用语言明确地表达的，更无法写在政府的文件中，但它们和那些能够明晰表达出来的制度一样重要。

假如需要对所有生成的制度一一地加以明确来使之具有合法性，那么改革几乎是不可能的。政府采取的办法是在各次"全会"上，提出一个"总体性的改革思路"来对之前生成的所有那些被普遍接受的制度的合法性予以承认。这种做法虽然有一定的模糊性，因为它不是"精确"到具体制度，但确实"有效"。如在 1982 年十二大上提出"计划经济为主，市场调节为辅"，就是对此前已经出现的市场规则予以承认。两年之后的 1984 年，十二届三中全会上提出"有计划的商品经济"，就是承认在这短短两年中生成的各种市场交易规则。五年之后的 1987 年，市场秩序有了进一步的扩展，生成了更多的制度，比如私营经济和乡镇企业大量涌现，这使得政府进一步认识到计划调节的局限，在十三大报告上，指出"以指令性计划为主的直接管理方式，不能适应社会主义商品经济发展的要求"，并提出在微观层面要以市场调节为主的"国家调节市场，市场引导企业"以及"加快建立和培育社会主义市场体系"的发展思路。在 1993 年十四届三中全会上更是进一步确立建设"社会主义市场经济体制"。每一阶段都不是预先设计的，而只是对那些有助于公共利益的制度的总结。还要说明的是，这几个阶段是一种递进关系，后一个阶段包括了对前一个阶段所生成的所有交易制度的合法性的承认，也体现了政府不断习得理性，以及对市场认识的深化。

对市场的不断肯定，是人们从生成的制度中得到利益、从而改变了对市场的认识的结果。制度的生成和理性的习得相互促进，使改革进程推进得非常快。从 1982 年到 1993 年这短短的十多年时间里，中国实现了从"计划经济为主，市场调节为辅"到承认市场经济的转变。这种巨大的转变，正是习得的理性的结果。特别值得一提的是，私人部门的快速发展为改革的顺利进行创造了重要条件，而私人部门可以定义为人们可以自由地运用其习得的理性的部门。比如私人部门的发展为国企下岗职工顺利地找到工作提供了机会，他们在市场中的收入甚至比之前在国企更高。

生成的制度为正式的立法创造了条件。一个有意思的现象是《公司法》、《合同法》等都是在官方正式宣布确立市场经济的主体地位之后的上世纪 90 年代才颁布的。比如《公司法》是在 1993 年12 月通过的，《合同法》甚至是在 1999 年 3 才通过。但事实上，在这些法律被正式颁布之前，人们就已经在使用相关的规则来完成他们的交易，颁布这些法律只是承认这些既已形成的法律的合法性。这些法律并不是建构出来的，而是演化的产物。那些协调人们行动的千千万万的法则不可能被事先设计出来。假如为了推动市场化改革，政府在上世纪 80 年代初就颁布一些（只能是从其他国家照搬过来的）法律，要求人们遵照这些法律行动，那么有没有可能让这些法律带给中国一个市场经济呢？显然不可能。

当政府认识到新生成的制度所带来的利益时，自然地，就有可能采取进一步的改革行动，其中一种做法是"放松管制"，取消政府在很多领域的控制，比如从上世纪 80 年代开始，中国进行了多次机构改革，撤销了一些部委，如轻工业部、纺织部和机械工业部等等。当政府减少或消除对这些行业的控制时，就为市场秩序在这些领域的出现创造了条件。另一种做法是纠正那些阻碍交易的制度，比如 1997 年取消了"投机倒把罪"。

五、"制度生成"与"制度试验"的比较

"制度生成"与"制度试验"是根本不同的。如前所述，制度生成强调制度是"非意图的"结果，不是事先设计的；相反，制度试验是先事先设计或选择一种制度，然后进行试验，再决定是否采用。

制度生成意味着承认无知性，承认市场比自己聪明，相反，制度试验包含着理性的狂妄，以为自己能够把全局性的制度设计出来。另外，制度试验是从上至下的，而制度生成是从下至上的。制度试验有两种形式，一是全盘的制度试验，比如俄罗斯曾实施的计划经济属于全盘的制度试验，同样，其后来被称为"休克疗法"的经济改革其实也是全盘的制度试验。另一种是局部的制度试验，它是指在某些领域进行的试验。比如，政府先设计一个制度，但对它是否有效没有把握，先在某些地区试验一下，如有效，再在全国推广。

由于无需进行制度试验，制度生成也降低了产生制度的成本，而制度试验则需要经过制度设计、试验和挑选等步骤，相关的制度成本非常高昂。具体而言，制度生成降低了如下两个方面的成本。

一是制度建构和筛选成本。对制度试验来说，决策者要拥有"建构理性"，但政府官员与普通人一样，也是"理性不及"的，他们不能事先设计出"好"的制度，也无法判断某种制度是好的或坏的。他们自己认为某种制度是"好"的，但实施起来不一定是"好"的，也就是说他们设计的制度往往不能实现他们预定的目标。相比之下，制度建构难和筛选难的问题在制度生成过程中就解决

了，因为它根本不需要进行制度建构和筛选。"好"的制度已经生成，决策者只需要用"习得的理性"去"发现"它们就够了。

二是制度的执行成本。对生成的制度而言，在这种制度的生成过程中，人们已经渐渐地习得了如何使用这种制度的知识，可以说这种制度已经和人们的日常生活融为一体。在这种情况下，当政府正式确认这种制度并予以推广时，相关的制度成本自然是低的。由于制度生成是市场的一个根本特征，并且制度生成有上述低成本优势，我们可以把市场定义为"一种低成本的生成制度的方式"。相反，"制度试验"是从外部人为地施加一个制度。这个被强加的制度不是自己长出来的，那些被迫接受这种制度的人之前没有相关的经验和知识，换句话说，这种被强加的制度和人们已经拥有的经验和知识不相容，执行这种制度自然会面临各种抵触，这时会出现所谓的"上有政策，下有对策"。另外，对制度试验来说，还存在谁来承担度试验的后果的问题，因为制度的试验者在试验制度时不需要为制度试验的后果承担代价。

以上强调了"制度生成"，这是奥派过程思想的体现。主流经济学恰恰是忽视了价格在"制度生成"中的作用，只是在给定价格下求解最大化（如张五常的合约理论），或只是说明价格在调节供求中的作用。中国的改革过程让我们看到价格与制度的相互关系，这可能是笔者对经济学理论的一个具有原创性的贡献。因为，在主流经济学中，价格与制度是分离的，比如新古典经济学是把制度视为给定的，新制度经济学是把价格视为给定的。上述对中国改革的解释说明，价格和制度都不能作为预设，它们都是一个扩展、生成的过程。价格是不断生成的，制度也是不断生成的，并且两者是相关的。

六、 从"制度试验"到"制度生成"

改革开放之前，中国实行的计划经济属于"制度试验"。1978年开启的改革，实际上就是从制度试验向制度生成的转变，所谓的"中国奇迹"就是这种转变的结果。但很多人把中国经验概括为"制度试验"，这是非常危险的。中国的改革不是事先设计好制度，然后进行试验，而是在制度生成过程中逐步发现和确立那些已经被证明为有效的制度，比如土地承包制。

邓小平被称为"改革开放的总设计师"，但这是一个不准确的说法，如前所述，改革开放不是设计出来的，而是自发生成的。他的功绩在于"允许人们试"（"放松管制"的另外一种表述），这样就为制度生成创造了条件。比如邓小平说："改革开放胆子要大一些，敢于试验，不能像小脚女人一样。看准了的，就大胆地试，大胆地闯。"[1] 这里的"试"不是指"制度试验"，而是让个体有机会发挥他们的企业家才能。他提出的"摸着石头过河"体现的也正是"制度生成"的思路，因为没有完整的改革方案，只是从实践中发现那些有利于经济发展，有利于人们生活水平提高的制度。

深圳更是中国通过"制度生成"的路径取得成功的一个典范。深圳被称为"改革的试验田"，但深圳的惊人成就并不是按照一个给定的蓝图进行试验的结果，相反，是无数的创业者发挥企业家才

---

[1]　邓小平（1992）:《在武昌、深圳、珠海、上海等地的谈话要点》，http://cpc. people. com. cn/n/2013/0819/c69710-22616523. html. 2013 年 8 月 19 日。

能的"非意图的结果"。那些政府想"试"的方面并没有取得成功，正如深圳市委原常委、深圳市政府原副市长张思平在谈到深圳高科技产业的发展时说的那样，"政府在80年代、90年代真心诚意地支持国有企业发展高科技，使其发挥主导骨干作用，但这些企业并没有很好发展起来，真可谓'有心栽花花不开'"。[1] 与这种试验的失败相对照，深圳的高科技企业是在市场竞争中自发成长起来的，如张思平所说，"试问本世纪以来深圳哪个高科技产业、哪个知名高科技企业、哪一代高科技产品，是政府用行政手段，按照产业规划和政策发展起来的……可以说深圳著名的高科技企业大都依靠自己的创造力，在公平竞争、优胜劣汰的市场机制下，经历了千辛万苦和曲折磨难而逐步成长起来"。大量的制度在计划体制的边缘自发地生成，它们不像深圳那样受人瞩目，但正是这些并未被人们普遍关注的制度的成长，才是中国改革的主要构成部分。

七、 改革的前景

1978年以来，中国的市场化改革取得非常大的成功，但前景仍然有不确定性。一个重要原因是我们对我们为什么取得成功还缺乏清晰而明确的认识。如前一章所表明的，这与以张五常等为代表的主流经济学家并没有提供准确的认识有很大的关系。认识或解释现象是需要以可靠的理论为基础的，在本书中，这个理论就是建立在

---

[1] 张思平：《深圳的高科技企业中为什么几乎没有国企》，https：//finance. sina. com. cn/review/jcgc/2018-10-26/doc-ihmxrkzx1635051. shtml，2018年10月26日。

"行动-规则"基础之上的分析框架。在前面,我们应用这个分析框架,对中国的经济增长与改革做了解释。可靠的经济学理论,就如自然法则一样,高于任何人为的命令。如我们缺乏可靠的经济学理论,那么就会对人为的命令失去辨别力和抵抗力,前进之路就会被人为操控,"理性的狂妄"就会趁虚而入。

改革的另一个敌人是实用主义。实用主义对突破当初的观念束缚是好事,但对改革的持续推进也有不利的一面。实用主义意味着行动不是遵循先验的原理,而是某种意义上的"随波逐流"。这样好像驾车,不是先认清方向,判别道路的可行性,而是见到有路就开过去,也不考虑前路是否通畅,是不是一个死胡同等。如没有理念指导,至少会遇到两个问题。一是遇到一些困难,就以为是真的走不通,从而放弃前进甚至掉头。相反,假如有正确理念指导,就会知道克服了困难之后,前路会更畅通,从而有勇气去克服困难。二是无法辨别正确与错误的做法,就像无法识别张五常的"地方政府竞争"之谬误一样,会把一种错误的行动视为正确,这样自然地就难以进行改革,因为改革是要把错误的改掉,其前提是要识别错误与正确。

近二十年来,新古典经济学和凯恩斯经济学在中国的高校中占据主导,这些理论在方法论上是支持实证主义的,在政策上是支持干预主义的。大部分的经济学"研究"是在为政策目标服务,这对改革的推进也是相当不利。

结语

改革是对不断生成的制度的承认和顺应。只有放松管制,给个体充分的行动空间,使制度生成有可能,才有"改革"这种行动的可能性。换句话说，制度的生成或市场的出现是改革的前提。假如政府管制市场或限制市场，使制度无法生成，那么政府自己意图推动的改革也就不可能发生。因此，中国的渐进式改革不应该理解为政府主导的改革过程，而应该理解为政府和其他市场主体都从生成的制度中习得理性，认识到接受这些制度对自己有利，从而默认和确认这些制度的过程。

中国改革是一个以"制度的不断生成，市场秩序的不断扩展"为特征的自发演化过程，这个过程伴随着人们生活水平的不断提升。当一开始的管制放松之后，在自利的驱动下，新的制度将不断地"生成"，由于这些新生成的制度更能满足人们对改善自身的境况的需求，它们在与旧的制度的竞争中胜出，因此也被普遍接受。制度生成意味着不可预期性，我们在总结中国的改革经验时也应该把"接受不可预见性"包括在内，而这是容易被人忽视的方面，因为人们容易把改革理解为"有意图的行动所产生的可预期结果"。

市场不是建构的，从计划体制向市场体制的转轨，也从来不可能通过领导人颁布了一个命令，制定一个方案就能实现，因为这是一个制度生成与习得理性的过程。那种促使个体在追求其最大利益时，同时也产生公共利益的知识并不事先就存在于蓝图中或某个人的头脑中，而是存在于自发生成的制度中，这种制度是无数个体在追求自己最大利益的过程中非意图地产生的。人们只有从之前的经验，特别是生成的制度中习得知识之后，才能有理性的行动，决定下一步应该怎么做。

制度的生成不仅是自发的，自然的，也是不可预见的，中国在过去四十多年取得的巨大发展是事先没有预见的，这正如制度的生成是不能预见的一样。制度的生成要求放松管制，假如在一开始就不允许制度的生成，把一切控制在手中，那么也就不会有后来"预料之外"的经济增长。制度的生成要求接受"不可预见性"，让未来对不确定性开放。也即改革不仅是改变目前既有的不合理制度，更是要让好的制度有可能出现，因为我们无法在现在就预见到"好"的制度是什么，它是个体行动的一个"非意图的结果"。

附： 中国的改革为什么源于农村和东南沿海

中国的改革源于农村，源于东南沿海。中国的市场经济是从农村到城市扩展，从东南沿海往内地和北方发展。对这两个来源的解释，也能很好地说明制度生成的自发性。

农村和东南沿海这两个区域都是以前管制相对薄弱的区域。在改革之前，大部分的中国人是农民，他们生活在体制之外，有自我谋生（在市场中打拼）的能力。农村的管制相对弱，福利少，农民最渴望改革，如小岗村的农民，他们不像国企员工，本来就没有什么保障。这些没有保障的农民最迫切希望拥有"人的行动"意义上的产权，即通过发挥自己的企业家才能改变自己的命运。在1978年之前，这些地区就有大量的私人交易活动存在，当然，为逃避监管，大部分交易活动是以"地下经济"的形式存在。当交易活动合法化之后，原先就存在的交易活动立刻就呈现出"一有阳光就灿烂，一有雨露就发芽"的态势，像燎原之火一样，迅速蔓延出去，这一现象的出现，正是承认了"人的行动"意义上的产权的结果。

中国东南沿海是一个一直来有充沛的企业家精神的区域。东南部较多地保留了市场知识，没有被计划经济赶尽杀绝，其企业家精神只是因为被计划经济压制。在东南沿海，市场经济所需要的交易规则和制度基础保存得相对较好，比如讲诚信的商业伦理、契约精神。又如在文化上有强调"事功"的浙东学派，其代表人物有永康的陈亮和永嘉的叶适等，这种经世致用的思想是商业文化的产物，也为商业的发展提供了观念支撑。不仅如此，在这些地区，掌握一门手艺是很多人谋生的手段，比如浙江，几乎每个市或县都有特色产业，这些特色产业就是在手工业基础上发展起来的。

在计划经济时代，中国政府即便想搞计划经济也不可能搞成功。这是因为中国实在太大，人太多，并且本来工业化程度就比较低，所以难以在短期内建立大量国企，把大部分人纳入到体制部门。这使得大量人留在体制之外，从而使市场知识得以保留。如中国像苏联东欧那样全面搞工业化，把大部分人都纳入到国企或国有农庄中，把中小企业都消灭干净，那么后来的市场化改革必然失败。

工厂中的工人、体制中的官僚与体制外的农民不一样，后者往往必须有一技之长，比如有手工艺知识，也要学会如何把产品卖出去，只有这样才能活下来。相反，大工厂中的工人和政府中的官僚没有这种激励，他们只需要每天操作固定的机器，或完成给定的指令，他们没有机会也没有动力去学习其他技能，企业家精神更是丧失了。当工厂倒闭时，他们也失去谋生能力。所以中国的农村改革很顺利，而国企改革则困难得多，政府的改革想必更困难。幸好，体制外的市场部门成长起来之后，为国企改革创造了条件，国企员工可以在市场找到工作，一些能干的国企员工被市场部门重新雇佣，也推动市场经济的发展。

原先国有化程度很高的地区，市场化至今都不是很成功，如东北地区。因为国有化程度越高，市场知识消灭得就越彻底，同时，市场经济的制度基础也就越薄弱。这些地区，虽然硬的基础设施有改善，但制度基础设施改善不明显，因为改善这些软的基础设施难度更大。市场经济不是建立在钢筋水泥上的，而是建立在良好制度之上的，假如制度改善不了，市场经济也就无望。由于南方的企业家的流动，市场秩序也部分地扩展到北方和内地，使这些地区的市场化有所改善。

结束语　行动-规则：一个强大的分析工具

本书提供一种认识世界的方法，也就是"行动-规则"的方法，在整本书中，我们都贯彻了这种分析方法。在下面，我们将再次说明这一分析工具的价值。它不仅可以用来分析广泛的经济社会问题，对于传统的或主流的分析方法具有颠覆性，也是对哈耶克某些思想的一个深化，并且对于认识和深化市场经济而言也是极为重要的。

不能从经验的、整体性概念出发去分析社会

不同的方法往往对应于使用不同类型的概念体系，"经济人-最大化"方法往往使用经验的、整体性概念来分析社会，这里可以举一些例子。如古典经济学把经济活动划分为"生产、流通、分配和消费"，然后基于这样的区分去分析经济活动，显然，这一区分是人为的，也是经验的、整体性的，而不是从个体的行动人出发的。一个人的行动有他的目的，他会选择手段去实现自己的目的，外人无法把他的行动归为生产、流通、分配抑或是消费。个体的行

动是不能这样归类的,比如"购房"就很难界定为消费还是投资(生产),只能说它是购房者的一种有目的的行动。同样,也不能对整个社会的经济活动作出这样的分类。这样的分类只是方便了统计,但缺乏经济学依据。当然,这不只是古典经济学家才犯的错误,之后的主流经济学们也犯同样的错误,因为他们也不是从"行动-规则"的视角出发去分析和理解真实世界的。

从"行动-规则"的角度看,我们也会发现人们常用的一些概念是不成立的,如"生产性服务业"这个概念,它在很多论文,甚至在所谓的一级刊物的标题中频繁出现,这些文章的作者把"软件"、"物流"等等定义为生产性服务业,而把"餐饮""理发"等等定义为非生产性的服务业。实际上,不能从旁观者的角度去说明"生产性"还是"非生产性",而是要从当事人的行动出发去思考。由于缺乏基本的方法论知识,随意创造概念的现象在主流经济学界非常普遍。笔者还在一些论文中看到诸如"绿色技术"和"绿色金融"等概念,还有"实体经济"与"虚拟经济"这样的概念。类似于我们反对"生产性"与"非生产性"的区分,我们也不能人为地说某种技术或某种金融是"绿色的"或"非绿色的",或某种经济是"实体的"或"虚拟的",而是要贯彻方法论个体主义,把思考建立在当事人的行动之上。对整体性概念的使用,并且人为地赋予价值判断,为干预市场提供了可能。再比如最近流行的"内循环"与"外循环"的区分也是如此,这一区分体现的是"国民经济学管理学"而不是"经济学"。从行动-规则的角度看,只能区分为"市场循环"和"非市场的循环"(体制内循环),前者基于抽象的一般性规则,后者基于人为的规则或目标。还比如第一产业、第二产业和第三产业以及劳动密集型与资本密集型等等概念,诸如此类的概念只是方便了对国民经济的统计，但在经济学上是不成立的。因为这些概念不包含"人的行动"，或者说不符合方法论个体主义。由于缺乏行动和规则的内涵，严格地说，"产业"不是一个合格的经济学概念。

我们还可以再举些例子。如农民、工人、资本家和教师等等是按照职业划分的整体性概念，这种划分也只是方便统计，但不具有经济学的意义，因为它无法体现出不同人的行动特征，比如，有企业家精神的农民其实已经是企业家，而不是传统意义上的农民。把与土地打交道的人都称为农民是荒唐的，因为他们在行动上千差万别。类似地，有创造性的老师和那些按部就班的老师也是不一样的，前者其实是知识企业家，而不是一般意义上的老师。把行动上非常不同的人归为一类是没有什么意义的，这种归类只是方便了统计，进而方便了上级部门的"管理"，使为特定目标服务的管理规章取代本来在行动中自发产生的一般性规则。还可以再举个例子，高校中普遍采取量化考核的方法来考核老师的业绩，这种做法和计划经济时代的工分制是一样的，也是违背经济学法则的。在人类行动领域，不适用于统计方法，因为价值无法以数量统计的方式得以说明，只能采取主观评价基础上的交换、借助于交换产生的货币价格来说明。这个例子说明，如个体的行动不服从于建立在经济学法则之上的一般性规则，而是服从于背离经济学法则的"人为规则"时，那么这就会使社会不同程度地偏离一般性规则确定的正常状态，也就是出现"扭曲"。

以上这些例子说明，"行动-规则"的方法能够帮助我们更准确地把握经济社会现象的本质，发现世界本来应该具有的样子。相比之下，以"经济人-最大化"方法为基础，并以使用经验的、整体性概念为特征的方法会使我们看不清事物的真相。因为在这种方法中，研究者是根据自己的经验逻辑去分析社会的，而这种经验逻辑可以说是研究者自己的"臆断"，因为它不像"行动-规则"方法，缺乏可靠的逻辑基础。

对哈耶克"致命的自负"思想的一个深化

干预主义从根本上说源于用一种错误的方法认识世界。使用经验性和整体性概念就是"方法错了"的体现。干预主义者借助于经验性的或整体性的概念来思考，并在这样的概念之上做最大化分析，而这种分析是为干预服务的。如"产业政策"就是颇为典型的例子。产业政策的支持者把整体性的概念"产业"作为分析对象，而在"产业"这个概念中没有行动人及一般性规则。他们在某个产业的产出和某项产业政策之间建立关联，用这个"结果"去为产业政策辩解。但这种辩解是不成立的，因为那个"结果"是无数要素共同作用的结果，另外，他们也无法说明如果没有这个政策其他人会不会更幸福，即他们忽视了"看不见的"。因此，对于产业政策的支持者来说，只要指出他们的方法论错误就够了，而不必拿"结果"去说明。

当我们认识到什么是正确的经济学思维方法之后，我们就会警惕诸如"发展高科技"这样的政策主张。因为重要的是个体幸福的增进，而不是技术有多先进。技术先进不等于个体幸福的增进。技术只有在被企业家所采用，被用来满足消费者的需求时才是创造了价值。前苏联非常追求先进技术，但结果如何呢？中国在改革开放之前追求钢铁产量，结果又如何呢？如人们不是从"行动-规则"的角度认识世界，而是采取经验主义的或整体性概念来认识世界，那么类似"发展高科技"这样的政策会随时出现。

如认识世界的方法错了，如前面所给出的例子那样，把分析建立在经验性的或整体性的概念之上，那么他们将无法分辨出对他们有害的"干预主义"政策。这样我们也补充了哈耶克，即干预主义或"通往奴役之路"不仅是一个"计算能力"的问题（即所谓的"理性的狂妄"），更是一个"认识世界的方法"的问题，认识世界的方法的错误会导向干预主义。下面将对此做一个详细的说明。

哈耶克强调，人是无知的，或人是"理性不及"的，人是通过遵循演化产生的规则才具有了"理性"，这是很有启发性的观点。但是，这还不够，怎么才算是"自发演化"产生的规则？或者说，为什么这样的规则一定就能够被人所认识？那些有助于人类合作的规则又是怎么形成的？哈耶克用"文化演化"来解释，但这似乎还是不够充分。

我们认为，如人们缺乏认识世界的正确方法，那么人是无法认识到那些演化产生规则究竟是不是有利于自己的，人可能会把那些有利于自己的规则抛弃掉，重新回到过去，这样的例子并不鲜见。人并不是"自动地"认识利益，或者说，对利益的认识是需要方法（理论）的。演化并不必然产生使个体利益得以增进的规则。如一个社会中的人们没有掌握认识世界的方法，不能理解使他们的利益得以增进的一般性规则或原理，那么这个社会可能陷入长期停滞。

我们不能把"认识世界的方法问题"归为一个"理性自负还是不自负"的问题，这完全是两个不同概念。人变得不那么自负一点或谦卑一点，并不能解决问题，关键还是要掌握认识世界的方法。

假如一个人认识世界的方法错了,比如他把秩序概念"实体化",用经验的、整体性概念去思考经济社会问题,那么即便他承认自己的无知,再谦卑又有什么用呢?所以,承认自己的无知性是不够的,关键还是要学会掌握正确的分析方法。

所以,如我们把掌握正确的认识世界的方法所产生的理性称为"正确的理性",而把相反情况称为"错误的理性",那么,我们认为"正确的理性"与"错误的理性"之区分,其意义要超过"谦卑的理性"(承认无知性)与"自负的理性",即理性的"正确"与"错误"之分要比理性的"谦卑"与"自负"之分更重要。

当然,在哈耶克这里,"自负的理性"是指"唯建构论的理性",即用人为的命令去取代自发演化产生的规则,如价格。我们可以进一步问,这种理性的来源是什么。我们认为它还是源于认识世界的方法发生错误,如没有个体行动的概念,从经验的、整体性的概念出发去思考。

以上是对哈耶克"致命的自负"思想的一个深化。哈耶克没有明确说明个体认识世界的方法应该是什么,本书把这种方法提炼为"行动-规则"。把哈耶克对世界的"正确"阐述转化为个体认识世界的方法,这是一个从知识论到认识论的转化,也是一个角度的切换。

通过引入"无知性"和"知识的分散性"等概念,哈耶克深化了斯密的市场观,因为这些概念在斯密的体系中是不存在的。斯密强调的是道德情操,他的自然秩序思想建立在道德情操之上。个体凭借其自利的本性,在道德情操的基础上会产生"看不见的手"的效应,这也就是他著名的"自利会产生公共利益"的观点。但是,笔者认为在道德情操之外,还需要有"正确的认识世界的方法"这个条件才能产生"看不见的手"。道德情操不能替代认识世界的方法。在道德情操之外，还需要一个"理性"的维度，那就是认识世界的方法。或者说，斯密强调的"自然正义的规则体系"应该有两根柱子，一根是道德情操，另一根是认识世界的方法。确实，道德情操是"自然的"，但让道德情操自然地发挥作用，却还不足以保障市场交易，促成社会分工。拥有道德情操，并不等于"自然地"就拥有了认识世界的正确方法，后者是习得的。想象一下，一个在道德情操上遵循其自然本性的人，如采用如前所述的经验的、整体性的概念去分析社会，那么他仍然有可能成为一般性规则的破坏者，给人类造成灾难，这样的例子在古今中外都是非常多的。所以，"行动-规则"的视角也是对斯密市场思想的一个深化。

"市场经济"不只是制度问题，更是认识世界的方法问题

"市场经济"这个概念本身也应该从行动-规则的角度去认识。当一个社会中，个体的行动符合一般性规则时，这样的社会就是市场经济社会，"真正的市场"就是指这样的社会。所以，市场经济不应该被看做是社会中的独特部分，而是社会本身。因为我们无法把"市场"单独地从社会中割离出来，认为这一部分属于市场范畴，而另外一部分不属于市场范畴。换句话说，市场经济是一个整体，就是文明社会本身。这种文明是认识世界的正确方法的产物。

那么经济学与市场经济（文明社会）是什么关系？我们说，经济学提供了认识世界的方法。虽然现在很多人都已经知道干预市场是有害的，但他们认识世界的方法却仍然是指向干预主义的，这很

大程度上是因为经济学这门学科没有承担起责任。目前的经济学界仍然为新古典经济学家和凯恩斯主义经济学家所占据，他们认识社会的方法本身就是有问题的（如建立在经验性或整体性概念之上），这样自然也无法为大众提供认识社会的正确方法。经济学的贫困仍然是当代的一个主要贫困，也是极为危险的贫困。

认识世界的方法是根本性的。市场经济最终是一个"认识世界的方法"的问题，而不只是"制度"问题。只有当人们采用了正确的认识世界的方法之后，才会产生有助于他们利益的（产权）规则，也就是本书所说的促进协调的规则或一般性规则，这样的规则并不是他们在追求自己最大利益的过程中自动产生的，而是认识世界的正确方法的结果。

经济学最重要的价值是提供认识世界的正确方法，经济学某种程度上就是认识世界的方法本身。认识世界的方法错了，就像一个人戴上一副模糊的眼镜，这样走路必然磕磕绊绊，甚至会摔跤。中国虽然已经摆脱了计划经济，大部分人可能也已经认识到计划经济或干预主义是"不好"的，但很多人头脑中那套认识世界的方法却还是与计划经济或干预主义相匹配的，这种现象在知识界，包括经济学界普遍存在。如他们认识世界的方法不能被纠正，那么"真正的市场"离我们将是遥遥无期。如本书能够帮助人们重塑认识世界的方法，推动中国走向真正的市场，那笔者将深感荣幸。

参考文献

中文部分（仅列部分译著）

卡尔·门格尔：《国民经济学原理》，刘絜敖译，上海：上海世纪出版集团，上海人民出版社，2001 年。

卡尔·门格尔：《经济学方法论探究》，姚中秋译，北京：新星出版社，2007 年。

纳尔逊、温特《经济变迁的演化理论》，胡世凯译，北京：商务印书馆，1997 年。

布鲁斯·考德威尔：《哈耶克评传》，冯克利译，北京：商务印书馆，2007 年。

理查德·R. 尼尔森：《经济增长的源泉》，汤光华译，北京：中国经济出版社，2001 年。

格尔哈德·帕普克主编：《知识、自由与秩序》，黄冰源、赵莹、冯兴元等译，北京：中国社会科学出版社，2001 年。

冯·哈耶克：《哈耶克论文集》，邓正来选编译，北京：首都经济贸易大学出版社，2001 年。

哈耶克：《个人主义与经济秩序》，邓正来译，北京：生活·读书·新知三联书店，2003 年。

哈耶克：《法律、立法与自由》（三卷），邓正来译，北京：中国大百科全书出版社，2000 年。

哈耶克：《个人主义与经济秩序》，邓正来译，北京：生活·读书·新知三联书店，2003 年。

哈耶克：《经济、科学与政治：哈耶克论文演讲集》，冯克利译，南京：江苏人民出版社，2003 年。

哈耶克：《致命的自负》，冯克利、胡晋华等译，北京：中国社会科学出版社，1988 年。

哈耶克：《自由秩序原理》，邓正来译，北京：生活·读书·新知三联书店，1997 年。

哈耶克：《科学的反革命》，冯克利译，南京：译林出版社，2003 年。

哈耶克、诺齐克等：《知识分子为什么反对市场》，秋风译，长春：吉林人民出版社，2003 年。

哈耶克：《通往奴役之路》，王明毅、冯兴元等译，北京：中国社会科学出版社，1998 年。

哈耶克：《作为一种发现过程的竞争：哈耶克经济学、历史学论文集》，邓正来译，北京：首都经济贸易大学出版社，2014 年。

哈耶克：《货币的非国家化》，姚中秋译，海口：海南出版社，2019 年。

哈罗德·德姆塞茨：《所有权、控制与企业》，段毅才等译，北京：经济科学出版社，1999 年。

赫苏斯·韦尔塔·德索托：《社会主义：经济计算与企业家才能》，朱海就译，长春：吉林出版集团有限责任公司，2010 年。

R. 科斯、A. 阿尔钦和 D. 诺斯等：《财产权利与制度变迁》，刘守英等译，上海：上海三联书店，上海人民出版社，1994 年。

奥利弗·哈特：《企业、合同与财务结构》，费方域译，上海：上海三联书店、上海人民出版社，1998 年。

马歇尔：《经济学原理》，朱志泰译，北京：商务印书馆，1997 年。

尼古莱·J. 福斯：《奥地利学派与现代经济学》，朱海就等译，北京：中国社会科学出版社，2013 年。

尼古莱·J. 福斯、彼得·G. 克莱茵：《企业家的企业理论》，朱海就、王敬敬、屠禹潇译，北京：中国社会科学出版社，2020 年。

彼得·G. 克莱茵：《资本家与企业家》，谷兴志译，上海：上海财经大学出版社，2015 年。

庞巴维克：《资本实证论》，陈瑞译，北京：商务印书馆，1981 年。

罗斯巴德：《自由的伦理》，吕炳斌等译，梁捷审订，上海：复旦大学出版社，2011 年。

罗斯巴德：《美国大萧条》，谢华育译，上海：上海人民出版社，2003 年。

罗斯巴德：《人，经济与国家》，董子云、李松、杨震译，杭州：浙江大学出版社，2015 年。

米塞斯：《货币，方法与市场过程》，戴忠玉译，北京：新星出版社，2007 年。

米塞斯：《货币和信用理论》，樊林洲译，北京：商务印书馆，2015 年。

米塞斯：《人的行为》，余晖译，上海：世纪出版集团，上海人民出版社，2013 年。

米塞斯：《人的行为》，谢宗林译，台北：五南图书出版公司，2017 年。

米塞斯：《人的行为》，夏道平译，上海：上海社会科学院出版社，2015 年。

米塞斯：《人的行为》，夏道平译，台北：远流出版事业股份有限公司，1991 年。

米塞斯：《经济科学的最终基础》，朱泱译，北京：商务印书馆，2015 年。

米瑟斯：《社会主义：经济与社会学的分析》，王建民、冯克利与崔树义译，北京：中国社会科学出版社，1991 年。

米塞斯：《货币和信用理论》，北京：商务印书馆，2015 年。

熊彼特：《从马克思到凯恩斯》，韩宏等译，江苏人民出版社，1999 年。

熊彼特：《资本主义、社会主义与民主》，吴良健译，北京：商务印书馆，2006 年。

熊彼特，《经济发展理论》，何畏等译，北京：商务印书馆，2000 年。

亚当·斯密：《道德情感论》，谢祖钧译，西安：陕西人民出版社，2006 年。

亚当·斯密：《国民财富的性质和原因的研究》（上下卷），郭大力、王亚南译，北京：商务印书馆，1997 年。

威廉姆森（1985）：《资本主义经济制度》，段毅才、王伟译，北京：商务印书馆，2004 年。

休谟：《道德原理探究》，王淑芹译，北京：中国社会科学出版社，1999 年。

休谟：《人类理智研究》，吕大吉译，北京：商务印书馆，1999 年。

伊斯雷尔·科兹纳：《市场过程的含义》，冯兴元、朱海就等译，北京：中国社会科学出版社，2012 年。

伊斯雷尔·科兹纳：《米塞斯评传》，朱海就译，海口：海南出版社，2018 年。

约尔格·吉多·许尔斯曼：《米塞斯大传》，黄华侨主译，上海：上海社会科学院出版社，2016 年。

英文部分

Addleson，M.，*Equilibrium Versus Understanding*：*Towards the restoration of economics as social theory*，Routledge London and New York，1995.

Arrow，K. J.，Limited Knowledge and Economic Analysis，*The American Economic Review*，Vol. 64，No. 1，1974，pp. 1 - 10.

Arrow，K. J.，General Economic Equilibrium：Purpose，Analytic Techniques，Collective Choice，*The American Economic Review*，Vol. 64，1974，pp. 253 - 272.

Arrow，K. J. and Haln，F. H.，*General Competitive Analysis*，San

Francisco, Holden-Day, 1971.

Backhouse, R. E. , *Explorations in economic methodology: from Lakatos to empirical philosophy of science*, Routledge: London and New York, 1998.

Basse, T. , An Austrian Version of the Lucas Critique, *The Quarterly Journal of Austrian Economics*, Vol 9, No. 1, 2006, pp. 15 – 26.

Baumol, W. J. , Toward a new economics: the future lies ahead, *The economic Journal*, vol. 101, 1991, pp. 1 – 8.

Berlin, I. and Jahanbegloo, R. , *Conversations with Isaiah Berlin*, Macmillan Publishing Company, 1991.

Blanca Sanchez-Robles, The Relationship between Economics and Phychology in Robbins, *International Journal of Social Economics*, Vol. 21, No. 8, 1994, pp. 3 – 13.

Blaug, M. , *The methodology of economics or how economists explain*, Cambridge University Press, 1980.

Boettke, P. J, Horwitz, S, Prychitko, D. L. , Beyond equilibrium economics: reflections on the uniqueness of the Austrian tradition, in Boettke, P. J and Prychitko, D. L (eds), *The Market Process*, Edward Elgar, 1994, pp. 63 – 79.

Boettke, P. J. , What is wrong with neoclassical economics and what is still wrong with Austrian economics, in Foldvary Fred E. , *Beyond neoclassical economics: heterodox approaches to economic theory*, Cheltenham: Edward Elgar, 1996, p. 24.

Buchanan, J. M. and Vanberg, V. J. , The market as a creative process, *Economics and Philosophy*, 7, 1991, pp. 167 – 186.

Buttos, W. N. , Hayek and General Equilibrium Analysis, *Southern Economic*

Journal, 52, 2 (Oct 1985), pp. 332 – 343.

Christainsen, G. B. , Methodological individualism, Boettke, P. J (ed.), *The Elgar Companion to Austrian Economics*, Edward Elgar, 1994, pp. 11 – 29.

Caldwell, B. J. , The Neoclassical Maximization Hypothesis: A Comment, *The American Economic Review*, Vol. 73, 1983, pp. 824 – 827.

Caldwell, B. J. , *Beyond Positivism: Economic Methodology in the Twentieth Century*, London: George Allen & Unwin, 1982, p. 5.

Caldwell, B. J. , *Hayek's Challenge: an Intellectual Biography of F. A. Hayek*, The University of Chicago Press, Chicago & London, 2004.

Caldwell, B. J. and Boehm, S. (eds.), *Austrian Economics: Tensions and New Directions*, KluwerAcademic Publishers, Boston/Dordrecht/London, 1992.

Debreu, G. , Economic Theory in the Mathematical Mode, *The American Economic Review*, Vol. 74, No. 3, 1984, pp. 267 – 278.

Dow, S. C. , *Economic methodology: an inquiry*, Oxford University Press, 2002.

Dow, S. C. , Mainstream economic methodology, *Cambridge Journal of Economics*, Vol. 21, No. 1, 1997, pp. 73 – 93.

Ekelund Jr, R. B and Heebert, R. F. , Retrospectives the Origins of Neoclassical Microeconomics, *Journal of Economic Perspective*, Vol. 16, num . 3, 2002, 197 – 215.

Ford, J. L. , G. L. S. Shackle: *The dissenting economist's economist*, Edward Elgar, 1994.

Fredman, M. , *The methodology of positive economics*, *in Essays in Positive Economics*, Chicago, Chicago University press, 1953.

Foss, N. J., Austrian Economics and Game Theory: A Stocktaking and an Evaluation, *Review pf Austrian Economics*, 13, 2000, pp. 41 – 58.

Foss, N. J., *The Austrian School and Modern Economics*, Copenhagen Business School Press, 1994.

Friedman, M., Old Wine in New Bottles, *Economic Journal*, Vol. 101, No. 404, 1991, pp. 33 – 40.

Gordon, S., *The History and Philosophy of Social Science*, Routledge: Londo and New York, 1997.

Grinder, W. E., In pursuit of the Subjective Paradigm, in Lachmann, L. M., *Capital, expections, and the Market Process: essays on the Theory of the Market Economy*, Sheed Andrew and Mcmeel, Inc., 1977.

Hands, D. W., Empirical Realism As Meta-Method, in Fleetwood, S. (ed.), *Critical Realism in Economics: Development and Debate*, Routledge: London and NewYork, 1999, p. 169 – 185.

Hausman, D., *The Inexact and Separate Science of Economics*, Cambridge: Cambridge University Press, 1992.

Hayek, F. A., Menger Carl, in Littlechild, S. (ed.), *Austrian Economics*, I, Edward Elgar, 1990.

Hayek, F. A., *Individualism and Economic Order*, London: Routledge and Kegan Paul, 1948.

Hayek, F. A., The Use of Knowledge in Society, *The American Economic Review*, Vol. 35, 1945, pp. 519 – 530.

Hayek, F. A., Economics and Knowledge, in Hayek, F. A., *Individual and Economic Order*, Routledge & Kegan Paul Ltd, 1949.

Hayek, F. A., *The Counter-Revolution of Science*, Liberty Press, 1952.

Hayek, F. A., The Pretence of Knowledge, in Littlechild, S. (ed.),

Austrian Economics, I, Edward Elgar, 1990.

Hayek, F. A. , The Individualist and "compositive" method of the Social Science, in *The Counter-Revolution of Science*, Liberty Press, 1952.

Hayek, F. A. , *Individualism: True and False, in Hayek, F. A. , Individualism and Economic Order*, London: Routledge and Kegan Paul, 1948.

Hicks, J. , *Capital and Growth*, Oxford: Oxford University Press, 1965.

Hodgson, G. M. , Why the Problem of Reductionism in Biology Has Implications for Economics, in Hodgson, G. M. (ed.), *Economics and Biology*, Edward Elgar Publishing Limited, 1995.

Hutchion, T. , Introduction: the methodology of economics and the formalist revolution, in Hutchion, T. , *On the Methodology of Economics and the Formalist Revolution*, Edward Elgar, 2000.

Hutchion, T. W. , *The politics and philosophy of economics: Marxiams, Keynesians and Austrians*, Basil Blackwell Publisher, Oxford, 1981.

Hodgson, G. M. , Shackle and Institutional Economics: Some Bridges and Barriers, in Earl, P. E and Frowen, S. F. , *Economics As An Art of Thought: Essays in Memory of G. L. S. Shackle*, Routledge: London and NewYork, 2000.

Ikeda, S. , Market Process in Boettke, P. J. (ed.), *The Elgar companion to Austrian economics*, Aldershot, Edward Elgar, 1994.

Kaldor, N. , The Irrelevance of Equilibrium Economics, *The Economic Journal*, Vol. 82, 1972, pp. 1237 - 1255.

Klamer, A. , Formalism in twentieth-century economics, in Boettke, P. J (ed.), *The Elgar Companion to Austrian Economics*, Edward Elgar.

Knight, F. H. , "What is Truth" in Economics? *The Journal of Political*

Economy, Vol. 48, No. 1, 1940, pp. 1–32.

Knight, F. H., *Risk, Uncertainty and Firm*, Boston: Houghton Mifflin, 1921.

Kirzner, I. M., *Competition and Entrepreneur*, Chicago: The University of Chicago Press, 1973.

Kirzner, I. M., *Ludwig Von Mises*, ISI Books Wilmington, Delaware, 2001.

Kirzner, I. M., The Meaning of Market process, Boettke, P. J and Prychitko, D. L. (eds.), *Market Process Theories*, VolII, MPG Books Ltd, Bodmin, Cornwall, 1998.

Kirzner, I. M., Entrepreneurial Discovery and the Competitive Market Process: An Austrian Approach, *Journal of Economic Literature*, Vol. 35, 1997, pp. 60–85.

Kirzner, I. M., Entrepreneurship and the Equilibrating Process, in Littlechild, S. (ed.), *Austrian Economics*, VolII, Edward Elgar, 1990.

Klamer, A., Formalism in twentieth-century economics, in Boettke, P. J. (ed.), *The Elgar Companion to Austrian Economics*, Edward Elgar, 1994.

Kirzner, I. M., On the Method of Austrian Economics, in Littlechild, S. (ed.), *Austrian Economics*, I, Edward Elgar, 1990.

Lachmann, L. M., *Capital and Its Structure*, Sheed Andrews and Mcmeel, Inc. 1978.

Lachmann, L. M., *Capital, expectations, and the Market Process: essays on the Theory of the Market Economy*, Sheed Andrew and Mcmeel, Inc., 1977.

Lachmann, L. M., *The market as an economic process*, Basil Blackwell, 1986.

Lachmann, L. M. , Economics as a Social Science, in Lachmann, L. M. , *Capital, expections, and the Market Process: essays on the Theory of the Market Economy*, Sheed Andrew and Mcmeel, inc. , 1977.

Lawson, T. , Development in Economics as Realist Social Theory, in Fleetwood, S. (ed.), *Critical Realism in Economics: Development and Debate*, Routledge: London and NewYork, 1999.

Lawson, C. , Realism, Theory and Individualism in the Work of Carl Menger, in Fleetwood, S (ed.) *Critical Realism in Economics: Development and Debate*, Routledge: London and NewYork, 1999.

Lawson, T. , *Economy and Reality*, Routledge: London and New York, 1997.

Lewin, P. , The Development of Austrian Economics Revisiting the Neoclassical Devide, *The Review of Austrian Economics*, 14, 4, 2001, pp. 239 - 250.

Littlechild, S. (ed.), *Austrian Economics*, VolII, Edward Elgar, 1990.

Loasby, B. J. , *The Mind and the Method of the Economist*, Edward Elgar, 1989.

Mair, D. and Miller, A. G (ed.), *A Modern Guide to Economic Thought: A introduction to Comparative Schools of thought in Economics*, Edward Elgar, 1991.

Marshall, A. , *Principle of Economics*, London: Macmillan, 1920.

Menger, C. , *Principle of Economics*, The Free Press, 1950.

Mises. L. Von. , *Human Action: A treatise on Economics*, Third Revised Edition, Fox & Wilkes San Francisco, 1966.

Mises, L. Von. , The Science of Human Action, in Littlechild, S. (ed.), *Austrian Economics*, I, Edward Elgar, 1990.

Mises, L. Von. , *Notes and Recollections*, Libertarian Press, South Holland,

Illinois, 1978.

Montes, L. , Smith and Newton: some methodological issues concerning general economic equilibrium theory, *Cambridge Journal of Economics*, 27, 2003, pp. 723 – 747.

Morgenstern, O. , Thirteen Critical Points in Contemporary Economic Theory: An Interpretion, *Journal of Economic Literature*, Vol. 10, Issue. 4, Dec. 1972, pp. 1163 – 1189.

O'Driscoll, Gerald P. Jr. and Mario J. Rizzo, *The Economics of Time and Ignorance*, Oxford: Basil Blackwell, 1985.

Penrose, E. , *The Theory of the Growth of the Firm*, Oxford: Oxford University Press, 1995.

Rizzo, M. J. , Time in economics, Boettke, P. J. (ed.), *The Elgar Companion to Austrian Economics*, Edward Elgar, 1994.

Rothband, M. N. , *The Review of Austrian Economics*, Vol. 1, D. C Heath and Company, 1987.

Rothbard, M. , Praxeology as the Method of Economics, in Littlechild, S. (ed.), *Austrian Economics*, I, Edward Elgar, 1990.

Rothbard, M. N. , *The Logic of Action I: Method, Money, and the Austrian School*, Edward Elgar, 1997.

Rothbard, M. N. , Professor Hebert on Entrepreneurship, *The Journal of Libertarian Studies*, 12 (2), 1985, pp. 281 – 286.

Schumpeter, J. A. , The instability of capitalism, *Economic Journal*, 38, 1928, pp. 361 – 386.

Screpanti, E. and Zamagni, S. , *An Outline of the History of Economic Thought*, Clarendon Press, Oxford, 1993.

Shackle, G. L. S. , *Epistemics and Economics: A Critique of Economic*

Doctrines, Cambridge: Cambridge University Press, 1972.

Sandye Gloria-palermo, *The evolution of Austrian economics: from Menger to Lachman*, Routledge, 1999.

Selgin, G. A. , *Praxeology and Understanding: An Analysis of Controversy in Austrian Economics*, Ludwig Von Mises Institute, 1990.

Simon, H. A. , Rationality in Psychology and Economics, *The Journal of Business*, Vol. 59, N0. 4, 1986, pp. 209 - 224.

Steedman, I. , On some concepts of rationality in economics, in Eral, P. E and frown, S. E (eds.), *Economics as an art of thought: essays in memory of G. L. S. Shackle*, Routledge: London and New York, 2000.

Stiglitz, J. E. , Another Century of Economic Science, *Economic Journal*, Vol. 101, No. 404, 1991, pp. 134 - 141.

Stiglitz, J. E. , *Wither Socialism?* Cambridge, Massachusetts: MIT Press, 1994.

White, L. H. , Methodology of the Austrian School, in Littlechild, S. (ed.), *Austrian Economics*, VolI, Edward Elgar, 1990.

Yeager, L. B. , Should Austrians Scorn General-Equilibrium Theory? *Review of Austrian Economics*, 11, 1999, pp. 19 - 30.

Yeager, L. B. , Austrian Economics, Neoclassicism, and the Market Test, *The Journal of Economic Perspectives*, Vol. 11, No. 4 (Autumn 1997).

后记

如书名显示的，本书的创新主要在两个方面，一是提出"真正的市场"概念，以区别于虚假的市场或伪市场，我们希望中国不断走向的是"真正的市场"，但只有当我们首先理解什么是真正的市场时，这种趋向才有可能发生，这是提出这一概念的意义所在。二是给出了"行动-规则"这样一种认识世界的方法（分析工具），这种方法可以看作是中国走向"真正的市场"的"手段"，也就是说，笔者认为认识方法的改变，才能带来世界的改变，只有当人们学会用"行动-规则"的方法认识世界时，"真正的市场"才是有可能的。笔者期待读者朋友能够理解什么是真正的市场，以及掌握"行动-规则"这种认识世界的方法。如读者朋友确实受益于这两个方面，那笔者将深感欣慰。

本书超越了资源配置观、产权观以及秩序观，从"认识世界的方法"这一角度来重新认识什么是真正的市场经济。主流经济学把市场经济视为资源配置的手段（也是最为常见的理解），芝加哥学派或新制度经济学把市场经济视为产权制度，哈耶克把市场经济视为自发秩序，而本书则把"市场经济"视为一个"认识世界的方法"问题。与其他几种理解相比，这种方法立足于"当事人怎么看

世界"来定义市场经济，因此也是更具有奥派主观主义，个体主义
方法论特征的。

市场是"行动-规则"的，人对市场的认识也应该是"行动-规
则"的。只有当一个社会中的个体，特别是对制度有重要影响的知
识界和政治精英能够从"行动-规则"的角度认识世界时，这样的
社会才是"市场经济"的，也才有可能是"市场经济"的。这种认
识世界的方法关切到自由、和平与繁荣，是推动一个社会走向"真
正的市场"的驱动力。

本书从"行动-规则"的角度来说明真正的市场，包括以人的
行动为基础的方法论、市场的规则、市场的协调以及该理论在中国
现实问题中的应用等四个部分，从"方法"到"理论"再到"应
用"，构成了一个完整的整体。

规则的作用是协调人的行动。如著名的"铅笔的故事"所揭示
的，每个人的福祉都取决于他人，即无数个体的行动的协调。斯密
的"分工理论"和"看不见的手"就是关于协调问题的。"行动-规
则"框架是对斯密这一重要思想的深化，因为它回答了协调的微观
基础问题（人的行动）和协调的实现条件问题（一般性规则）。

协调法则可以说是经济学最为重要的法则之一，当无数个体的
行动能够自发协调时，我们称这种现象为"市场"。个体和市场的
关系，就如鱼和水的关系，人离不开市场，就如鱼离不开水。所以
个体要支持那些使市场秩序得以维持的一般性规则，反对破坏一般
性规则的行动。

主流经济学基于均衡思想，在这种经济学中，没有行动的个
体，也预设了完美的规则已经存在，这样剩下的就是一个"最大
化"问题。然而，市场是一个无数个体的行动的协调问题，而不是

特定主体在均衡世界中如何实现最大化的问题。所以用基于均衡思想的方法来考察市场的一般特征必然是有局限的，这种经济学也被科斯称为"黑板经济学"。科斯、威廉姆森等新制度经济学家引入了"交易费用"概念，试图告诉人们"真实的市场"是什么。新制度经济学对解释真实世界的具体现象有帮助，但对于说明"抽象的、一般意义上的市场应该是怎么样的"这一问题却是力有不逮的，因为新制度经济学也是建立在均衡（最大化）分析框架上的，是经验的、局部的和静态的。

均衡方法指向的是"模拟市场"的思维，而不是"真正的市场"的思维。这一点我们从 20 世纪二三十年代的社会主义大辩论中就可以看出。当时，作为均衡理论家的兰格预设了一个能够对市场进行最优调节的中央计划当局，它能够调控市场，使市场达到最优。这种模拟市场的思维正是均衡思想的必然结果。遗憾的是，如今这种均衡经济学仍然占据主流，它塑造的是"模拟的市场"而不是"真正的市场"。假如一个市场并不是真正的市场，却被当作是真正的市场，那无疑是不幸的。

我们需要走向真正的市场，但首先需要知道什么是真正的市场，否则无法对一个市场究竟是不是真正的市场做出判断。真正的市场是企业家精神驱动的创造性过程，"规则"的作用是促进个体更好地发挥企业家才能，同时企业家的行动也促进更为充分的协调，更为充分的协调会创造更多的财富，这个过程也产生新的规则。这种协调也被称为自发秩序。

在行动-规则框架中，"经济"是指"人的行动如何得以更为充分地协调"，而不是传统意义上的生产、消费、交换和分配等。由于经济的规则是"人的行动"的规则，因此也是普世规则，这样也打破了经济活动与非经济活动之分，包括政治与经济之分。当政治活动也服从于经济的规则，即人类行动的一般性规则时，政治和经济能够相互促进。相反，如政治有政治的规则，而经济有经济的规则，则政治和经济之间难免会出现冲突，政治甚至会成为经济的制约。

如我们想增进自己的利益（目标），那么我们的制度和政策（手段）都应该与社会运行的法则（一般性规则）一致。这些法则先于经验而存在，需要的是被认识。经济学就是认识这些法则的方法。如我们缺乏可靠的经济学知识，会导致我们认识世界的方法发生错误，进而采取与法则相背离的制度和政策，从而损害自身的利益。所以，理性——即选择恰当的手段实现自己的目标——并不是与生俱来的，而是需要学习的，这里特别强调的是可靠的经济学知识的习得。计划经济时代的人们就是"不理性"的，他们接受了计划手段，以为计划手段能够增进他们的利益，而结果却是事与愿违。同样，接受或支持各种干预主义政策的人们也是不理性的。

确切的认识世界的方法比确切的制度重要，前者是科学问题，是可知的，后者是经验问题，是不可知的，这里的"不可知"是指我们不能事先确定什么制度是最好的，因为未来的制度是未来的个体行动的结果，即制度对具有不确定性的未来是开放的。要使"好"的制度得以出现，首先要有正确的认识世界的方法，这是产生"好"的制度的前提。假如事先就将某种特定的制度或文化确定为最优，这就犯了静态理性观的错误或理性狂妄的错误。

认识世界的方法是根本性的。制度（文化）不能代替"认识世界的方法"，且这一方法也是新古典经济学无法提供的，因为新古典经济学只是解释和计算最大化，追求局限下的最优，而将制度视为局限条件。

一国国民认识世界的方法的改善，才能带来该国制度的实质性改善。如果一个民族认识世界的方法错了，或根本就没有掌握认识世界的方法，总是强调某种制度或文化是最优的或最适合的，那么这个民族的文明就会陷入停滞，也将无法应付变化的世界。从追求某种最优的制度转变为寻求认识世界的正确方法，才能实现文明的飞跃。

经济学提供认识世界的方法。各种人为的悲剧之所以在人类历史的舞台上不断上演，一个根本原因是经济学（同时也是社会科学）的贫困，人们从没有掌握认识世界的正确方法，总是从制度（文化）的角度来思考，对社会运行的一般性规则缺乏认识。人们把经济社会的问题归结为人的道德水平不高或科技落后，同时也以为"好"的制度是"善"的权力确立的。人们不知道，经济社会发展水平的提高，以及"好"的制度的出现都有赖于人们对一般性规则的认识，而这样的认识正是经济学提供的。

经济学揭示的法则可以视为真理。"市场经济"是建立在真理之上的经济。真正的市场就是不断地认识和遵循真理的行动所构成的过程。一个人或一个社会，如不能认识真理，就必然会走向依靠权力，认为权力是无所不能的。是真理还是权力，就如生还是死，是一个哈姆雷特式的问题。一个人或一个社会只能在真理和权力之间做出选择，这是市场经济和干预之间的选择，也是繁荣与贫困，正义与邪恶，勇气和懦弱之间的选择。

真理是大众利益的唯一凭借。更自由、更繁荣和更正义是同一个过程，都是对经济学揭示的真理的认识推动的。经济学对一个曾经辉煌但又长期停滞的文明来说有着无比的重要性，惟有可靠的经济学知识才有可能让这个民族避免各种悲剧的再现，让这个文明脱胎换骨，焕发活力。

这本《真正的市场：行动与规则的视角》是笔者继《市场的本质：人类行为的视角与方法》《大改革：中国市场化改革的理论与现实取向》《市场的合作与秩序》之后第四本有关"市场"的著作，这四本书构成了笔者的"市场经济四部曲"。可以发现，这四本书的每一本在书名中都有"市场"两个字，这不是笔者有意为之，而是无意中产生的结果。从《市场的本质：人类行为的视角与方法》到这本《真正的市场：行动与规则的视角》，时间跨度达到十二年。如说在这十二年中，笔者对市场的认识有什么进步的话，那很大程度上是受益于奥地利学派这个伟大的经济学传统，受益于门格尔、庞巴维克、米塞斯、哈耶克、罗斯巴德、拉赫曼、科兹纳和德索托等等奥地利学派经济学大师。在此，笔者向他们致以深深的敬意。同时，也衷心感谢所有关心和支持我的亲人与朋友！

朱海就

2020 年 6 月 7 日于杭州

学者评荐

不论全球化或内循环经济，都只能依赖市场的力量去驱动经济的增长。对市场理论有深湛研究的朱海就教授，及时出版《真正的市场》，清晰又明确地告诉我们该如何启动市场力量，幸甚！

——黄春兴，台湾清华大学教授

市场经济对人类现代文明的发展做出了重大贡献。主流经济学家对市场的均衡模型，有非常好的数学叙事，但因为忽略了市场中的人、人的行动，以及市场的动态和开放性，使得其理论模型缺失了很多元素。奥地利学派经济学家朱海就教授的新书《真正的市场：行动与规则的视角》，以奥派经济学为基础，重新确立了以人的行动为基础的经济学方法论，从动态开放的视角，以规则和过程重新阐述了市场，并形成了"行动–规则"的分析框架，是一本非常重要的奥派经济学的理论著作。

——毛寿龙，中国人民大学教授

朱海就教授是国内著名的奥地利学派经济学家和企业家理论研究专家，也是最有理论原创力的经济学家之一。《真正的市场》反映了他多年来对奥地利学派经济学的深厚研究造诣。在书中，他深入浅出地运用米塞斯的行动学理论，提出了"行动-规则"分析框架，用以分析真实的市场之运作特征以及市场与政府的关系。通过阐释和利用这一分析框架，作者从行动学的视角修正和改造了新制度学派的制度分析框架，严肃批评了新古典经济学的严重缺陷。这本书的观点可以为我们看社会、看经济、看政策提供很多的启迪和很大的补益。特此向读者们推荐！

——冯兴元，中国社会科学院研究员

本书的最大贡献有三：一是提出了一个"行动-规则"的分析框架，抓住了奥地利学派经济学的核心和精髓，不仅对市场过程、竞争发现、资本结构、企业家精神、自发扩展秩序等理论给予了逻辑一致的解释，突显了奥派理论的性质和特色，而且对门格尔、米塞斯、哈耶克、罗斯巴德、科兹纳、拉赫曼等奥派经济学家的理论进行了整合，是一部奥派经济学的集大成之作；二是立足于奥派经济学的理论和方法，对经济学诸流派及其理论大家的相关理论进行了比较分析，揭示了它们的源流以及异同和优劣，引导人们在经济学理论知识的海洋中穿梭，彰显了一种独立探索的精神，不仅提出了一系列独到的理论见解，而且有新的发现和前进，是一部有一定深度、广度和厚度的经济学理论著作；三是为了做到以上两点，作者认真研读了奥派经济学、主流经济学、制度经济学等大量著作，并在弄懂弄通上下了很大的功夫，使得自己的论说有理有据。这集中反映在书中大量的注释上，表现了一个严肃学者的操守和行为，为学界同仁做出了表率。本书是一部概论式的著作，基本上都是粗线条的，也就免不了有一些明显的不足之处。

——张曙光，中国社会科学院研究员